当代经典经济学教材习题详解系列

萨缪尔森《经济学》(第18版)

学习精要·习题解析·补充训练

翔高教育经济学教学研究中心　编

编写组组长　高　宾
编　　　委　王海滨　吴俊岗
　　　　　　邓定兵　李光萍
　　　　　　陈　新

上海财经大学出版社

图书在版编目(CIP)数据

萨缪尔森《经济学》(第18版),学习精要·习题解析·补充训练/翔高教育经济学教学研究中心编.一上海:上海财经大学出版社,2010.10

ISBN 978-7-5642-0888-2/F·0888

Ⅰ.①萨… Ⅱ.①翔… Ⅲ.①经济学-解题 Ⅳ.①F0-44

中国版本图书馆CIP数据核字(2010)第194797号

□责任编辑 张美芳

□封面设计 张克瑶

SAMIAOERSEN《JINGJIXUE》(DI18BAN)

萨缪尔森《经济学》(第18版)

学习精要·习题解析·补充训练

翔高教育经济学教学研究中心 编

上海财经大学出版社出版发行

(上海市武东路321号乙 邮编200434)

网 址:http://www.sufep.com

电子邮箱:webmaster@sufep.com

全国新华书店经销

上海叶大印务发展有限公司印刷装订

2010年10月第1版 2010年10月第1次印刷

787mm×1092mm 1/16 24.5印张 521千字

印数:0 001—4 000 定价:36.00元

前言

学习经济学仅限于课堂是远远不够的,老师在课堂里的每一节课,往往需要学生课前、课后花费几倍的时间才能消化和吸收。因此,课堂之外的自学显得特别重要,但如果只是反复看教材,常常会产生"边际效率递减"的情况。通过多种形式的归纳总结、习题训练,既可以避免边际效率递减,又可以灵活掌握所学内容。正是基于这样的考虑,我们编写了本书。

本书每一章可划分为三大部分:

学习精要:这部分提炼出本章内容的要点,便于读者快速地了解本章的知识框架以及重、难点,协助读者做到提纲挈领,以便提高复习效率。

习题解析:这部分针对教材的书后练习题,提供答案和解析,有助于读者自学。本书的答案和解析力求精炼,尽量用简明扼要的语句,让读者清晰地把握问题的关键点所在,以节省读者宝贵的时间。

补充训练:这部分针对课后习题所未能覆盖到或者覆盖密度不足的重难点,提供一些补充练习题,便于读者在使用本书后,能对所有重难点进行一轮较为完整的训练。

在课后题及补充题的解析中,我们列出了题目考查的知识点,以便读者查阅相关知识点。

同时,我们针对每道题提供了参考的重要级别及难度级别。判断重要级别时,我们主要参考两个因素,一是历年考研试题中该知识点出现的频率,二是该知识点对理解其他重要知识点的协助价值。难度级别我们主要用以下方法参考定位:☆:一级难度,考查对课本内容的记忆;☆☆:二级难度,考查运用课本知识进行思考的能力;☆☆☆:三级难度,考查结合较复杂的社会问题或融会贯通前后知识点进行分析的能力。

在本书的最后,我们用表格的形式列出了全部知识点,把知识点与练习题编号一一对应起来,便于读者查阅。

本书不仅是配合萨缪尔森教授《经济学》(第18版)的一本辅导书,由于本书所有习题和解析本身都是完整的，因此本书又是一本经济学学习精要与习题集。

由于编者的水平有限，本书中不当之处在所难免，如果您发现错误或对本书有任何建议，请发电子邮件到 xgedu_eco@163.com，我们将尽快回复。教学相长，在为读者提供辅导的同时，我们也需要不断从读者那里收集批评意见，对于提出有深度批评意见的，我们很愿意给予相应的经济报酬。

翔高教育经济学教学研究中心
2010年9月

目　录

第1章 经济学基础知识

【学习精要】

❖知识点一 经济学的基本概念和分类

经济学研究的是一个社会如何利用稀缺的资源生产有价值的商品，并将它们在不同的人中间进行分配。

◇ 经济品即稀缺物品或者供给有限的物品，是人们不能自由取用的、为获取它必须付出某种代价的物品。

◇ 稀缺是指这样的一种状态：相对于需求，物品总是有限的。

◇ 微观经济学研究市场、企业和居民户等单个实体的行为。

◇ 宏观经济学研究作为一个整体的经济的运行。

❖知识点二 经济学的逻辑

◇ 后此谬误指如果仅仅因为一件事发生在另一件事之前，就认为前者是后者的原因。

◇ 不能保持其他条件不变指在考虑问题时没能保持其他相关条件不变。

◇ 如果你认为对局部来说是成立的东西，对总体也必然成立，那么你就犯了合成谬误。

❖知识点三 经济组织的三个基本问题

人类社会无论是何种形态都必须面对和解决三个最基本的经济问题：

◇ 生产什么和生产多少？一个社会必须决定，在诸多可能的物品和劳务之中，每一种应该生产多少以及何时生产。

◇ 如何生产？一个社会必须决定谁来生产、使用何种资源，以及采用何种生产技术。

◇ 为谁生产？一个社会必须决定如何在不同的个人或阶层之间分配收入和消费。

❖知识点四 经济制度的分类

◇ 市场经济是指一种主要由个人和私人企业决定生产和消费的经济制度，拥有价格、市场、盈亏、刺激与奖励等一整套相互配合的机制。市场经济的极端情况被称为自由放任经济,即政府不对经济决策施加任何影响。

◇ 指令经济是指由政府作出有关生产和分配的所有重大决策,比如20世纪大部分时期苏联所采取的经济制度。

◇ 混合经济既带有市场经济的成分又带有指令经济的成分。在历史上从来没有一个百分之百的纯粹的市场经济,当今世界各国大部分实行的都是混合经济制度。

❖知识点五　投入和产出

◇ 投入是指生产物品和劳务的过程中所使用的物品和劳务,又被称为生产要素,主要包括土地、劳动和资本三大范畴,一个经济体使用其现有的技术将投入转化为产出。

◇ 产出是指生产过程中创造的各种有用的物品和劳务,它们可以用于消费或用于进一步生产。

◇ 资本是指一个经济体为了生产其他的物品而生产出来的耐用品,专业化的资本品积累是经济发展必不可少的要素。

❖知识点六　生产可能性边界

生产可能性边界(*PPF*)表示在技术知识和可投入品数量既定的条件下,一个经济体所能得到的最大产量。*PPF*代表可供社会利用的物品和劳务的不同组合。

当一种物品的产量只有靠减少另一种物品的产量才能增加时,生产就是有效率的。生产可能性边界说明了这一点。当一个经济体处于其生产可能性边界上时,它仅仅能够通过减少一种物品的产量来增加另一种物品的产量。

生产可能性边界说明了许多基本的经济过程:经济增长如何将边界向外推移;随着经济的发展,一个国家如何选择相对较少的食品和其他必需品;一个国家如何在私人品和公共品之间进行选择;社会如何在消费品与增加未来消费的资本品之间进行选择。

❖知识点七　机会成本

在存在稀缺的世界上,选择一种东西意味着需要放弃其他一些东西。一项选择的机会成本是相应的所放弃的物品或劳务的价值,并且这个价值是所有其他潜在替代方案中可能产生的最大价值。

❖知识点八　效率

当经济体无法在不减少一种产品产量的前提下生产出更多的另一种产品时,即当选择点处于生产可能性边界上的时候,我们就说该经济体的生产是有效率的。反之就是无效率的。

社会有时处于其生产可能性边界之内。当失业率较高,或者由于革命、政府低效率管制等因素阻碍了经济活动时,该经济就是低效率的,在其生产可能性边界之内运行。

【习题解析】

□概念复习

1. 稀缺和效率

稀缺是指在给定的时间内，相对于人的需要而言，经济资源的供给是不足的。人们对各种商品的欲望是无穷的，然而用来满足这些欲望的经济物品却总是有限的。经济学研究的前提就是以经济物品的稀缺性为前提的。随着技术的进步和社会的发展，人类的需求将不断提高，很多资源将越来越稀缺。

效率是指经济效率。在经济资源稀缺的情况下，如何合理安排这些有限的资源，以最少的投入来获取最大的效益，就是至关重要的。通常情况下，如果经济活动达到帕累托最优状态，那么经济就是有效率的。

2. 免费品和经济品

免费品是指人们可以不付出任何代价就可以随意取得的物品，诸如空气等。经济品是指稀缺性的物品，人们不能自由获取，必须付出经济代价来获取。

3. 宏观经济学和微观经济学

宏观经济学是指将经济作为一个整体来研究经济的总体运行。它的真正建立是以英国经济学家凯恩斯的《就业、利息与货币通论》的发表为标志的。宏观经济学的主要任务是促进经济增长、保持经济稳定、平衡贸易收支。随着经济的不断深入发展和越来越复杂，传统的凯恩斯学派受到了挑战，出现了新古典宏观经济学派、新凯恩斯主义学派等新的流派，推动了宏观经济学的发展。

微观经济学是通过研究市场、企业和居民户等单个经济实体的行为来分析经济的运行。主要内容包含了效用论、生产论、市场结构、外部性等。它全面分析经济主体的行为，是整个市场经济的基础。宏观经济理论的发展也必须有微观理论的支持。

4. 规范经济学和实证经济学

规范经济学只研究区分事实的本质，通过经济分析和经验例证告诉人们各种经济行为的后果是什么，注重分析事实，不涉及个人的价值判断。

实证经济学则分析各类经济政策对不同阶层的利益影响，涉及理论、价值的判断而非事实本身，其答案没有对错之分。只能依靠政治辩论和决策来解决，而不能仅仅依靠经济分析。

5. 合成谬误和后此谬误

合成谬误是指在局部来说是正确的东西，通常会被人们认为在整体来说也是正确的东西，然而事实上并不是这样的。后此谬误是指因为一件事情发生在另一件事情之前，就想当然的认为前者是后者的原因。经济现象是如此复杂，不能简单认为两件先后事情之间就必然有因果联系。

6. 指令经济与市场经济

答案见知识点四。

7. 自由放任

自由放任是市场经济的极端情况，是指完全没有政府干预而个人自主行动的市场经济。这一制度的特征主要有：(1)从决策结构上看，自由放任的市场经济制度是分散决策的；(2)每个人都追求自己的个人利益；(3)经济信息是由价格来传递的。

8. 混合经济

答案见知识点四最后一段。

【翔高点评】经济制度的分类一般很难区别，需要把握它们的实质，可以结合其政治、法律制度等来综合判断。

9. 投入和产出

答案见知识点五第一、二段。

10. 生产可能性边界

生产可能性边界表示在技术知识和可投入品数量既定的条件下，一个经济体所能得到的最大产量。在这个边界上的点表示可供社会利用的物品和劳务的不同组合。在这个边界以外，是经济体目前达不到的状态。在这个边界以内，则表明经济体中存在着尚未被利用的资源。

【翔高点评】生产可能性边界是微观经济学的一个十分重要的概念，位于生产可能性边界上的生产点体现了经济效率，需要认真掌握。

11. 生产有效率与无效率

答案见知识点八第一段。

12. 机会成本

答案见知识点七。

【翔高点评】机会成本是指人们利用一定的资源获得某种收入时所放弃的在其他可能的用途中所能够获取的最大收入，只有这个最大收入才能称得上是机会成本。机会成本的存在有三个前提条件：第一，资源是稀缺的；第二，资源具有多种用途；第三，资源的投向不受限制。

□问题讨论

1. 伟大的英国经济学家阿尔弗雷德·马歇尔(Alfred Marshall, 1842～1924)发明了许多现代经济学工具，但他最关心的是这些工具在社会问题上的应用。马歇尔在他的就职演说中写道：

> 我最大的抱负就是帮助剑桥大学为世界各地培养更多冷静而热情的人才，他们愿意把自己最充沛的精力贡献给社会，设法解决身边的社会困苦；直到了解高雅而高尚的生活的全部实质内容，他们才会满足。

试解释如何以冷静的头脑进行实证分析，进而将热情的心所进行的规范的价值判断付诸实施，你同意马歇尔关于教师职能的观点吗？你愿意接受他的挑战吗？

【重要级别】☆　　　　　　　　【难度级别】☆

【考查要点】经济学的基本概念和分类

【参考答案】实证经济学用来描述经济现象"是什么"以及社会经济问题实际上是如何解决的，主要利用分析和经验例证，是非判断性描述。因此，在搜集相关数据与分析实例的过程中，必须保持真正冷静的头脑，做到不存偏见、客观公正。作为学生，不仅要学习经济分析的原理，还要在其日常生活中尽量应用这些原理来解决现实的问题。

2. 著名的芝加哥保守经济学家乔治·斯蒂格勒(George Stigler)写道：

没有哪个彻底平均主义的社会能够构造或维持一个有效而富有进取性的经济体系。应用奖励级别刺激劳工已经成为各国普遍的经验。

这一论述是属于实证经济学，还是属于规范经济学？参考第1题中马歇尔的话，讨论斯蒂格勒的这个观点，二者是否存在矛盾？

【重要级别】☆　　　　　　　　【难度级别】☆

【考查要点】经济学基本概念和分类

【参考答案】规范经济学是指那些依据一定的价值判断，提出某些分析和处理经济问题的标准，并以此树立起经济理论的前提，作为经济政策制定依据的经济学。斯蒂格勒在论述中说明了什么是"有效而富有进取性"的标准，因而他的这一论述属于规范经济学。

斯蒂格勒与马歇尔的论述并不矛盾，他们只是从不同角度阐述如何解决"稀缺性"这一普遍的经济问题的，其共同点是都认为有必要进行客观理性的推理。同时要注意，个体最优的方法对整体未必最优，人们考虑问题时要着眼于大局，避免合成谬误。

【归纳总结】

实证经济学和规范经济学比较

	实证经济学	规范经济学
价值判断	无	有
解决问题	是什么	应该是什么
客观性	客观	主观

3. 仔细给下列术语下定义，并给出例子：*PPF*、稀缺性、有效率的生产、投入、产出。

【重要级别】☆☆　　　　　　　【难度级别】☆☆

【考查要点】投入和产出、生产可能性边界、效率

【参考答案】*PPF* 表示在技术知识和可投入品数量既定的条件下，一个经济体所能得到的最大产量。在这个边界上的点表示可供社会利用的物品和劳务的不同组合。例子略。

稀缺性是指在给定的时间内，相对于人的需要而言，经济资源的供给是不足的。人们对各种商品的欲望是无穷的，然而用来满足这些欲望的经济物品却总是

有限的。比如对我国来说极为稀缺的石油资源。

效率是指经济效率。在经济资源稀缺的情况下，如何合理安排这些有限的资源，以最少的投入来获取最大的效益。

投入指的是生产物品和劳务的过程中所使用的物品和劳务，主要有土地、劳动和资本以及相应的技术条件。产出是指生产过程中创造的各种有用的物品或劳务，它们可以用来消费或者用来进一步的生产。

4. 随着人们变得更为富有，时间变成了他们主要的稀缺资源。现假设你非常富有但每周只有几小时空闲，请举出几个你最经济地利用时间的例子和步骤；此外，请比较富人和穷人在利用时间上的不同。

【重要级别】☆　　　　【难度级别】☆

【考查要点】经济学的基本概念和分类、效率

【参考答案】具体例子略。对于富人来说，他们利用时间的成本较高，因此他们会尽可能减少亲自从事对他们来说收益低于时间成本的事情，通过雇用他人来节省时间，例如家政和一些需要占用大量时间的劳动。而穷人时间资源较多，时间成本低，对于家政以及需要大量时间的劳动，通常是自己亲自去做以节省金钱，用自己的时间资源换取其他效益。

5. 假设某国将劳动投入理发和衬衫两种生产。该国有1 000小时的可利用劳动。一次理发需要半个小时的劳动，而生产一件衬衫需要5个小时的劳动。请绘出该国的生产可能性边界。

【重要级别】☆☆　　　　【难度级别】☆☆

【考查要点】生产可能性边界

【参考答案】设横坐标为衬衫生产，S；纵坐标为理发生产，F。当该国用全部时间从事理发劳动时，理发这种生产的最大可能产量为$\frac{1\ 000}{0.5}=2\ 000$，此时衬衫生产为0，所以此时取点(0,2 000)位于生产性边界上。当全部时间从事衬衫生产时，衬衫最大可能产量为$F=\frac{1\ 000}{5}=200$，取点(200,0)位于生产性边界上。生产一件衬衫需要释放5个小时的劳动时间，因此衬衫生产就需要牺牲10$\left(=\frac{5}{0.5}\right)$个单位的理发，即生产可能性边界的斜率为(−10)。得出该国生产可能性边界曲线的函数形式为：$F=2\ 000-10S$。生产可能性边界曲线形状如右图所示。

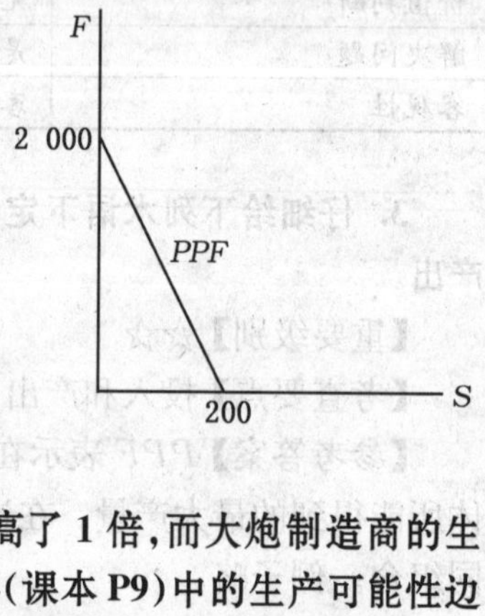

6. 科技发明使黄油生产中利用资源的生产率提高了1倍，而大炮制造商的生产率却没有变化。在这种条件下，请重新绘制图1-2(课本P9)中的生产可能性边界，并说明新的替代关系。

【重要级别】☆☆　　　　【难度级别】☆☆

【考查要点】生产可能性边界

【参考答案】(a)图是教材中原图。当黄油生产率提高一倍而大炮生产率未变时，坐标变为(0,15)，(2,14)，(4,12)，(6,9)，(8,5)，(10,0)，变化后的生产可能性曲线见(b)图。

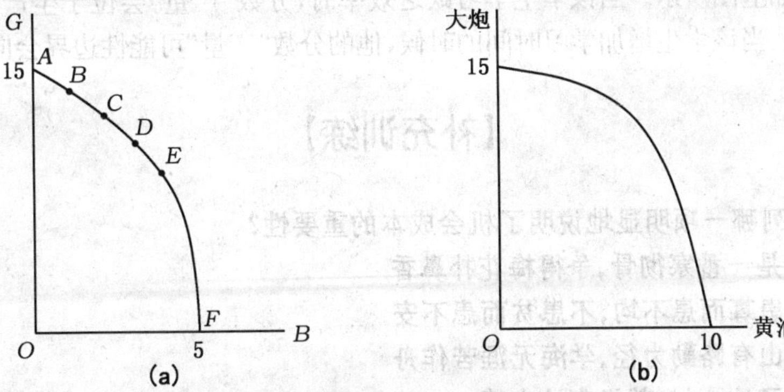

7. 有些科学家认为，我们正在加速耗尽我们的自然资源。先假定，社会一直没有任何技术进步，只有两种投入(劳动和自然资源)，生产两种物品(音乐会和汽油)。随着自然资源日益枯竭，该社会的生产可能性边界会发生何种变化？发明和技术进步将会怎样改变你的答案？进而，请解释为什么说“经济增长是资源耗费与技术进步之间的一场竞赛”。

【重要级别】☆☆　　　　　　　　　　【难度级别】☆

【考查要点】投入和产出

【参考答案】随着自然资源日益枯竭，该社会的生产可能性边界会逐渐缩小。发明和技术进步会放慢生产可能性边界缩小的速度，甚至可能颠倒这一趋势。

经济增长的两个要素是资源投入和技术进步，而资源是稀缺的，且许多资源都是不可再生的，但是技术进步可以弥补资源有限的制约，实现经济的持续增长。当技术进步快于资源耗费时，可以导致经济更快的增长；反之，资源耗费快于技术进步时，尽管在短期内会导致经济的较快增长，但在长期如未出现廉价的替代品，则经济增长最终会放慢脚步甚至走向衰退。因此经济增长是资源耗费与技术进步之间的一场竞赛。

8. 假设某学生有10小时的时间用于准备即将到来的经济学与历史的考试。在给定该学生时间资源的条件下，试画出其分数的生产可能性边界。如果该学生去听摇滚乐和与朋友聊天，学习缺乏效率，那么，相对于他的生产可能性边界而言，他的分数“产量”在何处？如果该学生将学习时间从10小时增加到15小时，那么，他的分数的生产可能性边界会发生何

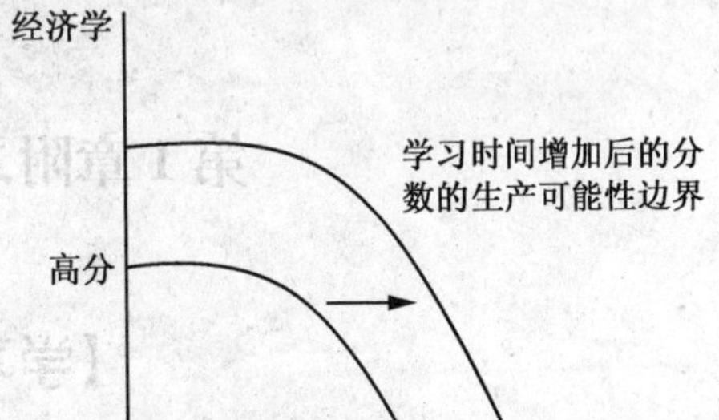

种变化?

【重要级别】☆☆　　【难度级别】☆☆

【考查要点】生产可能性边界

【参考答案】在该学生有 10 小时的时间准备考试的时候,该学生分数的生产可能性曲线如上图所示。当该学生学习缺乏效率时,分数"产量"会位于生产可能性曲线的下方。当该学生增加学习时间的时候,他的分数"产量"可能性边界会向外移动。

【补充训练】

1. 下列哪一项明显地说明了机会成本的重要性?

A. 不是一番寒彻骨,争得梅花扑鼻香

B. 不患寡而患不均,不患贫而患不安

C. 书山有路勤为径,学海无涯苦作舟

D. 过了这个村,就没有这个店

【重要级别】☆☆　　【难度级别】☆☆

【考查要点】机会成本

【参考答案】D。只有 D 符合机会成本的概念,即选择一种东西意味着需要放弃其他一些东西。

【翔高点评】机会成本的概念可以说是经济学的第一重要的概念,因此需要牢牢记清它。但是考题一般都会有些变通,理解其本质很重要。

2. 以下哪一项不属于经济学研究的基本问题?

A. 生产什么　　**B. 如何生产**

C. 为谁生产　　**D. 谁来生产**

【重要级别】☆　　【难度级别】☆

【考查要点】经济组织的三个基本问题

【参考答案】D。经济学需要研究的问题是生产什么、如何生产和为谁生产,不能决定谁来生产。

第 1 章附录　如何看图

【学习精要】

❖知识点一　图形的各种要素

图形在经济学中非常重要,直观简洁。图说明的是两组或两组以上的数据或变量如何相互联系，使我们能够非常直观地进行概念分析，并讨论它的变动趋势。

◇ 变量是指人们能够给出它的定义，并进行衡量的量。经济学研究的重要变量有价格、产量等。

◇ X 轴又称横轴，是图形的水平线。图形中的垂直线是纵轴，也称为 Y 轴。两轴相交的左下角被称为原点。

❖知识点二　曲线的斜率

曲线的斜率表示当一个变量发生变化时另一个变量所发生的变化，在图形中，就是 X 的变化和 Y 的变化之间的关系的数字度量。

◇ 斜率可以用一个数字来表示，它衡量 X 每变化 1 单位时 Y 的变化，或"高度比长度"。

◇ 如果线段为直线，那么其斜率肯定是一个常数。

◇ 线段的斜率能够说明 X 和 Y 之间所具有正向的或反向的关系，当变量沿相同方向变化时，就称为正向关系；当两个变量沿相反方向变化时，就形成反向关系。

◇ 平滑曲线上某一点上的斜率是与曲线在该点刚好接触而非相交的直线的斜率。这条直线被称为这条曲线在该点的切线。

◇ 在曲线的上升区域，其斜率为正；在下降区域，其斜率为负；在曲线的顶点或最大值点，其斜率正好为零。斜率为零说明，X 变量在最大值附近的微小变动对 Y 变量的数值没有影响。

❖知识点三　曲线的移动和沿着曲线的移动

◇ 曲线的移动是指曲线本身的移动，表示所有组合点的移动。

◇ 沿着曲线的移动是指组合点沿着曲线的移动，表示的是组合点内部各变量相对关系的改变。

❖知识点四　特殊的图形

◇ 时间序列图表示某一特定变量如何随着时间的变化而变动，通常在该图上把时间标在横轴上，把有关的变量标在纵轴上。

◇ 散点图一般描绘的是变量在不同年份的组合。比如常见的消费函数就是散点图。

◇ 多曲线图是指在同一图中存在两条或两条以上曲线的图形，可以用来说明多个因变量与同一个因变量之间的关系。

【习题解析】

□概念复习

1. 横轴，或 X 轴

X 轴又称横轴，是图形的水平线。

2. 纵轴，或 Y 轴

图形中的垂直线是纵轴,也称为 Y 轴。

3. 作为"高度比长度"的斜率

曲线的斜率表示当一个变量发生变化时另一个变量所发生的变化。当所衡量的是一条直线时,直线上两点之间的斜率可以用该直线到某一点的高度与长度之比来表示,因此斜率也可以被定义为"高度比长度"。

4. 斜率(负、零、正)

线段的斜率能够说明 X 和 Y 之间所具有的正向的或反向的关系,当变量沿相同方向变化时,就称为正向关系,斜率为正;当两个变量沿相反方向变化时,就形成反向关系,斜率为负。斜率为零表示变量 X 与 Y 之间不具有相关关系,此时函数曲线呈水平直线状。

5. 体现曲线斜率的切线

体现曲线斜率的切线是计算曲线在某一点上的斜率时所需要的一条直线,这条直线与曲线在该点刚好相切而不是相交。该条直线的斜率就是曲线在该点的斜率。

6. 时间序列图

答案见知识点四第一段。

7. 散点图

散点图是用点的密集程度和趋势表示两种现象或变量之间的相关关系的图形,适用于表示两个在专业上有联系的定量指标同时变化的趋势。

8. 多曲线图

答案见知识点四第三段。

□问题讨论

1. 考虑以下问题:8小时睡眠后,你一天还有16个小时可以在闲暇和学习之间进行分配。设闲暇为变量 X,学习时间为变量 Y。在一张空白图纸上作出 X 和 Y 所有组合之间的直线关系。注意标出 X 轴、Y 轴和原点。

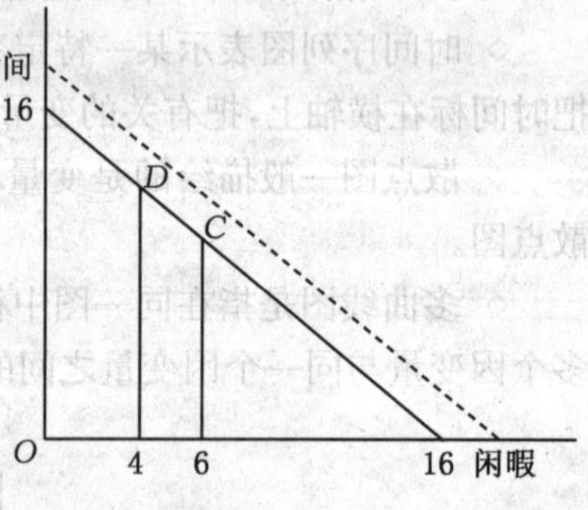

【重要级别】☆　　【难度级别】☆

【考查要点】图形的各种要素

【参考答案】见右图。

2. 在问题1中,表示学习和闲暇时间之间关系的线段的斜率为多少?该线段是笔直的吗?

【重要级别】☆☆　　【难度级别】☆☆

【考查要点】曲线的斜率

【参考答案】表示学习和闲暇时间关系的线段的斜率为:$-16/16=-1$,可以看出该线段是笔直的。

3. 我们假定,你每天不多不少恰好需要 6 小时的闲暇时间。在图上标出与 6 小时闲暇相对应的点。现在,考虑点沿着曲线移动:假设你决定每天只需要 4 小时闲暇,请标出新的点。

【重要级别】☆　　　　　　　　【难度级别】☆

【考查要点】曲线的移动和沿着曲线的移动

【参考答案】如上图所示,图中点 C 和点 D 分别对应的就是 6 小时闲暇和 4 小时闲暇所对应的点。

4. 接下来考虑曲线的移动:你发现自己需要较少的睡眠时间,这样,你每天就有 18 小时用于闲暇和学习。画出新的(移动后的)曲线。

【重要级别】☆　　　　　　　　【难度级别】☆

【考查要点】曲线的移动和沿着曲线的移动

【参考答案】同样如上图所示,图中的虚线就是所要求的新的曲线,它反映了代表闲暇和学习时间的生产可能性边界 PPF 将向右上方移动。

5. 记录你自己一周的闲暇和学习时间。画出每天闲暇和学习时间的时间序列图。然后画出闲暇时间和学习时间的散点图。你是否看出这两个变量之间存在着某种关系?

【重要级别】☆　　　　　　　　【难度级别】☆

【考查要点】特殊的图形

【参考答案】答案略。

6. 登陆"经济分析局"网站(www. bea. gov),点击"国内生产总值"。在下一页,点击"Interactive NIPA data"。再点击"Frequently Requested NIPA Tables"。选定"Table 1. 2 (Real Gross Domestic Product)",即国民经济的总产量,一般都是季度数据。

a. 用最近 6 个季度的数据建立一条国内生产总值的时间序列图。看看国内生产总值曲线趋于上升还是趋于下降?(在宏观经济学中,如果该曲线的斜率一直趋于下降,则我们说出现了衰退。)

b. 以"进口"为纵轴,"国内生产总值"为横轴,建立一个散点图。说明各数据之间的关系。(在宏观经济学中,这将是一般进口倾向。)

【重要级别】☆　　　　　　　　【难度级别】☆

【考查要点】特殊的图形

【参考答案】答案略。

7. 学过微积分的同学请注意:平滑的直线或曲线的斜率实际上就是其导数。下列两个方程描述的是两条互为反函数的需求曲线(其中价格是产量的函数)。对这两条曲线,假定方程成立的前提条件是 $P\geqslant 0, X\geqslant 0$。

a. $P=100-5X$

b. $P=100-20X+X^2$

针对每一需求曲线,当 $X=0$ 和 $X=1$ 时,请分别给出需求曲线的斜率。对于

线性需求曲线如 a,在什么条件下,曲线 b 的斜率将会趋于下降?曲线 b 是向上凸起(像房子)还是向下凹进(像杯子)?

【重要级别】☆☆　　　　　　　【难度级别】☆☆

【考查要点】曲线的斜率

【参考答案】对于需求曲线 $P=100-5X$,通过求导得到 $dP/dX=-5$,因而该线性需求曲线的斜率为-5。同一条直线上的点,其斜率都等于直线本身的斜率。因此,当 $X=0$ 和 $X=1$ 时,需求曲线的斜率都为-5。对于需求曲线 $P=100-20X+X^2$,可以求得 $dP/dX=-20+2X$,因而当 $X=0$ 时,斜率为-20,当 $X=1$ 时,斜率为-18。对于线性需求 a,当斜率为负时,曲线向右下方倾斜。由需求曲线可以看出,曲线 b 是二次曲线,是向下凹进的。

【补充训练】

1. 试述经济学中图形的作用。

【重要级别】☆☆　　　　　　　【难度级别】☆☆

【考查要点】图形的各种要素、特殊的图形

【参考答案】图形的最突出的特点就是直观、简明,往往一些需要很多文字描述的语言用图形就可以快速、准确地表达出来。图形被经济学家在研究过程中广泛地使用,已经成为他们的重要分析工具。无论是微观经济学还是宏观经济学的模型,都涉及大量的图形语言,比如经典的供求模型、IS-LM 模型等。在学习过程中,需要把握图形的各种组成要素,特别是关注曲线的斜率、交点、方向等,这样结合文字语言,才能使得经济学所要表达的观点更为准确、全面。

第 2 章　现代经济中的市场与政府

【学习精要】

❖知识点一　市场的相关概念

◇ 市场是买者和卖者相互作用并共同决定商品和劳务的价格以及交易数量的机制。

◇ 价格是指物品的货币价值，代表了消费者和厂商愿意交换各自商品的条件，是一种信号，可以向各市场参与者传递出市场供求状况等信息。

◇ 在市场中，是价格在协调生产者和消费者的决策。较高的价格趋于抑制消费者购买，同时会刺激生产；而较低的价格则鼓励消费，同时抑制生产。价格在市场机制中起着平衡作用。

◇ 当市场平衡了所有影响经济的力量时，市场就达到了供给和需求的市场均衡。市场均衡代表了所有不同买者和卖者之间的一种均衡。

❖知识点二　市场如何解决三大经济问题

◇ 生产什么商品和劳务取决于消费者的货币选票，消费者会利用手中的货币去投票，而生产者则会根据利润最大化的原则去决定自己生产何种物品。

如何生产取决于不同生产者之间的竞争。为了应对价格竞争和取得最大利润，生产者的最佳方法便是采用效率最高的生产技术，以便将成本降到最低点。

为谁生产主要取决于生产要素市场上的供给和需求。要素市场决定了工资、地租、利息和利润的水平。

◇ 消费者的需求必须同厂商所能提供的商品和服务紧密匹配，厂商根据消费者需求解决生产什么的问题。正如农夫用胡萝卜加大棒来驱使驴前行一样，市场体系用利润和亏损来引导企业有效率地生产出符合人们所需要的产品。

◇ 亚当·斯密发现了竞争性市场经济的一个重要特征。在完全竞争和不存在市场不灵的情况下，市场会用尽其资源尽可能多地生产出有用的商品和劳务。但在存在着垄断、污染或其他市场失灵的情况下，看不见的手的效率特征就可能遭到破坏。

❖知识点三 贸易、专业化和劳动分工

专业化是指让个人或国家各自集中精力去完成某一种任务——这就使得每个人和每个国家都能够发挥其特殊技能和资源优势。除了人们可以进行劳动分工之外,资本和土地也是可以高度专业化的。

专业化导致生产方法日益复杂,复杂的生产方法要求许多专业技能。随着个人和国家也变得越来越专业化,它们也趋向于专门生产特定的商品,并用其剩余产品去交换更多的其他国家生产的物品。以专业化为基础的自愿贸易使所有的人都能够从中受益。

❖知识点四 货币

货币是一种支付手段或交换媒介,即人们购物时所支付的现金和支票,是一种能够便利交换的润滑剂。

货币供给是由政府通过中央银行来控制的,是各国宏观经济政策的主要任务之一,它可能会失去控制,导致恶性的通货膨胀。

❖知识点五 资本

◇ 资本是一种被生产出来的要素,是一种本身就是由经济过程产出的耐用的投入品。资本通常与土地和劳动一起被称为三大基本生产要素。

◇ 很多经济活动都涉及放弃现时的消费以增加资本。我们每次进行投资——新建一座工厂或修筑一条道路,增加受教育年限或提高教育质量,增加知识技术积累——都在提高经济的未来的生产率,进而增加我们未来的消费。

◇ 在将一部分人的储蓄转化为另一部分人的资本的过程中,复杂的金融系统势必会发挥着重要的作用。

◇ 个人占有资本并能从中获取利润,是资本主义的实质所在。

产权制度是指用于界定资本和其他资产如何购买、出售和使用的一系列规则。没有任何一种经济制度下的私人产权是不受限制的。

❖知识点六 效率与公平

◇ 完全竞争指的是没有一家企业或一位消费者足以影响整个市场的价格。"看不见的手"所适用的都是完全竞争的市场经济。在这种环境下,市场能够有效地配置资源,从而经济恰好位于其生产可能性边界上面。

◇ 市场的竞争不完全主要出现在以下三种情况:首先是不完全竞争,主要是指买者或卖者能够左右一种商品的价格,特别是垄断。其次是外部性,指的是企业或个人向市场之外的其他人强加的成本或效益。再次是公共品,指的是这样一类商品,该商品的效用扩展于他人的成本为零,无法排除他人参与共享。由于私人提供公共品普遍不足,政府必须介入以鼓励公共品的生产。

◇ 政府必须寻找其收入来源,以提供公共品和实施收入再分配计划。这些收入来自税收。

◇ 市场并不必然能带来公平的收入分配,它很可能导致令人难以接受的收入

与消费的极大不公平。因此,政府通常选择改变由市场决定的工资、租金、利息和红利所造成的收入结构(为谁生产)。现代政府使用税收增加收入,以支持旨在保障穷人经济安全的转移支付或收入支持计划。

❖知识点七　宏观经济的增长与稳定

自从 20 世纪 30 年代现代宏观经济学创建以来,政府便有了第三种职能:运用财政政策(税收和支出政策)和货币政策(影响利率和信贷条件)促进长期的经济增长和劳动生产率的提高,熨平通货膨胀与失业之间的周期性波动。

【习题解析】

□概念复习

1. 市场、市场机制

市场是买者和卖者相互作用并共同决定商品和劳务的价格以及交易数量的机制。市场机制是指市场有机体各构成要素相互联系、相互制约,共同推动市场运行的形式和手段,是由利润最大化的厂商行为所决定的供给、由效用最大化的消费者行为所决定的需求,以及价格三者之间相互作用、相互影响、相互制约,使整个经济体制顺利运行,并达到均衡的作用机制和调节功能。

2. 产品市场和生产要素市场

产品市场是指可供人们消费的最终产品和服务的交换场所及其交换关系的总和。生产要素市场是指生产要素作为商品所进行的一切交换和买卖活动,以及用商品交易方式把生产要素的需求和供给联系起来的一种经济关系。在商品市场上,厂商是商品的供给者,居民是商品的消费者;但在要素市场上,厂商是要素的需求者,居民是要素的供给者。

3. 价格信号

价格信号是指价格作为资源配置的引导所发挥的信号作用。较高的价格趋于抑制消费者购买,同时会刺激生产;而较低的价格则鼓励消费,同时抑制生产。价格在市场机制中起着平衡作用。

【翔高点评】价格信号是市场机制在经济中发挥作用的关键因素,经济状况首先就会反映在相关的价格指标的变化上。

4. 市场均衡

当市场平衡了所有的影响经济的力量时,市场就达到了供给和需求的市场均衡。市场均衡代表了所有不同买者和卖者之间的一种均衡。市场均衡分为局部均衡和一般均衡,局部均衡考虑的是经济体系中单独一个市场的均衡,是以“其他情况的不变”的假设为基础的。一般均衡是指在一个经济体系中,所有市场的供给和需求同时达到均衡的状态。

5. 完全竞争与不完全竞争

完全竞争的概念见知识点六。不完全竞争是相对理想化的完全竞争而言的一类市场结构，市场中的企业或个人不像在完全竞争市场中那样都是价格接受者，而是对产品市场价格有一定程度的控制力。不完全竞争将导致经济的低效率，其经济成本主要表现为价格的提高和产出的不足。

6. 亚当·斯密的"看不见的手"

"看不见的手"是市场对社会资源的自发调节机制。在理性人和完全信息的假设前提下，斯密认为在完全竞争的市场经济中，市场机制就像一只"看不见的手"，时刻在调整人们的经济行为，从而使整个经济社会的资源配置达到帕累托最优。

7. 专业化和劳动分工

专业化是指让个人或国家各自集中精力去完成某一种(或一系列)任务，从而使个人和每个国家都能够发挥其特殊技能和资源优势的做法，专业化的劳动分工能够提高资源的生产效率，促进经济的增长。

劳动分工是指将生产划分成许多细小的专业化步骤或任务，每个人单独完成其中的一个步骤而非全部。

8. 货币

货币是一种支付手段或交换媒介，即人们购物时所支付的现金和支票，是一种能够便利交换的润滑剂。只有人们信任并接受货币作为物品和债务的支付手段时，交换才能顺利进行。货币的使用，允许人们用其专业化生产的产品去大量交换他人生产的物品和劳务。

9. 生产要素(土地、劳动、资本)

生产要素是指在生产过程中的各种投入，是进行物质资料生产所必须具备的基本因素和条件。生产要素主要分为土地、资本和劳动三类。土地不仅指土地本身，也包含了一些其他的自然资源；劳动指人类在生产过程中提供的时间和精力；资本是指一个经济体为了生产其他的物品而生产出来的耐用品，这种耐用品即是资本品或投资品。

10. 资本、私人财产与产权

资本是一种被生产出来的要素，是一种本身就是由经济过程产出的耐用的投入品，资本在本质上意味时间的耗费和间接的生产手段。私人财产是指人们通过合法途径和手段获取的各种收入，包括了劳动收入和非劳动收入，其中股票、债券等是现代人们获取财产的主要途径。

11. 效率、公平、稳定

效率是指政府财政支出应能够有助于资源的合理配置，促进经济效率的提高，尽量消除市场失灵对经济所带来的负面影响。公平是指政府财政支出应该能够有助于社会公平的实现，提高社会大多数人的福利水平，因为单靠市场的力量就不可避免出现贫者愈贫、富者愈富的"马太效应"。稳定原则是指政府的财政支出应该促进社会经济的稳定发展，政府可以利用财政措施进行调节，通过财政支出规模、结构的变化来调节经济，引导经济运行，使经济实现平稳发展。

12. 非效率：垄断和外部性

垄断是不完全竞争的极端形式，指市场中单一的出售者控制某一产业的情形。垄断企业不再是价格接受者，而是在一定的约束条件下由垄断企业自己来决定价格。垄断对于经济效率是非常有害的，因此需要政府的管制。外部性是指一个经济活动的主体的经济行为对其所处的经济环境所产生的影响，它会造成私人成本和社会成本、私人收益和社会收益之间的不一致，非常容易造成市场失灵，可以分为外部经济和外部不经济。

13. 市场机制下的收入不平等

市场机制下的收入不平等是指由市场经济规律作用而产生的收入差距。市场经济注重效率，各种要素的报酬都是由市场规律来决定的，要素的稀缺程度以及要素对生产的贡献都可能导致要素所有者的收入分配不均等。在市场经济中，收入分配的差别是市场运动、市场竞争存在的条件，然而也不能过于悬殊，需要政府进行相关的政策干预。

14. 宏观经济政策:财政政策与货币政策

财政政策是政府变动税收和支出以便影响总需求进而影响就业和国民收入的政策。变动税收主要是改变税率和税率结构，改变政府的支出主要是改变政府的购买规模。货币政策主要是指政府通过中央银行变动货币供给量，影响利率，进而影响投资和其他利率敏感性支出，最终影响国民收入的政策措施。货币政策的工具主要有改变法定准备金率、改变再贴现率和公开市场业务操作。财政政策和货币政策都有扩张性和紧缩性两种，需要根据经济形势的变动配合使用，从而最终实现稳定国民经济的目标。

【归纳总结】

财政政策与货币政策比较

财政政策工具	货币政策工具
税收 政府购买 公债 转移支付	再贴现率 法定准备金率 公开市场操作 “道义劝告”等

15. 稳定和增长

经济稳定是指社会经济总量和结构的短期均衡，通货膨胀得以治理，物价水平从高位下落并稳定在较低水平，经济增长的速度不再进一步下滑，主要经济问题趋于缓解。经济增长一般是指一国或地区在一定时期内国民总产出的增加或人均产出水平的提高，经济的长期增长主要是通过一国的技术进步和国民素质的提高来实现的。

□问题讨论

1. 国民产出构成的决定因素是什么？在有些场合下，存在“消费者主权”，即消费者根据个人偏好和市场价格决定如何花费自己的收入。在另一些场合下，由

立法机构的政治选择对上述问题进行决策。考虑以下几个例子:运输、教育、警察、能源使用效率、医疗保健范围和电视广告。对每一种情况,说明其配置是取决于消费者主权还是政治决策。你是否希望改变其中任何一种情况下的配置方法呢?

【重要级别】☆☆　　　　　　　　　【难度级别】☆☆

【考查要点】市场如何解决三大经济问题

【参考答案】国民产出总量是指一个国家在一定时期内生产的物质产品和劳务的总和,它反映了该国的生产水平,可以由GDP、GNP等多个指标来进行衡量。消费、投资、政府支出、净出口是构成国民产出的决定因素。在以上的所有例子中,资源的配置最终都是由消费者主权和政治决策来共同决定的,它们中的每一种配置方法都不能单独取决于消费者主权或政治决策。由于以上例子都涉及公共服务,属于准公共物品,因此其配置不能完全由市场上单个的个人决策来提供,均需要政府参与提供。所以这些产品和服务的配置方法不需要改变。

2. 当一种物品十分有限时,必须采取某种方法配给该稀缺品。例如,拍卖、发票证、"先来先得"等。试说明每一种方法的利弊?详细解释市场机制在何种意义上"配给"了稀缺的物品和劳务。

【重要级别】☆　　　　　　　　　　【难度级别】☆☆

【考查要点】市场的相关概念

【参考答案】拍卖虽然能够反映真实的市场需求,具有效率,但是拍卖需要一定的前提条件,它并不总是切实可行的。发票证虽然能够兼顾到多数人的利益,但却人为降低了价格。"先来先得"虽然解决了公平问题,但却因为排队等候造成了高额的机会成本。市场确实是有效率的,它将产品"配给"给了那些想要而能够承担得起费用的消费者。在这种意义上说,市场机制成功地"配给"了稀缺的物品和劳务。

3. 本章讨论了许多"市场不灵"的情况。在这些场合,"看不见的手"根本不灵。我们还说明了政府的职能。是否也可能存在"政府不灵",即政府矫正市场不灵的努力甚至会导致比市场不灵更糟的后果?考虑几个市场不灵的例子。你能设想一种政府不灵非常严重,以致生活在市场不灵中要比"政府出面去加以纠正"更好的情况吗?

【重要级别】☆☆　　　　　　　　　【难度级别】☆☆

【考查要点】效率与公平

【参考答案】实际生活中,是存在很多潜在的"政府不灵"的。比如,政府对基本药物的连续降价行为、对楼市和股市的调控等。中国对私立教育的准入限制比美国严重得多,导致目前中国的教育收费远远高于美国,由此可见,生活在市场不灵中要比政府出面去加以纠正更好。

【翔高点评】市场不灵是市场经济中容易出现的问题,但是靠政府也不能完全解决市场不灵的问题。

4. 分析下列政府干预经济的情况:空气污染管制,穷人收入补偿,对电话垄断

进行价格管制。就每一种情况回答:(a)解释市场不灵;(b)讨论政府对该问题的干预;(c)解释政府为什么不灵(见问题3中的定义)可能是因政府干预而起。

【重要级别】☆☆☆　　　　【难度级别】☆☆☆

【考查要点】效率与公平

【参考答案】(a)市场不灵是指市场机制不能有效地配置资源,也即价格机制在某些领域内不能起作用。造成市场不灵的主要原因有:外部性问题的存在、公共产品、市场特权、非对称信息等。空气污染由于具有严重的负外部性,从而导致市场不灵。穷人收入补偿是因为市场不能自行解决公平分配性问题。对电话垄断进行价格管制是对由于垄断造成的市场失灵进行纠正。(b)由于污染存在负的外部性,会影响资源的配置效率,因此政府需要限制污染的产量来提高资源配置的效率。而市场机制不能保证公平的收入分配,因此也需要政府制定国民收入再分配机制,对穷人进行补贴。垄断会造成生产和分配的无效率,因此也同样需要政府对垄断进行管制。(c)政府不灵是指政府矫正市场不灵的努力有时候会比市场不灵的效果更糟。如果政府在制定政策时没有做好前期的科学调研工作,违背经济规律,或者因为政府的执行力比较差,都有可能造成政府的失灵。

5. 由图2－1(课本P26)可见:消费品与投资品的循环流动,伴有相应的货币的收入与支出。画出经济中货币流动的循环流动图,并将它与产出品和投入品的循环流动图做比较。货币在货币流程中的职能是什么?

【重要级别】☆☆　　　　【难度级别】☆☆

【考查要点】货币

【参考答案】根据货币的作用,货币循环流动的方向将会与图2－1恰好相反,是从厂商向投入品供给者、从家庭向产品供给者的流动。货币的主要职能是便利交易,提高经济的交易运行效率。

6. 举出3个关于专业化与劳动分工的例子。在哪些领域你和你的朋友们会考虑采用专业化?过度的专业化会有什么弊端?

【重要级别】☆　　　　【难度级别】☆

【考查要点】贸易、专业化和劳动分工

【参考答案】在准备学校的联欢晚会时,专业化和劳动分工是非常明显的。文艺好的同学负责排练节目,懂技术的人负责灯光的控制,普通话好的同学则主持节目。如果采用专业化就能够充分发掘出各个同学的优势,有利于他们在自己的领域里做精做强。但是过度的专业化可能会使一些人遭遇失业的危险,因为他们的资产专用性太强了。

【翔高点评】劳动分工会使不同岗位的工作人员实现工作的专业化,极大地提高工作效率,但是过度专业化也会导致特定工人出现失业的状况。

7.“林肯解放了农奴。他大笔一挥就毁灭了南方多年积累起来的大部分资本。”试评论这段话。

【重要级别】☆　　　　【难度级别】☆☆

【考查要点】资本

【参考答案】这段话反映了将奴隶看作资本的邪恶的观点。早期有观点认为奴隶是奴隶主的一种私人财产。认为奴隶主养活了奴隶,并对他们进行训练,就像物质资本的再生产一样,因而是一种人力要素。这种观点把奴隶当作物来对待,承认并合理化了奴隶主对奴隶的人身占有,因而是缺乏人道的、不合理的。

8. 下表列出了联邦政府主要预算支出中的一些项目。试解释每一项如何与政府的经济职能相对应。

联邦政府主要预算支出中的一些项目

预算项目	联邦支出,2005 年(10 亿美元)
卫生保健和医疗保障	547
社会保障	515
国防	451
收入保障	348
国债利息	178
自然资源与环境	31
国际事务	38

【重要级别】☆☆　　　　　　【难度级别】☆☆

【考查要点】宏观经济的增长与稳定

【参考答案】卫生保健和医疗保障将会提高国民的健康质量,从而提高整个国家的经济效率。同时,为穷人提高基本的医疗保障,也可以促进公平和正义。社会保障有利于促进收入分配的公平。国防维护了全体公民的人身安全方面的利益。收入保障则通过商业循环为经济的稳定提供了保障。国债利息则可以使政府能够更有效地利用财政政策来促进经济的稳定。自然资源与环境支出则会致力于缓解消极的外部经济效应。国际事务能够促进本国企业参与国际竞争,有助于提高经济的效率。

9. 为什么说"没有代表权就不纳税"这个口号对于公共品很有意义,而对私人品却没有意义?用它来解释人们为什么反对下列情形:(a)税收被过多地用于国防支出;(b)过桥费收得过高;(c)纽约飞迈阿密的机票价格据说过高。

【重要级别】☆☆　　　　　　【难度级别】☆☆☆

【考查要点】效率与公平

【参考答案】"没有代表权就不纳税"这个口号对于公共品很有意义,其理由主要是:对于私人品来说,人们一般是依据其个人偏好来购买该种产品的。而公共品却不同,公共品是由政府提供并用政府的税收来支付的,并不一定能够反映个人的偏好,所以,纳税人在政府提供的公共品中有发言权是很重要的。(a)当税收被过多用于国防支出时,政府提供的其他公共品就会相对减少,因此通过投票方式来解决这类问题就是一个最好的方法。(b)当过桥费收得过高时,人们可以用投票的方式来表达自己的不满,或者当征税不合理时将其移交司法机关来处理。(c)当纽约飞往迈阿密的机票过高时，人们可以选择其他的方式，比如说乘汽车去迈阿密或者选择不再前往迈阿密。

【补充训练】

1. 科斯定理的基本思想是(　　)。

A. 否定“看不见的手”的作用

B. 肯定“看不见的手”的作用

C. 对“看不见的手”的作用既不肯定又不否定

D. 以上都不对

【重要级别】☆☆　　【难度级别】☆☆

【考查要点】效率与公平

【参考答案】B。

2. 商品的有益外部性是指(　　)。

A. 生产的社会边际成本高于生产的私人边际成本

B. 生产的社会边际成本低于生产的私人边际成本

C. 社会得到的边际效益等于商品生产者得到的边际收益

D. 社会得到的边际效益小于商品生产者得到的边际收益

【重要级别】☆☆　　【难度级别】☆☆

【考查要点】效率与公平

【参考答案】B。

3. 对有害外部性的商品，必须(　　)。

A. 一律禁止　　B. 让“看不见的手”调节

C. 让社会调节　　D. 由政府加以限制或禁止

【重要级别】☆　　【难度级别】☆

【考查要点】效率与公平

【参考答案】D。

第 3 章　供给与需求的基本原理

【学习精要】

❖知识点一　需求曲线的概念及形状

微观经济学的核心模型就是供给和需求模型，因此需求曲线的形状就格外重要。

◇ 需求表。在其他条件相同时，一种物品的市场价格与该物的需求数量之间存在着一定的关系，这种价格和需求之间的关系就可以用一个表格即需求表来表示。

◇ 需求曲线。如需求表的概念所示，如果价格和需求之间的关系用坐标轴来表示，就称为需求曲线。

◇ 需求向下倾斜规律。当一种商品的价格上升时（同时保持其他条件不变），购买者便会趋于购买更少的数量。同理，当价格下降、其他条件不变时，需求量会增加。这种价格和需求量之间的反向变动关系称为需求向下倾斜规律。注意前提条件只是价格的变化。主要是替代效应和收入效应共同作用的效果。

◇ 替代效应。由商品价格的变动所引起的商品价格的相对变动，进而由商品的相对价格变动所引起的商品需求量的变动。

◇ 收入效应。由商品的价格变动所引起的实际收入水平的变动，进而由实际收入水平的变动所引起的商品需求量的变动。

◇ 市场需求。市场需求曲线是将在每一个价格水平下所有个人的需求量加总而得到的，需求曲线也是符合需求向下倾斜的规律的。

❖知识点二　需求曲线的决定因素

◇ 消费者的平均收入。这是决定需求的最主要的因素。当人们的收入水平上升时，即使价格水平不变，人们也会倾向于购买更多的商品和服务。

◇ 市场规模。市场规模体现了一种商品的潜在购买力，例如中国就是一个大的市场，外资企业进入中国就是看中了中国巨大的市场规模。

◇ 相关物品的价格。这里主要是指互补品和替代品的价格，这些商品的价格高低和可获得性也影响该商品的需求。

◇ 除了上述的客观因素外，还有个人偏好等主观因素。主要体现在人们的心理因素上，比如宗教以及审美传统等方面。

❖知识点三　需求曲线的移动

当商品价格之外的因素变化引起购买数量发生变化时，我们称这种变化为需求变动。当所要购买的数量在每一价格水平增加或者减少时，我们说需求增加或需求减少。

◇ 这里需要区分沿着曲线的移动和曲线的移动。需求的变化主要表现为需求曲线的移动，而需求量的变化主要表现在价格变化之后，需求量在同一条需求曲线上移动到不同的点。

❖知识点四　供给曲线的概念及形状

◇ 供给表。在其他条件不变的情况下，某种商品的市场价格与生产者愿意生产和出售的数量之间的关系，这种关系如果用图表表示就称为供给表。

◇ 供给曲线。如供给表的概念所示，如果这种关系用坐标轴表示就称为供给曲线。

◇ 供给曲线向上倾斜。在通常情况下，当一种商品的价格上升时(同时保持其他条件不变)，生产者便趋于生产更多的数量。同理，当价格下降、其他条件不变时，供给量会减少。这种价格和供给量之间的同向变动关系称为供给曲线向上倾斜规律。注意前提条件只是价格的变化。主要是“边际收益递减规律”的效果。

❖知识点五　供给曲线的决定因素

◇ 生产成本。决定供给的一个关键因素就是生产成本，当某种物品的生产成本较低时，生产者大量生产该种物品便有利可图。决定生产成本的主要因素是投入品的价格以及技术进步。当劳动、能源等投入品的价格降低时，生产商的成本就会降低，进而增加供给。同理，技术进步将降低同一数量的产出所需要的投入品的数量，使得生产商增加供给。

◇ 相关物品的价格。这里主要是指互补品和替代品的价格，这些商品的价格高低和可获得性也影响该商品的供给。

◇ 政府政策。政府的一些环保、税收政策、劳工政策等也会对供给曲线产生重大影响。

◇ 特殊因素。主要是指气候条件、创新精神等对特定行业影响。

❖知识点六　供给曲线的移动

当商品价格之外的因素变化引起供给数量发生变化时，我们称这种变化为供给变动。当所要生产的数量在每一价格水平增加或者减少时，我们说供给增加或供给减少。

这里需要区分沿着曲线的移动和曲线的移动。供给的变化主要表现为供给曲线的移动，而供给量的变化主要表现在价格变化之后，供给量在同一条供给曲线上移动到不同的点。

❖知识点七　供给曲线和需求曲线的均衡

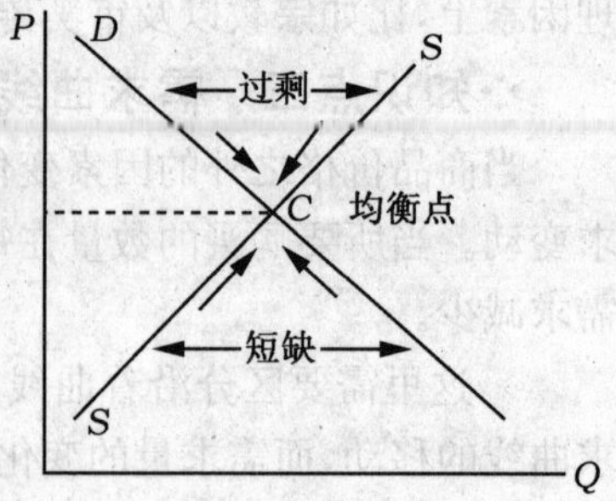

均衡价格和均衡数量发生在愿意供给的数量等于愿意购买的数量的水平上。在竞争市场上,这一均衡出现在供给曲线和需求曲线的交点上。在均衡价格水平上,市场不存在短缺或过剩。如右图所示,当价格高于均衡价格(点C处的价格)时,就会出现供给大于需求的过剩局面,于是供给方迫于需求不足的压力,自动降低价格;当价格低于均衡价格时,就会出现需求大于供给的短缺局面,于是需求方迫于需求过度的竞争压力,只好接受供给方提价的要求,从而价格上升。

当影响需求和供给的诸因素发生变化时,就会导致需求或供给发生变动,并引起市场上的均衡价格和均衡数量也发生变动。

需要关注从一个均衡点移动到另一个均衡点时,发生在供给曲线和需求曲线背后的因素,分析这些因素可以帮助我们理解消费者、生产商的行为,分析一些经济现象。

通过决定所有投入和产出的均衡价格和均衡数量,市场将社会的稀缺品配置或配给到各种可能的用途中,它通过供求的相互作用进行了这种配给,也即我们所熟知的"用钱包进行配给"。通过市场的竞争性价格配给机制,回答了经济学的三个基本问题,基本上能够实现社会福利的最大化。

【习题解析】

□概念复习

1. 供给与需求分析

供给和需求分析是经济学的核心分析方法。它通过将生产者追求利润最大化的供给问题和消费者追求效用最大化的需求问题结合起来,分析市场达到均衡时的状态,和不同均衡状态的变化情况;充分考虑市场机制的作用,以此决定市场机制是如何解决生产什么、如何生产、为谁生产这三大基本经济问题的。

2. 供给表或供给曲线,*SS*

答案见知识点四。

3. 供给曲线和需求曲线的移动

答案见知识点三和知识点六。

【归纳总结】需求曲线和供给曲线的移动是商品价格之外的因素所导致的,而需求量和供给量的变动则是价格本身的变化所导致的。

4. 需求表或需求曲线,*DD*

答案见知识点一。

5. 影响供给曲线的因素

答案见知识点五。

6. 保持其他条件不变

研究经济问题时，需要假定除了目标变量这个因素外其他的因素都要保持不变，只考虑目标变量与决定这种变量的某种决定因素之间的关系。我们通常说的"需求曲线向下倾斜"和"供给曲线向上倾斜"都是在假定保持其他条件不变时，研究商品的价格与需求量或供给量之间的关系时所得出的结论。

7. 需求向下倾斜规律

答案见知识点一。

8. 均衡价格和均衡数量

均衡价格指的是消费者愿意接受的商品的需求价格和生产者愿意提供的供给价格相等时的价格，体现在图形上就是供给曲线和需求曲线相交时的价格水平。只有均衡价格是唯一能持久的价格，任何背离均衡价格的价格水平都会在竞争的作用下回到均衡价格水平。

在市场均衡情况下的商品数量是均衡数量，体现在图形上就是供给曲线和需求曲线相交时的数量水平。只有均衡数量是唯一能持久的数量水平，任何背离均衡数量的数量水平都会在竞争的作用下回到均衡数量的位置。

9. 通过价格进行分配

一般这个概念也被称为是价格分配，是指市场机制通过供求的相互作用，对社会的稀缺资源进行分配的方式。市场机制中的价格具有调节市场供求达到均衡，从而使稀缺的资源按照需要的比例进行配置的功能，也即价格变化对资源配置具有导向作用。在这个过程中，需要特别强调竞争的作用，如果竞争得不到充足保证，这时的价格就有可能是非均衡的，市场的效率将会很低。

10. 影响需求曲线的因素

需求是指居民户在某一特定的时期内，在某一特定的价格水平下，愿意并且能够购买的商品量。决定需求曲线的因素主要有消费者的平均收入、市场规模、相关物品的价格等客观因素外，还有个人偏好等主观因素。

【翔高点评】供给表和供给曲线以及需求表和需求曲线都是非常重要的概念，它们之间既有区别又有联系，分别从不同的侧面描述了供给及需求的概念。

□问题讨论

1. a. 仔细定义需求表或需求曲线。表述需求向下倾斜规律。用两个你自己经历的事例说明向下倾斜规律。b. 定义供给表或供给曲线。需求说明供给的增加意味着供给曲线的向右下方移动。把它与需求增加所意味的需求曲线向右上方的移动做一下比较。

【重要级别】☆☆　　　　　　　【难度级别】☆

【考查要点】需求曲线的概念和形状、供给曲线的概念和形状

【参考答案】a. 在其他条件不变的情况下，一种商品的市场价格和该商品的需

求数量之间的关系可以用一张需求表或者一条需求曲线来表示。需求表一般用图表的形式表现出来,而需求曲线则可以把商品的需求量看成是这种商品的价格的函数,用坐标轴的形式表示出来。

需求向下倾斜规律是指在通常情况下,当一种商品的价格上升时(同时保持其他条件不变),购买者便会趋于购买更少的数量。同理,当价格下降、其他条件不变时,需求量会增加。这种价格和需求量之间的反向变动关系称为需求曲线向下倾斜规律。注意前提条件只是价格的变化。主要是替代效应和收入效应共同作用的效果。

比如当笔记本的价格在近几年大幅下降时,大部分的消费者都可以买得起,需求量大幅攀升,年轻的大学生几乎人手一台。另一个例子,当住房价格大幅攀升时,人们很难承受,这时对商品房的需求是大幅下降的。

b. 在其他条件不变的情况下,某种商品的市场价格与生产者愿意生产和出售的数量之间的关系,这种关系如果用图表表示就称为供给表,如果这种关系用坐标轴表示就称为供给曲线。

供给的增加是指在商品价格不变的条件下,由于其他因素变动所引起的该商品的供给数量的增加。这里的其他因素主要是指生产成本的降低、技术的进步等,在几何图形上一般表示为供给曲线向右下方的移动。

需求的增加是指在商品价格不变的条件下,由于其他因素变动所引起的该商品的需求数量的增加。这里的其他因素主要是指消费者收入的增加、相关替代品价格的上升等,在几何图形上一般表示为需求曲线向右上方的移动。

供给曲线和需求曲线的移动都表现为曲线的移动,供给的增加和需求的增加导致均衡价格和均衡需求量发生一定的变化。

2. 什么因素可能增加汉堡包的需求?什么因素可能增加其供给?廉价的冷冻比萨饼对于汉堡包的市场均衡会产生何种影响?对于在麦当劳工作的青少年的工资又会产生何种影响?

【重要级别】☆☆　　　　　　　　【难度级别】☆☆

【考查要点】需求曲线的决定因素、供给曲线的决定因素、供给曲线和需求曲线的均衡

【参考答案】替代品比如说其他糕点等的价格上涨、互补品例如牛奶等价格的下降、消费者收入的上升等都会增加对汉堡包的需求。而劳动成本的降低、店面租金的下降、农产品价格的下降等因素都会增加对汉堡包的供给。廉价的冷冻比萨饼的出现可能会减少对汉堡包的需求,这时汉堡包的价格与数量将会因为需求的减少而下降。这同时会给在麦当劳工作的青少年的工资施加一个下降的压力。当然,如果存在关于最低工资的政府限制,那么青少年的工资并不会立即下降。

3. 阐明竞争市场的价格在供给和需求的均衡点上稳定下来的理由。如果市场初始价格过高或者过低,那么请分别描述由此发生的情况。

【重要级别】☆☆　　　　　　　　【难度级别】☆☆

【考查要点】供给曲线和需求曲线的均衡

【参考答案】当由于市场的力量使供给和需求相等时,市场就出现了均衡,这个均衡点上的价格和数量就是一个稳定的点。在这一点上,买者愿意购买的数量和卖者愿意出售的数量刚好相等。稳定的理由主要是因为任何背离均衡点价格的价格水平,都会通过供给和需求的力量相互作用,在竞争的作用下回到均衡价格水平,因此均衡点处的价格水平是稳定的。如果市场初始价格高于均衡价格水平,那么消费者愿意购买的数量即需求将大大降低,而卖者愿意供给的数量将大为增加,导致供过于求,使价格下降。另一方面,如果市场的初始价格低于均衡价格水平,那么消费者愿意购买的数量即需求将大大增加,而卖者愿意供给的数量将大为下降,导致供小于求,使价格上升。因此市场竞争的结果就是市场处于均衡水平。

4. 说明下列判断题错判的理由:

a. 巴西的咖啡作物歉收会降低咖啡的价格。

b."保护"美国纺织品供应厂商免于中国纺织品的竞争会降低美国市场上纺织品的价格。

c. 大学学费的快速上升会降低对大学教育的需求。

d. 通过加强禁止贩运可卡因而开展的反毒品斗争,会降低国内生产的大麻的价格。

【重要级别】☆　　　　　　　　【难度级别】☆

【考查要点】需求曲线的决定因素

【参考答案】a. 巴西的咖啡作物歉收将会导致咖啡的价格上升。因为在其他条件不变的情况下,这会降低咖啡的供给数量。

b."保护"美国纺织品供应厂商免于中国纺织品的竞争将会减少市场上纺织品的供给,从而在其他条件不变的情况下,提高纺织品的价格。

c. 大学学费的上升对于人们来说确实会造成教育成本的上升,但是人们普遍存在"高学历、高收入"的预期,因此这也就不会造成想要上大学的学生数量的减少,不会降低人们对大学教育的需求。

d. 可卡因对大麻来说是一种替代品,通过加强禁止贩运可卡因而开展的反毒品斗争,减少了可卡因的数量,相对来说,人们对大麻的需求会增加一些,因此会导致国内生产的大麻的价格上升。

5. 供给和需求的四条规律如下,填空,并用供给和需求图来论证每一条规律:

a. 需求的增加通常会提高价格和需求量。

b. 需求的下降通常会____价格和____需求量。

c. 供给的增加通常会降低价格和提高需求量。

d. 供给的减少通常会____价格和____需求量。

【重要级别】☆　　　　　　　　【难度级别】☆

【考查要点】需求曲线的移动、供给曲线的移动

【参考答案】a. 需求的增加反映在图形中就是需求曲线的右移,这将造成均衡

点沿着供给曲线由 A 点移向 B 点，可以从(a)图中看出价格和需求量都上升了。

b. 需求的下降通常会降低价格和需求量。需求的增加反映在图形中就是需求曲线的右移，这将造成均衡点沿着供给曲线由 A 点移向 C 点，可以从(a)图看出价格和需求量都下降了。

c. 供给的增加反映在图形中就是供给曲线的右移，这将造成均衡点沿着供给曲线由 E 点移向 F 点，可以从(b)图看出价格下降，而需求增加了。

d. 供给的减少反映在图形中就是供给曲线的左移，这将造成均衡点沿着供给曲线由 E 点移向 G 点，可以从(b)图中看出价格上升，而需求减少了。

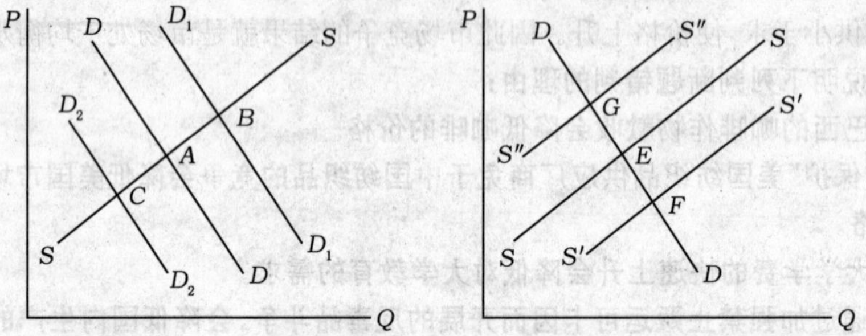

(a)需求曲线的移动　　　　(b)供给曲线的移动

6. 在下列各题中，阐明需求量的变化是由于需求的变动还是由于价格的变化而产生的，并绘图说明你的答案。

a. 减少军事开支的结果是军用靴的价格下降。

b. 在教皇允许天主教徒星期五可以吃肉之后，鱼的价格下降。

c. 汽油税的增加降低了汽油消费。

d. 14 世纪黑死病袭击欧洲之后，工资上升。

【重要级别】☆　　　　　　　　【难度级别】☆

【考查要点】需求曲线的移动、供给曲线的移动

【参考答案】a. 减少军用开支后，军用靴的价格下降是因为对军用靴的需求下降了才导致的。如(a)图所示。

b. 鱼的价格下降是由于对鱼的需求下降导致需求曲线左移，如(a)图所示。

c. 汽油税的增加使汽油的供给曲线左移，从而降低了对汽油的消费，如(b)图所示。

d. 14 世纪黑死病袭击欧洲之后，劳动的供给减少，供给曲线向左移动，造成了工资的上升。如(b)图所示。

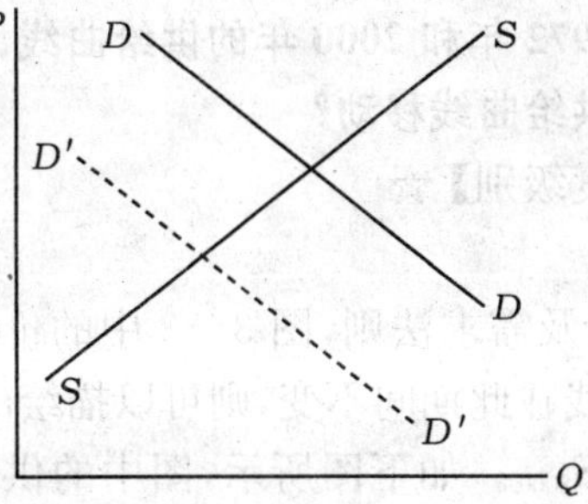

(a)需求曲线的移动

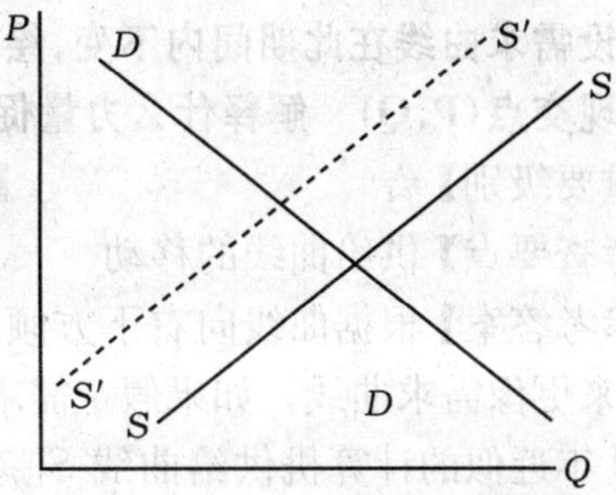

(b)供给曲线的移动

7. 考查显示汽油价格的图 3－1,然后用供给图说明下述情况对需求价格和数量的影响。

a. 20 世纪 60 年代,运输的改善降低了美国进口石油的成本。

b. 1973 年战争之后,石油生产者大幅度削减石油的生产。

c. 1980 年后,小型汽车每加仑行驶公里数上升。

d. 1995～1996 年冬季空前寒冷,意外地增加了人们对取暖用油的需求。

e. 1999～2000 年全球经济复苏导致石油价格急剧上升。

【重要级别】☆　　　　　　　　【难度级别】☆

【考查要点】需求曲线的移动、供给曲线的移动

【参考答案】(a)如(a)图所示,需求价格下降,需求数量增加。

(b)如(b)图所示,需求价格上升,需求数量减少。

(c) 如(c)图所示,需求价格和需求数量都减少。

(d) 如(d)图所示,需求价格和需求数量都增加。

(e)如(e)图所示,需求价格和需求数量都增加。

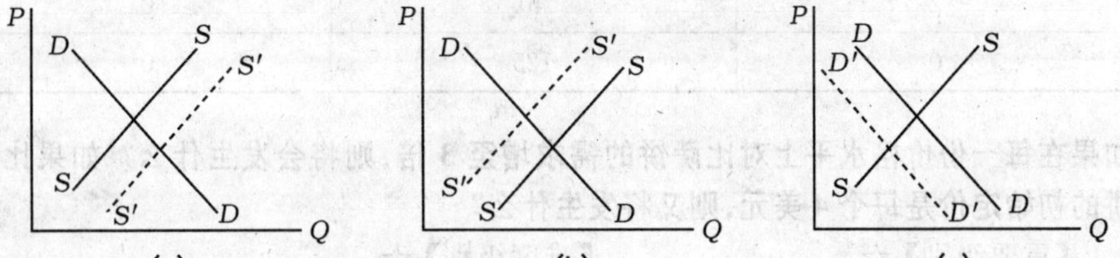

(a)　(b)　(c)

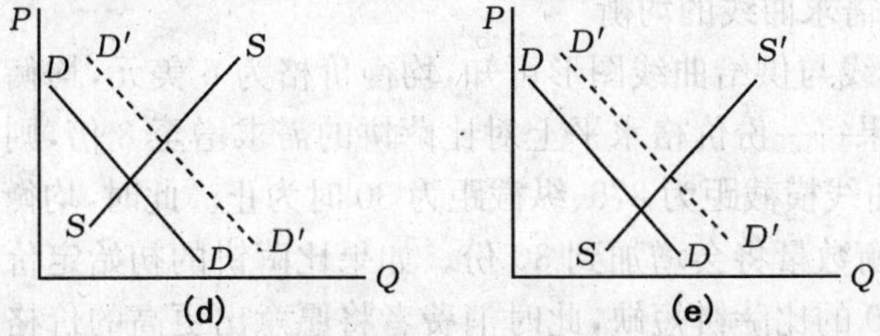

(d)　(e)

8. 观察图 3－3(课本 P42),此价格数量关系看起来更像供给曲线还是需求曲线?假设需求曲线在此期间内不变,绘出 1972 年和 2000 年的供给曲线,这些年份必将出现交点(P,Q)。解释什么力量促使供给曲线移动?

【重要级别】☆　　　　　　　　　【难度级别】☆

【考查要点】供给曲线的移动

【参考答案】根据曲线向右下方倾斜以及需求法则,图 3－3 中的价格数量关系看起来更像需求曲线。如果假定需求曲线在此期间不变,则可以描绘出 1972 年和 2000 年近似的计算机供给曲线 S_{1972} 和 S_{2000}。如下图所示,图中的供给曲线由于科技和生产技术的改善而发生位移。作为这些技术性变革的结果,计算机行业中的高额利润空间会吸引其他生产厂商进入该行业,这就会增加市场供给,促使供给曲线向右移动。

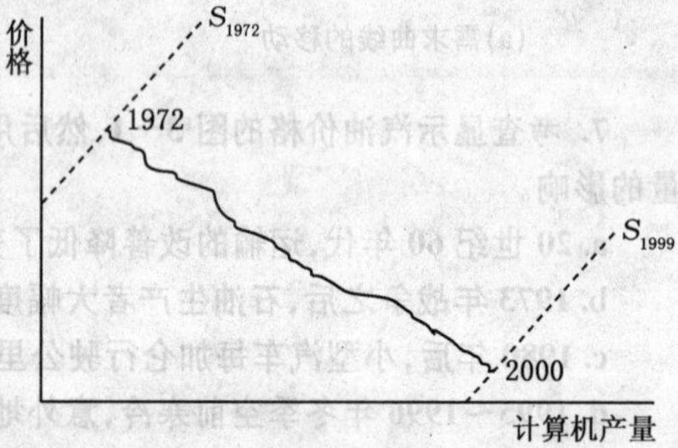

9. 根据下列数据,绘出供给曲线和需求曲线并确定均衡价格和均衡数量:

比萨饼的供给和需求

价格(美元/份)	需求量(份/学期)	供给量(份/学期)
10	0	40
8	10	30
6	20	20
4	30	10
2	40	0
0	125	0

如果在每一份价格水平上对比萨饼的需求增至 3 倍,则将会发生什么?如果比萨饼的初始定价是每个 4 美元,则又将发生什么?

【重要级别】☆　　　　　　　　　【难度级别】☆

【考查要点】供给曲线和需求曲线的均衡

【参考答案】根据需求曲线与供给曲线图形可知,均衡价格为 6 美元,均衡数量为 20 份,如下图所示。如果每一份价格水平上对比萨饼的需求增至 3 倍,则需求曲线 D 就会向右移动,到曲线横截距为 375、纵截距为 30 时为止。此时,均衡价格就会增加到 8 美元/个,均衡数量将会增加到 30 份。如果比萨饼的初始定价为每个 4 美元,就会存在为数 20 的比萨饼短缺,此时消费者将愿意出更高的价格购买到他们需要的比萨饼,生产者也会由于存在利润空间而增加生产,从而最终导致比萨饼的价格上升到 6 美元一个，产量增加到 20 份。

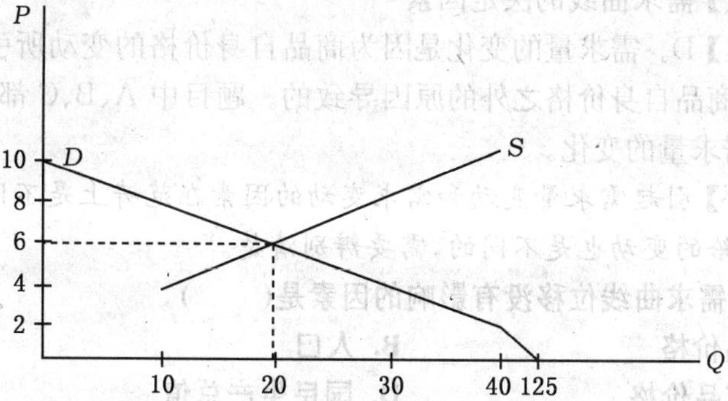

【补充训练】

1. 其他条件不变，牛奶价格下降将导致牛奶的(　　)。

A. 需求下降　　**B. 需求增加**

C. 需求量下降　　**D. 需求量增加**

E. 无法确定

【重要级别】☆　　【难度级别】☆

【考查要点】需求曲线的概念及形状

【参考答案】D。当牛奶的价格下降时，牛奶的供给量会减少，需求量会增加。这是基本的供求关系的变动。

2. 供求规律说明(　　)。

A. 生产技术提高会使商品的供给量增加

B. 政策鼓励某商品的生产，因而该商品的供给量增加

C. 消费者更喜欢某商品，使该商品的价格上升

D. 某商品价格上升将导致对该商品的供给量增加

E. 以上都对

【重要级别】☆　　【难度级别】☆

【考查要点】供给曲线和需求曲线的均衡、供给曲线的决定因素

【参考答案】D。价格的上升将导致需求量减少，而供给量却会增加，这样经济将在一个新的均衡点保持均衡状态。

3. 下列将导致商品需求量变化而非需求变化的是(　　)。

A. 消费者的收入变化

B. 生产者的技术水平变化

C. 消费者预期该商品的价格将上涨

D. 该商品的价格下降

E. 以上因素都不改变需求

【重要级别】☆☆　　　　　　　　【难度级别】☆☆

【考查要点】需求曲线的决定因素

【参考答案】D。需求量的变化是因为商品自身价格的变动所引起的，而需求的变化却是由商品自身价格之外的原因导致的。题目中 A、B、C 都会导致需求的变化，而不是需求量的变化。

【翔高点评】引起需求量变动和需求变动的因素在范畴上是不同的，同样供给量的变动和供给的变动也是不同的，需要辨别清楚。

4. 对商品需求曲线位移没有影响的因素是(　　)。

A. 本商品价格　　　　　　**B. 人口**

C. 其他商品价格　　　　　**D. 国民生产总值**

【重要级别】☆　　　　　　　　【难度级别】☆

【考查要点】需求曲线的移动

【参考答案】A。本商品价格影响的是需求量的改变，是沿着需求曲线的移动。B、C、D 会使需求曲线发生移动，因此选 A。

5.“经济学家认为，降低价格一定会使供给量下降是一条规律。可是这个规律也有例外。”这一说法是否正确，为什么？

【重要级别】☆☆　　　　　　　　【难度级别】☆☆

【考查要点】供给曲线的概念及形状

【参考答案】不正确。对于一般商品来说，在其他因素不变的条件下，降低价格一定会使其供给量下降这条规律是毫无疑义的，它也确有极少的例外，如劳动的供给便是。但计算器这类普通商品的供给是遵循这条普遍规律的。在生产技术、生产要素的价格等因素不变的情况下，当计算器价格下降时，其供给量必定减少，当价格上升时，其供给量必定增加。

但在现实中生产技术、生产要素的价格等因素是在不断变化的。20 世纪 90 年代以来计算器的生产技术有了重大突破，其劳动生产率有了很大的提高，这使得任一价格水平下生产者愿意并且能够提供的计算器数量有了大幅度的增加，也就是说计算器的供给曲线大幅度地向右下方移动。假设对计算器的需求状况不变，新的供给曲线与需求曲线同决定的均衡价格将会下降，均衡产销量却会大量增加。

第 4 章　供给和需求的应用

【学习精要】

❖知识点一　弹性的概念

为了将供求曲线转换为真正有用的工具，我们需要知道供给和需求在多大程度上对价格的变动做出反应，弹性就是对其进行定量分析的重要方法。

◇ 需求的价格弹性，指的是当一种物品的价格发生变化时，该物品需求量相应变动的大小。一般用需求量变动的百分比除以价格变动的百分比。不同种类的物品具有不同的弹性。

◇ 供给的价格弹性，指的是一种商品的供给量对其市场价格的反应程度。一般用供给量变动的百分比除以价格变动的百分比。

❖知识点二　弹性的计算和分类

需求的价格弹性 $= E_D = \dfrac{\text{需求量变动的百分比}}{\text{价格变动的百分比}}$

供给的价格弹性 $= E_S = \dfrac{\text{供给量变动的百分比}}{\text{价格变动的百分比}}$

弹性的准确计算公式应该是（以需求的价格弹性为例）：

$$E_D = \frac{\Delta Q}{(Q_1+Q_2)/2} \div \frac{\Delta P}{(P_1+P_2)/2}$$

如果价格变动 1 个百分点引起需求量的变动超过 1 个百分点，则该物品就富有需求价格弹性。如果价格变动 1 个百分点引起需求量的变动不足 1 个百分点，则该物品就缺乏需求价格弹性。如果价格变动 1 个百分点引起需求量的变动等于 1 个百分点，则该物品就拥有单位需求价格弹性。

❖知识点三　弹性和收益

弹性和收益之间有着不同的关系，不同的弹性对应着不同的收益特性。

◇ 总收益：总收益等于价格乘以数量。

◇ 弹性和收益的关系：(1)当需求缺乏弹性时，降低价格会减少总收益；(2)当需求富有弹性时，降低价格会增加总收益；(3)当需求具有单位弹性时，价格下跌不会引起总收益的任何变动。

❖知识点四　弹性在主要经济政策问题中的应用

◇ 农业经济学。因为农业生产率提高很快,大大增加了供给的数量。然而需求有限,致使农产品的价格相对于经济中的其他物品有下降的趋势。政府试图通过限制产量来帮助农民。然而这种政策是无效率的,农民收入的增加实际上小于消费者因此遭受的损失。

◇ 税收对价格和数量的影响。商品税能够改变供给和需求的均衡。在需求相对于供给缺乏弹性时,消费者会比生产者承担更大比例的税收负担(或归宿)。

政府偶尔通过规定价格的最高上限或最低下限来干预竞争市场的运行。在这种情况下,供给量和需求量不再必然相等。价格上限会导致超额需求,而价格下限会导致超额供给。在某种情况下,如农民和低技能工人的例子,干预可能会提高某些群体的利益,但通常会产生市场扭曲和导致无效率。

【习题解析】

□概念复习

1. 需求、供给的价格弹性

答案见知识点一。

2. 富有弹性、缺乏弹性和单位弹性的需求

依照弹性值的大小,我们可以对需求的价格弹性进行分类:若 E_D 大于 1,即价格变动 1 个百分点引起需求量的变动超过 1 个百分点,则称该物品的需求富有弹性;若 E_d 小于 1,即价格变动 1 个百分点引起需求量的变动不足 1 个百分点,则称该物品的需求缺乏弹性;若 E_d 等于 1,即价格变动 1 个百分点引起需求量的变动恰好等于 1 个百分点,则称该物品的需求为单位弹性。和需求的价格弹性相类似,供给的价格弹性依据其大于 1、小于 1、等于 1,也可以分为富有弹性、缺乏弹性和单位弹性。

3. $E_D = Q$ 变动的百分比/P 变动的百分比

这个公式是根据价格弹性定义而得到的,是用来计算某种商品的需求价格弹性的公式。其中,E_D 表示的是需求的价格弹性,Q 为需求量,P 为商品的价格。从这个公式可以看出,价格的弹性是两个百分比的比值,因此不依赖 Q 和 P 的单位的变化而发生变化。

4. 弹性的决定因素

弹性的决定因素是指影响价格弹性大小的各种经济因素。影响需求弹性大小的因素主要有:需求程度的强弱、商品可替代程度的大小、商品用途范围的大小、商品使用时间的长短、人们的生活水平等。供给的价格弹性主要取决于商品和服务的技术要求高低及其自然性质。

5. 总收益 $= P \times Q$

式中的 P 表示的是商品的价格，Q 表示商品的销售数量，总收益就等于卖出一定量的产品所获得的全部收入，它等于产品的价格乘以产品的销售数量。

6. 弹性与收入变动的关系

答案见知识点三。

【翔高点评】弹性和收益之间的关系是理解弹性概念的重要方面。厂商做出价格调整时往往会根据这些关系来调整。

7. 税收的归宿

税收的归宿是指对生产者或者消费者的真实收入征税的最终经济影响。主要研究一种税收的征收将会导致哪些人受益，哪些人受损失。通常来说，商品税能够改变供给和需求的均衡，在需求相对于供给缺乏弹性时，消费者会比生产者承担更大比例的税收负担(或归宿)，而如果供给相对于需求缺乏弹性，则税收主要向后转嫁给生产者。

8. 价格管制造成扭曲

价格管制是指政府部门运用法律和法规所赋予的权限，通过许可证等手段，在特定产业对产品的交易价格进行规范，一般规定价格的最高上限或者最低下限。然而价格管制使市场经济发生扭曲，这时供给量和需求量不再必然相等，更多的是供不应求或者供过于求，导致市场混乱，出现排队和黑市交易等不法行为，造成市场的扭曲。

9. 价格配给与排队配给

价格配给是指市场机制通过供求的相互作用，对社会的稀缺资源进行分配的方式。市场机制中的价格具有调节市场供求达到均衡，从而使稀缺的资源按照需要的比例进行配置的功能，也即价格变化对资源配置具有导向作用。

排队配给则是非价格配给的一种，是指通过排队等候来获取短缺物品，按照排队顺序配发物品的方法。这种配给方式有可能使拥有特权的人通过特权获得短缺物品从而以高于管制价格的水平在黑市上进行交易。同时人们需要花费大量宝贵的时间来满足需求，因此会产生巨大的浪费，是缺乏效率的。

□问题讨论

1.“丰收通常会降低农民的收入。”用供求图演示和说明这一命题。

【重要级别】☆☆　　　　　　【难度级别】☆☆

【考查要点】弹性在主要经济政策中的应用

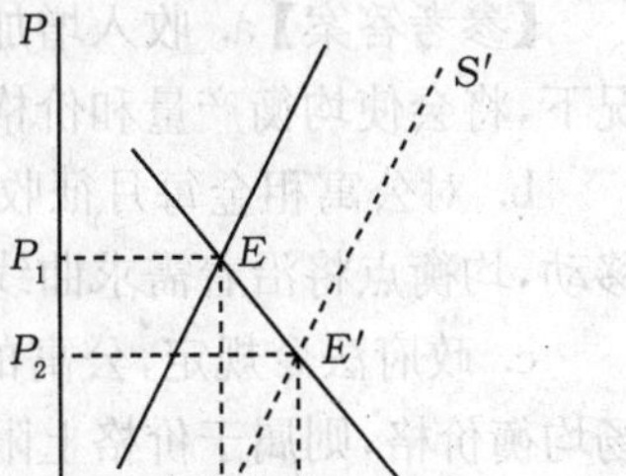

【参考答案】由弹性的知识可知，农产品是缺乏弹性的，其产量的增加所引起的收入的增加并不能补偿因为价格的下降所引起的收入的减少量，从而会导致“谷贱伤农”。如右图所示，由于农产品是缺乏价格弹性的商品，其需求曲线和供给曲线都比较陡峭。丰收之前的收入矩形 OP_1EQ_1 比丰收之后的

收入矩形的面积 $OP_2E'Q_2$ 要大一些，证实了"丰收通常会降低农民的收入"。

【归纳总结】需求的价格弹性与价格策略的关系：(1) $e_d>1$，为富有弹性的商品，降低价格会增加厂商的销售收入；相反，提高价格会减少厂商的销售收入，即商品的价格与厂商的销售收入呈反方向变动。

(2) $e_d<1$，为缺乏弹性的商品，降低价格会使厂商的销售收入减少；相反，提高价格会使厂商的销售收入增加，即商品的价格与销售收入呈同方向变动。

(3) $e_d=1$，单位弹性的商品，降低价格或提高价格对厂商的销售收入都没有影响，即此时收益已最大化。

2. 对于下列各种物品，你认为哪一种更具有价格弹性，并说明你的理由：香水和食盐；青霉素和冰淇淋；汽车和汽车轮胎；冰淇淋和巧克力冰淇淋。

【重要级别】☆ 【难度级别】☆

【考查要点】弹性的计算和分类

【参考答案】香水和冰淇淋更具价格弹性，原因是它们和食盐以及青霉素这样的生活必需品相比，更加接近于奢侈品；巧克力冰淇淋和汽车更具有价格弹性，是因为它们的替代品分别比冰淇淋和汽车轮胎更多。

3. "价格下降1%，引起需求量上升2%。因此，需求富有弹性，即 E_D 大于1。"如果你把这句话中的2%变为0.5%，那么，这段话中其他的两个量应该做何变化？

【重要级别】☆ 【难度级别】☆

【考查要点】弹性的计算和分类

【参考答案】在改变后，将表述为，"因此，需求缺乏弹性，即 E_D 小于1"。

4. 分析竞争性的公寓市场。下列变化(其他条件相同)对均衡产量和价格会发生什么影响？在每一种情况下，运用供给和需求解释你的答案。

a. 消费者的收入增加。

b. 对公寓租金每月征收10美元的税。

c. 政府法令规定，公寓的每月租金不得超过200美元。

d. 新建筑技术使公寓的建筑成本减半。

e. 建筑工人的工资增加20%。

【重要级别】☆ 【难度级别】☆

【考查要点】弹性在主要经济政策问题中的应用

【参考答案】a. 收入增加将导致消费者的需求曲线右移，在供给曲线不变的情况下，将会使均衡产量和价格沿着供给曲线增加。

b. 对公寓租金每月征收10美元的税，将导致公寓的供给减少，供给曲线向左移动，均衡点将沿着需求曲线向左上方移动，导致均衡产量下降，均衡价格上升。

c. 政府法令规定，公寓的每月租金不得超过200美元，如果这个价格低于市场均衡价格，则属于价格上限，目的是为了保护租房者的利益，打破卖方对产品价格的垄断。这时候需求大于供给，供给将会出现短缺，导致黑市排队现象。

d. 新建筑技术使公寓的建筑成本减半将使公寓的建造成本下降，公寓的供给曲线向右移动，均衡产出沿着需求曲线上升，均衡价格沿着需求曲线下降。

e. 建筑工人的工资增加20%将使公寓的建筑成本上升，公寓的供给曲线向左移动，均衡产出沿着需求曲线下降，均衡价格沿着需求曲线上升。

5. 考虑一项提高10%的最低工资的建议，在重温本章内容之后，计算这一变动对受影响的工人的就业和收入的影响。请用你所推导出来的数据，写一篇短文，解释如果你必须主张最低工资政策时你的理由。

【重要级别】☆☆　　　　　　　【难度级别】☆☆

【考查要点】弹性在主要经济政策问题中的应用

【参考答案】本章的研究说明，一项提高10%的最低工资政策将会使青少年的就业人数降低1%～3%，而对成年人的就业则不会发生太大的作用。同时，研究表明，对低工资劳工的需求是缺乏弹性的，因此提高最低工资是可以增加这部分人的收入的。理论上来说，最低工资政策可能会使部分工人减少就业机会，在这种情况下，对于那些能够找到工作的人来说，其生活水平会提高，但是对于因此而失业的人来说，其生活水平则会下降。如果从政治角度考虑，对决策者来说，为低工资的工人涨工资是很重要的话，那么主张提高最低工资水平的最低工资政策就是非常有必要的。

6. 关于政府计划有一段保守的批评："政府知道如何把事情做好。他们知道如何创造短缺和过剩。"运用像最低工资或利率上限的例子解释这一段话。用图说明，如果对低技能工人的需求富有弹性的话，最低工资政策会降低低技能工人的总收益(工资乘以对劳工的需求量)。

【重要级别】☆☆　　　　　　　【难度级别】☆☆

【考查要点】弹性在主要经济政策问题中的应用

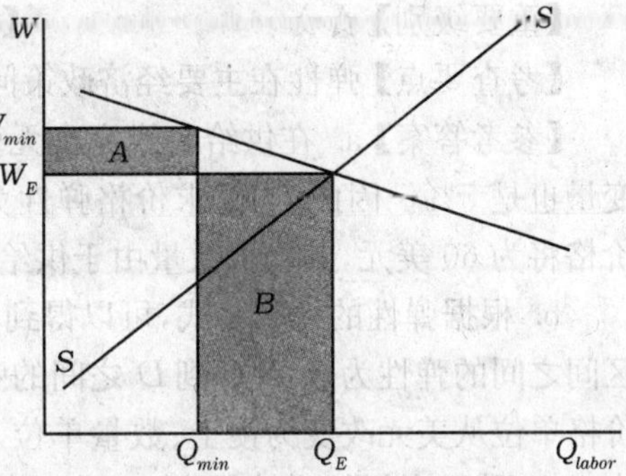

【参考答案】最低工资政策是高于市场均衡工资的政策，将会增加劳动的供给数量，并减少劳动的需求。合法的利率上限是一种价格上限，该政策的效果与最低工资的效果相反，它是低于市场均衡价格的，会减少市场的供给，造成商品的短缺。右图说明了当对低技能工人需求富有弹性时，最低工资政策将会导致工人总收益的减少。

7. 如果对进口汽车征收2 000美元的关税，则会发生什么情况呢？说明这一关税对于美国汽车的供给和需求以及均衡价格的价格和数量的影响。解释为什么美国汽车公司和汽车工人常常支持限制汽车进口的政策。

【重要级别】☆☆　　　　　　　【难度级别】☆☆☆

【考查要点】弹性在主要经济政策问题中的应用

【参考答案】对进口汽车征收关税，将会导致进口汽车的供给曲线向左移动，造成均衡产量的下降和均衡价格的上升。这时,国产车将相对于进口车比较便宜,消费者会增加对国产车的需求。这将导致国内汽车需求曲线右移,使其均衡价格和产量都增加,那么国内的汽车制造商和汽车工人的收益都将会得到改善。

8. 弹性问题:

a. 世界原油需求的短期价格弹性被估算为 0.05。如果石油的初始价格为每桶 30 美元,那么,一种使世界石油供给下降 5%的石油禁运,对于石油的价格和数量会产生何种影响?(假设石油供给曲线完全无弹性。)

b. 参考表 3−1(课本 P41),说明弹性不依赖于单位。计算每对需求之间的弹性:把价格单位从美元改变为便士;把数量单位从百万盒改为吨,使用 1 万盒等于 1 吨进行换算。然后再计算出开始两行的弹性。解释为什么你得到了相同的答案。

c. 需求研究表明,毒品的需求价格弹性为 0.5。假设,纽约市一半的毒品使用者通过犯罪来维持他们的生计。运用供求分析,说明如果实施一项强硬的法规使得进入纽约市的毒品供给下降 50%,会对纽约的犯罪产生什么影响。(假定供给是完全无弹性的。)如果使毒品合法化会导致毒品的价格下降 500%,那么,这对于犯罪活动和毒品的使用又有何影响?一项成功地使毒品使用者数量减少一半的计划对于毒品的价格和吸毒者有何影响?

d. 试解释大萧条期间,农民为何同意要求宰杀其生猪并加以掩埋的政府计划。

e. 参见图 4−12(课本 P69),最低工资政策的影响,画出有和没有最低工资政策时的总收入矩阵。哪一个面积更大?请简述,就不熟练劳工而言,最低工资政策对需求弹性的影响。

【重要级别】☆☆　　　　　　【难度级别】☆☆☆

【考查要点】弹性在主要经济政策问题中的应用

【参考答案】a. 在供给曲线完全无弹性的时候,石油供给下降 5%,需求的改变量也是 5%。因此,当需求价格弹性为 0.05 时,价格将上涨 100%,此时的石油价格将为 60 美元,其均衡数量由于供给的下降,减少 5%。

b. 根据弹性的计算公式,可以得到点 A 到 B 的区间内的弹性为 1,点 B 到 C 区间之间的弹性为 2,点 C 到 D 之间的弹性为 3,点 D 到 E 之间的弹性为 5。当把价格单位从美元改变为便士、数量单位从百万盒改为吨时,A 到 B 之间的弹性仍为 1,D 到 E 之间的弹性仍为 2。由此可见,因为弹性是两个百分率之间的比,所以弹性的计算不受计量单位的影响。

c. 在供给曲线完全无弹性,毒品的需求价格弹性为 0.5 的情况下,当毒品的供给下降 50%时,毒品的价格必须上涨 100%。此时,如果吸毒者依靠犯罪来维持他们的嗜好,则纽约的犯罪率就会上升;当毒品合法化使毒品价格下降 500%时,会增加对毒品的需求,从而使犯罪的人数减少,但这又会使毒品的使用更加泛滥。一项成功的戒毒计划使使用者的数量减少一半时,将会使毒品的价格下降 100%,而毒品数量由于供给无弹性将保持不变,这一政策会降低城市的犯罪率。

d. 宰杀生猪并加以掩埋的政府计划将会改变猪肉的供给，使其供给曲线向左移动，导致均衡价格上涨、均衡数量减少。而农产品一般来说是缺乏弹性的，高水平的价位将会使农民的收益最终增加。

e. 如下图所示。如果对于不熟练劳工的需求的价格弹性如果非常低的话，则最低工资将会提高不熟练劳工的收入，但是对这些劳工的需求数量几乎是没有影响的。

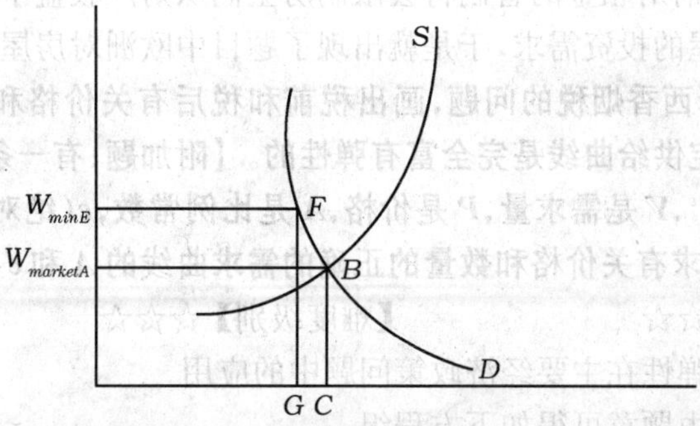

9. 没人喜欢支付租金，但是土地和城市住房的稀缺性却经常导致城市里的房租上涨。针对租金上涨和对房东敌意的增加，政府有时候会施加租金管制，这样往往可以把租金的年增长率限定在较低的水平，并使之远低于自由市场价格的租金水平。

a. 重画图4－13，阐明公寓租金管制的影响。

b. 租金管制对闲置的公寓的影响如何？

c. 哪些"非租金的机制"会作为高租金的替代品而出现？

d. 解释欧洲对租金管制的一句评语："除了爆炸，在破坏一个城市方面没有比租金管制更有效了。"（提示：维修方面会发生什么情况？）

【重要级别】☆☆　　　　　　【难度级别】☆☆☆

【考查要点】弹性在主要经济政策问题中的应用

【参考答案】a. 如下图所示，实施租金管制将会造成租金上限处供给和需求无法平衡，对公寓的需求量大于供给量，从而导致短缺的出现。这就要求对公寓采取正式或者非正式的配给，把市场均衡价格稳定在租金的上限水平。

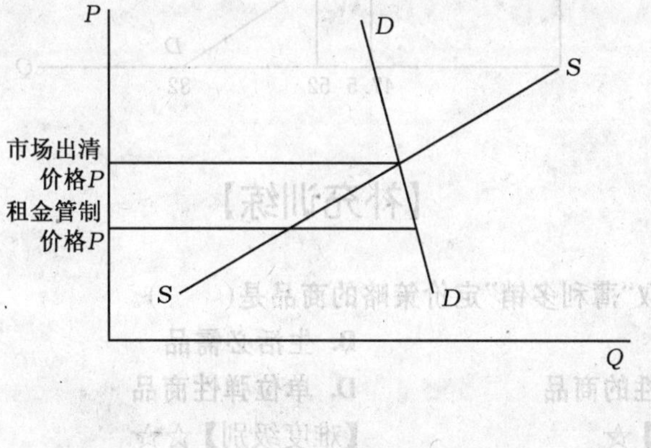

b. 租金管制政策会促进公寓闲置率下降,甚至在租金上限水平处会出现公寓的短缺。

c. 政府可以对公寓的出租人进行补贴,以避免公寓短缺的发生,将补贴作为高租金的替代品。

d. 房屋出租时,房主需要垫付成本来对房屋进行装修和维修,以满足租房者的需求。但是,政府对租金的管制将会限制房主们从财产收益中获取补偿收益,进而抑制他们对房屋的投资需求,于是就出现了题目中欧洲对房屋租金管制的批判。

10. 复习新泽西香烟税的问题,画出税前和税后有关价格和数量的供给曲线和需求曲线。假定供给曲线是完全富有弹性的。【附加题:有一条价格弹性不变的需求曲线 $Y=AP^{-e}$,Y 是需求量,P 是价格,A 是比例常数,e(绝对值)是价格弹性。就新泽西香烟例,求有关价格和数量的正确的需求曲线的 A 和 e 的值】。

【重要级别】☆☆　　　　　　　　　【难度级别】☆☆☆

【考查要点】弹性在主要经济政策问题中的应用

【参考答案】由题意可得如下方程组:

$$\begin{cases}2.8=a-47.5b\\2.4=a-52b\end{cases}$$

解得:$a=6.56$,$b=0.08$

因此,香烟的需求曲线则由方程 $P=6.56-0.08Q$ 给出。又由于供给曲线在价格 2.40 和 2.80 美元处是完全弹性的,因此税前和税后的供求曲线如下图所示。将已知的需求价格弹性 $e=0.59$ 与均衡点(47.5,2.8)代入函数 $Y=AP^{-e}$,即可得出相应的不变弹性的需求曲线为 $Q=87.2P^{-0.59}$。

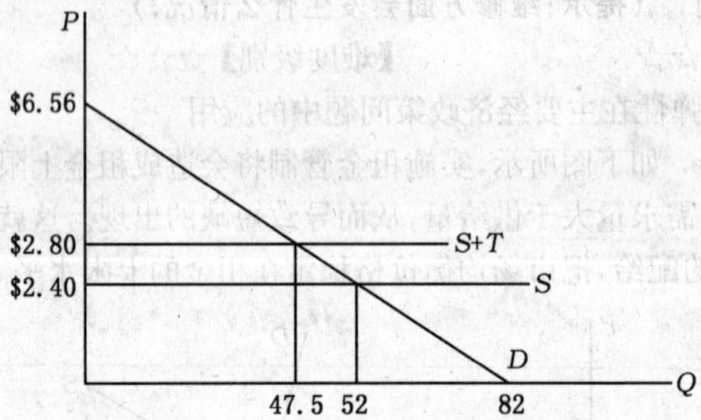

【补充训练】

1. 适合采取"薄利多销"定价策略的商品是(　　)。

A. 农产品　　　　　　　　　　**B. 生活必需品**

C. 富有弹性的商品　　　　　　**D. 单位弹性商品**

【重要级别】☆　　　　　　　　　【难度级别】☆☆

【考查要点】弹性和收益

【参考答案】C。当需求富有弹性时,降低价格会增加总收益。

2. 判断题:在交叉弹性系数为−2的两种商品之间存在替代的关系。

【重要级别】☆☆　　　　　　【难度级别】☆☆

【考查要点】弹性的计算和分类

【参考答案】错误。交叉弹性系数为负数的两种商品之间存在互补的关系。

【归纳总结】

交叉价格弹性	商品分类	商品特征
$E_i>0$	替代品	两种商品之间可以互相代替以满足消费者的某一种欲望
$E_i<0$	互补品	两种商品必须同时使用才能满足消费者的某一种欲望
$E_i=0$	互不相关品	一种商品的需求量不会对另一种商品的价格变动作出反应

3. 旨在保护生产者利益、刺激生产的政策组合和福利效果是(　　)。

A. 最高限价、余额收购,消费者受损　B. 最低限价、余额收购,消费者得益

C. 最高限价、余额收购,消费者得益　D. 最低限价、余额收购,消费者受损

【重要级别】☆☆　　　　　　【难度级别】☆☆

【考查要点】弹性在主要经济政策问题中的应用

【参考答案】D。最低限价一般高于市场的均衡价格,因此会使消费者受损,生产者得益,从而刺激了生产。

4. "手机的需求价格弹性为−2",这句话的经济含义不正确的是(　　)。

A. 当手机的需求量增加1%时,手机的价格下降2%

B. 当手机的价格上升1%时,手机的需求量减少2%

C. 人们的手机需求对价格变化比较敏感

D. 当手机的价格变化1%时,手机的需求量反向变化2%

【重要级别】☆　　　　　　【难度级别】☆

【考查要点】弹性的计算和分类

【参考答案】A。

【翔高点评】本题考查的是需求的价格弹性概念,同时也要关注需求和供给的收入弹性概念、交叉价格弹性的概念。

第5章　需求和消费者行为

【学习精要】

❖知识点一　选择和效用理论

◇ 选择。消费者的选择是基于自己的有限的货币收入，进行适当地搭配，通过有选择的行为来实现其效用的最大化。主要有两个因素决定消费者的选择行为：(1)消费者的偏好；(2)消费者的收入水平及所购买商品或劳务的价格水平。

◇ 效用。用来表示一个消费者从不同的商品和服务中得到的相对满意程度，是一个人的主观感受，因人因时而不同。

◇ 基数效用论。产生于19世纪70年代，认为效用的大小可以计算并且可以进行加总，像长度和温度一样，大多数的功利主义者都是这样认为的，他们使用边际分析的方法分析经济问题。

◇ 序数效用论。产生于19世纪末20世纪初，认为效用可以进行大小的比较，但是不能进行精确度量，不能进行加总和计算，他们使用无差异曲线来分析经济问题。

❖知识点二　边际效用和边际效用递减规律

◇ 边际效用。是指从多消费的1单位的商品和服务中所得到的满足程度的增加，这里的"边际"是额外的或新增加的意思。

◇ 总效用和边际效用之间的关系。总效用是消费者消费一定量的商品和服务所获得的总的满足感，边际效用是每增加1单位的商品和劳务时所引起的总效用的增加量。总效用是从开始处累计起来的所有边际效用的总和。当边际效用为正时，总效用是增加的；当边际效用为负时，总效用是减少的。

◇ 边际效用递减规律。边际效用递减规律是经济学上重要的基本定律之一，它的主要内容是，在一定的时间内，在其他商品的消费量保持不变的情况下，随着所消费的某一物品的量的增加，所消费的最后1单位的边际效用趋于递减。大多数商品都遵循边际效用递减规律，但是有的商品，比如酗酒、吸毒等上瘾物品则会出现边际效用递增的趋势。

❖知识点三　等边际法则

◇ 消费者均衡。消费者均衡是指在消费者收入和商品价格既定的前提下，所购买的商品组合使消费者能获得最大效用并保持不变的状态。处于这种状态时，消费者不想增加也不想减少任何商品的购买数量，这种均衡状态就是消费者的最优购买行为。

◇ 等边际法则。最大满足或效用最大化的基本条件是要符合等边际法则。即在消费者的收入固定和他所面临的各种商品的市场价格也既定的条件下，当花费在任何一种物品上的最后 1 美元所得到的边际效用正好等于花费在其他任何一种物品上的最后 1 美元所得到的边际效用的时候，消费者就会得到最大的满足或效用。

◇ 消费者均衡的这一基本条件，可以用不同物品的边际效用(MU)和价格(P)表示如下：

$$MU_{物品1}/P_1=MU_{物品2}/P_2=MU_{物品3}/P_3=MU_{每1美元收入}$$

❖知识点四　需求曲线向下倾斜的原因

一种物品的较高价格降低了消费者对该种物品所希求的消费量，这也就说明了为什么需求曲线向下倾斜。

从边际效用方面来解释：假设每 1 美元收入的一般边际效用是固定不变的，提高一种物品的价格时，在消费量不变的情况下，第一个比例就会低于所有其他物品每 1 美元的边际效用，因此消费者不得不调整自己对第一种物品的消费，使第一种物品的消费减少，增加其边际效用，使等式重新恢复相等。推而广之，就可以得出当一种物品的价格上升时，其需求量就会减少，在图形上表示出来就是需求曲线向下倾斜。

把价格上升的影响区分为替代效应和收入效应，将使我们能够更深入地理解导致需求曲线向下倾斜的因素。替代效应即当某一物品的价格上升时，消费者倾向于用其他物品来替代变得较为昂贵的该种物品，从而更便宜地获得满足；企业在面临原材料的涨价时，也会有类似的选择。收入效应即当物品的价格发生变化时，会导致消费者的实际收入水平发生变化，从而影响消费者对该种物品的需求数量。

❖知识点五　上瘾物品的经济学

◇ 上瘾物品的弹性。偶尔使用烟草、酒等上瘾物品的消费者，因为他们很容易找到相应的替代品，所以其需求具有较高的价格弹性。对于沉湎于某种特定的上瘾物品的消费者而言，他们不容易找到相应的替代品，所以其需求具有较低的价格弹性。

◇ 禁毒政策的影响。对于那些瘾君子来说，他们对毒品的需求是缺乏价格弹性的，禁毒将使毒品的价格急剧上升，而他们的需求基本不会发生变化，这样会使他们的支出大大增加。当这些瘾君子的收入不足以支付毒品时，他们就会不择手段地获取毒品，犯罪率可能因此上升，社会也将变得不安宁。

❖知识点六　消费者剩余

当一种物品的总效用与其市场价值之间产生差额时，就产生了消费者剩余。这是消费者主观上的心理感受，消费者剩余并不代表实际收入的增加，其所得到的额外的好处并不是从卖者那里搜刮得到的。

消费者剩余产生的根本原因是人们对所购买的某一物品的每一个单位的价格都支付相同数额的价格，而这个价格是最后一单位商品的价格，是消费者边际效用最低的那单位物品的价格。边际效用是递减的，因此最后一单位商品的效用将低于它之前每一单位商品的效用，人们可以从前面的每一单位的物品中享受到效用剩余。

需求曲线与价格之间的阴影部分就是消费者剩余的总量，对于整个市场来说，市场需求曲线反映了消费者作为总体对每单位物品支付的代价，价格线之上的市场需求曲线面积就代表了消费者剩余的总量。

【习题解析】

□概念复习

1. 效用，边际效用

答案见知识点一和知识点二。

2. 功利主义

功利主义是一种强调功利价值、以功利为衡量事物价值尺度的思想文化现象，是一种在现实生活中支配人们行为的心理趋向、价值观念、思维方式等，边沁根据这一原则将效用的概念引入社会科学，他建议社会应该根据“效用原则”组织起来，所有的立法都应该按照功利主义的原则来制定，从而促进大多数人的最大利益。

3. 边际效用递减规律

答案见知识点二。

4. 收入和其他因素引起的需求变动

需求变动是指在某种商品价格不变的条件下，由于其他因素变动所引起的该商品的需求数量的变动。这里的其他因素变动是指消费者收入水平变动、相关商品的价格变动、消费者偏好的变化和消费者对商品的价格预期的变动等。它指的是总体需求状态的变动，是需求曲线的位置发生了左右的移动。与之相对应的则是需求量的变动，这是由商品价格变动所引起的商品需求量的变动，表现为需求量沿着需求曲线进行变动。

5. 序数效用

答案见知识点一。

6. 等边际法则

答案见知识点三。

7. 市场需求与个人需求

市场需求和个人需求是两种不同的需求形式,个人需求是市场需求的基础,个人需求是一个人在某个特定的时期内并在特定的价格下愿意而且能够购买的某种商品或者劳务的数量,市场需求是在每一个价格水平上的个人需求之和。

8. 收入弹性

收入弹性是物品需求量的变动,该变动是由于价格变动改变了消费者的实际收入所致。即在某特定的时间内,某种商品需求量变动的百分比与消费者收入变动的百分比之比。它是一个敏感性的指标,当收入弹性大于1时,商品是奢侈品,当收入弹性小于1而大于0时,商品是必需品。当收入弹性小于0时,商品是劣质品。

9. 替代品、互补品和独立品

如果一种物品价格的上升会导致另一种物品需求的上升时,则这两种商品互为替代品,比如猪肉和牛肉的关系。

如果一种物品价格的上升会导致另一种物品需求的下降时,则这两种物品互为互补品,比如汽车和轮胎的关系。

如果一种物品价格的变动不会对另一种物品的需求造成任何影响,则这两种物品都是独立品,比如小麦和牙膏的关系。

10. 替代效应和收入效应

答案见知识点四最后一段。

【翔高点评】替代效应和收入效应是决定需求曲线形状的主要原因,需要结合图形认真掌握。

11. 益品,害品

益品通常也被称为价值品、优值品,这些消费品一般具有内在价值,值得人们去生产使用,政府和社会应该鼓励它们的生产,如大多数的日常消费品等。

害品是指对它的消费被人们认为是有害的,对于这些物品,我们认识到,某些消费行为会产生严重后果,因而否定个人决策也许就变得可取。比如处罚或禁止香烟、酒类和海洛因等有害物质的消费。

12. 价值悖论

价值悖论是指亚当·斯密在《国富论》中提到的"没有什么能比水更有用,然而水很少能交换到任何东西。相反,钻石几乎没有任何使用价值,但却经常可以交换到大量的其他物品"这种现象。这个价值悖论用来说明交换价值反映的是商品的边际效用,而不是总效用。水因为很充沛,那么它的边际效用就很小,然而钻石很稀缺,其边际效用就很大。这种看法强调了交换价值的作用,间接抛弃了古典经济学的劳动价值论,更加推崇边际效用价值。

13. 消费者剩余

答案见知识点六。

□问题讨论

1. 解释效用的含义。总效用和边际效用之间有何差异？解释边际效用递减规律，并给出一个数字例子。

【重要级别】☆☆☆　　　　　　　　【难度级别】☆☆

【考查要点】选择和效用理论、边际效用和边际效用递减规律

【参考答案】效用的含义见知识点一。

总效用是指消费者在一定时期内，从一定数量的商品和劳务的消费中所得到的总的满足。边际效用是指从多消费的1单位的商品和服务中所得到的满足程度的增加，这里的"边际"是额外的或新增加的意思。如果效用曲线是连续的，则每一消费量上的边际效用值就是总效用曲线上相应的点的斜率，边际效用是总效用的导数。总效用是先增加后减少的，当边际效用为正时，总效用是增加的；当边际效用为负时，总效用是减少的。

边际效用递减规律的含义见知识点二。由基数效用论的相关知识我们知道边际效用递减规律成立的主要原因有：第一，随着消费物品的增多，人们对从某一单位的消费品中所感受到的满足程度是递减的；第二，由于商品可能不止只有一种用途，人们就会将第一单位的商品用在最重要的用途上，第二单位的商品用在次重要的用途上。因此，消费品的边际效用便会随着消费品用途的重要性的递减而递减。举个例子来说，当一个三口之家拥有1套住房时，带给他们的效用是3；当他们增加了一套住房时，这个效用会是2；当他们拥有第三套住房时，新增的这套住房带给他们的效用将只有1。因为当他们拥有更多套的住房时，房屋带给他们的主观满足感和家庭幸福感将不是同等比例地增加，还可能因为要缴纳各种各样的税费而烦恼。这时总效用是6，而边际效用将分别是3、2、1，这个边际效用将是一个递减的效用。

2. 每周，汤姆·吴都以每个2美元的价格购买两个汉堡包，以每瓶0.5美元的价格购买8瓶可口可乐，以每份1美元的价格购买8份比萨饼。但是，在价格为每个1.5美元时，他不购买任何热狗。对于这四种物品的每一种，你能算出汤姆的边际效用吗？

【重要级别】☆　　　　　　　　　【难度级别】☆☆

【考查要点】边际效用和边际效用递减规律

【参考答案】依据等边际法则，应该有以下式子的成立：

$$\frac{MU(\text{汉堡包})}{2}=\frac{MU(\text{可口可乐})}{0.5}=\frac{MU(\text{比萨饼})}{1}=MU(\text{每 1 美元收入})$$

从上式中可以看出，只要已知每1美元收入的边际效用，就可以计算出前三种物品的任一边际效用，但是对于热狗的边际效用则会因为条件不足而无法计算。

3. 下列物品中的哪一对可以划分为互补品、替代品和独立品：牛肉、番茄酱、羊肉、香烟、口香糖、猪肉、收音机、电视机、空中旅行、乘公共汽车旅行、出租车和平装书。说明当一种物品的价格上升时，所引起的另一种物品的需求曲线的移动。

收入的变动对于空中旅行的需求曲线会发生何种影响？对公共汽车旅行的需求曲线又有何影响呢？

【重要级别】☆☆　　　　　　【难度级别】☆☆

【考查要点】需求曲线向下倾斜的原因

【参考答案】替代品主要有：牛肉、羊肉和猪肉，香烟与口香糖，电视机、收音机和平装书，空中旅行与乘公共汽车旅行。互补品主要有：牛肉与番茄酱。除了以上可以配对的之外，其他任何两种商品之间的组合都是独立品。

如果一种物品的价格上升，则该物品的替代品的需求将会增加，需求曲线向右移动，而该物品互补品需求将会减少，导致其需求曲线向左移动。

收入的增加表明消费者的购买能力将会得到提升，他们一般会增加对正常物品和高档物品的需求，降低对低档物品或劣质物品的消费需求。在本题中，空中旅行是正常物品，因此收入的增加将会使其需求得到提升，但是公共汽车旅行则是属于劣质品，收入增加后，消费者会减少对其的消费。

4. "当所有物品的边际效用完全相等时，效用达到最大。"这种说法为什么是错误的？修正这种说法并解释原因。

【重要级别】☆☆　　　　　　【难度级别】☆☆

【考查要点】等边际法则

【参考答案】根据等边际法则，当物品的边际效用与其价格之间的比例相等时，消费者在特定收入水平下的效用才达到了最大。题目中的提法是对等边际法则的一种错误理解，如果所有物品的价格都相等，那么题目的说法才是正确的。

5. 当把消费者剩余分析应用到看电影中时，下面是一种估算消费者剩余的方法：

a. 去年你看了多少部电影？

b. 去年你在看电影上总的花费是多少？

c. 你愿意为去年看过的所有电影最多支付多少钱？

d. 计算 c 减去 b，得到你在看电影上的消费者剩余。

【重要级别】☆☆　　　　　　【难度级别】☆

【考查要点】消费者剩余

【参考答案】由题目中所提示的方法，我看电影时所获得的消费者剩余即为我愿意为看所有电影支付的货币金额与看电影时所实际花费的金额之差。因为每个人看电影的偏好不同，那么将会计算出不同的消费者剩余。举个例子来说：a. 去年我一共看了 3 场电影；b. 在看电影上总的花费是 150 元；c. 我愿意为去年看过的所有电影最多支付 220 元；d. 得到我的消费者剩余是 70 元。

6. 分析下表，该表列举了每年滑雪的不同天数的效用：

滑雪的天数	总效用(美元)
0	0
1	70
2	110
3	146
4	176
5	196
6	196

设计一张表,以说明每一滑雪天数的边际效用。假设有100万人口,他们都具有表中所示的偏好,画出滑雪天数的市场需求曲线。如果每天的票价为40美元,滑雪的均衡价格和天数为多少呢?

【重要级别】☆☆　　　　　　　　【难度级别】☆

【考查要点】边际效用和边际效用递减规律

【参考答案】(1)由边际效用的概念可知,滑雪天数的边际效用如下表所示:

滑雪天数	边际效用 MU
第1天	70
第2天	40
第3天	36
第4天	30
第5天	20
第6天	0

(2)如果这个城市的100万人都有相同的滑雪爱好,则滑雪天气的需求如下表所示。我们这里基于的一个重要假设就是"人们愿意支付的价格等于滑雪天数的边际效用"。

价格/美元	需求数量(=人口滑雪天数)
70	1 000 000×1=1 000 000
40	1 000 000×2=2 000 000
36	1 000 000×3=3 000 000
30	1 000 000×4=4 000 000
20	1 000 000×5=5 000 000
0	1 000 000×6=6 000 000

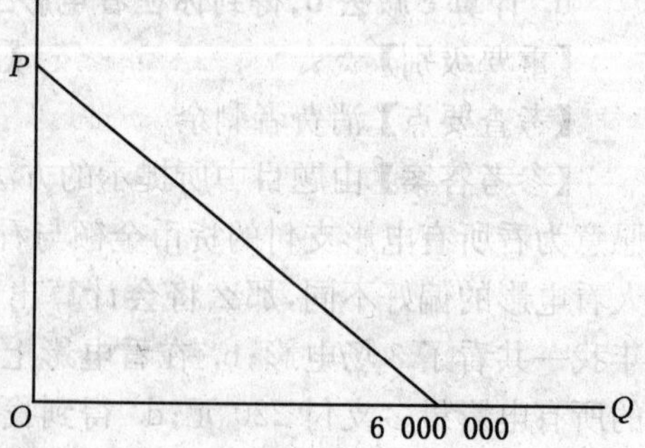

根据需求表我们就可以画出滑雪天数的市场需求曲线,如上图所示。

(3)如果每天滑雪的价格是40美元,根据滑雪天数的需求表与需求曲线可以得知,此时滑雪的均衡价格是40美金,均衡数量是2 000 000个滑雪日。

7. 对于表5－2(课本P81)中的每一种商品,计算价格上升1倍对于需求量的影响。同样,对于表5－3(课本P81)中的各种商品,消费者收入增加50%会产生何种影响呢?

【重要级别】☆　　　　　　　　【难度级别】☆

【考查要点】需求曲线向下倾斜的原因

【参考答案】需求的价格弹性是指当商品的价格发生变化时,商品需求量变化的百分比与商品价格变化的百分比之比,如表a所示:

商品需求的收入弹性是指当消费者的收入发生变化时,消费者对商品需求变化的百分比与消费者收入变化的百分比之比,如表b所示:

表a　价格上升1倍对需求量的影响

商品	需求量下降的幅度(＝价格弹性100%)
青豆	260%
合法赌博	280%
出租车服务	124%
家具	100%
电影	87%
鞋	70%
法律服务	61%
医疗保险	31%
客车旅行	20%
居民用电	13%

表b　收入上升50%对需求量的影响

商品	需求量上升幅度(＝收入弹性50%)
汽车站	123%
房主占用的住房	74.5%
家具	74%
书籍	72%
餐厅用餐	70%
服装	51%
医生服务	37.5%
烟草	32%
鸡蛋	18.5%
人造黄油	－10%
猪肉制品	－10%
面粉	－18%

8. 当你把越来越多的完全相同的个人需求曲线加总(采用与图5－2〈课本P79〉相似的办法),在相同的坐标单位下,市场需求曲线会变得越来越平坦。这一事实是否说明需求弹性变得越来越大呢?仔细解释你的答案。

【重要级别】☆　　　　　　　　【难度级别】☆

【考查要点】需求曲线向下倾斜的原因

【参考答案】把多条个人需求曲线进行加总,市场需求曲线会变得越来越平坦,但是价格与需求量变动的百分比仍将保持不变,因而需求弹性基本不变。

9. 供给和需求理论的一个有趣的应用在于:就那些上瘾物品来说,可以对限制其供给的各种方法进行比较。本题假设上瘾物品的需求缺乏价格弹性:

a. 一种方法是将其供给拒于国门之外(今天,这种方法被用于海洛因和可卡因,在禁酒运动期间,它被用于酒类)。试说明这种方法如何提高了上瘾物品的价格,并增加了毒品行业供给者的总收入。

b. 另一种可供选择的方法是对这些物品课以重税(今天,这种方法被用于烟

草和酒类)。运用第 4 章的税收分析,说明这种方法如何降低毒品行业供给者的总收入。

c. 试评述上述两种方法的差异。

【重要级别】☆☆　　　　　　　　【难度级别】☆☆☆

【考查要点】上瘾物品的经济学

【参考答案】a. 如(a)图所示,减少上瘾物品在国内的供给,导致这些物品的供给曲线由 SS 向左移动到 S_1S_1,导致上瘾物品的市场均衡价格升高。由于上瘾物品的需求缺乏价格弹性,因此均衡数量并不会发生显著的缩减。那么供给数量的减少带来的收入减少将小于价格上升带来的收入增加,最终使其总收入将有所增加,相当于图中$(A-B)$的面积。

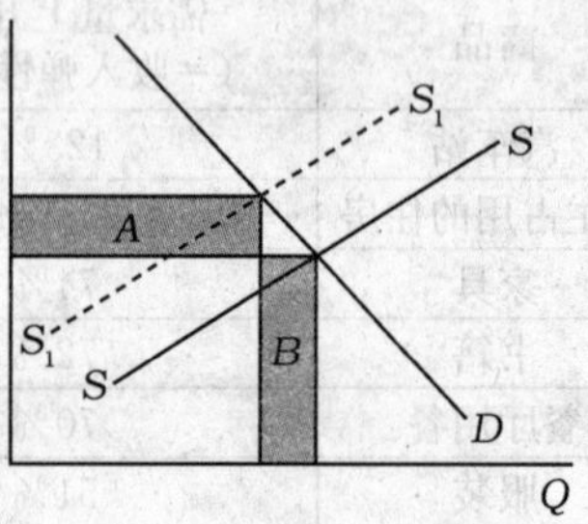

(a)对上瘾物品限制供给的影响

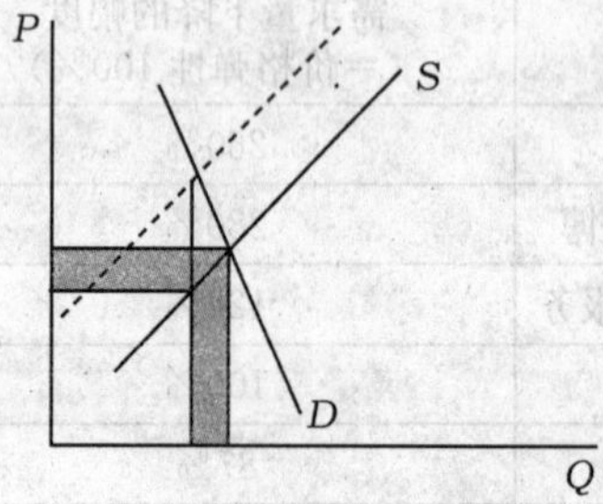

(b)对上瘾物品征税的影响

b. 如(b)图所示,对上瘾物品征收重税,将导致其成本提高,这些物品的供给曲线同样向左移动,供给曲线向上垂直移动的距离即为单位商品的征税额。此时,供给者的总收入等于消费者的总支出额减去征税额,与未征税时的收入相比,收入减少了相当于图中阴影部分的面积。

c. 限制供给具有抬高价格的压力,从而使得上瘾品供给者的总收入增加;而征税政策使得供给者的总收入减少,同时使税收增加。总的来说,如果能够有效避免逃税行为,则两种方法都能达到使上瘾品需求者的费用提高的目的,但是征税看起来更具有经济理性。

10. 假设你是一个肥胖的有钱人,你的医生建议你将每天的食品限制在 2 000 卡路里以内。那么,你对食品的消费均衡是什么?

【重要级别】☆☆　　　　　　　　【难度级别】☆

【考查要点】等边际法则

【参考答案】在任何情况下,都有边际效率递减规律的存在,消费者都将按照等边际法则行事,使其花在预算约束内的所有消费品上的最后一单位货币所带来的边际效用相等,此时就达到了消费均衡。因此,对于一个胖人来说,他对食品的消费均衡依然是等边际法则成立的那一点。

【翔高点评】对于消费者来说,当其消费行为达到等边际法则的要求时,其消费就达到了均衡,这是消费者作出消费决策的重要依据之一。

11. 消费者剩余的数字题:假设过桥的需求函数是:$Y=1\ 000\ 000-50\ 000P$,其中,Y 是指桥的需求量,P 是每次过桥的费用(以美元计)。

a. 如果每次过桥的费用是 0 美元、1 美元和 20 美元,请分别计算消费者剩余。

b. 假定桥的成本是 180 万美元,请计算收支相抵的一次过桥费用,此时,消费者剩余是多少?

c. 假定桥的成本是 800 万美金,请解释为什么在过桥费不能弥补这一成本的情况下仍然要修建这座桥?

【重要级别】☆☆　　　　　　　　【难度级别】☆

【考查要点】消费者剩余

【参考答案】a. 当过桥费用是 $P=0$ 时,桥的需求量 $Y=1\ 000\ 000$;当 $Y=0$ 时,$P=20$。因此,当 $P=0$ 时,消费者剩余 $CS=\frac{1}{2}\times 1\ 000\ 000\times 20=10\ 000\ 000$(美元);当 $P=1$,消费者剩余 $CS=\frac{1}{2}\times(1\ 000\ 000-50\ 000\times 1)\times(20-1)=9\ 025\ 000$(美元);当 $P=20$ 时,消费者剩余为 10 000 000。

b. 当桥的成本为 180 万美元时,过桥的收益 $TR=1\ 000\ 000P-50\ 000P^2$,令收益与成本相等,则 $1\ 000\ 000P-50\ 000P^2=1\ 800\ 000$,解出方程即可得到收支相抵的过桥费用 P 为 2 美元。此时,消费者剩余 $CS=\frac{1}{2}\times(1\ 000\ 000-50\ 000\times 2)\times(20-2)=8\ 100\ 000$(美元)。

c. 假定桥的成本为 800 万美元,此时方程 $1\ 000\ 000P-50\ 000P^2=8\ 000\ 000$ 无实数解,因此过桥费不能弥补这一成本,但此时由于桥所带来的消费者剩余为 10 000 000 美元,因此仍然是需要修建这座桥的。

【补充训练】

1. 一般需求曲线的形态向右下方倾斜,其主要原因是价格下降产生的(　　)和(　　)。

【重要级别】☆　　　　　　　　【难度级别】☆

【考查要点】需求曲线向下倾斜的原因

【参考答案】收入效应　替代效应

2. 无差异曲线凸向原点,说明(　　)。

A. 边际成本递增　　　　　　**B. 机会成本递增**

C. 边际替代率递减　　　　　**D. 边际技术替代率递减**

【重要级别】☆☆　　　　　　　【难度级别】☆☆

【考查要点】选择和效用理论

【参考答案】C。MRS 递减是无差异曲线凸向原点的原因。

3. 基数效用论与序数效应论中消费者均衡的条件。

【重要级别】☆☆☆　　　　　　　　【难度级别】☆☆☆

【考查要点】选择和效用理论

【参考答案】(1)消费者均衡是研究单个消费者如何把有限的货币收入分配在各种商品的购买中以获得最大的效用。也可以说,它是研究单个消费者在既定收入约束下实现效用最大化的均衡条件。

(2)在基数效用论者那里,消费者实现效用最大化的均衡条件为:在消费者的货币收入和商品价格不变的情况下,消费者应该使自己所购买的各种商品的边际效用与价格之比相等,且都等于货币的边际效用。这一均衡条件可以表示为:

$$\sum P_iX_i = I \quad (i=1,2,3\cdots\cdots,n) \qquad \text{(a)}$$

$$MU_i/P_i=\lambda \qquad \text{(b)}$$

其中,I 为消费者的收入,P_i、X_i 和 MU_i 分别为第 i 种商品的价格、消费量和边际效用,λ 为货币的边际效用。(a)为限制条件,(b)为在限制条件下消费者实现效用最大化的均衡条件。

(3)在序数效用论者那里,只有既定的预算线与一组无差异曲线簇中一条无差异曲线相切的点,才是消费者获得最大效用水平或满足程度的均衡点。即消费者的均衡条件是 $MRS_{12}=\frac{P_1}{P_2}$,这个式子表示两种商品的边际替代率等于商品的价格之比。

4. 老王每月收入 120 元,全部用来购买商品 X 和 Y,它的效用函数为 $U=XY$,X,的价格是 2 元,Y 的价格是 3 元,试求:

(1)为使老王的效用最大化,他应购买 X 和 Y 各多少?

(2)他获得的总效用是多少?每单位货币的边际效用是多少?

(3)假设 X 的价格提高 0.44,Y 的价格不变,为使老王获得的效用水平不变,他的收入应该增加多少?

【重要级别】☆☆　　　　　　　　【难度级别】☆☆☆

【考查要点】选择和效用理论

【参考答案】(1)为使老王的效用最大化,

$\max(U=XY)$

$2X+3Y=120$

构造拉格朗日函数:

$L=XY+\lambda(120-2X-3Y)$

$\frac{\partial L}{\partial X}=Y-2\lambda=0$

$\frac{\partial L}{\partial Y}=X-3\lambda=0$

$\frac{\partial L}{\partial \lambda}=120-2X-3Y=0$

得:$X=30,Y=20$

(2)他获得的总效用：$U=XY=30\times20=600$

每单位货币的边际效用为：$\lambda=\frac{MU_X}{P_X}=\frac{MU_Y}{P_Y}=\frac{Y}{2}=\frac{X}{3}=10$

(3)假设 X 的价格提高 0.44，则 $P_X{}'=2.44, P_Y=3$

为使老王获得的效用水平不变，

$\min(2.44X+3Y)$

$XY=600$

构造拉格朗日函数：

$L=2.44X+3Y+\lambda(600-XY)$

$\frac{\partial L}{\partial X}=2.44-\lambda Y=0$

$\frac{\partial L}{\partial Y}=3-\lambda X=0$

$\frac{\partial L}{\partial \lambda}=600-XY=0$

得：$Y\approx22, X=27.27$

所以需总收入 $m=27.27\times2.44+22\times3\approx132.54$

即需要增加的收入：$132.54-120=12.54$

第5章附录　消费均衡的几何分析

【学习精要】

❖知识点一　无差异曲线

◇ 无差异曲线是表示能够给消费者带来同等效用水平或满足度的两种商品的各种不同数量的组合的一簇曲线。

◇ 无差异曲线图有如下特点：第一，具有连续性，能够覆盖整个坐标平面。离原点越近的无差异曲线所代表的效用水平越低，离原点越远的无差异曲线所代表的效用水平越高。第二，在同一坐标平面上的任意两条无差异曲线不会相交。第三，根据边际替代率递减规律，无差异曲线凸向原点。

◇ 替代规律是指，一种物品越是稀缺，它的相对的替代价值就越大；相对于变得充裕的物品，它的边际效用会上升。

❖知识点二　消费者均衡

◇ 预算线是用来表示消费者收入和商品价格给定的条件下，消费者的全部收入所能购买的各种商品的全部数量组合的一条直线。

◇ 消费者均衡在预算线与最高无差异曲线的切点处实现，在该点，消费者的替代率正好等于预算线的斜率。用公式表示就是：$\frac{P_F}{P_C}$＝替代率＝$\frac{MU_F}{MU_C}$。

❖知识点三　收入和价格的变化

◇ 收入的下降会使预算线平行地向内移动，通常会引起两种物品的购买量下降。

◇ 在其他条件不变的情况下，一种物品价格单独变动会引起预算线发生旋转，从而改变其斜率。

❖知识点四　需求曲线的推导

在一种物品的价格和收入发生变化之后，消费者将得到一个新的最大满足的切点。在每一个切点，用于每种用途的每一美元所产生的边际效用相等。通过新旧均衡点的比较，我们可以得到通常的向下倾斜的需求曲线。

【习题解析】

□概念复习

1. 无差异曲线

答案见知识点一。

2. 斜率或替代率

替代率表示商品之间进行替代的难易程度，是指在维持效用水平不变的前提下，消费者增加一单位某种商品的消费数量时所需要放弃的另一种商品的消费数量，它也等于两种商品效用的无差异曲线的斜率的绝对值。

3. 预算线或预算约束

预算线是用来表示消费者收入和商品价格给定的条件下，消费者的全部收入所能购买到的各种商品的全部数量组合的一条直线。预算线以内的区域表示消费者的全部收入在购买该点的商品组合后还有剩余，而预算线以外的区域则表示消费者利用全部收入都不可能实现的商品购买的组合点；唯有预算线上的任何一点，才是消费者的全部收入刚好花完所能购买到的商品的组合点。

4. 无差异曲线的凸性和相对边际效用递减规律

相对边际效用递减规律是指在维持效用水平不变的前提下，随着一种商品的消费数量的连续增加，消费者为得到该种商品所需要放弃的另一种商品的数量是递减的。无差异曲线的效率就是反应两种商品的相对边际效用，因此边际替代率递减规律的成立使得无差异曲线的斜率随着一种商品需求量的增加也呈现出递减的趋势。在这种情况下，无差异曲线越来越平缓，在几何图形上表现为无差异曲线凸向原点。

5. 最优切点条件：$\frac{P_F}{P_C}$＝替代率＝$\frac{MU_F}{MU_C}$。

最优切点条件是指既定的预算线与其中一条无差异曲线的相切点，是消费者获得最大效用水平的均衡点。在该切点处，预算线与无差异曲线的斜率相等。无差异曲线的斜率的绝对值表示商品的替代率，预算线斜率的绝对值可以用两种商品的价格之比来表示，因此$\frac{P_F}{P_C}$=替代率=$\frac{MU_F}{MU_C}$。这一均衡条件表示，在一定收入约束下，消费者为获得最大效用，应当选择最优商品组合，使得两种商品的边际替代率等于这两种商品的价格之比。

□问题讨论

1. 画出下列无差异曲线：(a)像左右鞋子那样的互补品；(b)像同一个商店并排放置的两瓶可乐那样完全的替代品。

【重要级别】☆☆　　　　　　　　　　【难度级别】☆☆☆

【考查要点】无差异曲线

【参考答案】(a)互补品是指无论价格为多少，消费者都必须按固定比例购买的商品。对于鞋子这样的互补品，消费者只能成双购买，用Y表示左鞋的消费量，X表示右鞋的购买量，其无差异曲线呈现L形。如(a)图所示。

(b)完全替代品是指消费者愿意以一种商品替代另一种商品，在完全替代的情况下，消费者对商品相对价格的变动非常敏感，一般会购买价格较低的那种商品。假设Y轴表示可乐Y的消费量，X轴表示可乐X的消费量，由于两者完全替代，因此无差异曲线为斜率是-1的直线，如(b)图所示。

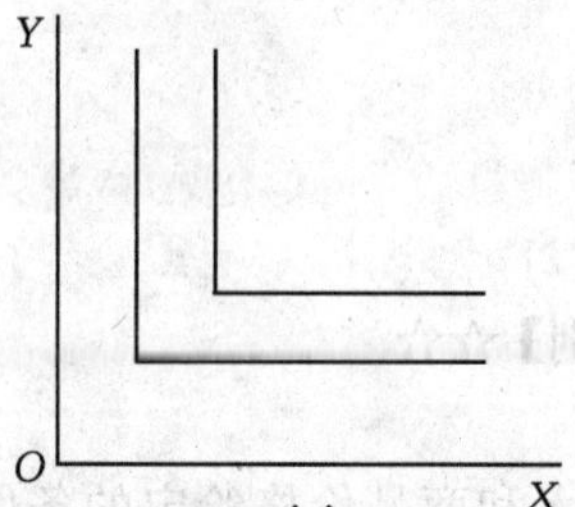

(a)

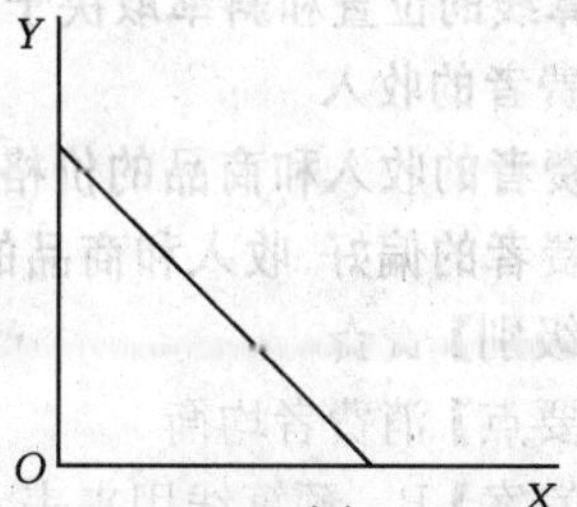

(b)

2. 以猪肉和游艇为例，画出类似于图5A－5(课本P92)的一组无差异曲线和预算线，其中猪肉作为劣品，而游艇作为奢侈品，其收入弹性超过1。

【重要级别】☆☆☆　　　　　　　　　【难度级别】☆☆☆

【考查要点】无差异曲线、消费者均衡

【参考答案】猪肉和游艇的一组无差异曲线和预算线如右图所示。由于猪肉为劣品，其需求量将会随着收入的增加而减少，而游艇为奢侈品，其需求量变动率将会大于收入的变动率。当收入增加引起预算线向右平移时，无差异曲线与预算线相切的均衡点位置会发生变动。

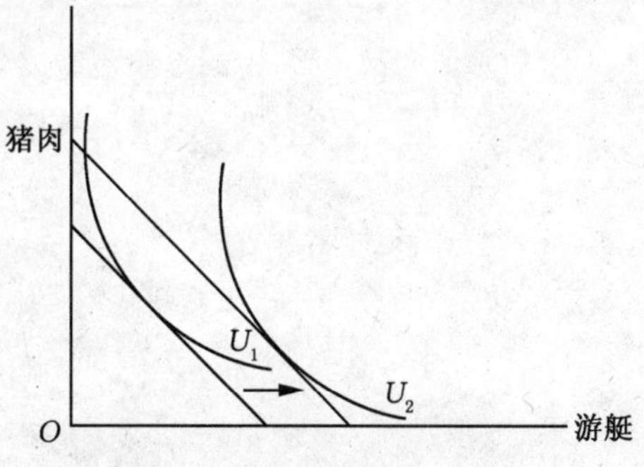

在新的均衡点,猪肉的需求量比以前下降,而游艇的需求量则比以前增加,并且增加的幅度超过了收入增加的幅度。

【补充训练】

1. 无差异曲线的位置和形状取决于(　　)。

A. 消费者的偏好

B. 消费者的偏好和收入

C. 消费者的偏好、收入以及商品的价格

【重要级别】☆☆　　【难度级别】☆☆

【考查要点】无差异曲线

【参考答案】A。无差异曲线是用来表示消费者偏好相同的两种商品的各种不同数量的组合的一簇曲线。消费者对某种商品的偏好要大于对其他商品的偏好反映在无差异曲线上,消费者通常对商品多的偏好大于对商品少的偏好,这种对数量的偏好也反映在无差异曲线上,因此无差异曲线的位置和形状取决于消费者的偏好。通常离原点远的无差异曲线要比离原点近的无差异曲线所代表的效用水平高。

2. 预算线的位置和斜率取决于(　　)。

A. 消费者的收入

B. 消费者的收入和商品的价格

C. 消费者的偏好、收入和商品的价格

【重要级别】☆☆　　【难度级别】☆☆

【考查要点】消费者均衡

【参考答案】B。预算线用来表示消费者收入和商品价格给定的条件下,消费者的全部收入所能购买的各种商品的全部数量组合的一条直线。从预算线的定义可以看出,答案选 B。

第 6 章　生产和企业组织

【学习精要】

❖知识点一　生产函数的相关概念

◇ 生产函数。是指在既定的工程技术知识水平条件下，给定投入之后所能够得到的最大的产出，它表示的是生产中的投入量和产出量之间的关系。任何生产函数都是以一定时期内的生产技术水平不变作为前提条件的，一旦生产技术发生了变化，生产函数也会发生相应的变化。

◇ 总产量。表示的是生产出来的用实物单位衡量的产出总量，随着投入要素的增加，总产量一般都会增加，但是也会出现总产量下降的情况，企业通常不会在这个阶段进行生产。

◇ 边际产量。一种投入的边际产量是指在其他投入保持不变的情况下，由于新增 1 单位的投入而多生产出来的产量或者产出。边际产量和总产量之间有密切的关系。当边际产量为正时，总产量是增加的；当边际产量为负时，总产量是减少的。

◇ 平均产量。它等于总产量水平除以总投入的单位数。

❖知识点二　边际收益递减规律

◇ 边际收益递减规律表明在其他投入不变的时候，随着某一投入量的增加，新增加的产出越来越少。换言之，在其他投入不变时，随着某一投入量的增加，其每 1 单位投入的边际产量会下降。但是要注意的是边际收益递减规律的前提条件是保持技术水平的不变。

◇ 边际收益递减规律产生的主要原因是，随着可变要素投入量的不断增加，固定要素和可变要素投入的组合比例将变得越来越不合理。

◇ 边际收益递减规律发挥作用的前提是：(1)技术不变是一个前提；(2)以其他生产要素固定不变，只有一种生产要素的变动为前提；(3)是在可变要素增加到一定程度之后才会出现的；(4)所投入的可变要素都是同质的，没有质量方面的差异。

∴知识点三　规模报酬

规模报酬关注的是当所有的投入都变动以后，投入规模的增加对产出量的影响。这是一个长期问题，而不是经济上的短期分析。

◇ 规模报酬不变。表示所有投入的增加导致产出以同样的比例增加。

◇ 规模报酬递增。也叫规模经济，即所有投入的增加导致产出以更大比例增加。

◇ 规模报酬递减。即所有投入的均衡增加导致总产出以较小比例增加。在许多业务流程中，规模的增大最终会达到一个极点，超过这一点就会导致低效率，这可能是由于管理成本或控制成本变得庞大而造成的。

∴知识点四　短期和长期

有效率的生产除了需要诸如劳动这些灵活的因素外，还需要时间。为此，我们在生产和成本分析中区分出两种不同的时期。

◇ 短期。是这样一个时期，在这个时期里，只有一些要素即可变投入要素能够得到调整；而固定要素，如厂房和设备，则不能得到充分的调整。例如边际收益递减规律等的分析就是基于一个短期的概念来分析的。

◇ 长期。指的是企业使用的所有要素，包括资本都可以得到调整的时期。规模报酬问题的分析就是一个长期的概念。

∴知识点五　生产率和总生产函数

◇ 生产率。是指总产出对加权平均的投入的比例。有两个重要的变量即劳动生产率和全要素生产率。前者计算每单位劳动的产量，后者计算每单位总投入(一般包括资本和劳动)的产量。

◇ 生产率增长的原因。一是规模经济的作用，二是技术变革的原因。规模经济可以使全要素增长率增加，而技术变革则是生产率增长的持续不断的动力。

◇ 总生产函数。与总投入(如劳动、资本和土地)以及全要素生产率相关联。

∴知识点六　企业的性质

◇ 企业。由专业化的组织组成以便管理生产过程。生产在企业里进行的主要原因在于效率通常要求大规模的生产、筹集巨额资金以及对正在进行的活动实行细致的管理与监督。

◇ 企业的主要功能有：(1)批量生产的经济性，一般可以产生协同效应；(2)为大规模生产筹集资金；(3)管理生产过程。

∴知识点七　企业的组织形式

市场经济中的生产活动经由形形色色的企业组织，从最小的个人业主制到主宰经济生活的大公司都有很多。小企业在数量上占据优势，但是，无论从销售额、资产、政治力量和经济力量，还是从工资数额和职工人数来看，几百家大公司都占据着支配性的地位。

◇ 个人业主制。由小企业主个人出资兴办的，俗称“夫妻店”，规模比较小，企业主自己直接经营，并对企业的债务付完全的责任，内部管理机构简单，仅仅能够为小企业主的努力提供最低的工资。

◇ 合伙制。由两个或者两个以上的人合伙成立的企业，他们中的每一个人都同意承担一部分工作和提供一份资本，从而分享一定比例的利润，当然也包括分摊有可能出现的亏损或债务。主要缺点之一就是对债务的无限责任，合伙人很有可能因此而倾家荡产。这种企业组织形式一般局限于农业和零售业这类小型的、适合于个人的企业。

◇ 公司。具有自己独立的“法人”地位，可以根据自己的利益进行相应的经济活动。公司享有有限责任，公司的每一个所有者的投资风险都严格限定在特定的数额上。现代公司的核心特征是：公司的所有权属于那些掌握了公司普通股的所有人。从原则上讲，股东控制他们所拥有的公司，但是实际上公司经理们才更有能力控制公司。公司的经理和董事会拥有制定公司决策的合法权利。公司的主要优点就是能够最有效地进行经济活动，公司的股东承担有限责任；主要的缺点就是公司需要纳税，通常还存在双重课税的问题，公司的税负比较重。

企业追求其利润最大化将作为其生产经营行为的主要目标，这个充要条件就是其边际收益等于边际成本。决定企业边界的条件就是内部收益和内部管理成本的比较。当收益大于成本时，生产将会选择企业的形式；当收益小于成本时，生产将会选择市场的形式。

【习题解析】

□概念复习

1. 投入、产出、生产函数

投入是指从事一项经济活动的各种消耗，如原材料、设备、劳动力、资金等的消耗。产出是指从事一项经济活动的结果，是投入所产生的结果。

生产函数的概念见知识点一。

2. 总产量、平均产量和边际产量

答案见知识点一。

3. 边际产量递减和收益递减规律

边际产量递减规律和边际收益递减规律是同一条规律的两种不同的称谓，它们的具体内容是相同的。具体见知识点二。

4. 规模报酬不变、递增和递减

具体见知识点三。

5. 短期与长期

短期和长期的划分是以企业全部的要素能否全部得到及时充分的调整作为标准的，对于不同的产品的生产，短期和长期的界定规定是不相同的。详见知识点四。

【翔高点评】长期和短期是经济学中十分重要的时点划分,在不同的时期,各经济假设条件是不同的,这样同一问题在不同的时期内就可能得出不同的结论。

6. 技术变革:工艺创新,产品创新

技术变革是指物品与劳务的生产过程的改进、旧产品的革新或新产品的推出,使得在投入不变的情况下得到更多的或经过改良的产品。技术变革由一系列技术进步组成,包括了工艺创新和产品创新。前者指对已有产品采用新的或改良的生产加工技术,后者指新的或改良的产品被推向了市场。在这里工艺创新相当于生产函数的改变。产品创新比工艺创新要难以量化得多,但从长期来看,它是提高生活水平更为重要的因素。

7. 生产率

答案见知识点五。

8. 网络产业:使用外部性、冒尖优势、历史因袭、"胜者全得"市场

使用外部性是指消费者不仅能从自己的使用中获益,而且还能够从别人的使用中获益,例如人们使用互联网等高科技产品时就是如此,因为这些高科技产品对某一用户的效用或价值随着采用相同产品或可兼容产品的用户增加而增加。

冒尖优势是指消费者不喜欢购买那些与未来主导技术不兼容的产品,而只会倾向于那种能够打败所有竞争对手的唯一产品上。这样当第一个厂商在市场上存在巨大的优势时,厂商在一个市场上作出的早的和决定性的行动可以帮助这个厂商最终赢得客户。

历史因袭是指由于历史因素所延续和继承下来的一些人们都认可的而难以改变的因素,当它成为一种标准时,具有很强的稳定性,很难在短期内将其改变。计算机键盘的布局就是一个著名的历史因袭的例子。

"胜者全得"也称为"赢家通吃",一般指一个市场的惯性很大,一旦一种产品成为市场主导,其他产品想要追赶就会非常困难,这些特点意味着企业往往在早期就企图超越对手,占领市场的绝大多数份额,使其他竞争对手很难生存下去。

9. 总生产函数

总生产函数是与总投入(如劳动、资本和土地)以及全要素生产率相关联的生产函数。总生产函数反映的是与既定生产要素投入量相联系的最大产出。可以分为固定比例生产函数和连续的生产函数。在固定比例的生产函数中,资本和劳动等生产要素不能相互替代,而在连续生产函数中可以允许资本与劳动的相互替代,典型的就是柯布—道格拉斯生产函数。

10. 公司产生的原因:规模经济、筹资需要、管理

在公司产生的原因中,规模经济、筹资需要、管理是三个最主要的因素。规模经济是指在产出一定的范围内,当产出增加时,所耗费的平均成本是在不断减小的。产生这个结果的主要原因是厂商内在的原因,即产品的成本随着自身规模的不断扩大而减少;还有外在的整个行业的原因,主要是与整个行业的规模有关。

筹集资金是公司产生的第二个主要原因,因为大规模的生产通常需要巨额资金的支持，这些资金很难靠个人来筹集，只有依靠公司这种大的企业组织形式。

管理生产活动是公司产生的第三个主要原因，企业经理可以决定组织生产，引入新思想、新产品或新工艺，并对企业的成败承担责任，而往往这些功能是不能自行组织起来的，只有依靠公司这种比较有效的形式。

11. 主要的企业形式：个人业主制、公司制、合伙制

答案见知识点七。

【翔高点评】不同的企业组织形式具有不同的法律责任，需要结合企业的实际资源状况选择合适的企业组织形式。

12. 无限责任和有限责任

无限责任和有限责任的主要区别在于公司在资不抵债时的债务清偿问题上所承担的责任。

无限责任是指投资者不仅以其在企业中的投资额为限，而且以其个人的全部资产为限来对企业的债务承担清偿责任。合伙制企业和个体户通常都是承担这种无限责任的。有限责任是指股东对其企业债务的责任仅限于股东投进企业的资产，并不涉及股东的个人资产。企业对自身所担负的债务责任也仅限于企业的全部资产，并不以股东别的资产来担负进一步的清偿责任。

13. 企业与市场及敲竹杠问题

企业与市场的边界并不是很明晰，一般来说，企业和市场都是组织生产的两种比较好的方法，这里要涉及成本收益的对比分析问题。一般来说企业可以享受内部价格，搜寻成本比较低，而外在市场的搜寻成本是比较高的。当企业的管理成本小于市场搜寻成本时，企业就是一种比较好的组织生产的方式。随着企业的规模扩大，管理成本大幅上升，将会超过市场搜寻的成本，这时市场就是一种比较好的组织生产的方式了。敲竹杠问题来源于制定包括所有偶发事件的“完全契约”太过困难，由于契约的不完全性，使企业的专用性投资者无法保证自身在事后的谈判中享有足够份额的投资回报，导致其在事前的投资不足的问题。在竞争性市场结构中，供求关系稳定的条件下，各市场主体之间可以进行多次谈判，有效地解决专用性资产投资不足的敲竹杠问题。

□问题讨论

1. 解释生产函数的概念。描述汉堡包、计算机、音乐会、理发和高等教育的生产函数。

【重要级别】☆☆　　　　　　【难度级别】☆

【考查要点】生产函数的相关概念

【参考答案】生产函数的概念详见知识点一。用公式表示就是：$Y=F(K,L)$，其中 K 表示资本，L 表示劳动。对于汉堡包、计算机、音乐会、理发和高等教育的生产函数而言，它们的劳动或资本投入的种类和数量均有所不同。

2. 考虑一个有如下形式的生产函数：$X=100L^{1/2}$，X 代表产出，L 代表劳动投入(假设其他固定投入不变)。

a. 当劳动投入L=1,2,3和4的时候,画出与图6-1和表6-1(课本P96)相似的图和表。

b. 解释这个生产函数是否说明劳动的收益是递减的。要使该生产函数表现劳动的收益递增,这个生产函数的指数值应该是多少?

【重要级别】☆☆　　　　　　　【难度级别】☆☆

【考查要点】生产函数的相关概念、边际收益递减规律

【参考答案】a. 由题意,根据生产函数的公式,可得总产量X=100,141,173和200。另外由边际产量和平均产量的公式可得,边际产量MP_L=100,41,32和27。平均产量依次为AP_L=100,70,58和50。据此画出如下的图和表。

劳动投入	总产量	边际产量	平均产量
0	0		
		100	
1	100		100
		41	
2	141		70
		32	
3	173		58
		27	
4	200		50

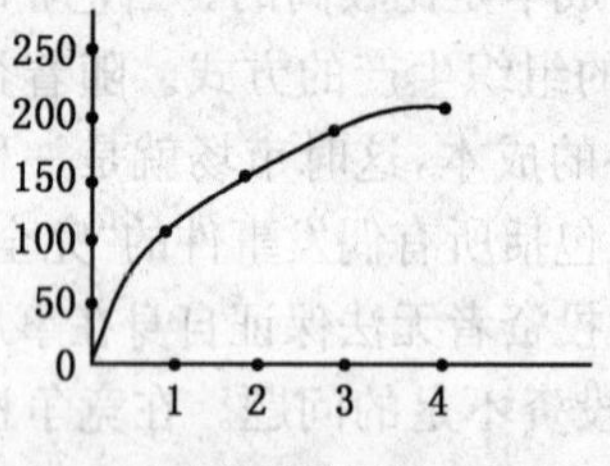

(a)总产量

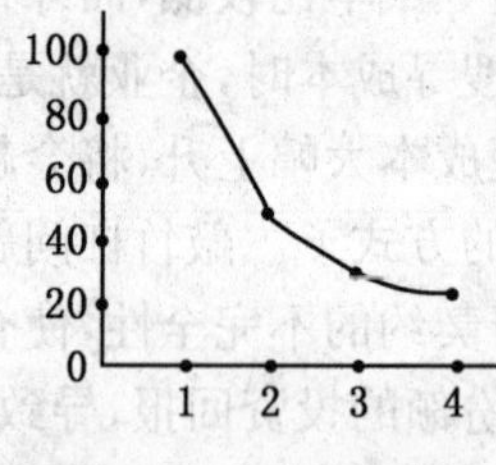

(b)边际产量

b. 这个生产函数可以说明劳动的边际收益是递减的。当劳动投入被更多地追加于既定数量的土地、机器和其他投入要素时,每单位劳动所占有的土地、所使用的机器等其他资源越来越有限。土地会越来越拥挤,机器会过度地使用,从而劳动的生产率会降低,劳动的边际产量会下降。如果要使该生产函数表现为劳动的收益递增,那么生产函数的指数值应该大于1。

【翔高点评】本题考察了总产量和边际产量的计算,在计算时需要明确边际产量是前后两个产量单位之间的差额。要学会从生产函数的表达形式中观察出要素的边际收益状况。

3. 下表描述了输油管道的实际生产函数,填入空缺的边际产量和平均产量的数值。

抽油机的马力	18英寸的管道		
	总产量（桶/天）	边际产品（桶/天·马力）	平均产量（桶/天·马力）
10 000	86 000		
20 000	114 000		
30 000	134 000		
40 000	150 000		
50 000	164 000		

【重要级别】☆☆　　　　　　【难度级别】☆

【考查要点】生产函数的相关概念

【参考答案】由边际产量的定义可知，表中18英寸管道的边际产量应分别是：

$\frac{114\,000-86\,000}{20\,000-10\,000}=2.8$/(天·马力)；$\frac{134\,000-114\,000}{30\,000-20\,000}=2$/(天·马力)；

$\frac{150\,000-134\,000}{40\,000-30\,000}=1.6$/(天·马力)；$\frac{164\,000-150\,000}{50\,000-40\,000}=1.4$/(天·马力)；

根据平均产量的定义可知，表中平均产量应分别填入：

$\frac{86\,000}{10\,000}=8.6$；$\frac{114\,000}{20\,000}=5.7$；$\frac{134\,000}{30\,000}=4.47$；$\frac{150\,000}{40\,000}=3.75$；$\frac{164\,000}{50\,000}=3.28$。

4. 使用问题3中的数据描绘出产量相对于马力的生产函数的图形。在同一幅图上，画出平均产量和边际产量的曲线。

答案略。

5. 假定你在你的大学召开运动会期间，你拥有经营食品的特许权。你在出售热狗、可乐和炸土豆。你投入的资本、劳动和原料各是什么？如果热狗的需求下降，你在短期内能够采取什么措施降低产量？在长期呢？

【重要级别】☆☆　　　　　　【难度级别】☆☆

【考查要点】短期和长期

【参考答案】投入的资本主要包括经营食品时使用的货架、烤架、冰箱、运输车辆等；投入的劳动主要是雇员；原料为制作热狗所需要的面包和香肠、土豆片以及调味品等。如果热狗的需求下降，那么在短期内，可以通过减少原材料的订购、解雇一些雇员以及减少自己的劳动时间等这几项措施来降低产量。如果要在长期内降低产量的话，可以使用一个更小的货架或者调整其他的资本存量。

6. 在经济学中，区分生产函数的移动和沿着生产函数的移动是很重要的。对于问题5中的食品经营权，请举出热狗生产函数移动和沿着生产函数移动的例子。用图形说明热狗生产和劳动使用之间的关系。

【重要级别】☆☆　　　　　　【难度级别】☆☆

【考查要点】生产率和总生产函数

【参考答案】在通常的情况下，沿着生产函数的移动多发生于要素投入的增加这种情况，而生产函数的移动则多发生于技术和管理水平的进步等。在热狗生产中，假定资本存量不变，当雇用更多的劳动者或者增加经营热狗的场地面积时，就发生了沿着生产函数的移动这种情况。如果热狗的烤制技术有了改变，致使热狗单位时间的产量有了很大的提高，则会使热狗的生产函数发生移动。热狗生产和劳动使用之间的关系可以用右图表示。

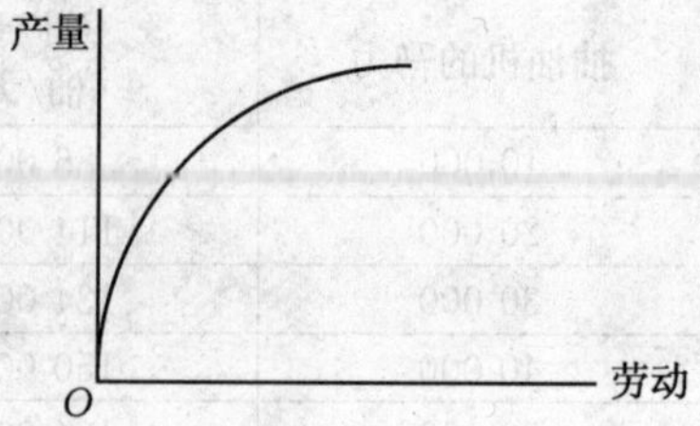

7. 当企业用一种投入取代另一种投入时，"替代"就会出现。例如，当工资上升时，农场主用拖拉机取代了劳动投入。考虑下列企业行为的变化，哪种情况代表了在技术不变的条件下一种要素替代另一种要素？哪种情况代表的是技术变革？用生产函数的图形加以说明。

a. 当石油价格上升时，用以燃气为燃料的工厂替代以石油为燃料的工厂。

b. 一个书店在联上互联网之后裁员 60%。

c. 在 1970～2000 年间，某排版公司将其雇用的排字工裁减了 200 人，同时，将其雇用的计算机操作员增加了 100 人。

d. 在职员成功地组织了工会之后，某大学为其全体教员购买了个人电脑，并减少了职员的人数。

【重要级别】☆☆　　【难度级别】☆

【考查要点】生产率和总生产函数

【参考答案】a,c,d 代表了在技术不变的条件下一种要素代替另一种要素，b 代表了技术变革的情况。在(a)图中，a,c,d 所代表的替代情况表现为生产沿着生产函数的移动。在(b)图中，b 则表现为生产函数自身的移动。

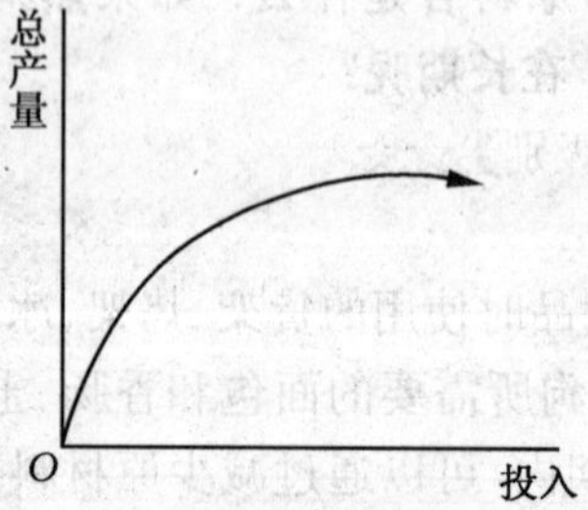

(a)沿着生产函数的移动

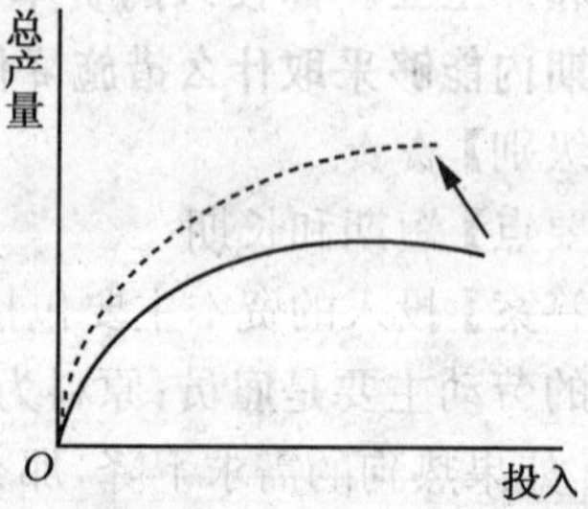

(b)生产函数的移动

8. 设想一个用资本和劳动作为投入的生产比萨饼的企业。请给出边际收益递减和规模报酬递减的定义，并进行比较。解释为什么对于一种投入存在着边际收益递减的可能性，而对于两种投入则存在着规模报酬不变的可能性。

【重要级别】☆☆☆　　【难度级别】☆☆☆

【考查要点】边际收益递减规律、规模报酬

【参考答案】边际收益递减规律和规模报酬递减的定义详见知识点二和知识

点三。

虽然规模报酬递减和边际收益递减论述的都是企业产量如何随生产要素的变化而变化的情况，但是二者存在着明显的区别，其中最大的区别在于是否所有的要素投入均可变动。边际收益递减能够与任何一种规模报酬变化的情况共同存在。边际收益递减存在于短期内，当一种可变要素投入加到一种或几种数量不变的生产要素上时，就会发生这种情况。然而，规模报酬递减只会发生于全部要素投入都发生改变的长期内。

【翔高点评】边际收益递减规律和规模报酬递减规律发生作用的期限是不同的，因此要特别注意短期和长期的概念，辨别清楚各自起作用的期间范围。

9. 请说明如果边际产量始终是递减的，那么，平均产量始终高于边际产量。

【重要级别】☆☆　　　　　　　【难度级别】☆☆

【考查要点】生产函数的相关概念

【参考答案】如果边际产量始终递减就表示对于连续增加的劳动投入来说，新增加的产出总是越来越少。这就导致每一次产出的增加总是小于前面所有次数的增加量，也小于前面所有增加量的平均值，使得所有的边际产量都小于平均产量。

10. 复习图6－4(课本P100)关于网络的例子，假定每个月只能有1个人入网，从Adam开始，顺时针方向进行。

a. 画一张表，表明新增一个成员时，该成员的价值以及其他成员的外部价值(即网络中所有成员的价值)。(提示：Ed加入的答案是：4美元和4美元。)计算每一成员数值下的总社会价值。画图表明网络规模和总社会价值的关系。解释为什么这说明规模报酬递增而非递减。

b. 假定入网成本是4.50美元，如果网络开始时有6个成员，请画图表明成员数会如何随时间变动。如果开始时有3个成员呢？哪一点是总成员人数的均衡？

c. 如果你是图6－4网络中的一个发起者，如果网络开始时只有1个或者2个成员，你会制定一个什么样的价格？

【重要级别】☆☆　　　　　　　【难度级别】☆☆☆

【考查要点】规模报酬

【参考答案】a. 根据下表可知，网络规模和总社会价值之间成正比。由(a)图可知，当网络成员增加1倍时，网络的价值将远远超过1倍，因此，网络产业将会呈现出规模报酬递增的趋势。

(价值单位：美元)

成员	对该成员的价值	对其他成员的价值	总社会价值
Adam	0	0	0
Beth	1	1	2
Carlos	2	2	4
Dorothy	3	3	6
Ed	4	4	8

b. 当入网成本是 4.50 美元,网络开始时有 6 个成员,那么第 7 个入网者将支付 4.50 美元,得到 6 美元的价值,总社会价值为 12 美元。网络成员数随时间变动的关系如(b)图所示。如果最初网络中只有 3 个人,那么,对第 4 个入网人,其支付的成本为 4.50 美元,将高于他的期望收益 3 美元,则第 4 个入网者将选择不加入该网络。那么,只有当网络成员的收益恰好等于入网成本时,网络成员的总人数将达到均衡。

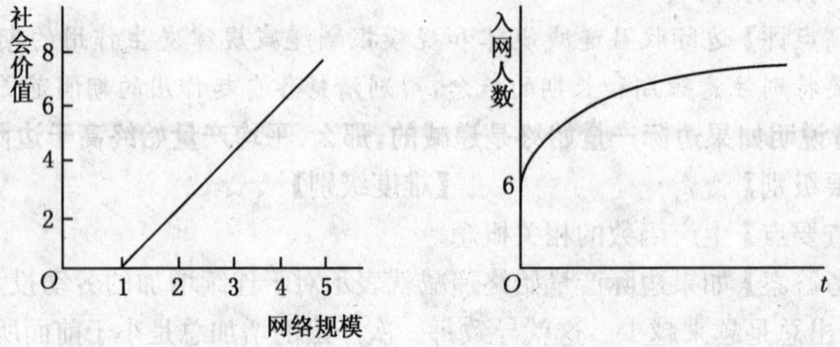

(a)网络规模和总社会价值的关系　　(b)网络成员数随时间变动的关系

c. 为了在该网络建设早期鼓励新成员的加入,网络发起者将在价格方面给予早期的加入者很大的折扣优惠。发起人可以约定,对最初入网的用户,将使其享受费用方面的超值优惠,而对后加入者将收取较高的入网费。

【补充训练】

1. 下列说法中正确的是(　　)。

A. 生产要素的边际技术替代率递减是规模报酬递减规律造成的

B. 生产要素的边际技术替代率递减是边际报酬递减规律造成的

C. 规模报酬递减是边际报酬规律造成的

D. 边际报酬递减是规模报酬递减造成的

【重要级别】☆☆☆　　【难度级别】☆☆☆

【考查要点】规模报酬、边际收益递减规律

【参考答案】B。因为要素的边际报酬递减,所以造成生产要素的边际技术替代率递减。边际报酬递减发生在短期内,而规模报酬递减则发生在长期内,两者之间没有必然的关联。

2. 经济学中短期与长期划分取决于(　　)。

A. 时间长短　　**B. 可否调整产量**

C. 可否调整产品价格　　**D. 可否调整生产规模**

【重要级别】☆☆　　【难度级别】☆☆

【考查要点】短期和长期

【参考答案】D。短期是固定要素等得不到调整，因而生产规模不会发生变化。而长期是指企业的所有要素都可以得到及时的调整，企业的生产规模能够发生变化。

3. 在边际产量发生递减时，如果要增加同样数量的产品，应该（　　）。

A. 增加变动生产要素的投入量

B. 减少变动生产要素的投入量

C. 停止增加变动生产要素

D. 同比例增加各种生产要素

【重要级别】☆☆　　　　　　【难度级别】☆☆

【考查要点】边际收益递减规律

【参考答案】A。根据边际收益递减规律，在边际产量递减时，如果要增加同样数量的产品，就需要增加变动生产要素的投入量，但是这个投入量会大于同比例的产出增加量。

第7章　成本分析

【学习精要】

❖知识点一　总成本、固定成本、可变成本

成本概念在经济学上的意义十分重大，不仅影响着生产和利润的水平，而且还会影响投入的选择、投资的决定，甚至可以决定企业是否继续保持该业务。

◇ 总成本。代表为生产每一产出水平 q 所需要的用货币开支的最低成本总额。TC 随着 q 的上升而上升。

◇ 固定成本。代表即使产出水平为零也必须支付的货币开支总额。固定成本不受任何产出量变动的影响。

◇ 可变成本。代表随着产出水平的变化而变化的开支，包括原材料、工资和燃料，也包括非固定的所有成本。

一般情况下，根据定义可以得到 $TC=FC+VC$，见(a)图。

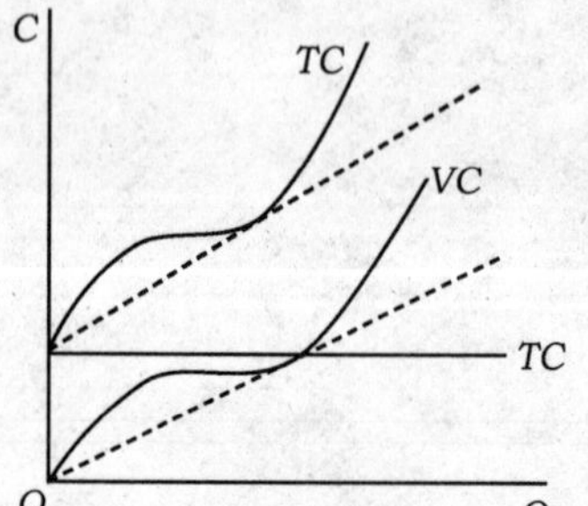

(a)总成本、固定成本与可变动成本

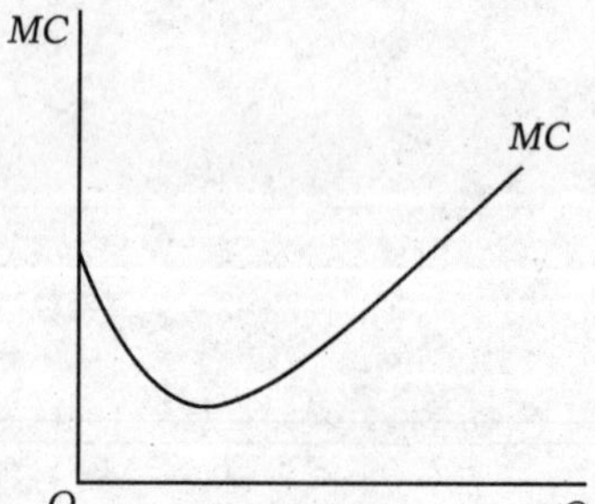

(b)边际成本

❖知识点二　边际成本

◇ 边际成本。由于多生产1单位产出而增加的成本。当产量增加一个单位时，变化后的总成本减去变化前的总成本就是边际成本的数值。在边际报酬递减规律的作用下，边际成本曲线表现为先降后升的U形特征。即在产量水平较低的阶段上，边际成本可能随着产量的增加而减少，但到达最后一个最低点后，则随着

产量的进一步增加而增加，见(b)图。

◇ 边际成本与总成本的关系。边际成本等于总成本的斜率，并且边际成本与可变成本的斜率也是相等的。

∵知识点三　平均成本及其相关概念

◇ 平均成本。是总成本除以产品的单位总数，表示平均每单位产品产出所花费的水平，其曲线图形一般来说也是先下降后上升的。

◇ 平均固定成本。是指平均每单位的产品所消耗的固定投入品的价值，用公式表示为 FC/q，由于总固定成本是不变的，因此反映在平均固定成本上就是随着产量的增加，平均固定成本是不断下降的。

◇ 平均可变成本。是指平均每单位的产品所消耗的可变投入品的价值，用公式表示就是 VC/q，一般来说，平均可变成本的曲线形状也是先下降后上升的。

◇ 平均成本与边际成本的关系。

当 MC 在 AC 之下，它将平均成本拉下。

当 MC 在 AC 之上，它将 AC 拉上。

当 MC 等于 AC，AC 不上升也不下降并且位于最低点；因此，在 U 形 AC 曲线底部，$MC=AC=AC$ 的最小值。

图形上 AC 曲线总在最低点被上升中的 MC 曲线穿过。见右图。

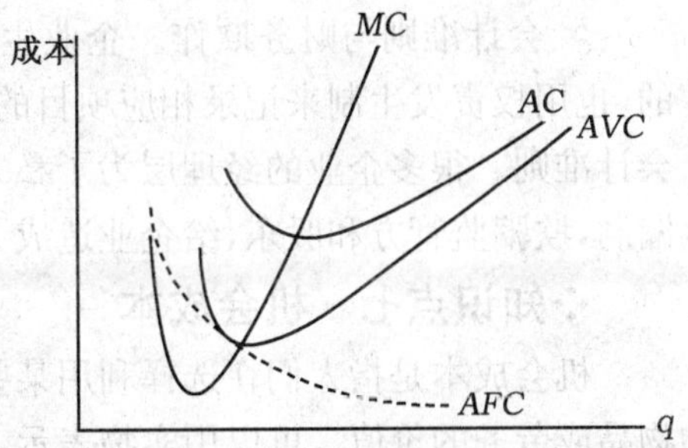

∵知识点四　生产和成本的关系

◇ 影响生产成本的因素有很多，但最主要的仍然是投入要素的价格以及生产函数，我们可以运用生产数据和投入成本数据来计算出生产的总成本。

◇ 生产率规律与成本曲线之间的关系：在短期，当像资本那样的要素固定不变时，可变要素一般表现为开始阶段的边际产量递增和随后出现的边际产量递减。与之相应的是，成本曲线表现为开始阶段的边际成本递减和在边际收益递减发生之后出现的边际成本递增。

∵知识点五　企业的投入选择

◇ 最小成本法则。为了以最小成本生产出一定数量的产出，企业应该购买各种投入，直到花费在每一投入上的每 1 货币的边际产量都相等为止。用公式表示就是：

$$\frac{L\text{ 的边际产量}}{L\text{ 的价格}}=\frac{A\text{ 的边际产量}}{A\text{ 的价格}}$$

◇ 替代法则。如果一种要素的价格下降，而所有其他要素的价格保持不变，则企业用现在更便宜的要素替代所有其他要素，直到所有投入的单位货币的边际产量都相等，这就是有利可图的。比如通过对投入要素数量之间的调整，就可以使每单位货币劳动的边际产量与其他要素的比率相等。

❖知识点六　损益表、资产负债表、会计准则、财务欺诈

◇ 存量表示的是在某一个时间点上,系统所保有的数量,代表的是这个时间点上的总量水平。流量表示的是在某一段时间内流入或者流出系统的数量,表达的是一段时间的时期特征,即流量的大小是与时期的长短有关的。一般来说,期末存量就是期初存量与本期流量的和。损益表表示的就是一个流量的概念,而资产负债表表示的就是存量的概念。

◇ 损益表主要有总收入和总成本等项目,净收益等于总支出减去总支出,说明了销售额、成本、收益在一年或者一个会计时期的变动情况,是一个流量的概念。它衡量的是一个企业在特定时期内的货币流入和流出。

◇ 资产负债表说明的是在某一时点的财务状况或财务快照,就像是湖中储水量的衡量,是一个存量的概念。主要由总资产、总负债和净值等项目构成,反映的是企业拥有的各种经济资源及其分布情况,以及负债和净值等的构成情况。

◇ 会计准则与财务欺诈。企业生产经营状况的记录大部分是依据历史成本的,也用权责发生制来记录相应项目的变动情况,规定这些记录规则的准则就称为会计准则。很多企业的经理层为了私人利益,往往违反会计准则的规定,钻准则的漏洞,欺骗监管方和股东,给企业造成了巨大的损失。

❖知识点七　机会成本

机会成本是指人们在选择利用某些资源获取收益时所必须放弃的其他最大的物品或劳务的价值。可以用实物表示,也可以用价值量来表示。这个概念的前提是人们所可以利用的资源是稀缺的,该资源具有多样性的用途,并且资源的投向是不受限制的。

机会成本最重要的应用在于非市场物品,如清洁的空气、健康或娱乐,虽然这些物品并不在市场上进行交易,但它们却可能具有很高的价值。

【习题解析】

□概念复习

1. 总成本:固定成本和可变成本

答案见知识点一。

2. 边际成本

答案见知识点二。

3. 最小成本法则: $\frac{MP_L}{P_L}=\frac{MP_A}{P_A}=\frac{MP_{任何要素}}{P_{任何要素}}$

最小成本法则指的是假设企业追求生产成本的最小化,那么,为了实现既定产量条件下的最小成本,企业将通过对要素投入量的选择和调整,使得花费在每一种要素上的最后一单位的成本支出所带来的边际产量相等。在只有劳动和资本两种

投入的情况下,企业投入选择将遵循以下原则:$\frac{MP_L}{P_L}=\frac{MP_A}{P_A}$,当有多种投入要素的情况下,企业将选择遵守$\frac{MP_L}{P_L}=\frac{MP_A}{P_A}=\frac{MP_{任何要素}}{P_{任何要素}}$这样的准则。最小成本法则与既定成本条件下实现产量最大化的要素组合原则本质上相同。

4. $TC=FV+VC$

答案见知识点一。

5. $AC=TC/q=AFC+AVC$

平均成本等于总成本除以产量,同时也等于平均固定成本与平均可变成本的和。

6. 收益表(损益表):销售额,费用,利润

损益表指反映企业某一特定时期的收入和费用、收益和损失,并以净收益表示最终成果的汇总报告,反映的是企业的经营资金运动的动态表现,是一种动态会计报表,它度量了企业的经营业绩和活力水平,据此可分析企业的利润或亏损的成因,评估企业的经营效益。销售额即销售收入,是企业在销售商品和提供劳务等主营业务中取得的经济利益总收入。费用是指企业在生产经营过程中的主营业务支出以及其他支出和费用,包括了销售费用、管理费用等。利润是反映企业在一定期间内生产经营活动的最终成果,是销售额和费用的差额,是企业存在所追求的根本目的。

7. 折旧

折旧是指企业实际拥有的资本投入分摊在每年的成本。对于企业拥有的任何的资本品,企业都必须进行折旧。折旧的公式有很多种,但是每一种都会遵循以下两大原则:(1)资产生存期的折旧总额必然等于资本品的历史成本或购买价格;(2)折旧在资产的生存期内被计入每年的会计费用之中,它通常与该资产的实际经济寿命相联系。

8. 资产负债表:资产,负债,净值

资产负债表的概念详见知识点六。

资产是指企业过去的交易或者事项所形成的由企业拥有或者控制、预期会给企业带来经济利益的资源。负债是指企业过去的交易或者事项形成的、预期会导致经济利益流出企业的现时义务。净值一般又叫所有者权益,基本上包括了股东投入企业的股本,以及相关的留存收益,反映了所有者在企业资源中所享有的经济利益。资产=负债+净值。

【翔高点评】资产负债表是企业重要的财务报表,反映了企业所拥有的资源状况,应该熟记各会计科目的相关概念。

9. 存量与流量

答案见知识点六。

10. 机会成本

答案见知识点七。

11. 经济学和会计学的成本概念

会计成本是会计记录在公司账册上的客观的和有形的支出,包括生产、销售过程中发生的原料、动力、工资、租金、广告、利息等支出。按照我国财务会计制度的规定，总成本费用由生产成本、管理费用、财务费用和销售费用组成，是一种显性的成本。经济成本是企业所使用的所有资源的总机会成本，不仅包括了显性成本即会计成本，还包括了隐性成本，比如厂商在生产过程中投入使用的自己所拥有的资源。这些隐性成本一般不容易被管理者所认识，不能直接从账面上反映出来，因而难以精确计量。经济成本是显性成本和隐性成本的和，是企业运作过程中的全部成本，几乎涉及了企业所有的经营内容和领域。企业只有在显性成本和隐性成本的总成本上取得优势，才能在激烈的竞争中独占鳌头。

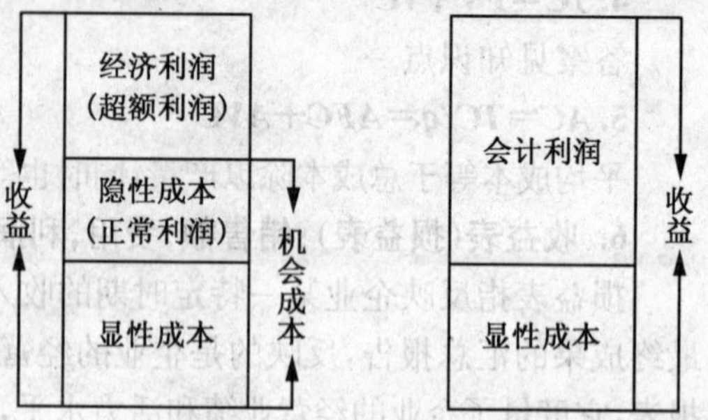

【归纳总结】经济学和会计学中成本的概念和利润的概念总结如右图所示。

□问题讨论

1. 1936～1960年，泰德·威廉姆斯在他的大联盟职业生涯中共击打棒球7 706次，击中2 654次。

a. 泰德的"终生打击率是多少?"

b. 最后一年，即1960年，威廉姆斯共击打了310次，击中98次。截至1959年，他的"终生打击率"为多少？1960年的打击率是多少？

c. 解释他1959年的"终生打击率"与1959～1960年其变化量之间的关系。说明它是怎样表明*MC*和*AC*之间的关系的。

【重要级别】☆☆　　　　　　　　【难度级别】☆

【考查要点】边际成本、平均成本及其相关概念

【参考答案】a. 泰德的"终生打击率"为：2 654÷7 706≈0.334

b. 截至1959年，泰德的"终生打击率"是：(2 654－98)÷(7 706－310)≈0.346；1960年他的打击率是98÷310≈0.316。

c. 泰德在1960年的打击率低于1936～1959年的平均打击率，所以1960年的打击率拉低了他的"终生打击率"。当*MC*大于*AC*时，它会拉高AC；当*MC*小于*AC*时，它会拉低*AC*。

2. 在表7－3中(课本P112)55美元的固定成本之上增加90美元的*FC*。现在，在*VC*与以前一样，而新的*FC*为145美元的条件下，制作一张完整的新表。*MC*、*AVC*发生了何种变化？*TC*、*AC*、*AFC*又发生了何种变化？你能证明最低的*AC*是在$q^*=5$，同时*AC*=60美元=*MC*吗？

【重要级别】☆　　　　　　　　　【难度级别】☆

【考查要点】边际成本、平均成本及其相关概念

【参考答案】固定成本增加90美元后情况如下表所示。

产量 q	固定成本 FC	可变成本 VC	总成本 TC	边际成本 MC	平均成本 AC	平均固定成本 AFC	平均可变成本 AVC
0	145	0	145	—	无穷	无穷	无穷
1	145	30	175	30	175	145	30
2	145	55	200	25	100	72.5	27.5
3	145	75	220	20	73.333	48.333	25
4	145	105	250	30	62.5	36.25	26.25
5	145	155	300	50	60	29	31
6	145	225	370	70	61.667	24.167	37.5
7	145	315	460	90	65.714	20.714	45
8	145	425	570	110	71.25	18.125	53.125

与表7—3相比，固定成本增加后，边际成本与平均成本均未发生改变，总成本、平均成本与平均固定成本增加。平均成本最小值发生在 $MC=AC=60$(美元)处，此时的产量是5单位。

3. 解释为什么 *MC* 与 *AC* 和 *AVC* 相交于它们的最小值点(即U形成本曲线的最低点)。

【重要级别】☆☆　　　　　　　【难度级别】☆

【考查要点】边际成本、平均成本及其相关概念

【参考答案】根据平均量与边际量的关系可知，平均成本曲线高于或低于边际成本曲线意味着下一个单位的增量将降低或提高成本的平均值，这样就会导致平均成本的下降或上升。只有当 $MC=AC$ 时，平均成本才既不会下降也不会上升，而是稳定地处于一个最小值。

4.“义务兵役在关于军队成本问题上为政府提供了一种自欺欺人的机会。”比较志愿服役(报酬很高)与义务服役(报酬很低)的预算成本和机会成本。说明在这个问题上机会成本概念的作用。

【重要级别】☆☆　　　　　　　【难度级别】☆

【考查要点】机会成本

【参考答案】机会成本是指在资源稀缺的情况下，人们选择利用某些资源获取收益而必须放弃的其他物品或劳务的价值，并且这个价值是所有可替代性中价值最高的。对于义务服兵役，政府必须考虑采取措施吸引战士加入。而人们只有在其得到的工资高于机会成本时才会同意入伍，因此政府对军队的预算成本将会受到机会成本的约束，政府必须给志愿兵的工资高于入伍人员从事其他职业所得到的最高收益才能吸引年轻青年入伍。因为如果是义务服兵役，政府在军人的工资预算中就没有这样的约束。因此，从这个角度看，义务兵役在关于军队成本问题上为政府提供了一种自欺欺人的机会。

5. 考虑下表中的数据，其中的情形与表7—4(课本P115)中的类似。

a. 计算 *TC*、*VC*、*FC*、*AC*、*AVC* 和 *MC*。在一张画图纸上，描绘 *AC* 曲线和 *MC*

曲线。

b. 假设劳动的价格上升1倍。计算新的 *AC* 和 *MC*。画出新的曲线,并与a中的曲线进行比较。

c. 现在,假设全要素生产率上升1倍(即对于每一投入组合,产量水平提高1倍)。重做b中的练习。你能看出影响企业的成本曲线的两种主要因素吗?

产量(小麦吨数)	土地投入(英亩)	劳动投入(工人数)	土地租金(美元/英亩)	劳动工资(美元/工人)
0	15	0	12	5
1	15	6	12	5
2	15	11	12	5
3	15	15	12	5
4	15	21	12	5
5	15	31	12	5
6	15	45	12	5
7	15	63	12	5

【重要级别】☆☆　　　　　　　【难度级别】☆☆

【考查要点】边际成本、平均成本及其相关概念

【参考答案】a. 根据上表可知,固定成本 *FC* 为180美元,可变成本 *VC* 分别为30美元、55美元、75美元、105美元、155美元、225美元、315美元;因此,由 $TC=FC+VC$ 可以得到总成本的值,分别为210美元、235美元、255美元、285美元、335美元、405美元、495美元。边际成本 *MC*、平均成本 *AC* 以及平均可变成本 *AVC* 的数值如表a所示。

表a

产量 *Q*	*FC*	*VC*	*TC*	*AC*	*AVC*	*MC*
0	180	0	180	无穷	无穷	—
1	180	30	210	210	30	30
2	180	55	235	117.5	27.5	25
3	180	75	255	85	25	20
4	180	105	285	71.25	26.25	30
5	180	155	335	67	31	50
6	180	225	405	67.5	37.5	70
7	180	315	495	70.71	45	90

根据表(a)可以画出 *AC* 曲线和 *MC* 曲线,如(a)图所示。

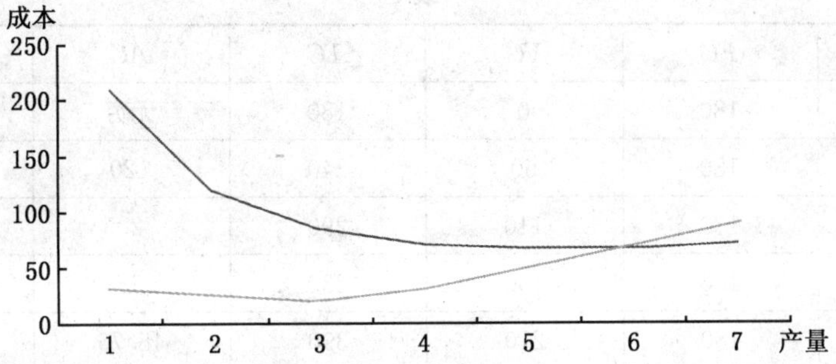

(a)*AC*与*MC*曲线

b. 劳动工资上涨1倍，将会导致平均成本*AC*和边际成本*MC*都增加，其中*MC*将增加1倍，*AC*增加幅度较小。如表(b)所示。

根据表(b)可以画出劳动工资增加后新的*AC*曲线与*MC*曲线图形，如(b)图所示。

c. 全要素生产率上升1倍将导致平均成本*AC*与边际成本*MC*均下降为原来的一半，如表c所示。根据表可以画出生产率增长后新的*AC*曲线与*MC*曲线图形，如(c)图所示。

根据上述分析可知，除产量因素外，影响企业规模的其他因素都会导致企业成本曲线的移动。一般来说，企业成本曲线的位置主要受要素价格与生产率的影响。

表 b

产量*Q*	*FC*	*VC*	*TC*	*AC*	*MC*
0	180	0	180	无穷	—
1	180	60	240	240	60
2	180	110	290	145	50
3	180	150	330	110	40
4	180	210	390	97.5	60
5	180	310	490	98	100
6	180	450	630	105	140
7	180	630	810	115.71	180

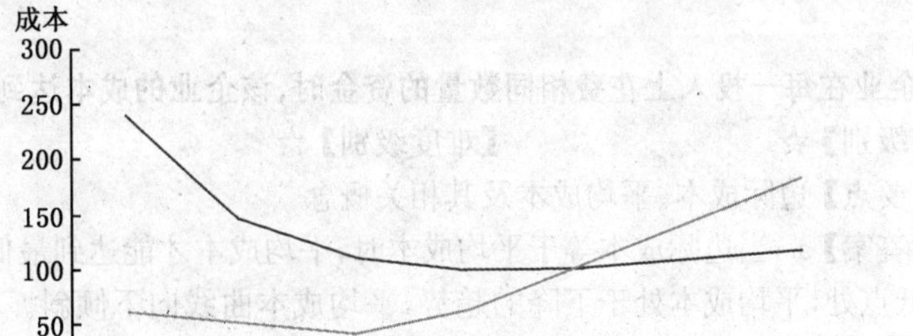

(b)工资增加后的*AC*与*MC*的曲线

表 c

产量 Q	FC	VC	TC	AC	MC
0	180	0	180	无穷	——
2	180	60	240	120	30
4	180	110	290	72.5	25
6	180	150	330	55	20
8	180	210	390	48.75	30
10	180	310	490	49	50
12	180	450	630	52.5	70
14	180	630	810	57.9	90

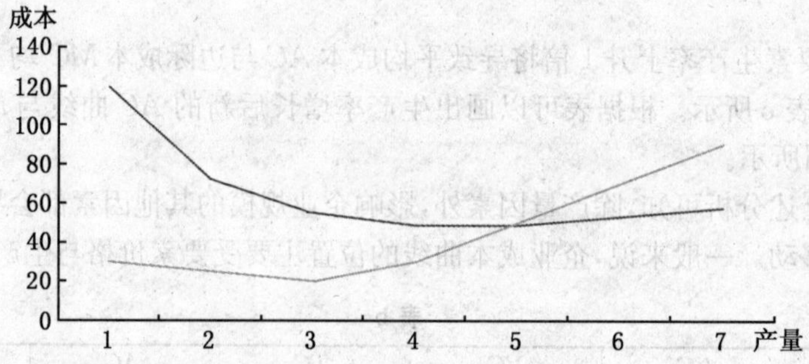

(c)生产率增长后的 AC 与 MC 曲线

6. 解释下列每句话中的错误:

a. 当边际成本达到它的最低点时,平均成本达到最低。

b. 由于固定成本永不变动,因此,对于每一产量水平的平均固定成本也是不变的。

c. 每当边际成本上升时,平均成本就上升。

d. 在约塞米提国立公园开采石油的机会成本为零,因为没有任何企业在这里进行生产。

e. 当企业在每一投入上花费相同数量的资金时,该企业的成本达到最低。

【重要级别】☆　　　　　　　　【难度级别】☆

【考查要点】边际成本、平均成本及其相关概念

【参考答案】a. 当边际成本等于平均成本时,平均成本才能达到最低点。在边际成本最低点处,平均成本处于下降的趋势,平均成本曲线向下倾斜。因此,边际成本的最低点先于平均成本的最低点出现。

b. 平均固定成本等于固定成本除以产量,短期内固定成本保持不变,因此随着产量的增加,平均固定成本将不断下降,而并非维持不变的关系。

c. 只有当边际成本大于平均成本时，平均成本才会上升。虽然平均成本上升，但是如果此时边际成本小于平均成本，那么平均成本仍将下降。

d. 市场的空缺并不能推导出价值的缺乏。根据机会成本的定义，在该公园开采石油的机会成本应该是在这里开采石油资源用于其他用途所能得到的最大收益。该公园用于其他用途的最大收益不可能是零，因此在这里开采石油的机会成本也远大于零。

e. 根据最小成本法则，只有对所有投入，企业的边际产量与该投入价格的比率都相等时，企业生产既定数量产品的成本才达到最低。在每一投入上花费相同的资金并不能保证最小成本法则的成立，因此也就无从确保企业成本到达最低。

【补充训练】

1. 短期平均成本曲线呈U型，是因为( )。

A. 外部经济问题　　B. 内部经济问题

C. 规模收益问题　　D. 边际收益(报酬)问题

【重要级别】☆☆　　【难度级别】☆☆

【考查要点】平均成本及其相关概念

【参考答案】D。

2. 假设某产品的边际成本函数为 $MC=3Q^2+5Q+80$，当生产3单位产品时，总成本为292。试求总成本函数、平均成本函数和可变成本函数。

【重要级别】☆☆☆　　【难度级别】☆☆☆

【考查要点】总成本、固定成本、可变成本、生产与成本的关系

【参考答案】由于 $dTC/dQ=MC$，所以：

$$TC=\int MC*dQ=\int(3Q^2+5Q+80)dQ=Q^3+5/2*Q^2+80Q+\alpha$$

又，当 $Q=3$ 时，$TC=292$

$\therefore 3^3+5/2*3^2+80*3+\alpha=292$

$\therefore \alpha=5/2$

∴总成本函数为 $TC=Q^3+5/2*Q^2+80Q+5/2$

由此可得：

$AC=TC/Q=Q^2+5/2*Q+80+5/2*1/Q$

$VC=Q^3+5/2*Q^2+80Q$

3. 厂商的短期成本函数是如何得到的？其中平均成本和边际成本与变动要素的平均产量和边际产量有何联系？

【重要级别】☆☆☆　　【难度级别】☆☆

【考查要点】总成本、固定成本、可变成本，边际成本，平均成本及其相关概念，生产与成本的关系

【参考答案】(1)厂商的短期成本函数可以由成本、产量以及要素投入量之间的关系推导得出，因为一定的要素投入量带来一定的成本，同时也必然相应于一事实上的产量。而成本与产量之间的对应关系即为成本函数。

若给定生产函数 $Q=f(L,K)$ 以及成本方程 $C=L\cdot P_L+K\cdot P_K$ 根据最优要素投入量的选择原则 $MPL/PL=MPK/PK$，就可以获得短期成本函数 $C=C(Q)$。

(2)其中，平均可变成本 AVC 与给定要素价值下的可变要素数量及产量相关，因而也就与其平均产量相关；边际成本 MC 与给定要素价值下的边际产量相关。即 $AVC=TVC/Q=L*P_L/Q=P_L/Q=P_L/(A*P_L)$，$MC=\mathrm{d}TVC/\mathrm{d}Q=\mathrm{d}(L*P_L)/\mathrm{d}Q=P_L*\mathrm{d}L/\mathrm{d}Q$。所以，$APL$ 与 AVC 的变化趋势相反，APL 曲线呈∩型，$AVCF$ 曲线呈∪型；MPL 与 MC 的变化趋势也相反，MPL 曲线呈∩型，MC 曲线则呈∪型。

4. 试述消费者理论中的边际替代率和生产者理论中的边际技术替代率的异同。

【重要级别】☆☆☆　　　　【难度级别】☆☆☆

【考查要点】边际成本　边际替代率、边际技术替代率

【参考答案】(1)商品的边际替代率(MRS)是指在维持效用水平不变的前提下，消费者增加1单位某种商品的消费数量时，所需要放弃的另一种商品的消费数量。要素的边际技术替代率($MRTS$)是指在维持产量水平不变的条件下，增加1单位某种生产要素投入量时所减少的另一种要素的投入量。

(2)两者的相同点主要表现在：

①两者描述的都是在维持某一个量不变的前提下，以一种物品替代另一种物品的比例；

②两者所描述的替代比率都遵循递减的规律；

③两者的前提条件类似，分别需要效用水平和产量水平不变；

④两者的值都是曲线的斜率值。

(3)两者的不同点主要表现在：

①二者理论基础、研究对象和目的不同。商品的边际替代率基于消费者理论，所研究的对象是两种商品的消费数量和消费者的效用问题，所依据的是无差异曲线，其目的是为了分析消费者均衡问题。要素的边际技术替代率基于生产者理论，所研究的对象是两种要素(一般为资本和劳动)的投入量与生产的产品数量问题，所依据的是等产量曲线，其目的是为了分析生产者的最优生产要素组合问题。

②二者递减原因不同。边际替代率递减的原因在于：随着一种商品的消费数量的逐步增加，消费者想要获得更多这种商品的愿望就会递减(即边际效用递减)，从而消费者为了多获得1单位这种商品而愿意放弃的另一种商品的数量就会越来越少。边际技术替代率递减的主要原因在于：任何一种产品的生产技术都要求各要素投入之间有适当的比例，随着一种要素投入量的不断增加，其边际产量递减，

而另一种被替代的要素不断减少，其边际产量递增，所以要保持产出水平不变，要素之间的替代是有限的。

第7章附录　生产、成本理论和企业决策

【学习精要】

❖知识点一　生产理论

◇ 生产函数是表明运用各种投入的不同组合所能生产出的最大产量。

◇ 边际产量递减规律表明，当我们增加一种投入而保持其他投入不变时，所增加投入的边际产量至少在某一点之后将会逐步下降。

❖知识点二　成本理论

◇ 等产量曲线表示可以生产出相同产量水平的各种可供选择的投入组合。这种等产量曲线的斜率或替代比率等于相对的边际产量(MP_L/MP_A)。

◇ 等成本曲线是平行线，其斜率等于生产要素的价格之比(P_L/P_A)。

◇ 企业达到生产成本最低的条件是：第一，任何两种投入的边际产量之比必须等于它们的要素价格之比：

$$\text{替代比率}=\frac{\text{劳动的边际产量}}{\text{土地的边际产量}}=\text{等产量曲线的斜率}=\frac{\text{劳动的价格}}{\text{土地的价格}}$$

第二，对每一生产要素而言，从最后1美元的支出得到的边际产量必须相等：

$$\frac{L\text{ 的边际产量}}{L\text{ 的价格}}=\frac{A\text{ 的边际产量}}{A\text{ 的价格}}=\cdots$$

【习题解析】

□概念复习

1. 等产量曲线

等产量曲线是指用来表示在技术水平不变的条件下生产同一产量的两种生产要素投入量的各种不同组合的平滑曲线，它具有负斜率、凸向原点等特点，而且任意两条等产量曲线不能相交。

2. 等总成本线(平行线)

等总成本线又称为等成本线，表示用既定的成本可以实现的两种生产要素的最大数量组合点的轨迹。等成本线上的任意一点所表示的两种生产要素的组合，其成本都是相等的。

3. 替代比率 $=MP_L/MP_A$

替代比率是在维持产量水平不变的条件下，增加一个单位的某种要素投入量时所需要减少的另一种要素的投入量，反映的是两要素在生产中的替代比率。以 $MRTS$ 表示两要素的替代比率，ΔK 和 ΔL 分别表示资本投入的变化量和劳动投入的变化量，则劳动 L 对资本 K 的替代比率的公式为：$MRTS_{LK}=-\frac{\Delta K}{\Delta L}$。等产量曲线的斜率取决于两种生产要素之间的替代比率。对于任意一条给定的等产量曲线来说，当用劳动投入去替代资本投入时，在维持产量水平不变的前提下，由增加劳动投入量所带来的总产量的增加量和由减少资本量所带来的总产量的减少量必定是相等的，即必有 $|\Delta L \cdot MP_L|=|\Delta K \cdot MP_K|$，因此，劳动与资本要素之间的替代比率又可以写成：$MRTS_{LK}=-\frac{\Delta K}{\Delta L}=\frac{MP_L}{MP_K}$。

4. 平行的等总成本(*TC*)线的斜率为 P_L/P_A

等成本线由以下方程来决定：$W \cdot L + r \cdot K = C$，从该方程可以看出，等成本线的位置取决于生产者预算支出的总成本，而等成本线的斜率则取决于生产要素的价格之比。当考虑劳动与土地两种要素投入的情况下，等成本线的斜率则为二者的价格之比 P_L/P_A。

5. 最低成本的相切点条件：$MP_L/MP_A=P_L/P_A$ 或 $MP_L/P_L=MP_A/P_A$

等成本曲线与等产量曲线的切点代表了既定产量下成本最小的投入组合，只有在切点处才是既定产量条件下实现最小成本的要素组合。在切点处，生产要素的价格之比等于边际产量之比，从而每单位成本的边际产量是相等的，即满足成本最小化条件：$MP_L/MP_A=P_L/P_A$ 或 $MP_L/P_L=MP_A/P_A$。

□问题讨论

1. 说明：提高劳动的工资，而保持土地的租金不变，将会使图 7A－3(课本 P126)中的等成本线更为陡峭，并且把切点 *C* 向左上方移动到 *B* 点。在该点，当时比较便宜的投入替代了比较昂贵的投入。如果我们用资本代替劳动，重新叙述结果。工会领导人应该认识这一关系吗？

【重要级别】☆☆☆　　　　　　　【难度级别】☆☆☆

【考查要点】成本理论

【参考答案】令劳动 L 的工资为 ω，土地的租金为 γ，则等成本方程为：$C=\gamma A+\omega L$。以土地为纵轴，则该方程可以表示为：$A=(C/\gamma)-(\omega/\gamma)L$。此时，等成本曲线的斜率为 ω/γ，截距为 C/γ。提高劳动工资，斜率 ω/γ 会增加，等成本曲线将更为陡峭，因此，与等产量曲线的切点将由 C 点向左上方移动到 B 点。在 B 点处将投入更多的土地要素，所以说，当时比较便宜的土地投入替代了比较昂贵的劳动投入。同理，当资本价格相对低于劳动工资时，企业也将更多地投入资本要素，从而形成资本对劳动的替代。因此，工会领导必须认识到，在许多生产过程中，其他要素投入能够替代劳动。

2. 如果生产函数由表 7A－1(课本 P124)给定，投入价格如图 7A－3(P126)所

示，产量 $q=346$，那么，最低成本的投入组合应该是什么？如果产量上升到 $q=692$，那么，对于相同的投入价格，最低成本的投入组合应该是什么？"要素密集度"，或土地—劳动比率会发生何种变化？你能否看出为什么在规模报酬不变的条件下对于任何产量的变动这一结果都保持不变吗？

【重要级别】☆☆　　　　　　【难度级别】☆☆

【考查要点】成本理论

【参考答案】由图 7A－3 可知，当产量 $q=346$ 时，最低成本的组合为：劳动＝3，土地＝2。在投入价格固定不变的情况下，只有当所有投入增加一倍时，产量才能上升一倍。因此，当产量 $q=692$ 时，最低成本的投入组合为：劳动＝6，土地＝4。

"要素密集度"或土地—劳动比率保持不变。规模报酬又叫做规模收益，指在技术水平和要素价格不变的条件下，当所有要素都按照同一比例变动时，产量（收益）变动的状态。如果产量增加的比例等于生产要素的比例，这种情形称为规模收益不变。对于规模报酬不变而言，所有要素是同比例变化的，因此要素之间会保持原来的固定比例不变，即要素密集度会保持不变。

【补充训练】

1. 在生产者均衡点上（　　）。

A. $MRTS_{LK}=P_L/P_K$　　　　**B. $MP_L/P_L=MP_K/P_K$**

C. 等产量线与等成本线相切　　　　**D. A、B、C 都正确**

【重要级别】☆☆　　　　　　【难度级别】☆☆

【考查要点】成本理论

【参考答案】D。选项 A、B、C 都表示生产者均衡的三个条件。

2. 等成本线向外平行移动表明（　　）。

A. 总产量减少　　　　**B. 总成本增加**

C. 生产要素价格提高　　　　**D. 产量增加**

【重要级别】☆　　　　　　【难度级别】☆

【考查要点】成本理论

【参考答案】B。等成本线平行移动与产量变化无关。而当生产要素价格提高时，等成本线旋转而不是平移。

第 8 章　完全竞争市场分析

【学习精要】

❖知识点一　竞争企业的行为

◇ 为什么企业会追求利润最大化。利润等于总收入减去总成本，它代表一个企业能够用于股东分红、投资于新工厂和设备，或者用于金融投资的资金数量，是企业进行各种行为的根本目的所在。

◇ 完全竞争。又称为纯粹竞争，指在不存在任何阻碍和干扰因素的市场情况，亦即没有任何垄断因素的市场结构，它是微观经济学定义的四种主要市场结构之一。

❖知识点二　完全竞争市场结构

◇ 完全竞争市场结构的特点。单个厂商是价格的接受者，而不是价格的决定者；厂商提供的产品是同质的；所有要素都可以自由流动，自由进入或退出市场；信息是完全的，卖者和买者都能够获得充分完整的信息。

◇ 完全竞争条件下企业的状况。在完全竞争条件下，有许多规模小的企业，每一个企业都生产相同的产品，并且每一个企业的规模都太小，不可能影响市场的价格。完全竞争条件下的生产者面临的是一条完全水平的需求曲线（即 dd 曲线）。从所追加的每 1 单位的出售中，企业获得的额外收入等于市场价格。

❖知识点三　企业的供给原则及停业原则

◇ 企业利润最大化的条件。一般的情况下，一个利润最大化的企业将其产量确定在能够使边际成本等于价格的水平上。用图形来说，这就意味着企业的边际成本曲线也是它的供给曲线，如图(a)所示。用公式表示就是：边际成本＝价格，即 $MC=P$。

◇ 停业点。当价格等于平均可变成本 AVC 时，企业的收入正好等于它的可变成本，这个关键的低于市场价格的点就称为停业点。对于高于停业点的价格，企业将沿着它的边际成本曲线进行生产，这是因为尽管企业可能在生产中遭受损失，但它若停止营业则遭受的损失会更大。若低于这个点则会完全停止生产，如图(a)所示。

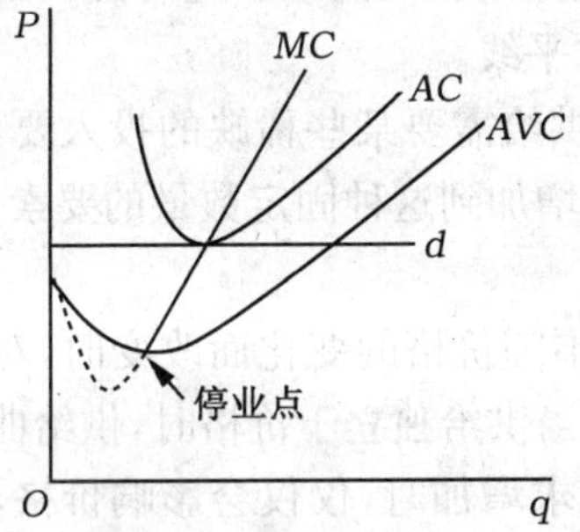

(a)竞争性企业的供给曲线

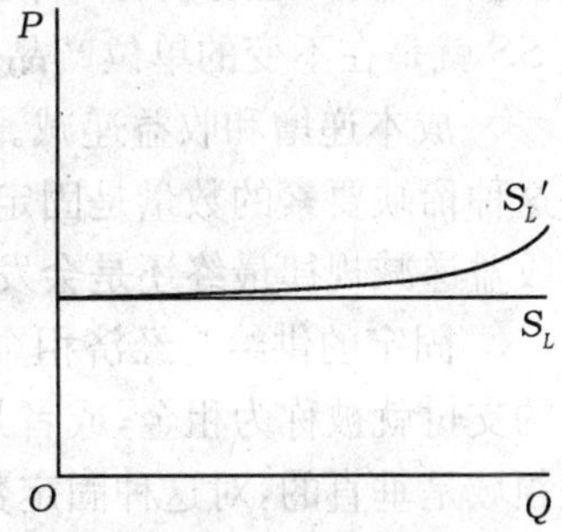

(b)产业的长期供给取决于成本的情况

◇ 停业原则：企业在收入刚好抵补它的可变成本或者损失正好等于固定成本时，停业点就会出现。当价格低于平均可变成本时，企业就会停业以使其利润最大化（即损失最小化）。

❖知识点四　竞争行业的供给行为

◇ 市场供给曲线。也即行业供给曲线，就是按照水平方向将该物品各个独立的生产者的供给曲线加总在一起。

◇ 短期均衡。当劳动等可变要素发生变化，而资本和企业数量等固定要素保持不变时的均衡为短期均衡。

◇ 长期均衡。当企业和厂房的数量，以及所有其他条件完全得到调整，以适应新的需求水平时所出现的均衡。

◇ 在长期内，企业能够自由进入和退出该行业，同时没有一个企业在技术或位置方面具有任何特殊的优势，竞争将会消除该行业中现有企业所获得的任何超额利润。因此，正如可以自由退出某一行业意味着价格不能低于零利润点一样，可以自由进入某一行业也意味着价格不能高于长期均衡中的长期平均成本。

◇ 当某一行业能够在不推动其生产要素价格上升的情况下扩大生产时，该行业的长期供给曲线将是水平的。当某一行业运用了该行业所特有的生产要素，比如稀缺的海景住所时，它的长期供给曲线将向上倾斜，如(b)图所示。

❖知识点五　竞争市场的一般原则

在以下需求原则和供给原则中，供给或需求的移动是指供给曲线（表）或者需求曲线（表）的移动，而不是沿着曲线的移动。

◇ 需求原则。一般情况下，某一种物品需求的增加（或供给曲线保持不变）会提高该物品的价格。对于大多数物品来说，需求的增加会增加需求量，而需求的下降会产生相反的影响。

◇ 供给原则。某一物品供给的增加（需求曲线保持不变）一般都会降低价格，增加交易数量。供给的下降会产生相反的影响。

❖知识点六　竞争市场的特殊情况

◇ 成本不变。比如纺织品的生产等可以简单地通过重复增添厂房、机器和劳动而扩大,但只是规模的简单扩大,不会导致单位成本的扩大,此时其长期供给曲线 SS 就是在不变的单位产品成本上的一条水平线。

◇ 成本递增和收益递减。当某种产品的供给需要某些稀缺的投入要素时,如果这种稀缺要素的数量是固定的,把其他要素增加到这种固定数量的要素上时,边际收益递减规律最终还是会发生作用的。

◇ 固定的供给与经济租金。当供给数量不随价格的变化而改变时,对生产要素的支付就被称为租金,或者是纯经济租金。当供给独立于价格时,供给曲线在相关领域是垂直的,对这种固定数量的要素的需求增加时,仅仅会影响价格,供给的数量并不会发生变化,价格上升的幅度正好等于需求向上移动的幅度见(c)图。在向固定数量的商品征收一种赋税时,赋税完全由供给者来支付,但是供给者用他的经济租金来支付赋税。消费者购买的物品或服务仍然和过去一样多,并没有支付更高的价格。

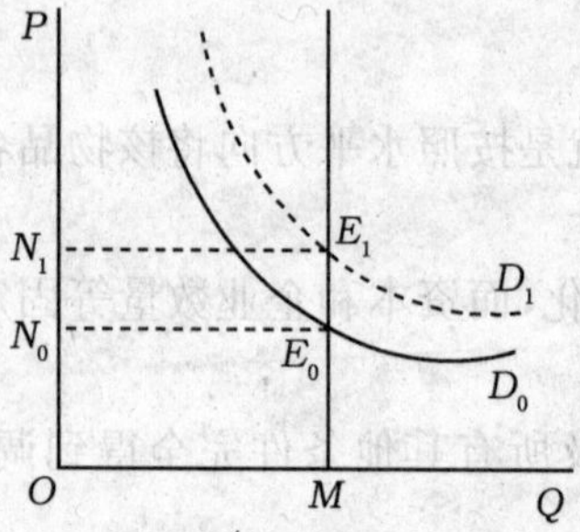

(c)租金

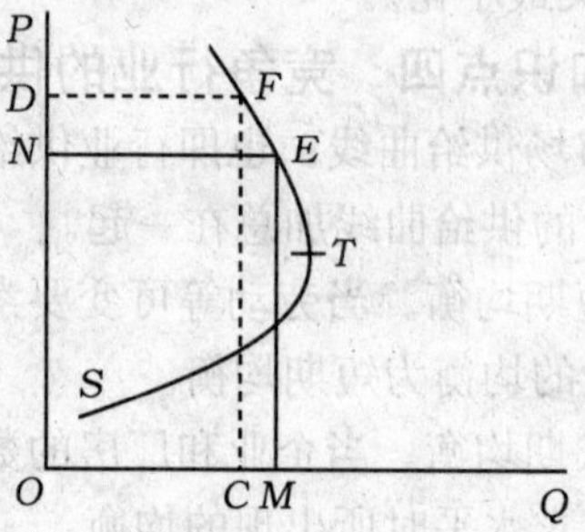

(d)劳动供给曲线

◇ 向后弯曲的供给曲线。在经济中,当人们的工资提高时,或当技术进步引起实际工资提高时,人们感到,他们应当以较多的闲暇和较早的退休来部分地享受实际工资提高的好处。在替代效应和收入效应的共同作用下,劳动的供给曲线可能向后弯曲。需求的增加在某种程度上提高了劳动的价格,反而有可能会降低劳动的供应量,见图(d)供给向后弯曲的例子发生在很多国家,最突出的例子就是20世纪70年代石油价格剧烈上升,但是产油国却削减了他们的石油产量。

◇ 供给的变动。为了分析供给原则,我们现在必须移动供给,并保持需求不变,如果需求向下倾斜,供给的增加必然会降低价格并增加需求的数量。并可以得出以下结论:当需求缺乏弹性时,供给的增加使价格 P 下降的幅度最大;当需求缺乏弹性时,供给的增加使数量 Q 增加的幅度最小。

❖知识点七　市场机制的评价

◇ 配置效率。当任何可能的生产资源重组都不能在不使其他人情况变坏的条件下,使得任何一个人的福利变好时,就达到了配置上的效率,也就是常说的达到帕累托最优状态。

◇ 生产者剩余。生产者剩余是包括企业和特殊投入的所有者的租金和利润,意味着超过生产成本的超额收入。经济剩余是从生产和消费某一种物品中所得到的福利或净效用,它等于消费者剩余和生产者剩余之和。

◇ 衡量均衡性竞争的效率。还有一种方法就是比较均衡点 E 的微小变化所带来的经济影响。如果 $MU=P=MC$,那么这种配置就是有效率的。因为社会从消费最后 1 单位中得到的边际效益等于社会生产最后 1 单位的边际成本,从而保证了竞争性均衡的效率。

◇ 完全竞争的市场是一种将持有货币选票的的消费者购买产品的愿望和由企业供给表示的边际成本结合起来的机制。在这样的一种情况下——如果不减少一个消费者的效用,就不能增加任何一个其他消费者的效用——竞争才是效率的保证。这个原则在多种要素和多种产品的情况下同样是成立的。

◇ 效率实现的条件。(1)当消费者达到最大满足时,边际效用(以闲暇的形式表示)正好等于价格。(2)当竞争的生产者供给物品时,他们选择使边际成本正好等于价格时的产量。(3)因为 $MU=P$ 且 $MC=P$,于是得出了 $MU=MC$。这样,在完全竞争的条件下,生产某一物品的边际社会成本,正好等于以物品的或是以所放弃的闲暇来衡量的边际效用。社会从最后 1 单位消费中获得的边际收益等于社会生产最后 1 单位产品的成本,这一条件保证了竞争的均衡是有效率的。

◇ 在市场经济中,边际成本的主要作用是:只有当物品的价格等于其边际成本时,该经济才能从它的土地、劳动和资本等稀缺资源的利用中获得最大数量的产量和满足。

❖知识点八　市场失灵和政府干预

◇ 在两个重要的领域中,市场都无法达到社会最优。第一,当存在污染、其他外部性、不完全竞争和不完全信息时,市场便无效。第二,竞争市场下的收入分配即使是有效率的,也可能不是社会想要的或能接受的。

◇ 市场失灵的三个主要方面是:(1)不完全竞争。也就是某个企业在某个市场上具有市场力量时,就会破坏完全竞争的市场结构。(2)外部性。当生产或消费的某些外在的影响未被包括在市场价格中时,就会产生外部性问题,这个外部性可以是正的外部性也可以是负的外部性。(3)信息不完全。完全信息只能是理想的状况,现实的情况是市场信息往往是不完全的,带来了巨大的效率损失。

◇ 政府应该采用何种方式来矫正市场失灵所产生的低效率和不公平是实证经济学无法回答的,但是经济学能够洞察到起辅助作用的政府干预和补救措施中所潜存的低效率和副作用,并提供宝贵的意见。

【习题解析】

□概念复习

1. $P=MC$ 作为利润最大化的条件

利润最大化条件是指企业为了保证获取最大的利润而在决定产品的生产数量

时所必须遵守的条件。有了这个决定生产数量的条件，厂商就能获取最大的利润或者保证亏损最小。这个条件只有在完全竞争的市场条件下才可以成立，本质上来说，在任何市场结构中，边际成本都必须等于边际收益。在完全竞争市场条件下，单个厂商是价格的接受者，不管自己的产销量如何变动，都必须以市场价格来出售，所以这里的边际成本就只能以 P 来代替，故 $P=MC$ 是作为利润最大化的条件的。

2. 企业的 *SS* 供给曲线和它的 *MC* 曲线

对于完全竞争行业中的企业来说，它有自己的停止营业点，这个点就是价格等于平均可变成本的那一点，在该点以上企业继续生产活动仍可以弥补部分的固定成本，在该点以下企业的生产活动连可变成本也不能完全补偿，企业就必须停止生产。因为利润最大化原则，在给定的价格下，企业只能按照边际成本曲线上相应的数量提供产出，这样企业的供给曲线 SS 就只能是位于停业点以上的那部分 MC 曲线。

3. 在 *P*=*MC*=*AC* 时的零利润条件

对于完全竞争市场中的企业，它们都只能是市场价格的接受者，它们的价格等于边际收益，根据企业利润最大化时必须边际成本等于边际收益的原则，就有 $P=MC$。同时，完全竞争市场中企业的利润只能是零利润，在这个零利润处，边际成本等于平均成本。所以零利润的条件就是 $P=MC=AC$。

4. 在 *P*=*MC*=*AVC* 时的停业点

答案见知识点三。

【翔高点评】企业的停业原则是价格等于平均可变成本 AVC，这是常考的知识点，需要牢记。

5. 把单个的 *ss* 曲线相加得到行业的 *SS* 曲线

在完全竞争市场中，按照水平方向将该物品的各个独立的生产者的供给曲线加总在一起就构成了行业的短期供给曲线 SS。它也是向上倾斜的，表示整个行业的供给量与商品的价格成同方向的变化关系。

6. 短期均衡和长期均衡

答案见知识点四。

7. 长期零经济利润条件

在长期内，企业能够自由进入和退出该行业，同时没有一个企业在技术或位置方面具有任何特殊的优势，竞争将会消除该行业中现有企业所获得的任何超额利润。因此在长期，零利润的条件为 $P=MC=$最低长期 $AC=$零利润的价格。

8. 生产者剩余+消费者剩余=经济剩余

生产者剩余是包括企业和特殊投入所有者的租金和利润，意味着超过生产成本的超额收入。消费者剩余是指需求曲线与价格之间的阴影部分的面积。经济剩余是从生产和消费某一种物品中所得到的福利或净效用，它等于消费者剩余和生产者剩余之和。

9. 效率＝最大化经济剩余

这个等式揭示了效率的经济含义，是指当经济实现了最大化经济剩余的时候就同时实现了经济效率。我们可以通过比较已经获得的经济剩余和潜在的可获得的经济剩余来分析市场的效率问题。当完全竞争市场处于均衡状态时，经济剩余最大，此时该市场是最有效率的。

10. 配置效率，帕累托效率

配置效率的定义见知识点七。帕累托效率是资源的一种最优状态，在这种状态下，任何可能的生产资源的重组都不能使任何人的状况变好，而同时不使其他人的境况变差。只有满足了这种方式的的资源配置格局才是最具有经济效率的，即满足了经济资源的合理配置和有效利用。

11. 配置效率的条件：*MU*＝*P*＝*MC*

答案见知识点七中效率实现的条件。

12. 竞争市场的效率

完全竞争市场是最有效率的市场。长期中，通过企业自由进出某一个行业，商品的价格等于生产商品的平均成本和边际成本，因而消费者只需支付最低价格，企业的经济利润为零，所有的企业都运营于平均成本的最低点，资源得到了最充分的利用，因而竞争市场也是最有效率的。

13. 效率与公平

效率是指资源的合理配置，主要表现在三个方面：生产之前要素的配置，生产之中要素的配置和生产之后的要素报酬的分配。价格是决定要素分配的重要标准。为了保证效率，要求以市场为导向进行分配，并且只有市场导向的分配才能保证市场的效率。公平是一个伦理学上的概念，主要是指一定社会中人们之间经济利益和权利分配的合理化。有效率的竞争市场不一定符合社会关于收入和消费分配公正性的理想，因此就需要政府干预自由放任的市场经济，以改变收入分配，实现公平性。

□问题讨论

1. 解释为什么下列有关利润最大化的竞争企业的陈述都是错误的，并正确地重新陈述每一句话。

a. 一个竞争企业将提高产量，直到价格等于平均可变成本的那一点为止。

b. 企业的停业点发生在价格低于最低平均成本的时候。

c. 企业的供给曲线仅仅取决于它的边际成本。任何其他成本概念都与供给决策无关。

d. 竞争行业的 *P*＝*MC* 原则，对于向上倾斜的、水平的和向下倾斜的 *MC* 曲线都是成立的。

e. 竞争性企业使价格等于边际成本。

【重要级别】☆　　　　　　【难度级别】☆

【考查要点】竞争企业的行为

【参考答案】a. 要使利润实现最大化，一个竞争性企业将提高其产量，直到价格等于边际成本那一点为止。因为当价格等于平均可变成本时，如果 $MC<P$，则增加产出仍将有利润的产生，那么企业将不会将生产停滞在该点。同样，如果 $MC>P$，则减少生产会增加企业的利润，企业将不会在该点生产。

b. 企业的停业点发生在价格等于平均可变成本的最低点，这时，企业的收入恰好能够弥补它的可变成本。

c. 企业的供给曲线仅仅取决于停业点以上的边际成本。只有当价格高于企业平均可变成本的最低点时，边际成本才成为竞争性企业供给曲线的唯一决定因素。

d. $P=MC$ 的原则对于向下倾斜的边际成本曲线来说并不成立。根据边际收益递减规律，MC 曲线最终会向上倾斜，因此，当 MC 曲线向下倾斜时所发生的 $P=MC$ 并不能保证利润的最大化。

e. 竞争性企业选择适当的产出使其边际成本与价格相等。完全竞争市场中，竞争性企业对价格没有任何的影响力，他们只是价格接受者。

2. 假设你是一个生产计算机存储器芯片的完全竞争企业。你的生产能力是每年 1 000 个单位。只要产量低于最大产能，你的边际成本就是每个芯片 10 美元。当产量为正数时，你的固定成本是 1 万美元；而如果停业，你的固定成本为 0 美元。在以下的市场价格水平下，你的利润最大化的产出水平和利润分别为多少？(a)每个芯片 5 美元；(b)每个芯片 15 美元；(c)每个芯片 25 美元。请解释，为何情况(b)中尽管利润为负，产出水平仍是正的？

【重要级别】☆　　　　　　　　　　【难度级别】☆

【考查要点】竞争企业的行为

【参考答案】(a)当每个芯片为 5 美元时，因为 $MC>MR$，此时停止营业，产出为 0，利润为 0。(b)当每个芯片为 15 美元时，$MR>MC$，因而利润最大化产出为 1 000，利润为－5 000 美元。(c)当每个芯片为 25 美元时，$MR>MC$，因而利润最大化产出为 1 000，利润为 5 000 美元。(d)中尽管利润为负，但是产出为正。理由是：当价格大于边际成本时，除了可以补偿全部的可变成本外，还能够补偿一部分的固定成本。而如果此时企业不生产的话，就会损失所有的固定成本，损失额为－10 000，因此综合来看，企业还是会选择一个正的产出水平。

3. 经济学、商业活动和生活中一条最重要的规则是：沉默成本原则，“让过去的成为过去”。这就是说，在做出决策时不要考虑沉默成本(从它们是不可补偿的损失的意义上讲，这些成本是过去的成本)。只有新增加的成本，包括边际成本和可变成本，在做出合理决策时应加以计算。

为了说明这一点，考虑下列问题：在表 8－1 中，我们可以把固定成本作为产量为零时的成本水平。什么是固定成本呢？如果价格为 40 美元，而固定成本为零，那么，表 8－1 中的那家企业的最大利润的产量水平是多少呢？是零？还是 5.5 万美元？是 10 万美元？是 10 亿美元？还是负的 3 万美元？解释这对一家正在决定

是否停止营业的企业的含义。

【重要级别】☆　　　　　　　　　　【难度级别】☆

【考查要点】企业的供给原则及停业原则

【参考答案】由表可知，如果产量为零时的成本就是固定成本，则固定成本为55 000美元。当固定成本为0、5.5万美元、10万美元、10亿美元和－3万美元时，产出的利润最大化水平都是4 000单位。当固定成本为0、5.5万美元、－3万美元时，最大化的利润为正，而当固定成本为10万美元和10亿美元时，最大化的利润为负值。这说明，企业是否停业与利润的正负无关，只要企业的收益能够抵补可变成本或至少抵补部分固定成本，那么企业就应该继续生产。

4. 考查表8－1(课本P130)所示的成本数据。当价格分别为21美元、40美元和60美元时，计算一家追求利润最大化的竞争企业的供给决策。3种价格下，总利润的水平分别为多少？在每一种价格水平下，在长期内完全相同的企业的进入或退出会有何变化？

【重要级别】☆☆　　　　　　　　　【难度级别】☆

【考查要点】竞争行业的供给行为

【参考答案】由表8－1可知，当P＝21美元时，利润最大化的产量为3 000，此时的总利润为21×3 000－130 000＝－67 000美元。所以在长期，企业将退出该行业。当P＝40美元时，利润最大化的产量为4 000，此时总利润为0，长期内达到均衡，既没有原有企业退出行业，也没有新的企业进入该行业。当P＝60美元时，利润最大化的产量为5 000，此时的总利润为60×5 000－210 000＝90 000美元，因此长期内企业将进入该行业。

5. 运用表8－1(课本P130)所示的成本数据，计算在P＝40和P＝40.02之间单个企业供给的价格弹性。假设有2 000家完全相同的企业，绘制该行业的供给表。在P＝40和P＝40.02之间，行业供给的价格弹性为多少？

【重要级别】☆　　　　　　　　　　【难度级别】☆

【考查要点】竞争行业的供给行为

【参考答案】由表8－1可知，当P＝40时，Q＝4 000；当P＝40.02时，Q＝4 001。因此，单个企业的供给价格弹性为：

$$ES=\frac{(4\,001-4\,000)/4\,000}{(40.02-40)/40}=0.5$$

将每个价格水平上的企业供给量加总就可求得该行业的供给。这2 000家企业是完全相同的，因此行业供给量就是每一价格水平上单个企业供给量的2 000倍。行业供给表如下表所示。

价格 P	27	22	21	38.98	40	40.02	60
产量 Q	2 000 000	4 000 000	6 000 000	7 998 000	8 000 000	8 002 000	10 000 000

根据行业供给表，在P＝40和P＝40.02之间，行业的供给弹性为：

$$ES=\frac{(8\ 002\ 000-8\ 000\ 000)/8\ 000\ 000}{(40.02-40)/40}=0.5$$

由此可见，本题中企业的供给价格弹性和行业的供给价格弹性是完全相同的。

6. 考查图8—12(课本P140)，可以看出追求利润最大化的C企业没有生产任何产品。解释为什么C企业利润最大化的产量水平 $q_c=0$。如果C企业生产1个单位，而B企业比竞争的产量水平少生产1个单位，那么，产业的生产成本会发生何种变化？

比如说，C企业是一个出售杂货的“夫妻店”。为什么连锁杂货店A和B会把C排挤出该产业，对于C继续留在该产业，你会怎样想？如果立法规定，在杂货店A、B和C之间，把市场划分为三个相等的部分，这一立法有何经济影响？

【重要级别】☆☆　　　　　　　　【难度级别】☆☆

【考查要点】完全竞争市场结构

【参考答案】在竞争性市场中，企业只能通过自身的产量变动来使其边际成本与既定的价格相等。在图中的竞争性均衡点处，消费者愿意为产出支出的价格低于C企业的边际成本 MC 的最小值。因此为了使损失降低到最小，C企业的理性选择就是不生产任何的产品，即 $q_c=0$。如果C企业生产1单位的产品，B企业比目前水平少生产1单位产品，产业的总成本将会增加，增加额为 $MC_C(1)-MC_B$(最后1单位)。

连锁经营使得企业能够以较低的价格大批买进原料、在融资上获得较优惠的利率以及因生产上分工更精细而提高生产率，从而使产品的平均单位成本随着产出增加而下降。这样规模经济效应将会把小型企业C排挤出该产业，除非C企业具有很强的地区优势和服务优势。该立法将导致食品价格上涨，因为相同的市场份额无法达到产业总成本的最小化。只有当行业内所有企业的边际成本都相等时，这种平分市场的立法措施才会使总成本达到最小。

7. 通常而言，消费者对于某一商品的需求取决于对耐用品的使用，如住房或运输工具的使用。在这种情况下，需求会表现出与供给相似的随时间变化的模式。一个很好的例子是汽油。在短期内，汽车存量是固定的，而在长期内消费者可以购买新汽车或者自行车。

时期和汽油的需求价格弹性之间有何联系？描绘出汽油的短期需求曲线和长期需求曲线，说明在两个时期内汽油供给下降的影响。对照C节“一般原则”部分中讲到的，描述长期和短期内供给变动对价格和数量的影响和供给原则(c)和(d)，阐明需求的两种新的原则(c)和(d)。

【重要级别】☆☆　　　　　　　　【难度级别】☆☆

【考查要点】竞争行业的供给行为、竞争市场的一般原则

【参考答案】汽油的短期需求比长期需求更缺乏价格弹性，如下图所示，短期需求曲线 DD 比长期需求曲线 dd 更陡峭，从而反映了在均衡点 E 处，短期需求的价格弹性相对较小。汽油供给下降，供给曲线由 S_0 左移到 S_1，在短期内均衡点由

E 上移到 E_D，由此造成价格的较大上涨，以及相对较小的产量变动。根据需求价格弹性的定义可知，短期内需求的价格弹性较小。但是，随着时间的推移，节约和替代汽油的产品得到更多的开发，同时汽油的需求量将进一步减少，从而缓解短期内的高价压力，均衡点将沿着供给曲线 S_1 向点 E_d 移动。所以，长期均衡点处更大的需求量降低幅度与较小的价格上升幅度，将导致长期需求的价格弹性大于短期弹性。

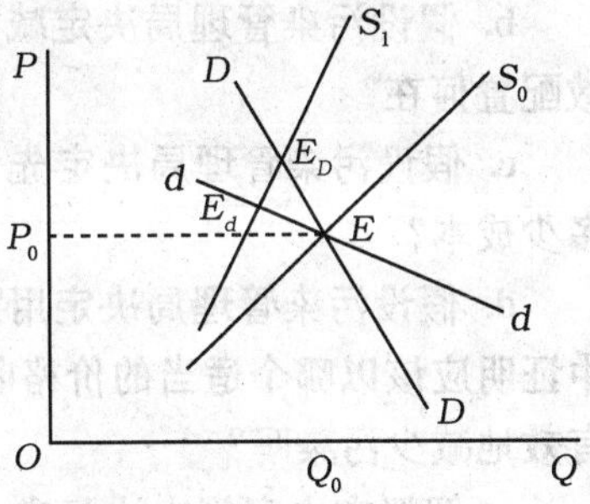

石油是汽油生产的主要原料资源。短期内由于汽油的需求缺乏价格弹性，因此石油短缺将造成汽油供给曲线向左移动，汽油价格将大幅上升，需求量变动相对较小；长期内，随着技术的进步以及节能型产品的开发，消费者对汽油的需求发生变动，短期内石油短缺所造成的汽油高价将得以回落。

需求原则：(a)在一般情况下，某一物品需求的增加会提高该物品的价格。(b)对于大多数物品来说，需求的增加会增加需求量，而需求的下降会产生相反的影响。

供给原则：某一物品供给的增加一般都会降低价格，增加交易数量。供给的下降会产生相反的影响。供给原则的两个推论为：(c)当需求缺乏弹性时，供给的增加使价格 P 下降的幅度最大。(d)当需求缺乏弹性时，供给的增加使数量 Q 增加的幅度最小。

由于短期内需求比长期内需求更缺乏弹性，因此供给下降对价格和产量的影响将随着时间的推移而逐渐减弱。

8. 解释以下对话：

A："在长期内，竞争的利润怎么能是零呢？谁愿意不赚钱干活呢？"

B："竞争所消除的仅仅是超额利润。管理人员仍然得到了他们工作的薪金；所有者在竞争的长期均衡中得到了资本的正常收益——不多也不少。"

【重要级别】☆☆　　　　　　　　【难度级别】☆☆

【考查要点】完全竞争市场结构

【参考答案】企业的经济利润也称为超额利润，是指企业的总收益和总成本之间的差额。当经济利润为零时，即当总成本等于总收益的时候，生产要素所有者得到的收益恰好能够抵补其机会成本。在完全竞争市场中，如果要素所有者得到的收益高于其机会成本，就会有更多的要素投入到这个行业中；如果低于机会成本，就会使有些要素流出这个行业。因此，完全竞争市场均衡时，经济利润趋于零，要素所有者的收益恰好等于机会成本。

9. 假设有三个企业向加利福尼亚的空气中排放二氧化硫。我们将被控制的或减少的污染量作为供给，每个企业都有一个减少污染的成本的时间表，我们可以从图 8−12(课本 P140)中看到以企业 A、B 和 C 的 *MC* 曲线表示的它们各自的时

间表。

a. 请解释图8－12中间的那幅图中显示的“市场”供给或减少硫排放的*MC*时间表。

b. 假设污染管理局决定减少10单位的污染，则这三个企业的污染控制的有效配置何在?

c. 假设污染管理局决定先让两个企业分别减少5单位的污染。那么会增加多少成本?

d. 假设污染管理局决定用“污染收费”减少10单位的污染。你能从图8－12中证明应该以哪个适当的价格收费吗? 每个企业又会做出什么反应呢? 这样可以有效地减少污染吗?

e. 解释在本案例中边际成本在减少污染的有效性中所起的重要作用。

【重要级别】☆☆　　　　　　　【难度级别】☆☆

【考查要点】市场失灵和政府干预

【参考答案】a. 图中的*MC*曲线表明了每减少1单位额外的污染量各家企业所需承担的成本。

b. 根据竞争性均衡，对污染控制的有效配置为：A企业应该减少6单位污染；B企业应该减少4单位的污染；C企业将不参与市场，无需减少污染。

c. 如果A企业与B企业每家减少5单位的污染，那么，B企业减少第5个单位污染时的成本将高于A企业，也就是说，B企业将不得不支付A企业减少第6个单位污染的成本。因此，两家企业减少污染的成本将高于有效配置下的情况。额外增加的成本为MC_B-MC_A。

d. 图中的P^*是污染管理局为减少污染所应该设立的最佳收费价格。在该价格水平下，A企业将减少6个单位的污染，B企业将减少4个单位的污染，C企业不用减少污染。此时，市场中减少污染的边际成本将等于污染治理的边际收益。如果在此基础上进一步减少污染，则成本将大于污染治理对社会产生的价值。因此，当污染收费价格等于P^*时，污染的减少是有效率的。

e. 边际成本是采取措施减少污染时的主要考虑因素。企业进行生产决策的主要依据是边际成本等于边际收益。政府应该通过收取污染费这些方法有效地影响企业的边际决策，从而使得企业改变其生产行为、减少污染。因此说，边际成本在有效地减少污染中起到非常重要的作用。

10. 在任意一个竞争市场中，比如图8－11(课本P138)所示，市场价格曲线以上，*DD*曲线以下的部分是消费者剩余(参见第5章的讨论)。*SS*曲线以上和价格曲线以下的部分是生产者剩余，它等于行业中的企业以及特殊投入所有者所获得的利润和租金。生产者和消费者剩余的总和就是经济剩余，它度量了扣除生产成本后生产对效用的贡献。

你能够找到重新组织生产的方式，从而使得图8—11中所示的经济剩余大于在*E*点(即均衡竞争点)的经济剩余吗? 如果答案是否定的，那么均衡就实现了配

置效率(或帕累托效率)。定义配置效率,回答问题并解释你的答案。

【重要级别】☆☆☆　　　　【难度级别】☆☆☆

【考查要点】市场机制的评价

【参考答案】根据题中的条件,无法使经济剩余大于 E 点处的经济剩余,此时的均衡实现了配置效率。在经济配置有效率的情况下,需要边际成本等于价格,这意味着最后一单位产出的成本恰好等于它对消费者的价值。如果产量少于均衡产出,则一部分消费者的情况就会变糟;如果产量多于均衡产出,则一部分生产者的境况将会变糟。

【补充训练】

1. 一个社会要达到最高的经济效率,得到最大的经济福利,进入帕累托最优状态,必须满足(　　),(　　)和(　　)。

【重要级别】☆☆　　　　【难度级别】☆☆

【考查要点】市场机制的评价

【参考答案】交换的帕累托最优条件　生产的帕累托最优条件　交换和生产的帕累托最优条件

2. 已知完全竞争市场的需求函数为 $D=6\,300-400P$,短期市场供给函数为 $SS=3\,000+150P$,某个企业在 LAC 曲线最低点的价格为 6,产量为 50,单个企业的成本规模不变。求:

(1) 市场短期均衡价格与均衡产量;

(2) 判断该市场是否同时处于长期均衡,求行业内的厂商数量;

(3) 如果市场的需求函数变为 $D'=8\,000-400P$,短期供给函数 $SS'=4\,700+150P$,求市场短期均衡的价格和产量;

(4)判断该市场是否同时处于长期均衡,并求行业内厂商数量。

【重要级别】☆☆☆　　　　【难度级别】☆☆☆

【考查要点】竞争行业的供给行为

【参考答案】(1)由 $D=S$ 得:$6\,300-400P=3\,000+150P$

$P=6, Q=3\,900$

(2)$P=6=\min(LAC)$处于长期均衡

数量 $n=\dfrac{Q}{50}=78$

(3)由 $D'=S'$得:$8\,000-400P=4\,700+150P$

$P=6, Q=5\,600$

(4)$P=6=\min(LAC)$处于长期均衡

数量 $n=\dfrac{Q}{50}=112$

3. 分析竞争性行业的厂商均衡条件,以及短期内处于亏损和长期内获得零利润条件下的经营决策。

【重要级别】☆☆☆　　　　　　　　【难度级别】☆☆☆

【考查要点】竞争行业的供给行为

【参考答案】(1)竞争性行业表明厂商是价格接受者,即产品价格 p 是一个外生变量。竞争性厂商利润最大化问题是求解下面的数学规划:

$$\max_{(q)} \pi = pq - TC(q) \tag{3.1}$$

利润最大化的一阶条件是:

$$p = MC(q) \tag{3.2}$$

因此,竞争性行业厂商的均衡条件是,产品价格等于其边际成本。

(2)在短期内,处于均衡状态的竞争性行业厂商可能亏损,可能盈利,也可能不盈不亏。竞争性行业厂商盈亏平衡的临界点为总收益等于总成本,即:

$$pq = TC(q) \tag{3.3}$$

当总收益小于总成本时,企业亏损。但是,企业亏损并不意味着停止营业。理解这一点的关键是,在短期内,企业存在一笔固定成本,即不管生产还是不生产都必须支付的成本。根据亏损额与固定成本的大小,企业在亏损状态中有三种经营决策:

①亏损额小于固定成本,即产品价格大于平均可变成本,此时企业经营不仅可以弥补可变成本,还可以弥补部分固定成本。因此,尽管此时企业亏损,企业还是会继续经营下去,直到企业需要重置设备为止。

②亏损额等于固定成本,即产品价格等于平均可变成本,此时企业经营仅仅可以弥补可变成本。因此,企业处于停业的临界点,停业与继续经营无差别。

③亏损额大于固定成本,即产品价格小于平均可变成本,此时企业经营不仅无法弥补固定成本,甚至连可变成本都无法弥补。因此,企业会选择停业。

(3)在长期,企业既可以调整产量又可以调整企业规模。长期利润最大化的产量均衡条件是:

$$p = LMC(q) \tag{3.4}$$

长期利润最大化要求企业把规模调整到长期平均成本的最小处,所以规模调整条件是:

$$LMC(q) = LAC(q) = LAC(q)_{\min} \tag{3.5}$$

如果 $p = LMC(q) > LAC(q)$,即企业增加产量是有利可图的。但是由于每个厂商都会选择增加产量,所以行业供给增加必然导致均衡价格下降,均衡价格下降会大幅度地降低企业产量,最终企业的产量还会下降。产量要下降到某一点,即长期边际成本与长期平均成本相等后,才会停止。如果 $p = LMC(q) < LAC(q)$,企业开始会选择降低产量,但最终会增加产量。所以企业会调整规模使得 $LMC(q) = LAC(q)$。

由式(3.4)和(3.5)可以得到:

$$p=LAC(q)_{\min} \tag{3.6}$$

即价格仅仅能够弥补成本,长期利润等于零。企业的长期最优必然也是短期最优,即:

$$p=SMC(q) \tag{3.7}$$

式(3.5)表示生产在长期平均成本最低处,此时有:

$$SAC(q)=LAC(q) \tag{3.8}$$

综上所述,竞争性行业厂商长期均衡的条件是:

$$p=LMC(q)=SMC(q)=SAC(q)=LAC(q) \tag{3.9}$$

4. 从效率角度看,为什么完全竞争是最有效的一种市场结构?

【重要级别】☆☆☆　　　　　　【难度级别】☆☆☆

【考查要点】市场机制的评价

【参考答案】在判断效率问题时,帕累托最优状态是一般标准,完全竞争的市场机制符合帕累托最优状态,所以完全竞争是最有效的一种市场结构。下面分析为什么完全竞争符合帕累托最优状态。

(1)帕累托最优状态是指不可能存在资源的再配置使得在经济社会中其他成员的境况不变的条件下改善某些人的境况。一个经济实现帕累托最优状态,必须满足三个必要条件:①任何两种商品际替代率对于所有使用这两种商品的消费者来说都必须是相等的。②任何两种生产要素的边际替代率对于任何使用这两者生产要素的生产者来说都必须是相等的。③任何两种商品对于消费者的边际替代率必须等于这两种商品对于生产者的边际商品转换率。

(2)在完全竞争的市场结构条件下,如果经济当事人的行为满足连续性的假设,那么,当经济系统处于一般均衡状态时,帕累托最优状态的必要条件都通过一般均衡的价格比表示出来,从而使得这些条件得到满足。可见,完全竞争的市场结构可以实现帕累托最优状态。一般来说,消费者总是追求效用最大化,生产者总是追求利润最大化,这样市场的完全竞争结构必然能够实现帕累托最适度状态所需要的三个条件。在西方经济学家看来,完全竞争市场之所以能成为满足帕累托最适度的条件,可以从满足帕累托最适度的三个必要条件分别加以说明。

①从交换最适度的必要条件来看,在完全竞争条件下,每种商品的价格对所有的消费者来说都是相同的,是既定不变的。消费者为了追求效用最大化,一定会使其消费的两种商品的边际替代率等于其价格比,既然相同商品的价格对所有的消费者来说都是相同的,那么,每一消费者购买任何两种商品的数量必使其边际替代率等于全体的消费者所面对的共同的价格比率,因此就所有消费者来说,任何两种商品的边际替代率必定相同。

②从生产最适度的条件来看。在完全竞争的条件下,任一要素的价格对任一产品生产者都是一样的,是既定不变的,生产者为了追求利润最大化,一定会使其使用的任一组生产要素的边际技术替代率等于它们的价格比率。既然相同的要素对所有的产品生产者都是相同的,那么每一个生产者购买并使用的任何两种要素

的数量必使其边际技术替代率等于全体生产者所面对的共同的价格比。因此就所有的生产者来说，任何一种生产要素的边际技术替代率必定相同。

③从生产最适度与交换最适度相结合的条件来看，任何两种产品的生产边际转换率即为两种商品的边际成本之比，每一消费者对任何两种商品的边际替代率等于其价格比。而在完全竞争条件下，任何产品的价格等于边际成本。因此，对于任何两种产品来说，其生产的边际转换率等于任何消费者对这两种商品的边际替代率。

综上所述，在完全竞争条件下，帕累托最优的三个必要条件都可以得到满足。换而言之，在完全竞争的市场机制作用下，整个经济可以全面达到帕累托是最优状态，这样的经济必定是最优效率的经济。

【翔高点评】完全竞争市场是最有效的一种市场结构，本题全面评述了市场结构有效的标准，其分析思路可以扩展到对其他市场结构效率的分析。

第9章　不完全竞争及其极端形式——垄断

【学习精要】

❖知识点一　不完全竞争的定义及其模式

◇ 如果一个企业能够明显地影响其产品的市场价格,该企业就是一个"不完全竞争者"。当个别卖者在一定程度上具有控制某一行业产品价格的能力时,该行业就处于不完全竞争之中。一个不完全竞争者对其价格具有某些但又绝不是完全的控制权,不同的行业不完全竞争的程度是不太相同的,它们决定价格的自由度有一些差别。

◇ 垄断是指单一的卖者完全控制某一行业,这家单一的卖者是它所在行业的唯一生产者,同时,没有任何一个行业能够生产出相近的替代品。完全的垄断是非常罕见的,即使作为一个垄断者,它也必须经常回头看看那些潜在的竞争者。在长期内,没有任何一个垄断者能确保自己免受竞争的冲击。

◇ 寡头是指少数几个卖者提供某一产业的相似或有差异化的产品,它的重要特征就是每个企业都可以影响市场价格,每个寡头卖者都对市场价格有一定的影响力,它是介于垄断竞争与完全垄断之间的一种比较现实的混合市场结构。

◇ 垄断竞争是指一个产业中有许多卖者生产具有差异化的产品,这一市场结构与完全竞争市场有很多相似之处,即市场上有许多卖者,但是任何一个卖者都没有太大的市场份额。它与完全竞争不同的是由不同企业销售的产品并不相同。这些差异化产品在重要的特征上表现不同,主要的原因就是地理位置的差异和产品质量问题。

❖知识点二　市场不完全竞争的根源

◇ 多数不完全竞争的例子可以归结为以下两条原因:一是,当大规模生产出现规模效益并降低成本时,一个产业中的竞争者会越来越少。在这些条件下,大企业就可以比小企业以更低的成本进行生产,而小企业只能以低于成本的价格销售,因而无法生存。二是,当出现"进入壁垒",即新的企业很难加入某一行业时,也可能出现不完全竞争。在某些情况下,政府的一些限制竞争者数量的法律或法规,也会产生这些壁垒。在其他情况下,新企业也可能因为进入市场的成本太高而被拒之门外。

◇ 成本和市场的不完全性。规模经济或者是平均成本递减是不完全竞争的主要根源。当企业能够通过扩大产量来降低成本的时候,完全竞争状态很容易遭到破坏。这是因为少数几家公司能够有效率地生产出该产业的大部分产品。当相对于一个国家或地区的市场而言,厂商的最低有效规模很大时,成本条件会导致不完全竞争。自然垄断就是因为技术在产量满足全部需求的范围内表现出规模经济时,会产生规模报酬递增的特性,进而平均成本和边际成本就会永远呈下降的趋势。随着产量的提高,企业可以不断降低价格,且保持一定的利润,因为这时它的平均成本是下降的。

◇ 进入壁垒是指新企业进入一个行业的各种阻碍因素。当进入壁垒很大时,这个产业的企业就很少,竞争的压力也就很有限。规模经济是进入壁垒的一种很普遍的类型,除此以外,法律限制、进入的高成本以及广告和产品差异化也会形成进入壁垒。

∵知识点三　边际收益的相关概念

◇ 边际收益是指当销售增加 1 单位时,由此而引起的收益的变化。它可以是正的也可以是负的,主要是由两个相邻产量的总收益相减而来的。

◇ 负边际收益是指为了出售更多单位的产量,该企业必须将价格降到如此低的程度,以至于它的总收益是下降的。

◇ 当需求曲线向下倾斜时,$P>MR$(=P−先前全部 q 的收益损失)

◇ 需求的价格弹性与边际收益之间的关系是:当需求有弹性时,边际收益为正;当需求弹性为单位弹性时,边际收益为零;当需求缺乏弹性时,边际收益为负。

∵知识点四　利润最大化的条件

◇ 总利润=总收益−总成本,当产量达到该企业的边际收益等于它的边际成本的水平时,利润达到最大,如(a)图所示。

◇ 当一个垄断者的边际收益等于他的边际成本时,即达到利润最大化的价格(P^*)和产量(q^*):当 $MR=MC$ 时,可以达到最大利润的(P^*)和(q^*),如(b)图所示。

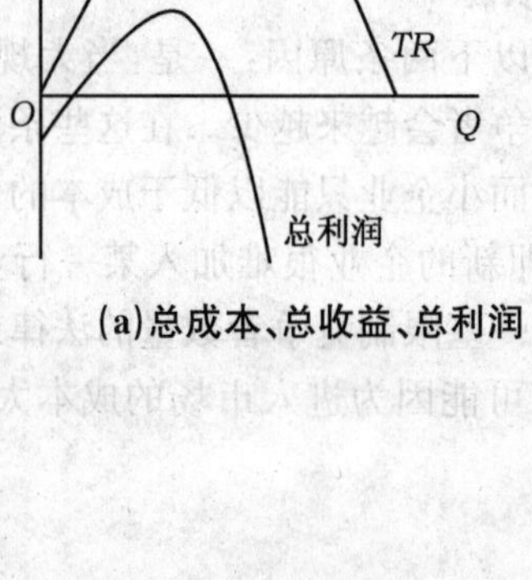

(a)总成本、总收益、总利润

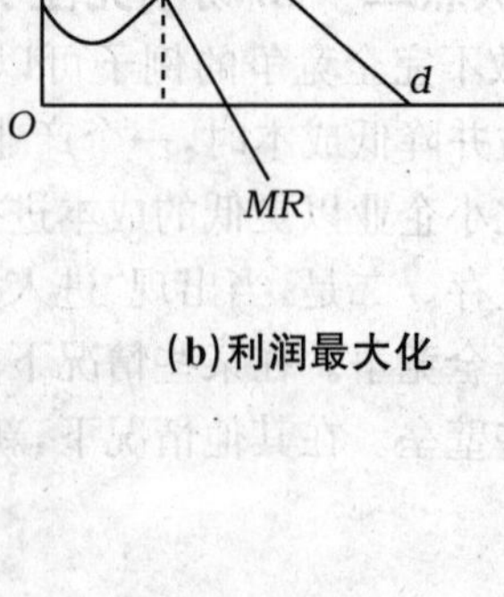

(b)利润最大化

◇ 在完全竞争的条件下，价格等于平均收益，也等于边际收益（$P=AR=MR$），一个完全竞争者的 dd 曲线与它的 MR 曲线是两条重合的水平线。

◇ 由于完全竞争者可以按市场价格出售所有它愿意出售的产品，因此其利润最大化的产量水平是 $MR=P=MC$。

❖知识点五　边际原则

经济学推导出的边际原则很重要。在进行决策时，应当注意计算边际的或未来的收益与损失，而不应该考虑先前已经支付的沉没成本。边际原则就是指人们仅通过考虑和计算某一决策的边际成本和边际收益，来达到收益、利润或者满足程度的最大化。企业追求利润最大化的条件符合边际成本等于边际收益的边际原则。

【习题解析】

□概念复习

1. 完全竞争与不完全竞争

完全竞争，又称为纯粹竞争，是指不存在任何阻碍和干扰因素的市场情况，亦即没有任何垄断因素的市场结构。完全竞争的条件是：第一，对单个厂商而言，价格既定，它们是价格的接受者而不是决定者；第二，产品同质，所有卖者向市场提供的产品都是同质的、无差异的产品；第三，要素可以自由流动；第四，信息充分，卖者和买者都可以获得完备的信息。但是完全竞争是一个理想的状态，经济学家一般用它来和现实进行比较。不完全竞争的定义见知识点一。

2. 垄断、寡头、垄断竞争

答案见知识点一。

【翔高点评】各种不完全竞争形式均有其自身的特点，需要把握其核心特点。本题是常见的概念复习题。

3. 产品差异化

企业控制市场的程度取决于它们使自己的产品差异化的成功程度。除了完全竞争市场（产品同质）和寡头垄断市场（产品单一）以外，通常产品差异是普遍存在的。企业对于那些与其他产品存在差异的产品拥有绝对的垄断权，这种垄断权构筑了其他企业进入该市场或行业的壁垒，形成竞争优势。同时，企业在形成产品实体的要素上或在提供产品过程中，若造成足以区别于其他同类产品以吸引购买者的特殊性，就易导致消费者的偏好和忠诚。

产品差异化的原因主要有：质量或设计方面的原因、信息闭塞或不完整的原因、由销售者营销行为引起、同类企业地理位置差异等。

4. 进入壁垒（政府的与经济的）

进入壁垒是一个企业进入一个产业的各种阻碍因素。当进入壁垒很大时，这个产业的企业就很少，竞争的压力也就很有限。一般行业最直接的经济方面进入的壁垒有四种：绝对成本优势、产品差异、规模经济和特有资源。政府方面的进入壁垒主要是法律方面的限制,包括了专利、准入限制、关税与配额,以及对某些产业比如公用事业实施准入限制。

5. 边际(或增加的)收益,*MR*

边际收益是指当销售增加1单位时,由此而引起的收益的变化。它可以是正的也可以是负的,主要是由两个相邻产量的总收益相减而来的。边际收益是厂商分析中的重要概念。利润最大化的一个必要条件是边际收益等于边际成本。在完全竞争条件下,任何厂商的产量变化都不会影响价格水平,需求弹性对个别厂商来说是无限的,总收益随销售量增加同比例增加,边际收益等于平均收益,等于价格。在非完全竞争(垄断竞争)条件下,厂商的销售量同价格成反比。如果需求弹性大于1,即销售量增加的百分比快于价格降低的百分比,总收益随销售量增加而增加,尽管不是同比例增加,平均收益下降,边际收益为零;如果需求弹性小于1,这时总收益随销售量增加而减少,平均收益更快下降,边际收益为负数。

6. 最大化利润条件,*MR*=*MC*

厂商从事生产或出售商品不仅要求获取利润,而且要求获取最大利润。厂商利润最大化原则就是产量的边际收益等于边际成本的原则。边际收益是最后增加一单位销售量所增加的收益,边际成本是最后增加一单位产量所增加的成本。如果最后增加一单位产量的边际收益大于边际成本,就意味着增加产量可以增加总利润,于是厂商会继续增加产量,以实现最大利润目标。如果最后增加一单位产量的边际收益小于边际成本,那就意味着增加产量不仅不能增加利润,反而会发生亏损,这时厂商为了实现最大利润目标,就不会增加产量而会减少产量。只有在边际收益等于边际成本时,厂商的总利润才能达到极大值。所以$MR=MC$成为利润极大化的条件,这一利润极大化条件适用于所有类型的市场结构。

7. 对于完全竞争者,*MR*=*P*,*P*=*MC*

在完全竞争的条件下,价格等于平均收益,也等于边际收益($P=AR=MR$),一个完全竞争者的dd曲线与它的MR曲线是两条重合的水平线。由于完全竞争者可以按市场价格出售所有它愿意出售的产品,因此其利润最大化的产量水平是$MR=P=MC$。

8. 自然垄断

自然垄断是指行业中只有一家企业能够有效率地进行生产。当技术在产量满足全部需求的范围内表现出规模经济时,自然垄断就会出现。这个规模经济在一个很大的产量范围和相应的巨大的资本设备的生产运行水平上才能得到充分的体现,以至于整个行业的产量只有由一个企业来生产时才有可能达到这样的生产规模,并且只要发挥这一企业在这一生产规模上的生产能力,就可以满足整个市场对该种产品的需求。最先达到这一生产规模的企业就可以垄断整个行业的生产和销售。由于自然垄断可能损害这个社会大众的福利水平,因此常常需要政府来进行管制,政府可采用的手段主要有边际成本定价法、平均成本定价法、双重定价法以及资本回报率管制等。

9. 边际原则

边际原则就是指人们仅通过考虑和计算某一决策的边际成本和边际收益，来达到收益、利润或者满足程度的最大化。企业追求利润最大化的条件符合边际成本等于边际收益的边际原则。经济学推导出的边际原则很重要。在进行决策时，应当注意计算边际的或未来的收益与损失，而不应该考虑先前已经支付的沉没成本。

□问题讨论

1. 列举完全竞争与不完全竞争的显著特征，不完全竞争的主要种类有哪些？你把通用汽车公司划分在哪一个范畴里？你所在地区的比萨饼店呢？微软公司呢？你所在的学院或者大学呢？

【重要级别】☆☆　　　　　　　　【难度级别】☆☆

【考查要点】不完全竞争的定义及其模式

【参考答案】完全竞争的主要特点就是：市场上存在大量的卖者和买者，对单个厂商来说，价格是既定的，它们是价格的接受者而不是决定者；产品是同质的，卖者向市场提供的是同质的、无差异的产品，对买者来说是没有任何差别的；要素可以自由流动，在市场上卖者和买者都可以获得完备的信息。

不完全竞争是相对理想化的完全竞争而言的一类市场结构，市场中的企业或个人并不完全是价格的接受者，它们对产品的市场价格有一定程度的控制力。如果一个企业能够明显地影响产品的市场价格，那么该企业就属于不完全竞争者，该行业就处于不完全竞争行业中。不完全竞争包括垄断、寡头、垄断竞争。通用汽车在美国市场上和福特汽车等少数几家企业控制了整个市场，因此属于寡头企业，但是在世界市场上它面临来自德国和日本等国汽车企业的激烈竞争，因而属于垄断竞争企业。本地的比萨店因为有自己的差异化产品，因而属于垄断竞争企业。微软公司在操作系统市场上基本上处于绝对垄断地位，但在浏览器等部分市场上则属于寡头地位。本大学和学院基本上属于垄断竞争企业，因为它们也面临着其他众多学校和学院的竞争，但是也有自己的专业特色。

2. 解释为什么下面每句话都是错的。请写出正确的说法。

a，在 $MC=P$ 时，垄断者达到利润最大化。

b，价格弹性越大，垄断者的价格就比 MC 高出许多。

c，垄断者会忽略边际原则。

d，垄断者将使其销售量达到最大。他们将生产比完全竞争更多的产量，垄断价格也较低。

【重要级别】☆　　　　　　　　【难度级别】☆

【考查要点】不完全竞争的定义及其模式

【参考答案】a. 正确的说法应该是：在 $MC=MR$ 时，垄断者达到了利润的最大化。因为对于垄断者来说，它的需求曲线是向下倾斜的，$P>MR$，此时 $P=MC$ 就不再是利润最大化的均衡条件。

b. 正确的说法是:价格弹性越大,垄断者的价格越接近于 MC。这是因为当垄断者面临的需求曲线的价格弹性越大时,需求曲线会越平坦,垄断者制定的价格将会越接近 MC,这可以从图形中很直观地看出来。

c. 垄断者是不会忽略边际原则的。与完全竞争性的企业一样,垄断者做出决策时也不会考虑过去的沉没成本,同样只根据边际成本和边际收益做出决策。

d. 垄断者会在 $MC>MR$ 的情况下进行生产,这并不会使其利润实现最大化。与完全竞争相比,垄断者的价格更高,而提供的产品会更少。

3. 当 *dd* 具有单位弹性时,*MR* 的数值是多少? 并解释。

【重要级别】☆　　　　　　　　【难度级别】☆

【考查要点】边际收益的相关概念

【参考答案】需求曲线 dd 具有单位弹性意味着总收益 TR 是固定不变的,因此,边际收益 MR 为零。假定反需求函数为 $P=P(Q)$,则会有总收益 $TR(Q)=P(Q)\cdot Q$,因此:

$MR(q)=\dfrac{\mathrm{d}TR(Q)}{\mathrm{d}Q}=P+Q\times\dfrac{\mathrm{d}P}{\mathrm{d}Q}=P\left(1+\dfrac{\mathrm{d}P}{\mathrm{d}Q}\times\dfrac{Q}{P}\right)$,即 $MR=P\left(1-\dfrac{1}{e_d}\right)$。从这个式子中可以看到,当需求为单位弹性时,即 $e_d=1$ 时,有 $MR=0$。

4. 杰克逊法官在微软垄断案中表示:"有三个主要的事实可以证实微软公司在享受垄断的力量。第一,微软公司占有的适用 Intel 兼容 PC 机的操作系统市场非常大,并且很稳定。第二,微软公司占有的市场被很高的进入壁垒所保护。第三,在这种高进入壁垒的保护下,微软公司的顾客无法选择可以替代 Windows 的产品。"(参看本章"补充读物和互联网站"所推荐的文献的第34节。)为什么这些要素与垄断有关? 这三者都是必要的吗? 如果不是,哪一个至关紧要? 说出你的理由。

【重要级别】☆☆　　　　　　　【难度级别】☆☆

【考查要点】不完全竞争的定义及其模式

【参考答案】垄断是指单一的卖者完全控制某一行业,这家单一的卖者是它所在行业的唯一生产者,同时,没有任何一个行业能够生产出相近的替代品。它的主要特点就是:市场上只有唯一的卖者、对于其提供的产品没有替代物、其他任何一个企业都不能进入这一行业。在微软的这个案例中,杰克逊法官所说的三种要素都符合垄断的特征,虽然它们都是垄断的要素,但是它们都不是确定垄断与否的决定性条件。相对来说,进入壁垒和没有替代品是决定垄断与否的决定性条件,而市场集中度也可能是垄断形成后的具体市场表现,而不是先决条件。对于微软的操作系统来说,因为网络的外部性起着非常重要的作用,对于许多买者而言又不存在完全的替代品,这是一个比较关键的进入壁垒,因此它也就决定了微软的垄断地位。

5. 图 9—4 标明了最大利润的均衡位置。详细解释,实际上该图如何说明可以用两种不同的方法来描述完全相同的事实:即当企业再增加1单位产品的成本正好等于它所增加的收入时,该企业就会准备停止扩大生产。

【重要级别】☆☆　　　　　　　　　　【难度级别】☆

【考查要点】利润最大化的条件

【参考答案】根据边际量与总量之间的关系可知，在利润实现最大化条件 $MR=MC$ 的产量 $q=4$ 处，总收益 TR 与总成本 TC 的斜率是相等的，也就是说，在该点处的 TR 与 TC 的切线是平行的。由于存在这样的关系，因此可以利用总量和边际量两种方法来描述企业利润最大化的条件。

6. 为一个完全竞争者重新描绘图 9－4(a)。为什么 dd 为水平线？解释为什么水平的 dd 曲线与 MR 曲线相重合？然后，继续寻找利润最大化的 MR 与 MC 的相交点。为什么这个交点所产生的竞争性均衡条件为 $MR=P$？现在，重新描绘一个完全竞争者的图 9－4(b)。说明在完全竞争者的最大利润均衡点，TR 和 TC 的斜率仍然必须相等。

【重要级别】☆☆　　　　　　　　　　【难度级别】☆

【考查要点】利润最大化的条件

【参考答案】如(a)图所示，完全竞争行业只是价格的接受者，因此它所面对的需求曲线 dd 是一条从既定市场线出发的水平直线。此时，竞争性企业的总收益 $TR=Pq$，边际收益为 $MR=P$，由此可见，水平的 dd 曲线与 MR 曲线重合。当 $MR=MC$ 时，利润达到了最大，又因为此时 $MC=P$，所以竞争性均衡的条件为 $MC=P$。在该点处，完全竞争者实现了利润的最大化。

如(b)图所示，在完全竞争者的最大利润点 q^* 处，TR 与 TC 相切，二者的斜率仍然相等，并且此时企业的利润为零。

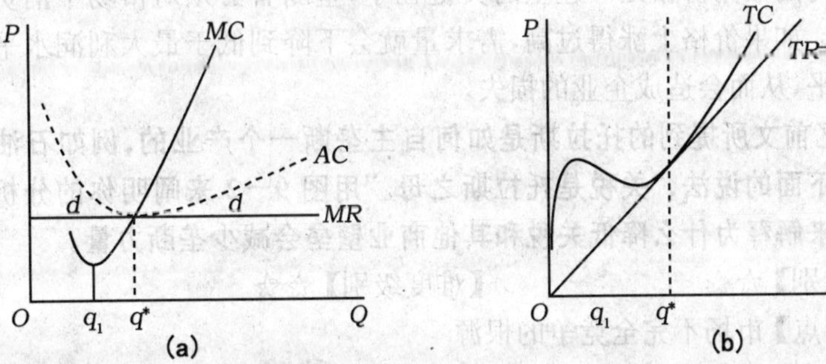

【翔高点评】结合图形掌握利润最大化的条件，这是常考的基本知识点。

7. 香蕉计算机公司的固定成本为 10 万美元，而每单位的劳动成本为 600 美元，原料和燃料成本为 400 美元。在 3 000 美元的价格下，消费者不会购买该公司的任何香蕉牌计算机。但是，价格每下降 10 美元，该公司的计算机销售量就会增加 1 000 单位。计算香蕉计算机公司的边际成本和边际收益，并确定它的垄断价格和产量。

【重要级别】☆☆　　　　　　　　　　【难度级别】☆

【考查要点】利润最大化的条件

【参考答案】由题意得，总成本 $TC=100\ 000+1\ 000Q$，则 $MC=1\ 000$。同时，我们可以得出该公司的需求曲线是：$P=3\ 000-(10/1\ 000)Q=3\ 000-0.01Q$。那么 $TR=PQ=3\ 000Q-0.01Q^2$，因此，边际收益 $MR=3\ 000-0.02Q$。利用最大利润条件 $MC=MR$，则 $1\ 000=3\ 000-0.02Q$。因此该公司的垄断产量为 $Q=100\ 000$，垄断价格为 2 000 美元。

8. 试说明一个追求利润最大化的垄断者绝不会在他的需求曲线缺乏价格弹性的区域里经营。

【重要级别】☆☆　　　　　　　　【难度级别】☆☆☆

【考查要点】利润最大化的条件

【参考答案】由边际收益与产品的价格弹性之间的关系可得，$MR=P\left(1-\frac{1}{e_d}\right)$。因此当需求曲线缺乏价格弹性时，企业的边际收益 $MR<0$。此时，TR 曲线斜率为负，表示企业的总收益 TR 随销售量 Q 的增加而减少。追求利润最大化的垄断者要实现的目标为 $0<MC=MR$，因此 $MR>0$ 要求需求曲线必须富有弹性。

9. 指出下面这句话的错误："企业为了达到利润的最大化，总是将价格定在市场所能承受的最高的点上。"给出正确的答案，并利用边际收益概念来解释正确与错误的说法之间的差异。

【重要级别】☆☆　　　　　　　　【难度级别】☆

【考查要点】利润最大化的条件

【参考答案】正确的说法是：企业为了达到利润的最大化，总是将价格定在消费者愿意支付的最高价格处。这里的关键在于，垄断者必须对市场中消费者的行为非常敏感。如果价格上涨得过高，需求量就会下降到低于最大利润水平所要求的销售量水平，从而会造成企业的损失。

10. 回忆前文所提到的托拉斯是如何自主垄断一个产业的，例如石油业和钢铁业。解释下面的说法，"关税是托拉斯之母。"用图 9－2 来阐明你的分析。并使用同一张图来解释为什么降低关税和其他商业壁垒会减少垄断力量。

【重要级别】☆☆　　　　　　　　【难度级别】☆☆

【考查要点】市场不完全竞争的根源

【参考答案】有经济学家认为"关税是垄断之母"，其原因就在于，关税有助于阻止来自于国外的竞争企业进入某些行业。它通过构造进入的壁垒，促成了垄断的形成，会增加外国生产者的成本，从而保护了本国生产者的利益。而降低关税和取消贸易壁垒会使外国企业的进入成本降低，使其更有可能进入国内市场，并与国内企业进行竞争，从而会减少垄断力量。

11. 对微积分感兴趣的学生：可利用微积分很容易地推导出利润最大化问题。$TP(q)$＝总利润，$TC(q)$＝总收益。边际量即为总量对产出的导数，所以 $dTR/dq=TR'(q)=MR$＝边际收益。

a. 解释为什么 $TP=TR-TC$。

b. 证明利润最大化方程由 $TC'(q)=TR'(q)$ 推出。解释这一结果。

【重要级别】☆☆　　　　　　　　【难度级别】☆☆

【考查要点】利润最大化的条件

【参考答案】(1)利润为总收益与总成本之差,即 $TP=TR-TC$。厂商进行生产的目的就是为了赚取利润,如果总收益大于总成本,那么就会有剩余,这个剩余就是利润。

(2)利润最大化的必要条件就是用 TP 的公式对 q 进行一阶求导,使其一阶导数为零。TR 对 q 的一阶导数为 MR,TC 对 q 的一阶导数为 MC。所以当 $MR=MC$ 时,也即边际收益等于边际成本时,利润为最大。

【补充训练】

1. 完全竞争厂商与垄断厂商的长期均衡条件分别为(　　)和(　　)。

【重要级别】☆　　　　　　　　【难度级别】☆

【考查要点】利润最大化的条件

【参考答案】$MR=LMC=SMC=LAC=SAC$　$MR=LMC=SMC$ 且 $AR=LAC=SAC$。

2. 当一个行业由自由竞争演变成垄断行业时,则(　　)。

A. 垄断市场的价格等于竞争市场的价格

B. 垄断市场的价格大于竞争市场的价格

C. 垄断市场的价格小于竞争市场的价格

D. 垄断价格具有任意性

E. 以上说法都不对

【重要级别】☆　　　　　　　　【难度级别】☆

【考查要点】利润最大化的条件

【参考答案】B。垄断的突出特点就是价格高于竞争市场的均衡价格,产量低于竞争市场的均衡产量。

3. 一个垄断企业分两个工厂生产,工厂 L 的 $TC_L=5+9Q_L+Q_L^2$,其中 Q_L 为日产出,TC 为每月总成本(千美元);工厂 H 的 $TC_H=4+10Q_H+0.5Q_H^2$,市场需求曲线为 $P=31-Q$。求总产量、产品的价格以及各个厂各自的产量。

【重要级别】☆☆　　　　　　　　【难度级别】☆☆

【考查要点】利润最大化的条件

【参考答案】由 $P=31-Q$ 知 $MR=31-2Q$

当垄断企业利润最大化时,有:

$MC_L=MC_H=MR$

由 $31-2Q_L=9+2Q_L$ 得 $Q_L=5.5$

由 $31-2Q_H=10+Q_H$ 得 $Q_H=7$

$Q=Q_L+Q_H=12.5$

$P=31-Q=18.5$

即总产量为12.5,产品的价格为18.5,各个厂各自的产量为5.5和7。

4. 有一个特殊结构的行业,其中有50个竞争厂商,他们具有相同的成本函数$c(y)=y^2/2$;还有一个垄断厂商,它的边际成本为零,其产品的需求曲线为$D(p)=1\ 000-50p$。试求:

(1)垄断厂商的利润最大化产出y_m和价格p;

(2)在垄断厂商的利润最大化价格下,每个竞争厂商的供给量y_c应为多少?

(3)为什么会有(2)所求的行为?这与什么市场结构中厂商的什么行为类似?

【重要级别】☆☆☆　　　　　　【难度级别】☆☆☆

【考查要点】利润最大化的条件

【参考答案】由(1)垄断厂商要实现利润最大化:

$MR=1\ 000-100P=MC=0$

$P=10$

$y_m=1\ 000-50\times10=500$

(2)在垄断厂商的最大化价格下,每个竞争厂商要满足:

$MC=c'(y)=y=p=10$

$y_c=10$

(3)因为垄断厂商依靠垄断力量,按照利润最大化原则确定自己的产量和价格。在此条件下,竞争厂商按照已确定的价格,按照利润最大化的原则确定自己的产量。这与斯塔克尔博格模型中的厂商行为类似,垄断者可看成为领导者,竞争者可看成为追随者。

第 10 章　寡头和垄断竞争

【学习精要】

❖知识点一　市场力量的衡量

◇ 市场力量指的是单个企业或少数企业控制某一产业的价格和生产决策的程度,衡量市场力量最常用的一个指标是一个产业的集中率。其中四企业集中率的定义是:某产业四家最大的厂商的总产量(或发货量)在整个产业中所占的百分比。当这个比率越大时,表明这四家企业的市场力量越大。

◇ 赫芬达尔—赫希曼指数(HHI)是一种能比传统集中率更充分地衡量市场力量的方法。该指数是将一个市场中所有参与者所占的市场份额的比率的平方进行加总而获得的。完全竞争的 HHI 接近于零,而完全垄断的 HHI 则是10 000。

❖知识点二　不完全竞争的实质及分类

◇ 不完全竞争市场中存在三个主要的因素,成本、进入壁垒和企业策略互动。

对一个企业来说,当最低平均成本所对应的产量水平出现在占该产业总产量的相当大的比例时,只有少数几个企业可以获利并生存下来,结果就很可能形成寡头。而由于规模经济的存在或政府的限制而形成进入壁垒,也会导致不完全竞争的存在。当在某一市场上仅仅有少数几个企业时,它们之间就会形成相互依赖性,出现策略互动。

◇ 勾结寡头。一个市场的不完全竞争的程度并不只取决于企业的数量和规模,通常也取决于企业的行为。当一个市场中只有为数不多的几个企业时,它们就可以通过策略互动在合作与不合作之间作出选择。如果这些寡头企业积极合作,就会相互勾结起来,形成卡特尔组织,常见的如 OPEC。

当寡头能够相互勾结,使它们的共同利润达到最大时,考虑到它们之间的相互依赖性,它们就会以垄断者的价格和产量来赢得垄断者的利润。

◇ 垄断竞争。勾结寡头的另一个极端就是垄断竞争,它在三个方面类似于完全竞争:(1)有许多买者和卖者;(2)进入和退出某一产业是自由的;(3)各企业都把其他企业的价格视为既定。但是两者的差别在于:在完全竞争的条件下,产品是完全相同的;而在垄断竞争的条件下,产品则是有差异的,垄断竞争市场的短期均衡

条件为 $MR=MC$,如(a)图所示。在垄断竞争的长期均衡点,价格高于边际成本,但经济利润已经下降到零,如(b)图所示。

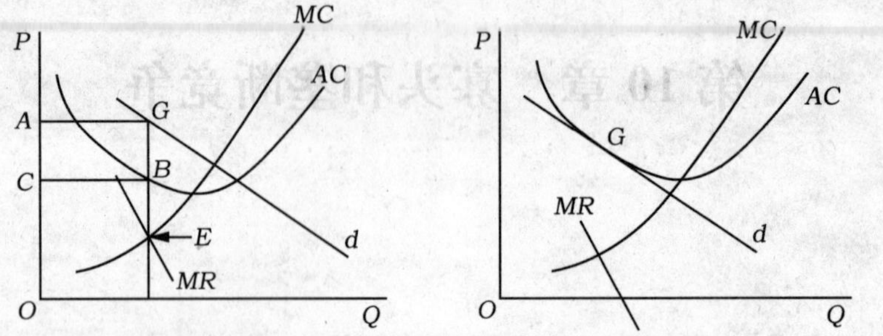

(a)垄断竞争市场的短期均衡　　(b)垄断竞争市场的长期均衡

◇ 寡头之间的抗争与博弈论。少数企业之间的竞争将一种全新的特征引入经济生活之中:它迫使企业考虑竞争者对于价格和产量变动的反应,并将策略问题带入市场。

博弈论可以分析寡头之间的竞争与合作问题。随着不合作或竞争性寡头数量的增加,一个产业的价格和产量趋向于完全竞争市场的产出情况。如果企业互相勾结,将会导致市场价格和产量接近于垄断所产生的价格和数量。但是在多数情况下,随着企业数量的增加,基本上不存在寡头的稳定均衡,策略互动也可能导致不稳定的后果出现。

❖知识点三　价格歧视

价格歧视是指当企业拥有市场力量时,它们就可以将同样的产品以不同的价格卖给不同的顾客,来提高它们的利润。

价格歧视的存在需要一些条件:厂商必须面对向下倾斜的需求曲线;两个或两个以上的购买团体必须能在某一成本下区分开,该成本不超过区分他们所能带来的收入;必须阻止不同购买集团之间贱买贵卖的转卖行为;不同的购买集团对产品的需求价格弹性必须不同,并且为厂商所知。

价格歧视可以分为一级价格歧视、二级价格歧视和三级价格歧视。价格歧视通常采用直接差异定价法、两部分定价法、区域定价法、产品线定价法、产品集定价法等为不同的市场客户制定歧视性的价格。

常见的价格歧视的例子有:因为保护主义的配额限制,导致同样的教科书在欧洲要比在美国卖得便宜;航空公司根据客流情况善于使用价格歧视;地方公用事业常常使用"两部分定价"来弥补高出的经费成本;国际贸易中的倾销行为;等等。

❖知识点四　大公司的行为

◇ 所有权与控制权的分离。现代大公司基本上是以股份制形式组成的,公司的股东可以将自己持有的股票转让给任何人。对于那些公开上市的企业来说,它们的股权更为分散。通常来说,股东选择董事会,负责公司的大的战略,但是大公司的战略决策和日常经营的主要责任则需要由领取薪金的管理者来负担。一般情况下，股东和管理者之间的目标没有冲突，他们都希望获得最大利润。但是，他们之间也存在两类冲突：第一，高层经理人员可能会自定比较高的薪酬，然而这些负担最终需要由股东来承担。第二，利益冲突的发生也与公司的保留盈余有关，管理层与股东之间会因为对留存利润的分配去向意见不同而发生冲突。因此，所有权和控制权的分离是现代公司制度的基本特点，股东掌握着公司的所有权，管理层掌握着公司的控制权。促使所有权和控制权分离的主要因素有两个：技术和制度。

◇ 有限理性。对于寡头行为的研究表明，某些行为背离了利润最大化标准的经济假设。对于利润最大化的一种限制是"有限理性"。这条原则认识到，作出决策是要发生代价的。因此，经理们往往会作出并非十全十美的决策，他们经常要使用"拍脑袋"的方法，以节省研究和决策的时间。"拍脑袋"方法的一个重要例子是成本加成定价的使用，即在生产成本上面加上一个百分比。通常，市场力量就足以让厂商过上太平的日子。

❖知识点五　信息、创新与熊彼特经济学

熊彼特强调"新的组合"用于新产品和新工艺对创新者的重要作用，认为他们有权得到暂时的额外利润。熊彼特的假说认为，垄断和寡头是创新和生活水平提高的主要源泉。解散大企业使他们成为完全竞争者，在长期内，会由于产业的分散化而使技术变革的脚步放缓，因而会冒提高价格的风险。

信息经济引起了效率生产和新知识分配之间的矛盾。由于信息的生产成本很大，而再生产成本非常小，因此它与一般的商品有本质的差别。企业不能获得其发明的全部货币价值的情况称为不可划拨性。为了提高可划拨性，政府设立了知识产权来保护专利、版权、商业机密及电子传媒。互联网等电子信息系统的兴起，使信息服务的有效定价陷入了一种两难困境。

❖知识点六　不完全竞争的利弊权衡

◇ 不完全竞争的经济成本。垄断者减少产量和提高价格，他们的产量低于应有的像在完全竞争行业中的那种水平。在不完全竞争的极端情况即垄断中，这一点尤为明显。价格是衡量稀缺性的正确的经济标准或指标。垄断公司利用它是某一产品或服务的唯一出售者这个事实，通过保持产品的稀缺性，将其价格提高到边际成本之上。经济效率要求 $P=MC$，但垄断公司的产量低于最有效率的产量，产品给消费者带来的边际产品价值也高于给厂商带来的边际成本。

与零利润的竞争均衡相比，垄断造成了净损失，这种损失可以表示为经济福利的损失，这种损失是由于垄断、税收、关税或配额等一系列对价格和产量决策造成扭曲的经济行为带来的。

◇ 干预的策略。为了抑制不完全竞争的弊端，经济学家和政府推出了一系列的矫正措施。以下三种方法构成了针对大公司的现代政策的核心：(1)反对市场力量主要的方法是实施反托拉斯政策，禁止某些行为或控制某些市场结构；(2)广泛运用遏制反竞争弊端的重要方法是尽可能地鼓励竞争；(3)形成一种控制产业的新

工具——管制,经济管制允许专门的管理机构监督受管制产业的价格、产量以及企业的市场准入。

此外,还有此前常用的三种方法:(1)垄断的政府所有制在除美国以外的其他国家中得到了广泛运用;(2)在战争时期曾使用过对大多数物品和劳务实施价格管制的政策,这种方法部分是用来抑制通货膨胀,部分是为了压低某些高度集中产业的产品价格;(3)税收有时被用来减轻收入的分配效应。通过对垄断者征税,政府可以减少垄断利润,从而减轻某些社会所无法接受的垄断的影响。

【习题解析】

□概念复习

1. 集中:集中率,HHI

行业集中率是指某行业的相关市场内前 N 家最大企业所占的市场份额的总和,是整个行业的市场结构集中程度的测量指标,用来衡量企业的数目和相对规模的差异,是市场势力的重要的量化指标。HHI 的概念见知识点一。

【翔高点评】HHI 是衡量市场力量的重要指数,也是名词解释的重要考察点。

2. 市场力量

市场力量指的是单个企业或少数企业控制某一产业的价格和生产决策的程度,衡量市场力量的最常用的一个指标是一个产业的集中率,比如四企业集中率和八企业集中率,此外还有赫芬达尔—赫希曼指数(HHI)。

3. 策略互动

策略互动是指当在某一市场上仅仅有少数几个企业时,它们必然会认识到它们之间的相互依赖性,当某个企业进行决策时,它必然要考虑竞争对手的行为。这是寡头市场的一个新的特征,属于博弈论的研究领域。

4. 暗中的和公开的勾结

暗中的和公开的勾结指的是寡头厂商以公开或者暗中的方式勾结在一起,使其利润达到最大化的一种行为。当寡头企业积极地合作时,它们就相互勾结,共同确定价格或产量,共同瓜分市场,共同制定它们的生产决策。当企业不愿意通过公开的协议来避免竞争时,它们就会暗中勾结,比如说将价格定在相近的水平上,抬高利润,降低营业风险。公开的勾结则是有组织的,比如卡特尔,最典型的就是 OPEC。现实中,当企业通过对所选择的顾客降低价格来扩大市场份额时,将会造成勾结的失败。

5. 不完全竞争:勾结寡头、垄断竞争、少数寡头

不完全竞争是指一种市场结构,在这种市场结构下,一小批企业,即少数寡头勾结起来共谋他们的共同利益最大化,当这个图谋实现时,市场上某些商品的价格和交易量将最接近该商品垄断条件下的价格和交易量。它既具有完全竞争市场的特点,又兼垄断市场的特点,但更接近于完全竞争市场。

垄断竞争是指这样一种市场结构，一个市场中有许多厂商生产和销售有差别的同种产品。具体来说，垄断竞争市场的条件有以下三点：(1)生产集团中有大量的企业生产有差别的同种产品，这些产品彼此之间都是非常接近的替代品，使其既有垄断的因素又有竞争的因素。(2)一个生产集团中的企业数量非常多，以至于每个厂商都认为自己的行为影响很小，不会引起竞争对手的注意和反应，因而自己也不会受到竞争对手的报复措施的影响。(3)厂商的生产规模比较小，因此进入和退出一个生产集团比较容易。垄断竞争更接近于完全竞争市场，厂商努力创造自己的产品特色，以形成垄断，是真实经济中最为常见的市场形态。

少数寡头指市场份额全部或绝大部分由少数几家卖者组成的市场组织形式，一般以两家供应商掌控的现象最为普遍，在经济学上被称之为双寡头垄断。古诺模型就是一种典型的双寡头垄断。虽然消费者可以感受到价格和服务的竞争，但其支付的费用仍高于其他充分竞争的市场。从鼓励竞争的长期趋势来看，双寡头垄断势必会瓦解，市场上会出现新的供应商来形成充分竞争。

6. 垄断竞争中的无利润均衡

垄断竞争模型认为，在长期均衡点，价格高于边际成本，但是经济利润已经降低到最低点。主要原因就是企业的不断退出和进入，随之也带来新的差异性的产品，使这种不完全竞争行业的长期利润率为零。

7. 缺乏效率的 $P>MC$

相对于完全竞争市场的有效率的均衡条件 $P=MC$ 来说，在不完全竞争的市场上，价格往往是大于边际成本的，然而产量却低于完全竞争时的产量，这样的生产效率为达到最优的状态。

8. 所有权和控制权的分离

答案见知识点四。

9. 对利润最大化的限制："有限理性"、成本加成定价

在现实生活中，由于资源的有限和信息的不对称，企业在此基础上做出的选择是未必能实现利润最大化的，"有限理性"和成本加成定价是其中主要的两种因素。

有限理性的概念最初是阿罗提出的，他认为有限理性就是人的行为"即是有意识地理性的，但这种理性又是有限的"。一是环境是复杂的，在非个人交换形式中，人们面临的是一个复杂的、不确定的世界，而且交易越多，不确定性就越大，信息也就越不完全；二是人对环境的计算能力和认识能力是有限的，人不可能无所不知。

成本加成定价是以全部成本作为定价基础。首先要估计单位产品的变动成本，然后再估计固定费用，并按照预期产量把固定费用分摊到单位产品上去，加上单位变动成本，求出全部成本，最后在全部成本上加上按目标利润率计算的利润额，即得出价格。

10. 熊彼特假说

熊彼特假说是著名经济学家熊彼特提出的对垄断持有的乐观观点。他认为经济发展的本质在于创新，而实际上垄断是资本主义经济技术创新的源泉。熊彼特在早期的《经济发展理论》中,打破了当时传统的静态分析方法,强调企业家和创新的重要性,是他们将"新的组合"引入到新产品或新工艺中。创新在短期内会产生超额利润,在长期内却由于被模仿,这些利润最终会消失。

11. 信息经济学:不可划拨性、知识产权的保护、信息有效生产的两难困境

信息经济学是信息科学的一个分支学科,是一门研究信息的经济现象及其运动变化特征的科学,起源于 20 世纪 40 年代,发展于 50～60 年代,到 70 年代基本发展成熟。从本质上说,西方信息经济学是非对称信息博弈论在经济学上的应用,是微观经济学的新发展。博弈论研究的问题是决策各方的行为发生相互影响时各自的决策以及这些决策所能达到的均衡,而信息经济学研究的问题则是决策各方的行为发生相互影响时存在着非对称信息。在这里,非对称信息指的是某些参与人拥有但另一些参与人不拥有的信息。

信息是一种与一般物品有着本质区别的商品,因为信息的生产成本很高,而再生产的成本却极低,信息市场常常遭受着惨重的失败。公司不能占有其发明的全部货币价值的情况称为不可划拨性,信息就是具有不可划拨性的。信息的生产成本很高,而复制成本却很低,导致收益和成本巨大的不对称。

知识产权是指人类智力劳动产生的智力劳动成果所有权。它是依照各国法律赋予符合条件的著作者、发明者或成果拥有者在一定期限内享有的独占权利,一般认为它包括版权和工业产权。通过创造知识产权,政府可以提高发明的可划拨程度,激发人们去开发有用的产品。新信息经济学的视角下,信息的再生产成本要比传统的低得多,这时寻找一种更有效的政策来保护知识产权将变得更加困难。在全球化背景下,需要不断提高保护知识产权的力度。

新的信息经济更加激化了效率要求和激励机制之间的矛盾。一方面,所有的信息都应当被无偿地提供,因为信息的边际成本等于零。另一方面,知识产权的零回报率机制必将减少或消除这些新信息产品,因为发明者从创造性劳动中得不到任何补偿。

12. 净损失

由于垄断、关税、配额、税收或其他扭曲所引起的实际收入的损失,或消费者剩余和生产者剩余的损失。例如,当垄断企业抬高价格时,消费者满足方面的损失大于垄断企业收益方面的收获,其差额即垄断引起的社会净损失。

13. 传统的方法:税收、价格管制、国有化

传统的方法是指在早期,政府使用的抑制不完全竞争的方法。税收被用来减轻收入的分配效应。通过对垄断者征税,政府可以减少垄断利润,从而减轻某些社会所无法接受的垄断的影响。但是,如果税收根据平等的原则克服了垄断的缺点,那么,它也只是略微减少了对产量的扭曲。

价格管制一般在战争期间使用,这种方法部分是用来抑制通货膨胀,部分是为了压低某些高度集中产业的产品价格。许多研究结果表明,这些管制政策是一种效率很差的工具。

国有化是指在诸如自来水、煤气和电力分配中，有效率的生产要求只有一个出售厂商。在这种情况下，大多数市场经济国家选择了政府管制，即国有化的方法。

14. 现行的方法：管制、反托拉斯政策、促进竞争政策

经济管制是指允许专门的管理机构监督受管制产业（如公用事业和交通运输业）的价格、产量以及企业的市场准入。

反对市场力量主要的方法是实施反托拉斯政策。反托拉斯政策是禁止某些行为或控制某些市场结构的法规。

遏制反竞争弊端的重要方法是尽可能地鼓励竞争。即使在大公司之间，政府也有许多政策可以推进积极的竞争。这对减少不同层次企业的进入壁垒起着非常关键的作用。这意味着鼓励幼稚企业的发展，并将国外竞争引入国内市场。

□问题讨论

1. 复习在本章的第一部分所分析的不完全竞争的前两种理论——勾结寡头与垄断竞争。列一张表，比较完全竞争、垄断以及这两种理论在下列几方面的特征：(a)企业人数；(b)勾结程度；(c)价格与边际成本；(d)价格与长期平均成本；(e)效率。

【重要级别】☆☆☆ 【难度级别】☆☆

【考查要点】不完全竞争的分类及实质

【参考答案】

完全竞争与不完全竞争的比较

	完全竞争	垄断	寡头勾结	垄断竞争
企业人数	许多	1	一些	许多
勾结程度	无	无	有	无
P 与 MC	$P=MC$	$P\gg MC$	$P\gg MC$	$P\gg MC$
P 与 LAC	$P=LAC$	$P\gg LAC$	$P\gg LAC$	$P\geqslant LAC$
效率	有效率	较多效率损失	较多效率损失	较少效率损失

2. 考虑一个计算机行业，其中各企业及销售额具体如下：

企业	销售额	企业	销售额
A计算机公司	1 000	F计算机公司	200
B计算机公司	800	G计算机公司	150
C计算机公司	600	H计算机公司	100
D计算机公司	400	I计算机公司	50
E计算机公司	300	J计算机公司	1

赫芬达尔—赫希曼指数(HHI)计算公式如下：

HHI＝第1大企业所占市场份额比重的平方＋第二大企业所占市场份额的比重^2＋第二大企业所占市场份额的比重^2＋……＋最后1个企业所占市场份额的比重^2

a. 计算四企业和六企业集中率。

b. 计算行业 HHI 值。

c. 假设 A 计算机公司和 B 计算机公司电脑合并，各企业的销售额保持不变。计算新的行业 HHI 值。

【重要级别】☆☆　　　　　　　　【难度级别】☆

【考查要点】市场力量的衡量

【参考答案】*a*. 四企业的集中率为：

$(A+B+C+D)/(A+B+C+D+E+F+G+H+I+J)=77.8\%$

六企业的集中率为：

$(A+B+C+D+E+F)/(A+B+C+D+E+F+G+H+I+J)=91.6\%$

b，根据 HHI 指数的计算公式，可得行业的 HHI 值为：1 793。

c，将 A 计算机公司与 B 计算机公司合并后，新的行业 HHI 值为：3 207。因此，随着行业两大龙头企业的合并，行业的 HHI 值会上升。

3. "完全价格歧视"是指向所有消费者收取的价格为他们所愿意支付的最大价格。在完全价格歧视的情况下，垄断者可以获得全部的消费者剩余。画出六个消费者的个人需求曲线，并比较(a)所有消费者面临统一价格的情况和(b)完全价格歧视的情况，指明其差别。解释完全价格歧视导致垄断具有效率这一矛盾的结果。

【重要级别】☆☆　　　　　　　　【难度级别】☆☆

【考查要点】价格歧视

【参考答案】如下图所示，在六个消费者不同的需求曲线和统一价格下，一些消费者将比其他消费者得到更多的消费者剩余，这主要取决于需求的力量和需求曲线价格弹性的大小。在完全价格歧视下，生产者能够向所有消费者收取的价格为他们所愿意支付的最大价格。这意味着生产者能够获取所有的剩余，因此完全价格歧视满足这样的条件：$MR=P$，每一个消费者被索要唯一的一个其愿意支付的最高价格。所以产量就实现了帕累托最优的水平，但是所有的经济剩余均被生产者所获取了。

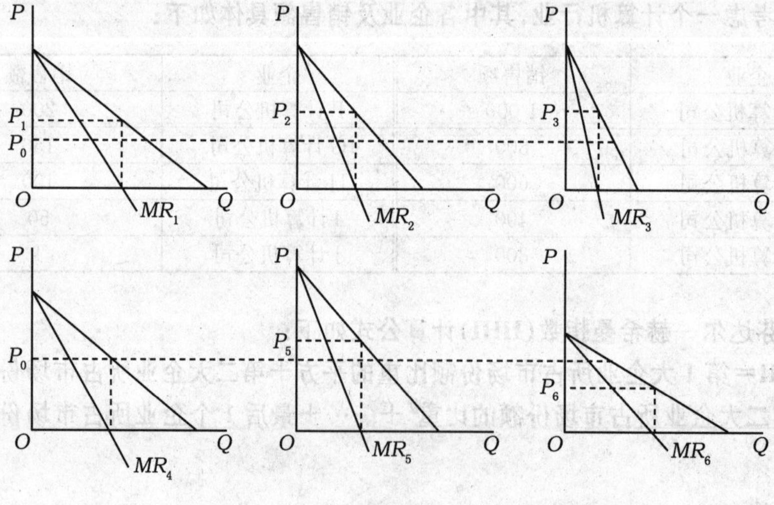

4.“想把垄断集团分为几个有效率的竞争单位的想法是过于天真的，因为垄断的基本原因是大规模生产时的成本递减规律。此外，如果只有少数企业，价格也可能接近于边际成本。”讨论这两句话。

【重要级别】☆☆　　　　　　　　　　【难度级别】☆

【考查要点】价格歧视

【参考答案】对于研发企业而言，一般来说存在一个或一些竞争对手能更加有利于企业的竞争和效率的提高。竞争可以促使企业研发新的产品以获取竞争优势，同时政府通过一系列的措施可以确保其能够获得产品的收益。如果仅有一个生产者，可能会缺乏从事创新的激励。

但同时，成本递减可能会导致少数企业垄断市场。在某些市场上由于生产规模的限制，仅有少数几家大型企业就足够了。此时，少数企业的价格很可能接近边际成本，但是政府必须要严格监督，以防这些企业存在公开或者暗中的勾结，从而造成效率上的损失。

5. 最近，两名经济学家通过互联网的一项有趣的研究，提出：“传统的定价机制对于信息服务是不适用的。如果你买的桌子正好我们也喜欢，我们就得自己到厂家那儿去买；我们不能简单地拷贝你的。而对于信息产品，依据复制成本进行定价的机制就不再起作用了。一旦软件的沉淀成本被用于投资，它的实际复制成本几乎就等于零。这个问题（电子信息）要比出版商面临的非法影印的问题要严峻得多，因为它的实际复制成本为零。”

运用信息经济的有关条件来解释这个研究结果。解释为什么要为一本书或互联网上的一个网页设立专有使用权，而不为一个凳子或一加仑汽油去设立。为什么影印材料或进入互联网的价格定得太高就会影响效率？结合熊彼特假说来回答这个问题。

【重要级别】☆☆　　　　　　　　　　【难度级别】☆☆

【考查要点】信息、创新与熊彼特经济学

【参考答案】信息是一种与一般物品有着本质区别的商品，相应的信息的生产成本很高，但是复制成本却极低，因此信息市场经常会面临着严重的市场失灵，导致私人的研发资助不足，尤其是基础研究的投资不足。为了使信息生产者能够获得其发明的大部分货币价值，政府需要设立知识产权来保护专利、版权、商业机密及电子传媒等信息产品，提高信息产品的可划拨性，激励私人主体去开发有用的产品。

从经济效率的角度讲，信息产品的边际成本为零，价格原本应该定在边际成本的水平上，所以所有的信息应当都被免费提供，但是为了补偿信息生产者的经济效益，需要将价格定高一些，然而如果作为信息产品的影音材料等的价格定得太高就会影响效率。

6. 解释下列说法：

a. 在零售药店，每一个店都有某些市场力量，但它们都不能获得其活动的经

济利润。

b. 根据“有限理性”理论，通用电器没有为了使每一种产品和每一天的 $MC=MR$ 而调整它的冰箱价格，这才是真正有效率的。

【重要级别】☆☆　　　　　　【难度级别】☆☆

【考查要点】不完全竞争的实质及分类

【参考答案】a. 每一零售药店都有自己的产品和服务特色，能够使得自己的产品和服务具有一定的差异，从而具有一定的市场力量。但是所有的药店其实都是可以相互替代的，由于激烈的市场竞争，它们在长期几乎只能获得正常利润。

b. 尽管 $MC=MR$ 是实现利润最大化的产出的必要条件，但是对于长期垄断厂商而言，具有有限理性，不可能在每时每刻都基于该原则做出理性的选择。他们的行为只能近似于该原则。如果必须实现该原则，则需要支付高额的信息费用和菜单成本。

7. 政府决定对一个垄断者征收每单位 x 美元的固定税率的税收。请说明该税收对产量和价格的影响。税后均衡是接近于还是进一步背离 $P=MC$ 的理想均衡呢?

【重要级别】☆☆　　　　　　【难度级别】☆☆

【考查要点】不完全竞争的利弊权衡

【参考答案】如右图所示，政府对一个垄断者征收每单位 x 美元的固定税率的税收，将使得垄断者的边际成本曲线平行上移 x。然而垄断者将根据 $MR=MC+x$ 来做出新的生产决策。如图所示，垄断产量将从 Q_0 下降到 Q_1，而垄断价格将从 P_0 上升到 P_1。其税后的价格将进一步偏离 $P=MC$ 的原则，产量将会进一步降低。

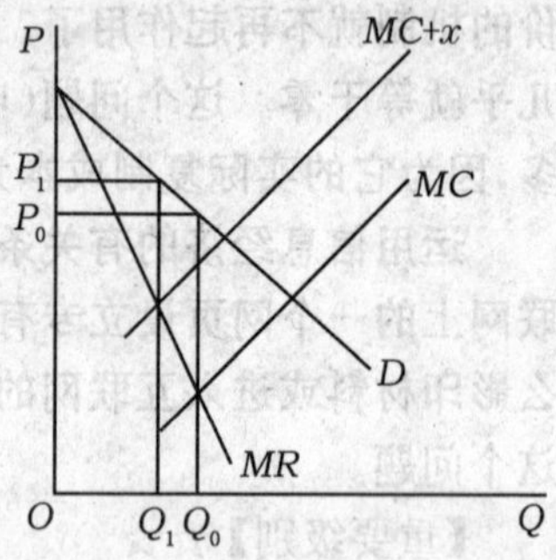

8. 企业常常为关税或配额进行游说，以便减轻进口竞争的压力。

a. 假设图 10－6(课本 P173)中所示的垄断者面临着一个国外竞争者，该竞争者在价格略高于垄断者的 $AC=MC$ 时以完全弹性价格提供产品。说明这一国外竞争者进入该市场的影响。

b. 如果对国外商品征收一种禁止性关税，对价格和产量会产生何种影响?(禁止性关税是指提高到可以有效地阻止全部进口的关税)小额关税有何影响? 解释这句话:“关税是托拉斯之母。”

【重要级别】☆☆☆　　　　　【难度级别】☆☆☆

【考查要点】不完全竞争的利弊权衡

【参考答案】a. 如下图所示，当外国经济者进入市场时，该竞争者会在价格略高于垄断者的 $AC=MC$ 处以完全弹性价格提供产品，外国竞争者将以 P_1 的价格提供数量为 Q_1 的产品。外国进入者的进入，将使得本国垄断产商在产品价格高于 P_1 时，市场对其的需求为零。因此，本国垄断厂商的需求曲线变为 P_1AD，出现弯折的需求曲线，其相应的边际收益曲线为 P_1ABC。当产量为 Q_1 时，边际收益曲线 MR_1 和图中的粗线条所示，是一条垂线。垄断厂商将根据 $MR=MC$ 的原则将价格定为 P_1，产量将定为 Q_1。

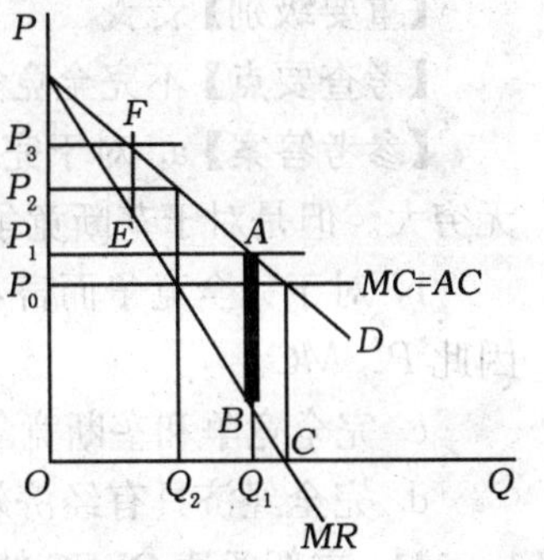

b. 如右图所示，禁止性关税将使得世界的供给价格提高为 P_1+T，因此，本国垄断者此时面临的需求曲线变为 P_3FA，边际收益曲线变为 P_3FEC。垄断厂商将根据 $MR=MC$ 的原则将价格定为 P_2，产量定为 Q_2。因此，禁止性关税将使本国垄断者面临的情形如同没有外国进入者进入时一样，这将导致完全垄断的结果。因此，从某种意义上讲，关税促成了完全垄断，关税是托拉斯之母。

9. 用语言和图形解释：相对于完全竞争者而言，为什么垄断均衡导致了非效率，为什么第 8 章中的条件 $MC=P=MU$ 对于这一分析如此重要？

【重要级别】☆☆　　　　　　【难度级别】☆☆

【考查要点】不完全竞争的实质及分类

【参考答案】在完全竞争条件下，$MC=P=MU$，不存在外部性问题，价格是稀缺性的最为正确的经济指标，衡量了居民户消费的边际效用和企业提供产品的边际成本，而在垄断条件下，通过保持产品的稀缺性，垄断公司将其价格提高到边际成本之上，造成效率的损失。具体如下图所示。在完全竞争市场条件下，边际收益曲线为一条直线，得到均衡的产出为 Q_1，价格为 P_1。而在垄断的市场条件下，边际收益曲线向下倾斜，得到均衡产出为 Q_2，价格为 P_2。从下图中可以看出，垄断的价格要比完全竞争市场条件下的价格高，产量要低。

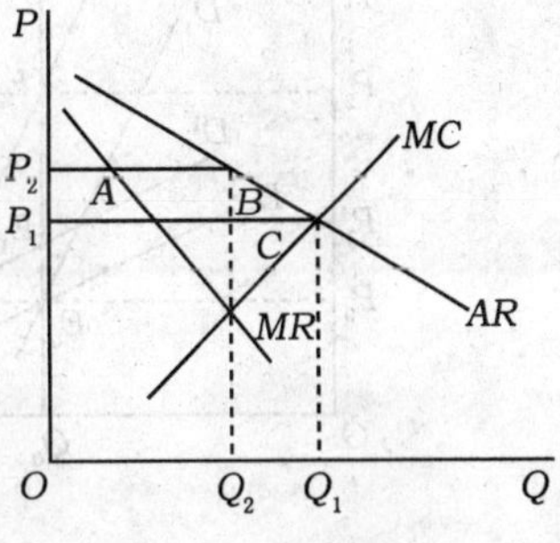

从右图中还可以看出，消费者剩余的净变动为 $(-A-B)$，生产者剩余的净变动为 $(A-C)$，因此，社会福利的无谓损失为 $(-B-C)$。垄断使得社会福利发生了净损失，这是垄断所造成的社会成本。在垄断下，由于产量降低，因此 $MU>MC$，而增加产量可以使消费者的总效用水平增加，同时使消费者的福利增加。直到 $MU=MC$ 时，消费者的福利达到了最大化。

10. 在长期均衡中，完全竞争和垄断竞争都达到了企业的 *dd* 需求曲线与它的 AC 平均成本曲线的切点。图 10－4(课本 P165)说明了垄断竞争者的均衡，而图 10－7(课本 P177)描绘了完全竞争者的均衡。讨论这两种情况在下列方面的相同点和不同点：

a. 企业产品需求曲线的弹性；

b. 价格与边际成本的偏离程度；

c. 利润；

d. 经济效率。

【重要级别】☆☆　　　　　　　　【难度级别】☆☆

【考查要点】不完全竞争的利弊权衡

【参考答案】a. 对于完全竞争者来说，企业的需求曲线具有完全弹性，弹性为无穷大。但是对于垄断竞争企业的需求曲线而言，不具有完全弹性。

b. 对于完全竞争而言，$P=MC$，对于垄断竞争而言，由于需求曲线向下倾斜，因此 $P>MC$。

c. 完全竞争和垄断竞争的利润均为零。

d. 完全经济具有经济效率，而垄断竞争缺乏经济效率。

11. 重新阅读 OPEC 的历史。画出一组供给和需求曲线，其中供给曲线完全没有价格弹性。说明当存在一个设定产量目标的卡特尔(即供给曲线完全无弹性)时，如果需求无弹性，则在下面的情况中，价格波动将会更加剧烈：

a. 需求曲线水平固定在某一产量(由预期错误导致)；

b. 供给曲线移动(由卡特尔成员违反配额产量导致)。

【重要级别】☆☆☆　　　　　　　【难度级别】☆☆☆

【考查要点】不完全竞争的实质及分类

【参考答案】a. 如(a)图所示，供给曲线为 S，富有弹性的需求曲线为 D_0，缺乏弹性的需求曲线为 D_1。D_0 和 D_1 右移相同的距离后，分别到达 D_0^1 和 D_1^1。对于富有弹性的需求曲线 D_0 而言，其右移导致均衡价格从 P_0 上升为 P_1；而对于缺乏弹性的需求曲线 D_1 而言，其右移导致均衡价格从 P_0 上升为 P_2。因此当需求曲线水平移动至某一产量时，需求无弹性比富有弹性时的价格波动将更加剧烈。

(a)需求曲线移动对价格波动的影响　　　　(b)供给曲线移动对价格波动的影响

b. 如(b)图所示，供给曲线为 S，富有弹性的需求曲线为 D_0，缺乏弹性的需求曲线为 D_1。当供给曲线从 S 右移到 S_1 时，对于富有弹性的需求曲线 D_0 而言，均衡价格从 P_0 下降为 P_1；而对缺乏价格弹性的需求曲线 D_1 而言，均衡价格从 P_0 下降为 P_2。因此，当供给曲线移动时，需求无弹性比富有弹性时的价格波动更加剧烈。

【补充训练】

1. 寡头垄断市场的特征正确的是（　　）。

A. 厂商数量多

B. 进入相对容易

C. 不可能形成卡特尔

D. 短期像完全垄断，长期像完全竞争

E. 厂商之间相互依存

【重要级别】☆　　　　　　　　　　【难度级别】☆

【考查要点】不完全竞争的实质及分类

【参考答案】E。寡头垄断市场的主要特点就是各厂商之间相互依存，有相互勾结的可能，比如 OPEC。

2. 假设某厂商面对两段需求曲线：

$P=25-0.25Q(0<Q\leqslant 20)$，$P=35-0.75Q(Q>20)$，其成本曲线 $TC=200+5Q+0.25Q^2$，求：该公司的价格、产量和利润或亏损。

【重要级别】☆☆　　　　　　　　　【难度级别】☆☆

【考查要点】不完全竞争的实质及分类

【参考答案】$MC=5+0.5Q$

$MR_1=25-0.5Q(0\leqslant Q\leqslant 20)$

$MR_2=35-1.5Q(Q>20)$

当 $MC=MR_1$ 时，$5+0.5Q=25-0.5Q$，得 $Q=20$

当 $MC=MR_2$ 时，$5+0.5Q=35-1.5Q$，得 $Q=15<20$，舍去

故 $Q=20$，此时 $P=25-0.25Q=20$

利润或亏损 $\pi=PQ-TC=20\times 20-(200+5\times 20+0.25\times 20^2)=0$

即该公司的价格为 20，产量为 20，没有利润也没有亏损。

3. 根据你所熟悉的市场结构衡量指标，分析中国的制鞋、烟草、汽车这三个行业的性质和厂商的经营决策。

【重要级别】☆☆☆　　　　　　　　【难度级别】☆☆☆

【考查要点】不完全竞争的实质及分类

【参考答案】(1)市场结构指市场内竞争和垄断的相对程度。根据竞争和垄断程度的不同，划分为完全竞争市场、完全垄断市场、寡头垄断市场和垄断竞争市场。市场结构指标主要有厂商数目、产品差异程度、企业对价格的控制程度和进入退出市场的难易程度。市场结构划分如下表所示。

市场类型	厂商数目	产品差异程度	对价格的控制程度	进退市场的难度	最接近的市场
完全竞争	很多	完全无差异	没有	很容易	农产品
垄断竞争	很多	有差异	有一点	比较容易	一些轻工业、零售业
寡头	几个	有差异或无差异	相当程度	比较困难	钢铁、汽车、石油
完全垄断	一个	产品唯一，无替代品	很大程度，但常受到管制	几乎不可能	水、电

(2)中国制鞋业属于垄断竞争市场。制鞋业厂商可以使用两种手段进行竞争：价格手段和非价格手段。非价格竞争是指企业扩大产品差异程度，从而增强对价格的控制力，谋取经济利益。非价格竞争包括品牌竞争、售后服务质量竞争等。

(3)中国的烟草行业属于垄断行业。垄断企业的价格政策是差别定价，即对相同产品向不同消费者收取不同的价格。差别定价分为：一级价格歧视、二级价格歧视和三级价格歧视等。

三级价格歧视指对同一产品在不同市场收取不同价格。三级价格歧视的均衡条件是每个市场上的边际收益相等，且等于边际成本。实行三级价格歧视的前提条件是，不同市场有不同的需求价格弹性，且垄断者能够把市场分割开来。

二级价格歧视指垄断者对一定数量的商品收取一种价格，对于另外一定数量的同种商品收取另一种价格。二级价格歧视又称为成批定价。在二级价格歧视下，垄断者剥夺了部分消费者剩余。

一级价格歧视指垄断者每一单位产品都收取不同的价格。一级价格歧视完全剥夺了消费者剩余。

(4)中国汽车行业属于寡头行业。一方面，汽车寡头可能联合起来组成卡特尔，谋取超额利润。但是，卡特尔组织的稳定性一般不高。另一方面，汽车寡头经营决策可能遵循古诺模型、斯塔克尔伯格模型和伯特朗模型。寡头的经营决策复杂，很难用一个模型完全描述清楚。

第11章　不确定性和博弈论

【学习精要】

❖知识点一　投机的类型和作用

◇ 投机包括对有价值物品和商品的买和卖，是从市场价格的波动中谋取利益的一种活动。投机者希望能够低价买进，高价卖出，但是买卖的商品和服务并不是为了自用而是希望能够从价格的变动中谋取利益。投机的主要类型有套利、套期保值等。

◇ 套利是一种最简单的投机活动，即在一个市场上买入一种商品或者资产，然后马上在另一个市场上卖出，通过一买一卖的价差而获取利润。这种投机活动可以降低或者消除地区差价。一般来说，由于套利的结果，市场之间的价格差通常不会超过商品在市场之间的转移成本。

◇ 套期保值是另外一种投机的方式，通过对所拥有的一种商品进行对冲来降低风险，它是通过做对冲交易来回避价格波动的风险。套期保值一般把期货市场当作转移价格风险的场所，利用期货合约作为将来在现货市场上买卖商品的临时替代物，对其现在买进准备以后售出商品或对将来需要买进商品的价格进行保险。

❖知识点二　投机的经济影响

投机揭示了看不见的手的法则在起作用。通过拉平供给量和价格，投机实际上在提高经济效率。通过将商品从数量颇丰的时期转移到数量稀缺的时期，投机商在价格和边际效用低的市场购进商品，又在价格和边际效用高的地方卖出。投机商们在追求他们私人利益(利润)的同时，提高了公共的经济福利(总效用)。

投机市场不仅从时间上和空间上促进了价格及分配形式的改善，还有助于风险的转移。这些任务都是由那些想从价格变动中获利的投机商所完成的，事实上，这表明了看不见的手在起作用。透过货币的面纱，我们发现，完美的投机行为实现了商品从数量颇丰(价格低)时期向数量稀缺(价格高)时期的重新配置。

理想的投机对于减少消费的不利波动有重要的作用。在一个人人都服从边际效用递减规律的世界中，投机可以提高总体效用和分配效率。

❖知识点三　风险和不确定性

面对风险，一般来说，人们总是想要避免各种消费和收入的不确定性。若一个人为损失一定量的收入而产生的痛苦感大于他为得到同等数量的收入而产生的满足感，则他就是一个风险规避者。

一般来说，人们都不愿意冒风险。在其他条件相同的情况下，相对于不确定的消费水平来说，人们更喜欢做有把握的事情。也就是说，在同样的平均值条件下，人们宁愿要不确定性小的结果。由于这个原因，降低消费不确定性的活动能够导致经济福利的改善。

❖知识点四　保险与风险分摊

市场机制通过风险分摊来应付各种风险。这一过程就是将对一个人来说可能是很大的风险分摊给许多人，从而使每个人所承担的风险很小，风险分摊的主要形式就是一种相反的赌博形式——保险。

保险将风险从风险规避者或风险较大者的一方，转移到偏好风险者或较容易承担风险者的一方。由此可知，保险，作为另一种形式的赌博，实际上正好发挥(与赌博)相反的作用。尽管自然界会造成风险，但保险却能够帮助我们减轻和分散这些风险。

另外一种分散风险的方式就是经由资本市场来进行。通过将风险资产的所有权分散到众多的所有者身上，资本市场便可以分散风险，并且能够鼓励人们进行规模大得多的投资，而这样的投资及其风险，对于单个所有者来说也是可以接受的。

❖知识点五　信息经济中的市场不灵

市场不灵的两个重要因素就是逆向选择和道德风险。

道德风险是20世纪80年代西方经济学家提出的一个经济哲学范畴的概念，即从事经济活动的人在最大限度地增进自身效用的同时做出不利于他人的行动。或者说是：当签约一方不完全承担风险后果时所采取的自身效用最大化的自私行为。道德风险亦称道德危机。如果存在多种投保情况，所投保的风险程度或多或少地具有独立性，随机事件的概率也可以准确地做出估计，且个人利益还未能侵蚀掉人们的基本道德，那么私人保险市场就能够有效率地运转。

逆向选择是指由于交易双方信息不对称和市场价格下降产生的劣质品驱逐优质品，进而出现市场交易产品平均质量下降的现象，是由美国经济学家阿克洛夫于1970年提出的。有时候，逆向选择会导致私人保险机制的缺失。当风险最大者成为最有可能购买保险的人群的时候，就会发生逆向选择的问题。

社会保险是指当市场不灵严重以致私人保险不能提供足够的保险项目时，由政府提供的强制性保险来发挥作用的保险形式。政府具有税收和调节权力，并且有能力通过扩大保险的覆盖面以避免逆向选择，因而政府的保险能够成为促进社会福利的举措。社会保险的主要例子有失业保险和老年人医疗保险。

❖知识点六　博弈论的基本概念

◇ 博弈论又被称为对策论和赛局理论，属于应用数学的一个分支，主要是研究公式化了的激励结构间的相互作用。它考虑游戏中的个体的预测行为和实际行为，并研究它们的优化策略，分析两个或者两个以上的比赛者或参与者选择能够共同影响每一参与者的行动或策略的方式。博弈论的指导思想是：假设你的对手在研究你的策略，并采取追求自身最大利益的行动，这时你应该如何选择最有效的策略。

◇ 博弈论的基本结构包括：具有不同策略、行动的竞争者，以及描述这些竞争者在每一种可能结果下所获得的利润和其他收益的支付结果。关键的新概念就是博弈里的支付矩阵，它指出了对博弈者的策略、利润的分配和不同博弈者的利益。

◇ 双寡头垄断的价格博弈假定一种产品市场只有两个卖者，并且相互间没有任何勾结行为，但相互间都知道对方将怎样行动，从而各自怎样确定最优的产量来实现利润最大化，又被称为古诺模型。该模型最主要的特点就是，企业利润的获得既取决于自己的战略，也取决于对手的战略。

◇ 占优策略是指在选择战略时，无论其他博弈者采用何种战略，该博弈者的策略总是最好的。在价格博弈中，正常价格对每个企业来说都是一种占优策略。在两个（或全部）博弈者都采用占优策略时，我们称其结果是一种占优均衡。

◇ 纳什均衡指的是这样一种战略组合，这种策略组合由所有参与人的最优策略组成。即在给定别人策略的情况下，没有人有足够理由打破这种均衡。纳什均衡，从实质上说，是一种非合作博弈状态。这是因为，每一方选择策略时都没有共谋，他们只是选择对自身最有利的策略，而不考虑社会福利或者其他任何群体的利益。

❖知识点七　博弈论的一些重要例子

◇ 合作性均衡是指博弈的各方结成联盟，实行总利润最大化的策略。他们可能组成卡特尔，制定高价格，在企业间平均分配所有利润，这一策略是以消费者的利益为代价的。但是这些卡特尔在现实生活中是不能够长久持续的。事实上，在完全竞争市场中，一个完全竞争均衡是一个纳什或非合作性均衡，每个企业和消费者都在考虑其他各方的价格策略后做出决定。在这个均衡中，每一家企业都追求利润最大化，每一个消费者都追求效用最大化，从而导致价格等于边际成本、利润等于零的结果。在完全竞争的世界里，非合作性行为造成了社会所期望的那种经济效率状态。

◇ 囚徒困境是博弈论的非零和博弈中具代表性的例子，反映个人最佳选择并非团体最佳选择。虽然困境本身只属模型性质，但现实中的价格竞争、环境保护等方面，也会频繁出现类似情况。

◇ 污染博弈也是博弈论在经济学中应用的重要例子，它与囚徒困境的结构相似，考察的是一个具有外部问题的经济。所有的企业都不愿意因为只有自己进行污染处理而提高成本、减少市场占有率，最终导致没有企业治理污染。这是“看不见的手”这种竞争机制宣告失败的典型例证，纳什均衡在这里是无效的。政府应该介入，明晰产权，诱导企业向新的有效率的均衡靠近。

◇ 胜者全得博弈中，报酬严重地集中于顶级精英分子，最终会使经济在“过度拥挤”状态下达到均衡，引致过多的参与者，加剧名誉和收入分配的不平等。

【习题解析】

□概念复习

1. 拉平地区价格的套利

因为在现实生活中，地理因素、运输成本、时间因素的存在会造成不同地区市场供给和需求的不均衡，出现不同区域有价格上的差异。通过在某地区的市场上买入一种商品或资产，然后在另一地区的同类市场上卖出，消除商品和资产价格上的差异，使空间价格趋于相等。这样的活动就被称为拉平地区价格的套利。

2. 理想的季节性价格形式

理想的季节性价格形式是指诸如农产品之类的价格有规律的变化形式。在均衡状态下，商品价格在丰收时期达到最低水平，然后随着储存量、保险和利息成本的增加而逐步上涨，直到下一个丰收时期。可以通过选择性地储存这些商品，拉平不同季节间的消费，形成合理的价格形式，避免不同季节之间商品价格的剧烈波动。

3. 投机、套利、套期保值

答案见知识点一。

【翔高点评】投机、套利和套期保值都是金融市场上规避风险的重要金融工具，在初级阶段的学习中要重点把握它们蕴含的基本思想，而非单纯的定义。

4. 风险规避者和边际效用递减

一般来说，人们总是想要避免各种消费和收入的不确定性。若一个人为损失一定量的收入而产生的痛苦感大于他为得到同等数量的收入而产生的满足感，则他就是一个风险规避者。

边际效用递减是指一个人连续消费某种物品时，随着所消费的该物品的数量增加，其总效用虽然相应增加，但物品的边际效用(即每消费一个单位的该物品，其所带来的效用的增加量)有递减的趋势。

5. 消费的稳定性与不稳定性

消费的稳定性是指人们希望在整个人生过程中保持比较稳定的消费水平，达到整个人生效用的最大化。如果在现实过程中人们的消费水平有一定程度的起伏波动，那么也可以视为消费稳定。

消费的不稳定性是指人们的消费水平出现比较大的变化，有大幅度波动的情形。主要是因为，一个人在一生中的收入水平是有很大起伏的，年轻时收入多，但是消费可能少，而年老时收入少，消费却并不容易大幅度下降。通过合理配置资产，人们可以消除消费的不稳定性，达到消费的稳定状态。

6. 保险和风险分摊

答案见知识点四。

7. 信息经济的市场不灵

信息经济中的市场不灵的两个重要因素就是逆向选择和道德风险。由于市场失灵，在经济现实中就会出现许多的不确定性和风险，逆向选择和道德风险的存在有可能使市场出现错误的信号，从而破坏激励机制，甚至有时还会瓦解市场机制。在这样一些场合，政府就很可能会介入并提供社会保险。

8. 道德风险、逆向选择

答案见知识点五。

【翔高点评】道德风险和逆向选择是信息经济学的核心概念，应用颇广，一般以名词解释的形式出现于各类考试中。

9. 社会保险

答案见知识点五。

10. 博弈者、策略、回报

博弈者是指参与博弈并且做出决策的个人或者组织。他们通过选择自己的策略，最终达到使自己的收益最大化的目的。

策略是指博弈者在博弈的每一个环节上，按照什么样的规则来选择自己的行动。

回报是指所有的博弈者选择了策略之后，其中的某个博弈者因为自己的策略而得到的收益.

11. 支付矩阵

博弈论中，用来描述两个人或多个参与者的策略和回报状况的矩阵。

12. 占优策略和占优均衡

答案见知识点六。

13. 纳什均衡或曰非合作性均衡

答案见知识点六。

14. 合作性均衡或合谋均衡

答案见知识点七。

15. 重要的博弈:合谋博弈、囚徒困境、污染博弈、胜者全得博弈

答案见知识点七。

【翔高点评】本题考察了博弈论的基本概念，尤其是胜者全得博弈在其他教材中比较少见，需要重点掌握。

16. 信誉

所谓信誉，是指依附在人之间、单位之间和商品交易之间形成的一种相互信任的生产关系和社会关系。信誉构成了人之间、单位之间、商品交易之间的双方自觉自愿的反复交往,消费者甚至愿意付出更多的钱来延续这种关系。信誉是保证契约实施的最重要机制之一。高信誉社会与低信誉社会相比,企业的行为和市场机制的运行方式都有很大的差异。良好的社会信誉具有真正的经济价值,它们可以提高制度的运行效率。

□问题讨论

1. 假设你的一个朋友要和你玩一个公平的掷币游戏,若硬币出现正面,你给朋友 100 美元,而若出现反面,则朋友付给你 100 美元。解释为什么赢钱的期望值为零。然后解释,如果你是一个风险规避者,为什么期望效用值会为负数。

【重要级别】☆☆　　　　　　　　【难度级别】☆☆

【考查要点】风险和不确定性

【参考答案】一枚硬币抛出后其出现正面和反面的概率都是 0.5,因此,我们赢钱的期望都是:0.5×(−100)+0.5×100=0(美元)。对于一个风险规避者来说,因为这个赌博的期望收益为零,他的期望效用值会是一个负数,此时他是不会参加赌博的。如果要使风险规避者参加这个赌博,那么就必须给予他必要的补偿。

2. 考虑成绩保险的例子。假设在成绩保险下,如果学生的平均成绩比最高等级每低一分,则可获得 1 年 5 000 美元的补偿(这一数字可能是成绩对未来收入影响的估计)。解释为什么成绩保险的存在会导致道德风险和逆向选择。为什么道德风险和逆向选择会使保险公司不愿经营成绩保险业务?你是否对不能购买成绩保险感到奇怪?

【重要级别】☆☆☆　　　　　　　【难度级别】☆☆☆

【考查要点】信息经济中的市场不灵

【参考答案】成绩保险导致道德风险存在的主要原因是它会导致努力学习的学生缺乏动力,因为这个保险,就可以使他们承受得住成绩不好的打击。由于道德风险和逆向选择的存在,将只有成绩差的学生才会选择购买成绩保险,这样会使得保险公司提供该保险无利可图。由于只有成绩差的学生才会选择购买成绩保险,所以对于成绩较好的学生而言,能不能购买成绩保险无所谓。

3. 2001 年"9. 11"恐怖袭击之后,大部分保险公司都不再承保恐怖袭击险。用布什总统的话来讲,"超过 150 亿美元的房地产交易因为无法获得保险的保护而被取消或搁置"。联邦政府因此开始介入,提供了价值达 900 亿美元的保险。请应用保险理论,解释为什么保险公司不愿意提供防止恐怖袭击的财产险。你认为联邦政府提供的此项保险是不是一种社会保险形式,为什么?

【重要级别】☆☆　　　　　　　　【难度级别】☆☆

【考查要点】信息经济中的市场不灵

【参考答案】由联邦政府提供的此项保险是可以被视为一种社会保险形式的,主要原因是,恐怖袭击的发生很难被预测,它不符合可保的条件,保险公司因而无法知道确切的保费额度,产生了市场失灵。在这种情况下,由政府来提供此类保险是必要的,可以将这种行为视作一种社会保障形式。

4. 在19世纪，国家的农产品几乎不在市场上销售，而且运输成本很高。你能否预计出不同地区的价格与今天相比会有多大的变动?

【重要级别】☆　　　　　　　　　　【难度级别】☆☆

【考查要点】投机的经济影响

【参考答案】由于没有统一的全国市场，各地区的市场不能有效地整合在一起，运输的成本较高，也消除了经销商进行地区之间套利交易的可能性。这样各地区的价格将只会由本地区的市场条件来决定，不同地区的市场条件有很大差别，因而不同地区的价格与今天相比差异会很大。

5. 假如某企业进行了一种风险投资(比如说，投资20亿美元开发可与Windows竞争的操作系统)，你能否说明该企业广泛分散的股份所有权是如何允许几乎全部的风险都分摊在软件的投资上的?

【重要级别】☆☆　　　　　　　　　【难度级别】☆☆

【考查要点】保险与风险分摊

【参考答案】该软件公司实行广泛分散的股份所有权，将会使每个人拥有该软件公司的一小部分风险。与此同时，该企业的股东还可以投资于其他种类的资产，就可以平均其收入。只要其他资产收入与软件公司的风险是相互独立的，那么个人通过分散投资的自我保险措施就会很有成效，所以该企业广泛分散的股份所有权将允许几乎全部的风险都分摊在软件的投资上。

6. 在20世纪80年代末期，靠非法使用内部信息暴富的"套利者们"败坏了投机和套利行为的名声。假定投机和套利行为构成犯罪(如最近俄罗斯所发生的例子)，试解释经济所受到的损害。

【重要级别】☆☆☆　　　　　　　　【难度级别】☆☆

【考查要点】投机的经济影响

【参考答案】投机是指投机者将商品从比较丰富的地区转移至商品稀缺的地区，从时间和空间上促进了价格及其配置形式的改善，实现了不同市场的大致均衡，有助于降低市场的风险。在个人边际效用出现递减的情况下，投机可以提高总体的效用和分配效率。但是利用内部信息来暴富的"套利者们"的行为是违法的，他们以损害其他市场参与者的利益来获利，将造成社会整体福利的损失，对于整个社会而言，并没有实现帕累托最优状态。

7. 思考一下图11－9(课本P194)中的支付矩阵所示的保持自由贸易的两难处境，它给出了两个国家的实际国民总收入(以10亿美元为单位)，作为外贸政策的函数。每一个国家可采用无关税和配额的自由贸易政策，也可以采用对进口商品和劳务征收高关税的保护主义政策。获利就是每一个国家的实际收入。

a. 列出四种结果，并计算出每一区域内的国民收入和世界收入。

b. 表明各国非合作性行为(没有达成协议并按其本国的利益行动)如何导致D所示的纳什均衡下的贸易战。这种贸易战对世界总收入有何影响?

c. 如若双方达成协议，取消全部贸易限制，进行自由贸易，则会对收入产生何

种影响?

d. 是否每个国家都存在要对贸易协议进行“欺骗”的动机?如果欺骗会导致对方的报复,结果造成高关税,则将会发生什么情况?

【重要级别】☆☆☆　　　　　　　　【难度级别】☆☆☆

【考查要点】博弈论的一些重要例子

【参考答案】a. 结果A:美国采取自由贸易,日本也采取自由贸易,则美国的收入为6 000美元,日本的收入为3 000美元,世界总收入为9 000美元。

结果B:美国采取贸易保护,日本采取自由贸易,则美国的收入为6 100美元,日本的收入为1 900美元,世界收入为8 000美元。

结果C:美国采取自由贸易,日本采取贸易保护,美国的收入为4 800美元,日本的收入为3 200美元,世界总收入为8 000美元。

结果D:美国采取贸易保护,日本也采取贸易保护,美国的收入为5 000美元,日本的收入为2 000美元,那么世界收入将总计为7 000美元。

b. 对于美国来说,贸易保护是一个占优策略,同样对于日本来说,贸易保护也是一个占优策略。综合来看,美国和日本的非合作行为将导致结果D,这是一个纳什均衡的结果,同时又是占优均衡的结果,这时世界总收入为7 000美元,相比两国都是自由贸易的A情况,世界总收入减少了2 000美元。

c. 两国均进行自由贸易,将会出现如D所示的情况,世界总收入将实现最大化,为9 000美元。

d. 从a的分析结果来看,对于两个国家来说贸易保护都是一个占优策略,因此他们都存在要对贸易协议进行“欺骗”的动机。如果欺骗会导致对方的报复,造成高关税,则会出现D的均衡结果,导致世界收入的减少。

【补充训练】

1. 地主A拥有一块土地的所有权,他雇用农民B和C在其土地上进行生产。地主A和农民B、C订有合约,根据合约,地主A每年支付农民B和C一个固定工资*w*。对此,某经济学家认为,固定工资加土地产出提成的合约形式能更好地激励农民努力劳动,同时还有助于地主和农民之间进行恰当的风险分担。请问该经济学家所提出的合约形式期望解决以下的哪种问题?(　　)

A. 道德风险　　　　　　　　　B. 搭便车问题

C. 信号甄别　　　　　　　　　D. 逆向选择

【重要级别】☆☆☆　　　　　　　　【难度级别】☆☆☆

【考查要点】信息经济中的市场不灵

【参考答案】A。农业生产的一个特性是:地主监督农民生产过程中的劳动投入非常困难。如果以固定工资形式雇用农民,农民很可能在生产过程中不努力劳动,因为无论他投入多少劳动,他得到的报酬是一样多的。因此,这就产生了道德风险。

如果采用固定工资加土地产出提成的合约形式，那么农民的收入就与他的劳动付出相关了。农民投入劳动多一点，产出多一点，提成也就多一点。因此，农民会更努力劳动。

因此，固定工资加土地产出提成的合约形式解决了固定工资所导致的道德风险。

【翔高点评】道德风险和逆向选择是一对很难区分的概念。

2. 考虑一个囚徒困境的重复博弈，下列哪种情况将增加出现合作结果的可能性？（　　）

A. 参与人对未来收益的评价远低于对现期收益的评价

B. 参与人之间的博弈是频繁发生的

C. 欺骗不容易被发现

D. 从一次性欺骗中得到的收益比欺骗的成本更大

【重要级别】☆☆☆　　　　　　　　【难度级别】☆☆☆

【考查要点】博弈论的一些重要例子

【参考答案】B。当对策的重复次数为无限时，局中人在每一个阶段都知道对策至少还要重复一次以上，因而合作大有前景，长期利益在望。在这种无限次重复的囚犯对策中，每个人的策略都是一个函数序列，它表明每个局中人在每个阶段是选择合作还是选择背叛，都是作为此阶段之前对策历史的函数。

重复对策中，局中人的收益是各阶段收益的贴现值之总和——贴现和（向0时刻贴现）。具体地说，设局中人在时刻 t 的收益（即第 t 局重复中的支付）为 $u_t(t=1,2,3,\cdots)$，他在重复对策中的收益就是贴现和 $\sum_{t=1}^{\infty} u_t/(1+r)^t$，其中 r 为贴现率。只要贴现率不是很高，囚犯难题每一局重复的均衡策略便都是（合作，合作），每个人在各个阶段都会看到合作的利益。可以证明只要贴现率不是很高，如有一方背叛，另一方就要执行惩罚策略来使背叛者饱尝苦果，因而没有一方能够从背叛中有所收获。所以，在贴现率不是很高的情况下，囚犯难题重复对策的均衡是两个局中人在各阶段都采取合作策略。

也即只有当参与人充分考虑未来时，即未来足够重要时，他们之间才有合作的可能性。当参与人之间的博弈频繁发生时，他们就会考虑预期未来收入，进而出现合作的可能性。

【翔高点评】囚徒困境是博弈论最为重要的案例，体现了博弈论的基本思想。是各类考试的重点考察对象，在分析运用时，需要从基本内容、蕴含的经济思想以及应用拓展等方面加深理解。

第 12 章　市场如何决定收入

【学习精要】

❖知识点一　收入与财富

在衡量一个人或者一个国家的经济状况时，最常用的两个指标就是收入和财富。

◇ 收入指的是一定时期内（通常为一年）的工资、利息、股息和其他有价物品的流入。市场经济中的收入以工资、利润、租金和利息等形式分配给生产要素的所有者。所有收入的总和就构成了国民收入。在国民收入中，最大部分就是劳动者的收入，其形式主要为工资、薪金和附加福利。收入是一个流量的概念。

◇ 要素收入一般在劳动收入和财产收入之间进行分配，一个人往往可以拥有多种收入，一般来说，劳动收入要在国民收入中占据很大的比例。一个人的个人收入等于市场收入加上转移支付。市场收入大部分来自工资和薪金，少数富人的市场收入来自于财产权益。政府转移支付主要是用于支付老年人的社会保险。

◇ 财富是指人们在某一时点所拥有的资产的货币净值。财富是一个存量概念。家庭的财富包括有形财产（房屋、汽车、其他耐用消费品及土地），还有金融财富（如现金、储蓄、债券和股票）。所有有价值的东西都称为资产，而所有欠他人的东西都称为负债。总资产和总负债的差额称为财富或净财富。

❖知识点二　要素需求的性质

要素需求与消费品需求的主要差别有二：(1)要素需求是派生需求；(2)要素需求是相互依赖的需求。

◇ 企业对投入品的需求和普通消费者的需求之间存在着本质的差别。消费者需要商品和服务，原因是这些商品和服务能够直接满足消费者的某种效用，而企业购买投入品是因为那种投入能够使他们生产一种消费者现在或将来想要得到的商品，这些投入品并不能直接满足企业的效用，但是通过将其加工成产品卖给消费者则可以为企业带来收入。对于企业来说，这是一种间接的、派生的需求。

◇ 因为一种产品的生产往往需要利用许多生产的要素，不可能将它们的贡献单独区分开来。由于生产技术等因素，要素投入之间存在着相互依赖的关系，存在着最优要素投入比例的关系问题，最大产出是由不同要素的相互作用所致。

∵知识点三　分配理论和边际收益产品

◇ 分配理论的基本观点是，对各种要素产品的需求来自每种要素通过其边际产品所产生的收入。

◇ 边际收益产品表示在其他投入不变时，企业新增加1单位某种投入时所增加的收益。它用投入的边际产品乘以出售1单位的新增产出所获得的边际收入来计算。对于劳动(L)、土地(A)和其他各种投入要素来说都是适用的。

◇ 在完全竞争条件下，因为$P=MR$，所以对于任何一种投入i来说：边际收益产品$MRP_i=MR\times MP_i=P\times MP_i$。但是对于不完全竞争的情况，仍然是$MRP_i=MR\times MP_i$。

∵知识点四　生产要素的需求和供给

◇ 对于厂商来说，其目标是实现利润的最大化。而要达到利润的最大化，企业应当增加投入，直到投入的边际收益产品与投入的边际成本或价格相等。在完全竞争条件下，当边际产品乘以产出价格等于投入价格时，厂商就得到了利润最大化的要素组合。

◇ 只要要素市场是完全竞争的，那么可以将厂商利润最大化条件加以扩展，得出最低成本法则，它既可以适用完全竞争的产品市场，也适用不完全竞争的产品市场。最小成本法则是指，当每1美元投入的边际产品都相等时，成本就达到了最小。用公式表示就是：

$$\frac{MP_L}{P_L}=\frac{MP_A}{P_A}=\cdots=\frac{1}{\text{边际收益}}$$

◇ 由每一种投入的边际收益产品表可以推导出企业对该种投入的需求表。由不同厂商的需求曲线水平加总就可以得到竞争性市场的需求曲线。

◇ 由最低成本法则可以推导出替代法则，即当一种投入要素价格上升而其他投入要素价格不变时，更多地使用其他要素以代替那个价格上升的要素，企业将会从中获利。与最小成本法则一样，替代法则和对要素的派生需求对于完全竞争市场和不完全竞争的产品市场均是适用的。

◇ 在市场经济中，大多数生产要素是私人拥有的。劳动由人们自己拥有，只能租借不能买卖，资本和土地一般都由家庭和企业所拥有。劳动的供给是由许多经济因素和非经济因素共同决定的，重要的决定因素有劳动的价格(工资)和人口特征，如年龄、性别、教育和家庭结构。土地和其他自然资源的数量是由地理位置条件来决定的，在一定时期内不大可能会有改变。资本的供给则依赖于企业、家庭和政府过去的投资，短期内保持不变，但在长期因为受风险、税收和回报率等经济因素的影响会发生变化。对于大多数要素而言，其长期内供给和要素价格之间是一种正相关的关系，供给曲线向上倾斜。但是土地的总供给一般认为是不受价格影响的，它的供给曲线是垂直的。某些情况下，当一种要素的收益增加时，所有者向市场提供的该种要素的数量反而更少，比如劳动的供给曲线就有可能向后弯曲，而不是继续向上倾斜。

◇ 将所有的单个厂商对某种投入的需求曲线进行水平加总，就得到市场对其的需求曲线。同时，要素供给也进行水平加总得到了市场总供给。当要素市场的供给和需求相等时，要素市场实现了均衡，得到了均衡的要素价格和数量。见右图。

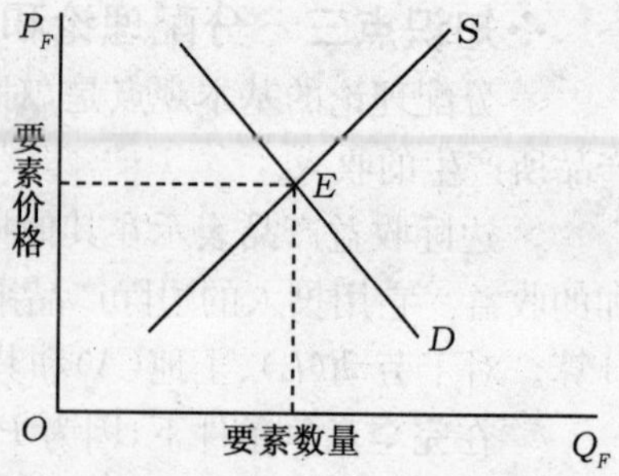

❖知识点五　国民收入的分配

◇ 在竞争市场中，投入的需求是由要素的边际产品决定的，在要素只有一种产出支付的简化情形下，我们有：工资＝劳动的边际产品，租金＝土地的边际产品。其他要素可依此类推，这样就讲 100%的产出恰好在所有生产要素之间进行了分配。

◇ 收入分配的边际生产率理论分析了全部国民收入在各种不同要素之间进行分配的方式。众多土地所有者和劳工之间的竞争使得要素价格与其边际产品相等。这一过程会严格地将产品 100%地进行分配。任何一种要素，不仅是劳动，都是可以不断变动的要素。因为每 1 单位的要素仅按雇用的最后一单位的边际产品进行支付，以前投入的要素的边际产品中就有一些产出的剩余。这些剩余恰好等于边际生产率定价下其他要素的收入。所以，要素分配的边际生产理论虽然很简单，但它却说明了完全竞争条件下收入分配的全部情况。

◇ 尽管竞争的经济能够从现有的资源中获得最大的产出，市场经济还是留存了一个很大的问题。我们没有理由认为在自由主义的资本主义经济下，收入会得到公平的分配。市场收入可能给收入和财产带来可接受的或悬殊的差距，而这种差距则是可以代代相传的。

【习题解析】

□概念复习

1. 收入分配

一国的国民收入是由不同的生产要素贡献的，收入分配就需要按照这些要素的贡献大小来进行分配。劳动者提供了劳动，因此可以得到工资和薪金；土地所有者提供了土地，因此就可以得到租金；提供货币的人和机构也可以从中得到利息；剩余的利润或者亏损则是对企业家才能的合理奖惩。在收入分配中，一般存在着初次分配和二次分配，政府一般通过征税和转移支付措施来实行二次分配，促进社会公平，矫正市场的某些失灵状况。

2. 收入(流量)、财富(存量)

答案见知识点一。

【翔高点评】需要注意的是收入是一个流量的概念，而财富是一个存量的概念。

3. 国民收入

国民收入是指物质生产部门劳动者在一定时期所创造的价值。从社会总产值中扣除物质消耗后的剩余部分就是国民收入，国民收入（价值形态）＝社会总产值－已消耗生产资料价值或国民收入（实物形态）＝社会总产品－已消耗生产资料。它是反映整体经济活动的重要指标，因此常被使用于宏观经济学的研究中，亦是国际投资者非常关注的国际统计项目。在不同的社会制度下，国民收入反映不同的社会经济关系。国民收入在物质形态上表现为体现新创造价值的生产资料和消费资料两部分。创造国民收入的物质资料生产部门主要有工业、农业、建筑业和为生产服务的运输业、邮电业等。商业部门中的分类、包装、保管等劳动，作为生产过程在流通领域的继续，也创造一部分国民收入。

4. 转移支付

转移支付是政府或企业无偿地支付给个人或下级政府，以增加其收入和购买力的费用，是政府或企业的一种不以取得商品或劳务作为补偿的支出，是一种收入再分配的形式。转移支付包括政府的转移支付、企业的转移支付和政府间的转移支付。

5. 个人收入

个人收入是指一个国家一年内得到的全部收入。个人从各种途径所获得的收入的总和，包括工资、租金收入、股利股息及社会福利等所收取得来的收入。反映了该国个人的实际购买力水平，预示了未来消费者对于商品、服务等需求的变化。个人收入指标是预测个人的消费能力、未来消费者的购买动向及评估经济情况好坏的一个有效指标。

6. 边际产品、边际收益产品、派生需求

边际产品指的是在其他条件不变前提下每增加1个单位要素投入所增加的产量，即边际物质产品。边际收益产品是指由于使用额外1单位投入品所带来的总收益的增加，它等于投入的边际产品乘以厂商的边际收益。派生需求是指因某种需求的初始增加而引起的其他需求的增加。对一家企业来说，它的投入需求由消费者对其最终产品的需求间接地派生而来，经济学上将这种对生产要素的需求称为派生需求。这意味着当企业需要一种投入时，是因为那种投入使他们能生产一种消费者现在或将来想要得到的商品。

7. 竞争厂商 i 投入品的边际收益产品 $= MRP_i = MR \times MP_i = P \times MP_i$

答案见知识点三。

8. 分配理论

分配理论是指研究生产出的产品在参与生产过程的各种投入要素之间的分配规律的理论。具体来说，就是分析地租、利息、工资和利润等是如何被决定的理论。分配理论中最主要的是20世纪美国经济学家克拉克提出的边际生产力理论，认为在竞争性市场中，众多的土地所有者和劳工之间的竞争使得要素价格与其边际产品相等，这一过程将会严格地将产品100％地进行分配。

9. 边际产品矩形，剩余租金三角形

如右图所示，劳动的边际产品曲线以实际工资的形式决定了劳动需求曲线 DD，劳动要素供给曲线决定了劳动的供给曲线 SS，劳动市场的均衡点为 E。劳动所得的全部工资为 $W\times L$，在图中表示为边际产品矩形区域 $OSEN$。土地的租金收入就表现为剩余租金三角形区域 NDE。

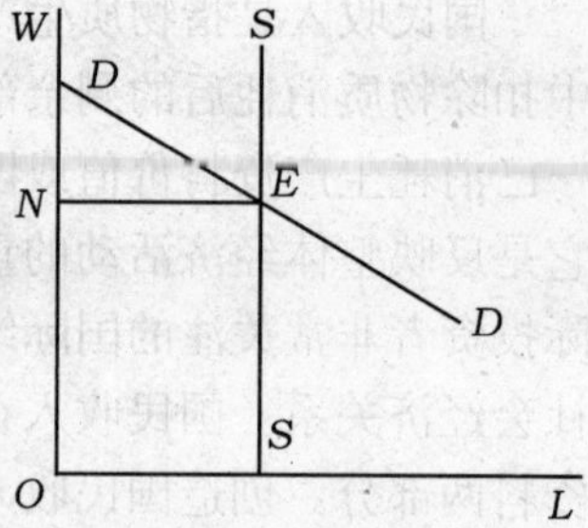

10. 竞争条件下的要素需求：$MP_i\times P=i$ 的要素价格，据此得出最低成本法则：$\frac{MP_L}{P_L}=\frac{MP_A}{P_A}=\cdots=\frac{1}{\text{边际收益}}$

答案见知识点四。

【翔高点评】最小成本法则是厂商进行生产决策的主要准则之一，核心就是要实现各要素投入的边际收益产品与要素投入的边际成本或价格相等。

11. 市场收入的公平性

市场收入的公平性是指收入分配应该均等化，避免出现马太效应，导致社会贫富差距越来越大。市场可以提供种类丰富的产品和服务，通常情况下是有效的，但是仅仅依靠市场的作用无法保证自由经济能够公平地分配收入和财产，在这种情况下，政府必须对收入分配进行必要的干预。

□问题讨论

1. 对于以下要素，列出以其作为派生需求的最终产品：麦地、汽油、理发师、制作篮球的机器、榨汁机、经济学教科书。

【重要级别】☆☆　　　　　　　　　【难度级别】☆☆

【考查要点】要素需求的性质

【参考答案】派生需求是指因某种需求的初始增加而引起的其他需求的增加。以麦地作为派生需求的最终产品是麦子；以汽油作为派生需求的最终产品是交通工具；以理发师作为派生需求的最终产品是理发服务；以制作篮球的机器作为派生需求的最终产品是篮球及篮球比赛；以榨汁机作为派生需求的最终产品是果汁或酒；以经济学教科书为派生需求的最终产品是对经济学的理解或与经济学相关的职业。

2. 表12－4(课本P211)反映的是其他要素不变的情况下劳动力要素变化和比萨饼数量变化。

a. 将第(3)、第(5)列补充完整。

b. 画一个图12－3(课本P204)那样的图，说明劳动力投入要素的边际收益产品。

【重要级别】☆☆　　　　　　　　　【难度级别】☆☆

【考查要点】分配理论和边际收益产品

【参考答案】a. 补充完整的表格如下表所示。

边际收益产品

(1)劳动单位（工人数）	(2)总产量（比萨饼）	(3)劳动的边际收益产品（比萨饼/工人）	(4)产品价格（美元/比萨饼）	(5)劳动的边际收益产品（美元/工人）
0	0			
		30	5	150
1	30			
		20	5	100
2	50			
		10	5	50
3	60			
		5	5	25
4	65			
		3	5	15
5	68			
		0	5	0
6	68			

b. 劳动力投入要素的边际收益如下图所示。

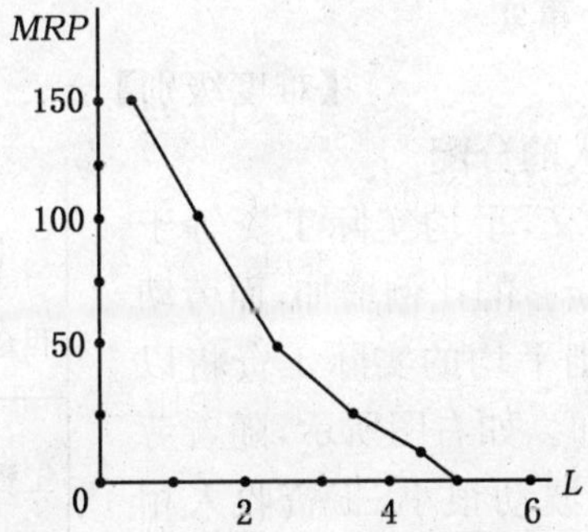

3. 过去一个世纪以来，劳动者一生的工作时间降低了大约一半，而实际工资却上升了约8倍。假定这主要是由于劳动的边际生产率的上升所致，画出可以解释这一趋势的1900年和2000年劳动的供求图。在图中，用横轴表示一生的工作时间，纵轴表示实际工资，你必须借助劳动供给的哪个关键因素来解释这一历史趋势？

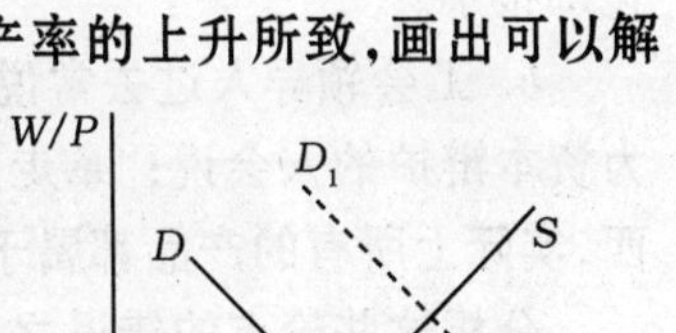

【重要级别】☆☆　　　　【难度级别】☆☆

【考查要点】生产要素的需求和供给

【参考答案】如右图所示，劳动需求曲线向右移动，反映了在过去一个世纪以来劳动生产率的提高。

企业由于劳动生产率的提高而增加了对劳动要素的需求，这使得劳动需求曲线从

DD 右移至 D_1D_1，在劳动供给基本不变或者变化缓慢的情况下，劳动的实际工资将大幅上涨。

4. 为什么下列说法是错误的？给出正确的说法。

a. 边际收益产品即为每个工人挣得的全部收入。

b. 分配理论很简单，你只要算出每一要素生产了多少，然后将其在产出中所占的份额分配给它即可。

c. 在竞争条件下，工人的工资是其生产的全部产出减去原材料的成本。

【重要级别】☆　　　　　　　　【难度级别】☆

【考查要点】分配理论和边际收益产品

【参考答案】a. 每个工人所挣得的全部收入是价格乘以人均产出。而边际收益产品等于边际收益乘以边际产出。这两者在一般情况下是不相等的。正确的说法是，在完全竞争环境下，边际收益产品即为每个工人所挣得的全部收入。

b. 要素在产出的过程中是相互影响的，它们对产出的贡献是很难区分的，因此很难决定是哪个要素生产了多少产出。

c. 在竞争条件下，工人的工资是由其边际产品 MP_L 所决定的。

5. 图12－1(课本P199)说明：尽管1948～2003年实际国内生产总值上升了6倍，但劳动在国民收入中所占份额的变化却很小，画出如图12－8(课本P208)的一组经济曲线来解释这两个事实。

【重要级别】☆☆　　　　　　　　【难度级别】☆☆

【考查要点】国民收入的分配

【参考答案】按照定义，平均实际工资等于 TP/L。如果收入 TP 以 g_{TP} 的比例增加，而劳动供给以 g_L 的比率增加，则平均的实际工资将以 $(g_{TP}-g_L)=0$ 的比率增加。如右图所示，随着劳动供给的增加，实际工资波动很小，工资收入相应增加，但劳动收入在国民收入中所占份额的变化却很小。

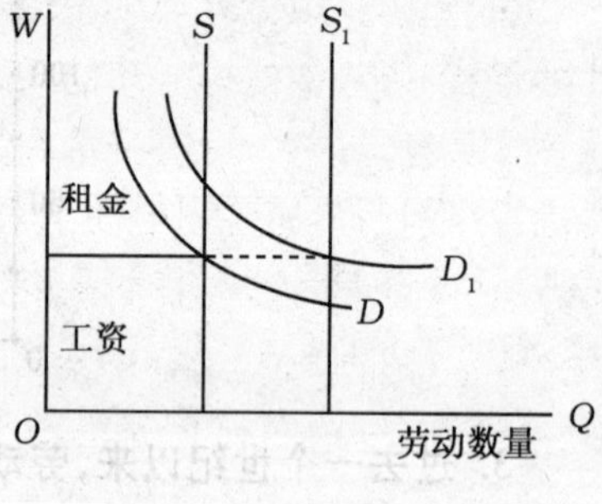

6. 工会领导人过去常说："没有劳动就没有产品，所以劳动应取得全部产品。"为资本辩护的人会说："拿走全部资本产品，劳动只能从土地上得到一点糊口的东西，实际上所有的产品都属于资本。"

分析这些论点的错误之处。如果你接受这些观点，请说明他们需要200%或300%产品分配给两种或三种要素，而事实上他们只有100%的产品可供分配。克拉克的边际生产率理论是如何解决这个难题的呢？

【重要级别】☆☆　　　　　　　　【难度级别】☆☆

【考查要点】国民收入的分配

【参考答案】一种产品的生产往往需要利用多种生产要素，劳动和资本都是生产产品不可或缺的必要投入，对它们的需求是相互依赖的需求。在收入分配时，必须考虑这些要素投入对生产的贡献，才能激励人们从事最有效的生产活动。任何片面强调某一种生产要素投入的观点都是不合理的，因为一般来说仅仅靠投入一种要素是不可能获得产出的。

根据效率原则，对要素的支付，其边际产品是关键。在规模报酬不变的情况下，所有的产品将按照边际产品支付原则被分配完。关于200%或300%产品分配给两种或者三种要素的分配问题，克拉克定理强调了所有工人将获得相同的工资，其工资大小等于最后一名工人的边际收益产品，那么工资与边际收益产品之间的差额就是其他要素投入的回报。

7. 请画出石油市场的供给和需求曲线。现在假设有一种可行的电动汽车，使需求从石油处转移，请画出新的需求曲线和新的均衡。以石油的价格、消费的数量和石油生产者的全部收入来说明其结果。

【重要级别】☆☆☆　　　　　　　　【难度级别】☆☆☆

【考查要点】生产要素的需求和供给

【参考答案】如右图所示，这种可行的电动汽车从石油处转移，石油的需求将减少，在图中表现为石油需求曲线从D_1左移至D_2，而石油的供给曲线保持不变，则石油的价格将从P_1降至P_2，产量将从Q_1降为Q_2。由此可见，由于石油价格和产量保持不变，因此，石油生产者的总收入也将减少。

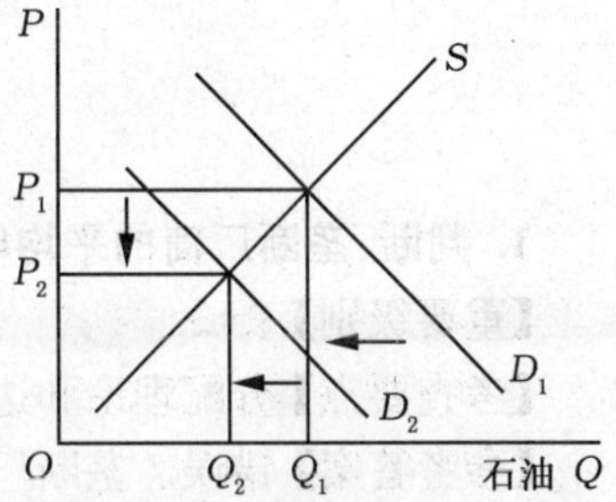

8. 考虑图12—8(课本P208)中的边际产品分配理论。如果移民增加了劳动供给，经济形势又使得劳动的需求曲线下降，劳动的工资会下降吗？(请说明为什么答案是肯定的。)土地、资本和其他要素的剩余收入会增加吗？(请说明为什么答案是肯定的。)你能说出劳动绝对量的变动和劳动收入在全部收入中所占份额的变动吗？(请说明为什么答案是否定的。)

【重要级别】☆☆☆　　　　　　　　【难度级别】☆☆☆

【考查要点】生产要素的需求和供给

【参考答案】如右图所示，当新的移民进入市场时，劳动供给增加，劳动的供给曲线将从S向右移至S_1。因为经济形势又使得劳动的需求曲线下降，在图中就表现为劳动需求曲线D从左移至D_1。这样劳动市场的均衡点从E变为E_1，均衡工资率将从P_0降为P_1，就业量从Q_0增至Q_1。劳动收入的绝对量，即矩形$OP_1E_1Q_1$的面积，取决于需求曲线下移的幅度和需求曲线的弹性。需求曲线下移使得劳动收入的绝对量减少；而当需求曲线富有弹性时，工资下降使劳动收入绝对量增加。总的来说，无法确定劳动收入绝对量的变化。劳动收入在全部收入中所占的份额取决于其他要素收入与劳动收入之间的相对变化，因而是无法确定的。

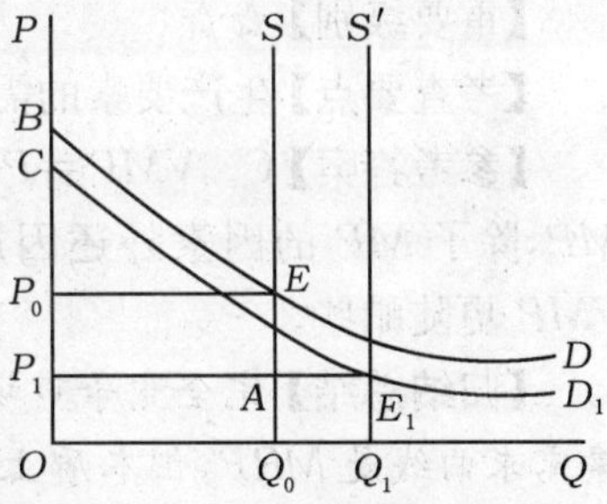

9. 在图12−8(课本P208)所示的边际生产率理论中,以土地而不是劳动作为变动的投入,画出一个新图,并用这个新图解释边际生产率理论。剩余要素的收入是什么?

【重要级别】☆☆☆　　　　【难度级别】☆☆☆

【考查要点】国民收入的分配

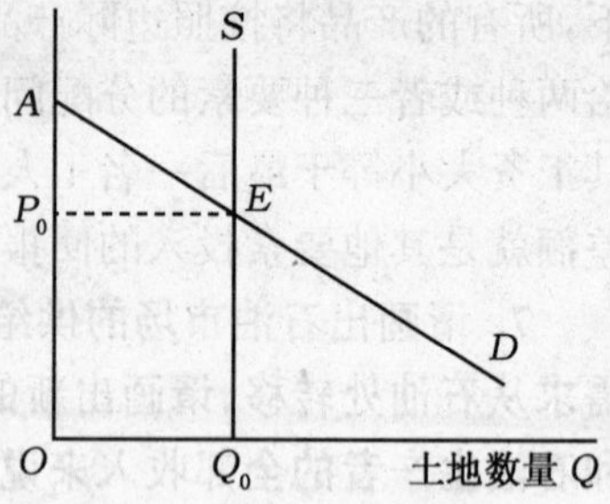

【参考答案】在这种情况下,剩余要素的收入是劳动收入。如右图所示,土地的需求曲线一般是向右下方倾斜的,而土地的供给在短期内来说基本上是不变的,因此土地的供给曲线是一条垂线。土地的价格乘以其被售出的土地数量即是土地的收入,在右图表现为矩形 OP_0EQ_0 区域,三角形区域 AP_0E 表示的是工资收入。

【补充训练】

1. 判断:垄断厂商的平均收益曲线与边际收益曲线是同一条曲线。(　　)

【重要级别】☆☆　　　　【难度级别】☆☆

【考查要点】分配理论和边际收益产品

【参考答案】错误。垄断厂商 AR 曲线即为 d 曲线,AR 为线性时(即 AR 为一条直线,如 $P=a-bQ$),MR 曲线平分纵轴到 AR 曲线的任意一条水平线,AR 非线性时 MR 介于纵轴与 AR 之间。但在大多数情况下,我们都认为 AR 曲线是线性的。完全竞争厂商的 MR 曲线和 AR 曲线是同一条线。

2. 完全竞争市场与不完全竞争市场的生产要素的需求曲线相比(　　)。

A. 前者与后者重合　　　　**B. 前者比后者陡峭**

C. 前者比后者平坦　　　　**D. 无法确定**

【重要级别】☆☆　　　　【难度级别】☆☆

【考查要点】生产要素的需求和供给

【参考答案】C。$VMP=P\cdot MP$,它只因要素 MP 下降而下降;$MRP=MR\cdot MP$,除了 MP 的因素外还因产品的 MR 下降而下降,因此一般而言,MRP 比 VMP 更陡峭些。

【归纳总结】完全竞争市场的要素需求曲线是 VMP,而不完全竞争市场的要素需求曲线是 MRP,但本质上完全竞争市场的要素需求曲线也是 MRP,只不过完全竞争市场的 MR 等于常数 P。

3. 简述边际要素报酬变动规律在边际成本曲线上的反映。

【重要级别】☆☆　　　　【难度级别】☆☆

【考查要点】生产要素的需求和供给

【参考答案】完全竞争产品市场上的厂商作为买主产生对生产要素的市场需

求，有一条向右下方倾斜的市场要素需求曲线。如果说某种要素的全部需求者都是生产一种完全竞争产品的所有厂商，那么这个完全竞争产品的所有生产者的边际产品价值曲线即 *VMP* 曲线的叠加就是该要素的全部市场需求。

以完全竞争产品所有生产者为买主的要素市场上，供给曲线亦是一条向右上方倾斜的曲线。下图说明了一个完全竞争要素市场上要素价格及均衡量的决定，即要素的供给与要素的需求相等时的价格就是要素的均衡价格，与此相应的数量就是要素市场的均衡使用量。

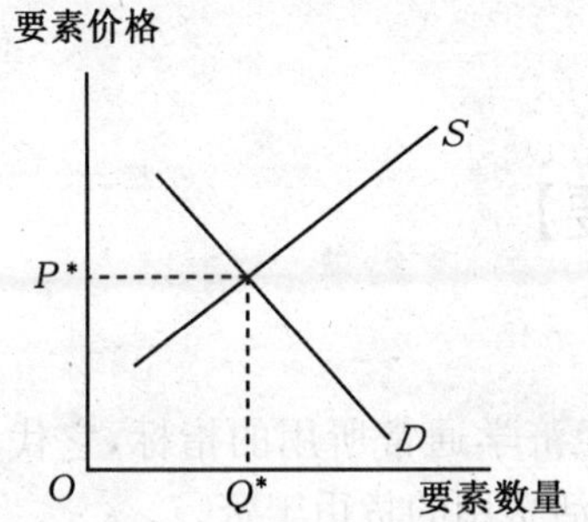

(a)市场

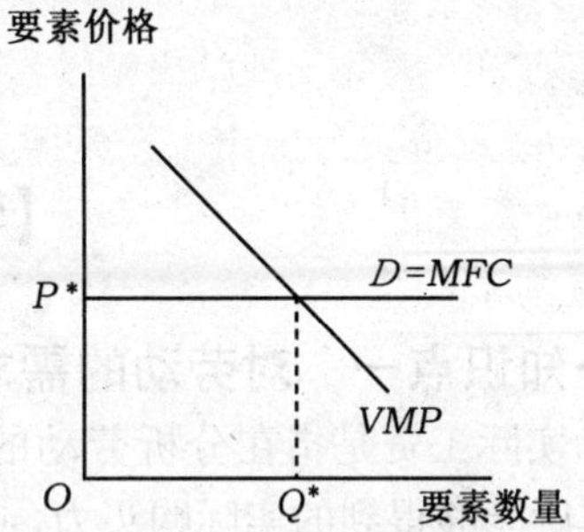

(b)厂商

第13章 劳动市场

【学习精要】

✣知识点一 对劳动的需求和供给

◇ 实际工资是指在分析劳动的收入时，经济学通常所用的指标，它代表1小时工作所能够得到的实际购买力，或是除以生活费用的货币工资。

◇ 对劳动的需求是由其边际产品所决定的。因为劳动的投入和产出之间有一种联系，所以根据边际收益递减规律，单位劳动投入的边际产品将会越来越少，由此，将导致劳动的需求曲线具有负的斜率。随着时间的推移、资本的积累、技术的进步以及劳动质量的提高，劳动的边际生产率将会提高。如果一个国家劳工受教育程度较高、所受培训较多、与之配合的资本更多更好，以及所用的生产技术更先进，那么它的一般工资水平就会趋于上升。

◇ 劳动供给指的是人们愿意在有收益的活动中工作的小时数，决定劳动供给的三个主要因素是：每个劳工的工作时间、劳动力参与程度和移民状况。影响劳工工作时间的主要是工资率，工资率从替代效应和收入效应两个方面影响工人的工作时间。妇女加入劳动大军也使劳工供给增加，外来移民的增多也会使劳动的供给增加。

◇ 工资的上升对劳动供给产生了两种相反的影响。替代效应吸引劳工工作更长的时间，因为每1小时的工作可以得到更高的报酬。收入效应的作用则相反，因为更高的工资意味着劳工现在可以更多地享受闲暇和生活中其他美好的东西。在某个临界工资水平上，供给曲线可能会向后弯曲。有天赋的特殊人才的劳动供给非常缺乏弹性，他们的工资大部分是纯经济租金收入。

✣知识点二 工资差异

在完全竞争的劳工市场中，有大量的劳工和雇主，竞争会使每小时的工资水平完全相等。但是实际生活中，工资差异却是存在的，主要原因可能是以下几个方面：

◇ 工种之间的差别：因为各工种的吸引力不同，必须提高工资诱导人们进入吸引力比较小的工种，这种为了补偿相对吸引力或非货币因素的差别而产生的各工种之间的工资差异，被称为补偿性差异。

◇ 劳工之间的差异：主要原因是人们的劳动质量存在着巨大的差别，这种差别与人们先天的智力和体力、教养、所受的教育和培训以及经验等方面的差距有关。为了提升劳动质量，增强劳工的竞争力，人力资本投资是一种很有价值的投资。

◇ 人们的差异：独特个人的"租金"。一些天才人士拥有当今经济中很有价值的特殊技能。在他们拥有的特殊才能的领域之外，他们可能只能挣到其高收入的一小部分。他们的劳动供给也是不具有弹性的。经济学家将工资高于他们在次优职业中取得的收入的部分称为纯经济租金。另外，技术的变革使得少数优秀个人更容易占据市场的更大份额，甚至产生胜者全得的现象。

◇ 分割的市场和非竞争性的群体。对于许多专业性和技术性的行业来说，需要花费大量的金钱和时间才能成为熟练劳动者，相当于产生了某种人力资本上的"资产专用性"。由于人们专门从事一种职业，他们成为特定劳工市场的一部分，其工资升降将不会和其他行业发生联动。不过在长期，随着人们技术的转变，劳动在各个市场之间的进入和退出会降低工资的差异。

❖知识点三　工会的作用

◇ 工会在其成员和影响两个方面都在美国经济中发挥着重要的作用，但是这种作用正在减弱。劳资双方的代表在一起谈判，进行集体协议。为了将实际工资水平提高到普遍通行的由市场决定的水平上，工会常常限制非工会成员的进入和竞争。

◇ 签订工资方面的集体协议。工会成员的工资和福利是由集体协议决定的。集体协议是劳资双方的代表为达成双方都能接受的雇用条件而进行交涉和商谈的过程。核心部分是一揽子经济协议，包括各工种的基本工资以及休假和工间休息等规定。此外，协议还包括了有关福利，如养老金计划、医疗保健的范围以及类似项目的条款。集体协议可以省去单个工人与企业进行谈判的巨大经济成本，也为企业节省了谈判管理费用，对劳资双方都具有很大的作用。

◇ 工会作用发挥较大的第二个领域是工作制度。包括了工作安排、工作任务、工作安全以及工作量等。

❖知识点四　工会对工资和就业的影响

◇ 工会通过取得对某一企业或产业劳动供给的合法垄断，而拥有了市场力量。利用这一垄断，他们迫使企业提高竞争性水平的工资、福利和工作条件。

◇ 根据经济学理论，集体协议并不能产生确切的结果，双方垄断或劳资议价在理论上并没有确定的解决方案。实证研究表明，与同样的非工会成员相比，工会将其成员的工资提高了10%～30%。在过去的10年中，由于受到来自非工会成员和外国劳工的竞争，工会带来的这种工资差异已开始减弱。

◇ 尽管工会能提高其成员的工资，但他们并未能提高一国的实际工资水平或劳动收入在国民收入中的份额。他们可能会引起工会成员的失业，这些劳工更愿意等待直到回到原来的高工资工作，而不是离开原先的岗位，转而接受其他产业中的低报酬工作。在一个价格不灵活的国家中，太高的实际工资可能会引起古典失业。

❖知识点五　劳动市场中的歧视

◇ 当劳工的收入差距的产生仅仅是由于不相关的个人特征，如种族、性别、性倾向或宗教等原因时，我们就称之为歧视。通常，歧视可以有两种含义：(1)对不同的人依据个人特征而给予不同的待遇；(2)对某一特定群体设置不同的规则。

◇ 歧视的类型主要有以下几类：(1)最普遍的一种歧视形式是在就业和居住方面对某些群体进行排斥。(2)统计性歧视，即个体的情况都被按其所属群体的平均情况而非其个人特征来加以处理。统计性歧视不仅能将个人的群体特征类型化，而且还能减弱个人对教育和培训进行投资的激励，反过来又强化关于原有群体特征的成见。(3)性别上的歧视，受经济歧视最大的群体是妇女。

◇ 在过去的半个多世纪中，为了促进社会的公平，保障劳工的合法权益，政府采取了很多措施来制止歧视行为。主要的措施是强化立法，如制定《民权法》、《同工同酬法》等。在早期主要是宣布歧视为非法，后来则是采用“确保承诺”等政策。

【习题解析】

□概念复习

1. 劳动需求的因素：劳动质量、技术、其他投入的质量

这里揭示了影响劳动需求的重要因素。因为时代的进步，劳动质量会逐渐提高，技术会不断进步，其他投入的质量也会提高，这些都会促使劳动需求曲线向右上方移动。一方面，如果劳工有更多的或更好的资本品与之配合，劳动的边际生产率就会提高。另一方面，拥有较高人力资本的劳工的边际生产率要高于那些拥有较少人力资本的劳工。这些都是影响劳动需求的重要因素。

2. 劳动供给的因素：小时数、劳动力参与程度、移民

答案见知识点一第三段。

3. 收入效应和替代效应

收入效应是指由商品的价格变动所引起的实际收入水平变动，进而由实际收入水平变动所引起的商品需求量的变动。它表示消费者的效用水平发生变化。替代效应是指商品的价格变动导致的消费者所购买的商品组合中，该商品与其他商品之间的替代。

在本章中，替代效应是指当工资率上涨时，单位时间所获得的收入增加，劳动者为获得更多的收入，宁愿牺牲闲暇，增加劳动量以多获得工资收入。收入效应是指随着工资率的提高，劳动者可以用减少的工作时间获得同样的收入，因此当工资率提高时，劳动者的供给反而减少。这两种效应的相对强弱就决定于劳动供给曲线的特殊形状，当替代效应大于收入效应时，提高工资率会使劳动供给量增加，供给曲线上各点切线的斜率为正，向右上方延伸。当收入效应大于替代效应时，提高工资率反而会使劳动供给减少，所以劳动的供给曲线向后弯曲。

【翔高点评】劳动的供给曲线的形状取决于工资所产生的替代效应和收入效应。正如商品的需求曲线的形状取决于商品价格变化所带来的替代效应和收入效应一样。

4. 工资中的补偿性差异

答案见知识点二第二段。

5. 工资中的租金因素

答案见知识点二第四段。

6. 分割市场和非竞争性群体

答案见知识点二最后一段。

7. 集体协议

答案见知识点三第二段。

8. 作为垄断者的工会

答案见知识点四第一段。

9. 工会对进入的控制

工会通过取得对某一企业或产业劳动供给的合法垄断，而拥有了市场力量。利用这一垄断，工会可以对进入劳动市场的工人数进行一定的控制，从而确保在职工人拥有较高的工资水平。

10. 工会对实际工资的影响

答案见知识点四第二、三段。

11. 古典失业

古典失业主要是指因为实际的工资水平过高而引起的一种失业现象，是古典经济学家对失业所持有的观点。如果实际工资水平高于市场均衡工资水平，就会使企业的产品售价提高，导致均衡的总产出水平相对过低，由此形成就业不足和失业，这往往是因为企业中强大的工会所造成的。解决的办法就是降低企业的实际工资水平。

12. 歧视

答案见知识点五第一段。

13. 收入差异：质量差异和歧视

它揭示了形成人们之间收入水平不同的两个原因：工人职业技能等方面的差异和劳动市场上歧视性规定的存在。工人职业技能的差异主要与人们先天的智力和体力、教养、所受的教育和培训以及经验等方面的差距有关。歧视则是劳动市场上因为各种偏见和利益目的而人为设置的对劳工就业的限制。

14. 统计性歧视

答案见知识点五第二段。

15. 反歧视政策

答案见知识点五第三段。

□问题讨论

1. 采取什么措施可以消除图13－8(课本P225)中所示的市场分割?

【重要级别】☆　　　　　　　　【难度级别】☆

【考查要点】工资差异

【参考答案】图中所示的市场分割主要是由于劳工被按照种族和性别分割而形成的。政府可以采取以下措施来消除这种分割:一是消除现有法律中的歧视性规定,比如说男女退休年龄这样的身份歧视和性别歧视等;二是完善现有的法律,使这些法律具有可操作性;三是制定专门的反就业歧视的法律,提供更为详细的法律条文支撑。

2. 用文字和供求图解释下列事件对于受到相关影响的劳工市场中的工资和就业的冲击:

a. 关于参加了工会的泥瓦匠:泥瓦匠工会通过谈判,争取到一个低标准工作规则,每小时砌的砖由60块降低到50块;这对是工会成员的泥瓦匠有何影响?

b. 关于航空人员:放松对航空公司的管制后,没有工会组织的航空公司(像大陆航空公司)的市场份额上升了20%,这对飞机驾驶员有何影响?

c. 关于医生:许多州开始允许护士更多地承担一些医生的职责,这对医生有什么影响?

d. 关于美国汽车工人:日本答应限制其对美国的汽车出口,这对美国的汽车工人有何影响?

【重要级别】☆　　　　　　　　【难度级别】☆☆

【考查要点】对劳动的需求和供给

【参考答案】a. 工作标准的降低意味着对劳动需求的减少,特别是当泥瓦匠工人较多时。需求的减少将会导致工人工资的下降和就业人数的减少,在(a)图中就表现为需求曲线的左移。

b. 这将会导致工会飞行员的工资下降,而对非工会飞行员的需求将增加,那么非工会飞行员的就业人数和工资将会上升。如(b)图所示。

c. 这将导致对护士需求的增加,那么护士的就业人数和工资将会上升,如(b)图所示;护士承担部分医生的职责某种程度上将会增加医生的供给,如(c)图所示,则医生的工资将会下降。

d. 这将导致美国民众增加对美国汽车的需求,从而将抬高美国国产汽车的数量和价格,导致对汽车工人的需求增加,如(b)图所示,使其需求曲线右移,从而使工资上升,就业增加。

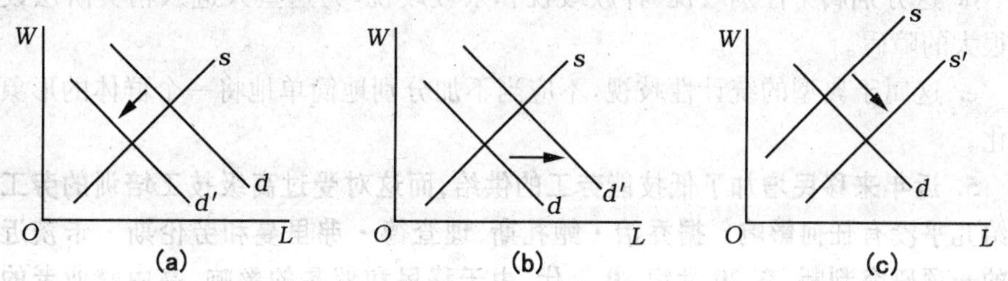

3. 解释下列现象会引起工资差异的何种变化：

a. 上大学的成本增加；

b. 欧洲国家之间可以自由移民；

c. 教育由私人提供并且费用昂贵的国家，现在引入了免费的公共教育；

d. 由于技术进步，更多的人能接收到流行的体育和娱乐节目。

【重要级别】☆　　　　　　　　【难度级别】☆☆

【考查要点】工资差异

【参考答案】a. 上大学的成本增加将会减少上大学的人，从而减少劳动市场的不完全竞争程度，减少工资的差异。

b. 欧洲国家之间的自由移民可以使各个国家之间的劳工相互流动，低工资的东欧国家工人将进入高工资的西欧国家劳动市场，将会减少工资之间的差异。

c. 引入免费的公共教育将会增加很多低技能者的技能水平，这样就可以减少由于教育程度和技能差别所引起的工资差异。

d. 更多的人能接收到流行的体育和娱乐节目将使人们对这些节目的需求增加，会提高这些明星的租金收入，从而会增大工资之间的差异。

4. 当妇女、黑人这样的弱势群体被分割到低工资市场中时，就产生了歧视。解释下列这些不久前在某些情况下还很流行的做法，是怎样助长歧视性劳工市场的分割的：

a. 许多州的学校不允许妇女主修工程学；

b. 很多顶尖大学不招收女生；

c. 白人和非白人在隔离的学校系统中接受教育；

d. 社会精英俱乐部不接纳妇女、黑人或天主教徒；

e. 雇主拒绝雇用在贫民区学校接受教育的人，因为从那里来的劳工平均的劳动生产率很低。

【重要级别】☆　　　　　　　　【难度级别】☆☆

【考查要点】劳动市场中的歧视

【参考答案】a. 这样是人为设置了性别上的障碍，阻碍了妇女进入工程领域，她们会因缺乏相应的工程学知识而无法从事工程技术工作。

b. 这也同样是性别歧视，限制了将来妇女进入高级劳动市场的机会。

c. 这属于种族歧视，会降低整个社会族群的融合以及黑人教育质量的提高。

d. 这分别属于性别歧视、种族歧视和宗教歧视，为这些人进入精英阶层设置了很大的障碍。

e. 这属于典型的统计性歧视，不应当不加分别地简单地将一个群体的形象模式化。

5. 近年来移民增加了低技能劳工的供给，而这对受过高级技工培训的劳工的供给几乎没有任何影响。据乔治·鲍扎斯、理查德·弗里曼和劳伦斯·卡茨近期做的一项研究判断，在20世纪80年代，由于移民和贸易的影响，高中肄业者的工资相对于大学毕业生的工资下降了4%。本题将说明如何理解其中的原因。

a. 要看清移民的影响，请回顾一下图12－6(课本P206)。重新画这一组图，将(a)标为"熟练劳工的劳动市场"，(b)标为"非熟练劳工的劳动市场"。由于移民的进入，非熟练劳工的供给曲线向右下方移动，而熟练劳工的供给保持不变。请说明移民对于熟练劳工和非熟练劳工的相对工资和相对雇用率有何影响？

b. 然后再分析国际贸易对工资和就业的影响。假设贸易壁垒减少，对(a)中熟练劳工的需求上升，同时降低了对(b)中非熟练劳工的需求。请说明这种趋势会加大熟练劳工和非熟练劳工之间的不平等。

【重要级别】☆☆　　　　　　　　【难度级别】☆☆

【考查要点】对劳动的需求和供给

【参考答案】a. 由于移民的进入，非熟练劳工的供给曲线向右下方移动，在(b)图中就表现为非熟练劳工的供给曲线从SS右移至S_1S_1，然而熟练劳工的供给将保持不变。因此，总的来说，外国移民的进入将会降低本国非熟练劳工的工资水平，而就业量相对来说将会增加。对于熟练劳工市场而言，则基本上没有变化。

b. 如(a)图所示，在贸易壁垒减少的情况下，对熟练劳工的需求将会上升，其需求曲线将从DD向右移至D_1D_1，在熟练劳工市场不变的情况下，将会使熟练劳工的工资上升，但同时熟练劳工市场的就业水平保持不变。如(b)图所示，贸易壁垒的减少同时降低了对非熟练劳工的需求，使其需求曲线从DD左移至D_2D_2，新的需求曲线D_2D_2和供给曲线S_1S_1相交，这时会导致工资的进一步下降，这样非熟练劳工市场的均衡工资将会下降，均衡就业减少。

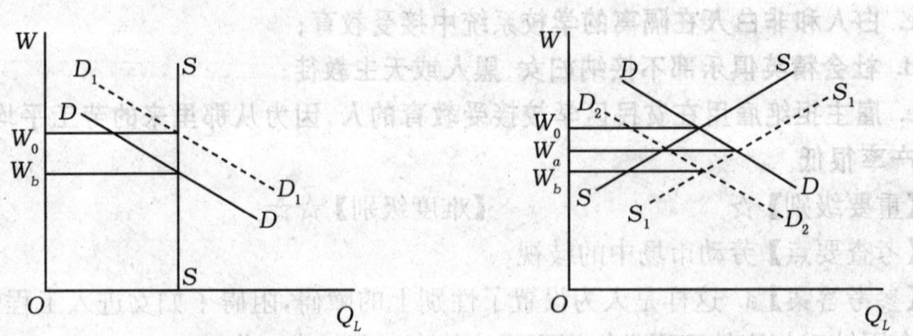

(a)熟练劳工的劳动市场　　　　(b)非熟练劳工的劳动市场

6. 人们经常担心高税率会减少劳动的供给。考虑在供给曲线向后弯曲的情况中提高税率的影响:定义税前工资为 W,税后工资为 W_P,税率为 t,解释关系式 $W_P=(1-t)W$。画出一张表,列出税前工资为 20 美元/小时,税率分别为 0、15%、25%和 40%时的税前工资和税后工资。

下面翻回到图 13-4(课本 P216),说明在 C 点以上和 C 点以下的区域,降低税率对劳动供给的影响。在表中,列出税率和政府税收收入的关系。

【重要级别】☆☆　　【难度级别】☆☆

【考查要点】对劳动的需求和供给

【参考答案】税前和税后的工资如下表所示:

税率(%)	W(美元)	W_P(美元)
0	20.00	20.00
15	20.00	17.00
25	20.00	15.00
40	20.00	12.00

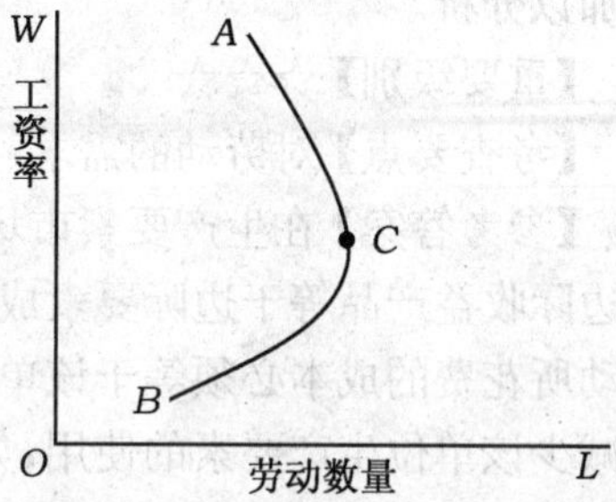

随着收入比率的下降,每个工人是否提供更多的劳动取决于他是位于劳动供给曲线向上的阶段还是向后弯曲的阶段。如上图所示,如果处于向上弯曲的阶段,则减税会使工人提供更多的劳动;如果处于向后弯曲的阶段,则减税会使工人减少劳动供给。

【补充训练】

1. 随着工资率的不断提高,在(　　)的条件下,劳动供给曲线向后弯曲。

A. 收入效应与替代效应同方向

B. 收入效应与替代效应反方向

C. 替代效应大于收入效应

D. 收入效应大于替代效应

【重要级别】☆☆☆　　【难度级别】☆☆

【考查要点】对劳动的需求和供给

【参考答案】D。当收入效应大于替代效应时,劳动供给曲线就会向后弯曲。

2. 简述劳动供给曲线可能向后弯曲的原因。

【重要级别】☆☆☆　　【难度级别】☆☆

【考查要点】对劳动的需求和供给

【参考答案】第一,劳动供给是闲暇需求的反面,劳动的价格即工资则是闲暇的价格。于是,劳动供给量随工资变化的关系即劳动供给曲线,可以用闲暇需求量随闲暇价格变化的关系即闲暇需求曲线来说明。

第二,闲暇价格变化造成闲暇需求量变化有两个原因,即替代效应和收入效应。由于替代效应,闲暇需求量与闲暇价格变化方向相反。由于收入效应,闲暇需求量与闲暇价格变化方向相同。

第三,当工资即闲暇价格较低时,闲暇价格变化的收入效应较小,而当工资即闲暇价格较高时,闲暇价格变化的收入效应就较大,甚至可能超过替代效应。如果收入效应超过了替代效应,则结果就是:闲暇需求量随闲暇价格上升而上升,亦即劳动供给量随工资上升而下降。

3. 在完全竞争,买方垄断和卖方垄断条件下,厂商对劳动的需求有何不同?试加以分析。

【重要级别】☆☆☆　　　　　　【难度级别】☆☆☆

【考查要点】对劳动的需求和供给

【参考答案】在生产要素市场上,厂商雇用劳动这一生产要素数量的一般原则是边际收益产品等于边际要素成本。为了利润最大化,厂商每使用一单位数量的劳动所花费的成本必须等于该单位劳动所带来的收益。如果前者大于后者,厂商会减少该单位生产要素的使用;如果前者小于后者,厂商则增加使用。依照定义,厂商使用最后一单位劳动所花费的成本就是该单位要素的边际要素成本,因而使用该单位劳动所生产的产品出卖后获得的收益就是劳动的边际收益产品,它等于要素的边际产品的边际价值,即边际产品乘以边际收益。

在完全竞争条件下,厂商面临着既定的要素价格和产品价格。这时,厂商使用任何数量时,每单位的要素所花费的成本都等于要素的市场价格,即劳动的边际要素成本等于要素的市场价格。由于产品的价格既定,所以厂商所生产的产品的边际收益等于该产品的市场价格,从而劳动的边际收益产品等于劳动的边际产品乘以产品的价格,即等于劳动的边际产品价值。这样随着劳动的价格(工资率)的变动,厂商依照边际产品的价值曲线决定雇用劳动的数量。所以在完全竞争条件下,厂商对劳动的需求曲线是劳动的边际产品价值曲线。

在产品市场垄断而要素市场完全竞争的条件下,厂商出卖使用劳动生产出的产品时面临市场需求曲线,它向下倾斜。这就使得产品的边际收益小于市场价格,从而使得劳动的边际收益产品低于边际产品价值。在要素市场价格既定的条件下,厂商会根据劳动的边际收益产品等于劳动价格的条件决定劳动使用量。在这种条件下,劳动的需求曲线是边际收益产品曲线,它低于完全竞争条件下的劳动需求,从而在既定的劳动价格及要素市场买方垄断的条件下,厂商雇用劳动数量的原则仍然是劳动的边际收益产品等于边际要素成本。为了方便起见,假定产品市场是完全竞争的,这样,劳动的边际收益产品等于边际产品价值。与以上两种市场结构不同,劳动市场上的买方垄断意味着市场上只有一家厂商购买劳动这一生产要素。所以,该厂商的购买量直接影响生产要素的价格,其平均要素成本递增。换句话说,厂商面临的劳动的供给曲线是市场的供给曲线,它向右上方倾斜。这时,厂商使用劳动的边际要素成本不再是不变的量,它因劳动的平均要素成本增加而以更快的速度增加,即劳动的边际要素成本高于劳动的供给。厂商根据该边际要素成本等于边际产品价值决定劳动的使用量,并把劳动的价格确定在比边际要素成本更低的劳动供给曲线上。由于买方垄断条件下,厂商决定劳动价格,所以在这一市场结构下没有明显的劳动需求曲线。

第14章 土地和资本

【学习精要】

❖知识点一 土地和租金

◇ 为在一定时期内使用土地而支付的价格称为土地的租金，有时称为纯经济租金。广义的租金的概念是指对使用供给固定的生产要素所支付的报酬。

◇ 像土地这种供给无弹性的要素，即使在其要素回报减少的时候也会继续提供相同的数量。正是因为这个原因，亨利·乔治曾经指出，租金的本质是剩余，而不是用以引导要素努力的那种必需的报酬。这为他提出的对土地的自然增值征收单一税的建议提供了依据。这种税不会转嫁给消费者，也不会扭曲生产。现代税收理论进一步拓展了这一见解，认为对供给和需求比较小的物品征税，可以实现效率损失的最小化。

❖知识点二 资本和利息的基本概念

◇ 资本是指那些生产出来的耐用品，它们在进一步的生产中被作为生产性投入。资本品的基本特征是：它既是一种投入又是一种产出。资本品主要有三类：建筑、设备以及投入和产出的存货。

◇ 资本收益率是每1美元投资的年净收益（租费收入减去费用）。它是一个纯数字——年百分比。

◇ 有形资产包括土地以及像计算机、建筑和汽车这样用来进一步生产商品和服务的资本品。金融资产是一方对另一方的货币要求权。

◇ 家庭和其他储蓄者将金融资源或资金提供给那些想投资于有形或无形资本品的人。利率代表债务人为其在一段时间内对货币的使用而向债权人支付的价格。利率是以每年的一定的百分比来表示的。

◇ 名义利率是指以美元计价的投资所能得到的美元收益，而实际利率是指以商品和服务为单位计量的资金的收益，我们通常用名义利率减去通货膨胀率来计算实际利率。名义利率取决于风险、通货膨胀和税收待遇。

❖知识点三 资产的现值

◇ 现值是下一个时期的收入流的现在的货币价值。它是这样计算的：在当前的利率下，计算出需要多少货币才能产生该项资产的未来的收入流。

◇ 永久性资产是一种像土地一样的资产，可以一直存在下去，每年支付N美元，直到永远。其折现公式为：$V=\$N/i$。

◇ 折现的一般公式为：$V=\frac{N_1}{1+i}+\frac{N_2}{(1+i)^2}+\cdots+\frac{N_t}{(1+i)^t}+\cdots$，其中$N_t$是第$t$期的净收入，$i$是单期市场利率。

◇ 人们在进行投资决策时，需要依照一条规则：计算各种可能的决策所能带来的现值，依照使现值最大化的原则来进行权衡。

❖知识点四　利润的相关概念

◇ 会计利润是指总收入和总成本之间的差额。要计算利润，先计算总销售收入，然后减去所有的费用（工资、薪金、租金、材料、利息、消费税和其他支出），剩余的部分就被称为利润。

◇ 经济学上的利润实际上是各种不同收益的组合，包括所有者的资本隐含收益、承担风险的回报和创新利润。

❖知识点五　资本和利息的理论

◇ 通过牺牲现在的消费并生产资本品，社会可以提高其未来的消费量。

◇ 在没有风险和通货膨胀的竞争环境中，资本的市场收益率会等于市场利率。市场利率起到两个作用：它将稀缺的资本品分配到具有最高收益的用途中去，它还引导人们牺牲现时的消费以提高资本存量。

◇ 用来购买资本的资金或金融资产，是由那些愿意牺牲当前消费以换取未来更多消费的居民户所提供的，而资本的需求则来自于那些有多种迂回投资项目的公司。当人们愿意持有的资产价值与企业生产所需要的资本量恰好相等时，在这一实际利率上，资本存量就达到了长期均衡。

❖知识点六　古典资本理论的应用

◇ 投资者总是关注通货膨胀和税收对投资的影响，因此最为关注的是投资的税后收益。

◇ 发明和创新提高了资本收益，从而会影响均衡利率。由收益递减导致的利率下降趋势则可以被发明和技术的进步所抵消。

◇ 为引导投资者进行具有高系统性风险或不可投保风险的投资，很有必要让他们获得额外的收益，这个收益又被称为风险溢价。

◇ 总的来说，自由市场能够促进效率，资本市场能够平衡储蓄和投资。

【习题解析】

□概念复习

1. 租金

租金是指对使用固定的生产要素所支付的报酬，典型的租金就是土地的租金，因为土地的数量相对固定,它缺乏供给弹性。

2. 土地的无弹性供给

因为土地的供给在一定时期内基本上是固定不变的,因此,市场土地的供给曲线是完全没有弹性的,即是垂直的,土地拥有者可以拥有土地的租金。

3. 固定要素的税收

由于人们对固定要素的需求和供给数量不会发生变化,所以市场价格不会受税收的影响,税收全部会由供给无弹性的要素的所有者来承担,因此一般来说,对纯经济租金也即对固定要素征税不会导致扭曲或无效率。

4. 亨利·乔治的"单一税制"

乔治·亨利的"单一税制"是指由美国经济学家亨利·乔治提出的主张推行"单一地价税"的税收制度。他认为,资本主义的弊端就在于社会财富的分配不公平。拥有垄断土地特权的地主几乎将所有的社会进步利益转化为收入,因此他主张应当实行单一的土地税,使土地增值收益全部归社会所有。

5. 资本,资本品

资本是指能够增值的价值,即表现为生产要素或经营投入的价值,并可以产品形态和货币形态存在。资本的一个重要的特征是它是生产出来的生产要素。资本品是指作为实物投资对象的物品,包括了机器设备、建筑物等固定资本以及存货。

6. 有形资产和金融资产

答案见知识点二第三段。

7. 租费,资本收益率,利率,利润

租费是为暂时使用的资本品所作的支付。资本收益率是每 1 美元投资的年净收益(租费收入减去费用),它是一个纯数字——年百分比。利率代表债务人为其在一段时间内对货币的使用而向债权人支付的价格。利率是以每年的一定的百分比来表示的。会计利润是指总收入和总成本之间的差额。经济学上的利润实际上是各种不同收益的组合,包括所有者的资本隐含收益、承担风险的回报和创新利润。

8. 抑制消费以进行投资

主要是指人们在既定的收入下,减少消费、增加储蓄用于投资的行为。人们在一定的时期内的收入是既定的,这些既定的收入在消费与储蓄之间进行分配,而储蓄则用于投资;为了多进行投资,人们必须减少当前消费,增加储蓄。

9. 实际利率和名义利率

答案见知识点二第一段。

10. 现值

答案见知识点三最后一段。

【翔高点评】现值是对一个项目的经济价值进行评价的基本工具,它基本上消除了机会成本和风险的因素,更具科学性。

11. 利率决定中的两个因素:迂回性收益和不耐烦

这是指资本收益率由以下两个相互作用的因素决定：一是人们没有耐心为了等待将来的消费而去节约和积累更多的资本品，而是很容易趋向即时消费；二是给所积累的资本带来或高或低的收益的各种投资机会，因为资本在迂回生产中会带来多种收益。

12. 利润的来源：隐含收益，不可投保风险，创新

经济学上的利润主要可以区分为三种来源：(1)隐含收益。公司通常拥有许多自己的非劳动生产要素——资本、自然资源和专利。在这种情况下，不付费的或自己拥有的投入的隐含收益就构成利润的一个部分。(2)不可投保风险，尤其是与商业周期和政权风险相关。(3)引入新产品或创新的企业家可以获得创新利润。

□问题讨论

1. 定义“纯经济租金”。

a. 说明能取得租金收入的要素的供给增加，会减少其租金，并降低大量使用该要素生产的商品的价格。

b. 用租金理论来解释下面的论点：“玉米地的价格高并不是因为土地的价格高。反过来说更接近事实：玉米地的价格高是因为玉米的价格高”。请用图示说明。

c. 考虑b引用的论点，为什么对于作为一个整体的市场来说它是正确的，但对于单个农场主却并不正确，请解释这里的合成谬误。

【重要级别】☆☆ 【难度级别】☆☆

【考查要点】土地和租金

【参考答案】租金是对使用供给固定的生产要素所支付的报酬，典型的例子就是土地租金，因为其在一定的时间内的供给数量是固定的。

a. 由于取得租金收入的要素的供给增加，在需求不变的情况下，根据供求关系，将会使要素的价格下降，需求增加。要素价格的下降将会导致经济租金的减少，也会降低利用该要素所产出的商品的生产成本，从而降低大量使用该要素生产的商品的价格。

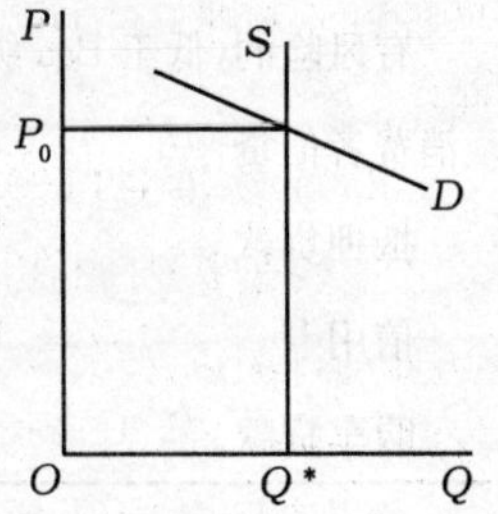

b. 玉米地的供给数量在短期内是固定的，如右图中的 Q^* 点，其供给曲线 S 为一条垂线。而市场对玉米的较高的需求曲线一般为如 D 所示，因此就决定了玉米地的均衡价格为 P_0，而均衡数量仍然为 Q^*。

c. 合成谬误是指如果认为对局部来说成立的东西，那么对于总体也必然成立。对于单个农场主而言，由于玉米地的高价格导致了生产成本的增加，因此玉米的价格必须足够高才能弥补生产成本。而在b中，对于整个市场而言，玉米地的价格高是因为玉米的价格高。因此，b中的观点对于作为一个整体的市场来说是正确的，但是它对于单个农场主来说却并不正确。

2. 计算下列收入的现值，其中 I_t 表示未来 t 年的收入，为年固定利率，用百分比来表示。如果计算结果不是整数请精确到小数点后两位。

a. $I_0=10, I_1=110, I_3=133.1; i=10$

b. $I_0=17, I_1=21, I_2=33.08; I_3=23.15; I=5$

c. $I_0=0, I_1=12, I_2=12, I_3=12; \cdots\cdots; i=5$

【重要级别】☆　　　　　　　　【难度级别】☆

【考查要点】资产的现值

【参考答案】根据现值的计算公式：$V=\frac{N_1}{1+i}+\frac{N_2}{(1+i)^2}+\cdots+\frac{N_t}{(1+i)^t}+\cdots$，可以计算得到a的现值为210，b的现值为87，c的现值为240。

3. 请计算表14－1(课本P234)中各种金融工具的实际利率，设年通货膨胀率为4%。

【重要级别】☆　　　　　　　　【难度级别】☆

【考查要点】资本和利息的基本概念

【参考答案】名义利率和实际利率之间的关系是：实际利率＝名义利率－通货膨胀率。由此可得如下的利率表：

美国金融工具	名义利率(%/年)	实际利率(%/年)
免税的州和地方债券	7.3	3.3
联邦政府债券		
短期	6.5	2.5
长期	8.3	4.3
公司债券		
安全的(Aaa)	9.2	5.2
有风险的(低于Baa级)	10.3	6.3
消费者信贷		
抵押贷款	9.9	5.9
信用卡	16.2	12.2
购车贷款	11.2	7.2

4. 比较耐用资产的四种收入：(a)土地租金；(b)资本品的租费；(c)资本品的收益；(d)实际利率。各举一例。

【重要级别】☆　　　　　　　　【难度级别】☆

【考查要点】土地和租金、资本和利息的基本概念

【参考答案】(a)土地的租金是指为了在一定的时期内使用土地而支付的价格，土地的一个特性是，其供给数量固定，对价格完全缺乏弹性，其价格完全决定于

人们对土地的需求。比如人们对玉米地的需求，若需求大，则会使玉米地的价格上升。(b)资本品的租费是指为了暂时使用的资本品所做的支付，例如人们给予房东的月租费。(c)资本品的收益率是指每 1 元资本投入在 1 年内能够获取的净收益。人们常常用资本品的收益率来进行投资决策。(d)实际利率是指以商品和服务为单位计量的资金的收益，一般来说实际利率等于名义利率减去通货膨胀率。假如央行公布的某个金融产品的利率为 10%，而当年的通货膨胀率为 3%，那么该金融产品的实际利率就是 7%。

5. 应用利息的供给和需求的分析，解释在资本理论中下列事件将如何影响利率？

a. 一项创新使资本在每一级水平的边际产品上都增加。

b. 居民户想要持有的财富量减少。

c. 对资本报酬率征收 50%的税(在短期和长期)。

【重要级别】☆☆☆　　　　　　【难度级别】☆☆☆

【考查要点】土地和租金

【参考答案】a. 一项创新使资本在每一级水平的边际产品都增加，这将增加对资本的需求，从而使得资本的需求曲线右移，无论是在短期和长期，利率都会提高。如(a)图所示，在短期，利率将上升到 r_1，在长期利率将上升到 r_2。

b. 居民户想要持有的财富数量减少，如(b)图所示，将会导致资本的供给减少，使资本的供给曲线向左移动。在资本需求保持不变的情况下，将会使利率从 r_0 上升到 r_3。

c. 对资本报酬征收 50%的税，如(c)图所示，在短期，税收将全由资本的供给者承担，资本供给者承担的税前利率没有变化，但是资本供给者的税后利率下降了。而在长期，税前的利率上升了，但是资本供给者实际得到的税后利率却下降了。

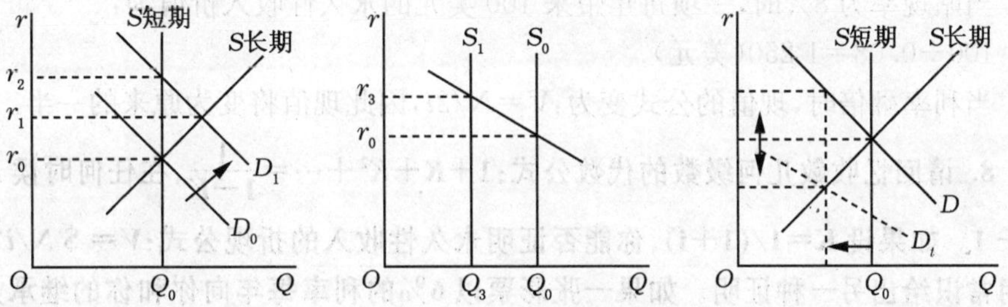

(a)创新对利率的影响　(b)居民持有财富减少对利率的影响　(c)征税对利率的影响

6. 请看图 14－5(课本 P239)和图 14－6(课本 P240)，回忆经济如何从每年 10%的短期均衡利率移向长期的均衡，解释如果技术变革导致资本需求曲线上移，在长期和短期内会发生什么情况。如果政府的债务变得非常巨大，人们资本供给的很大一部分被吸收到政府债务中去，又会出现什么情况？

【重要级别】☆☆　　　　　　　　　【难度级别】☆☆

【考查要点】资本和利息的理论

【参考答案】技术变革导致资本的需求曲线上移,但是资本的供给曲线在短期内保持不变,这将会导致均衡利率的提高。但是在长期内,随着时间的推移,资本的存量将会逐渐增加,利率会逐渐下降,最终达到长期的均衡。相对于变化前,利率升高了,同时资本存量增加了。政府债务将导致长期供给曲线 SS 向左移动,使得长期利率升高,降低了短期内的资本积累率。

7. 解释一项永久性收入流的折现公式。贴现率为5%时,一项每年带来100美元的永久性收入价值多少?每年带来200美元呢?每年带来 N 美元的呢?贴现率为10%或8%时,一项每年带来100美元的永久性收入价值是多少?利率翻倍对于一项永久性收入(比如永久性债券)的资本价值有何影响?

【重要级别】☆　　　　　　　　　【难度级别】☆

【考查要点】资产的现值

【参考答案】永久性资产是一种像土地一样的资产,可以一直存在下去,每年支付 N 美元,直到永远。其折现公式为: $V=\$N/i$。

根据这个公式,当贴现率为5%时,一项每年带来100美元的永久性收入的价值为:

100÷0.05=2 000(美元)

当贴现率为5%时,一项每年带来200美元的永久性收入价值为:

200÷0.05=4 000(美元)

当贴现率为5%时,一项每年带来 N 美元的永久性收入价值为:

$N\div 0.05=20N$(美元)

当贴现率为10%时,一项每年带来100美元的永久性收入价值为:

100÷0.1=1 000(美元)

当贴现率为8%时,一项每年带来100美元的永久性收入价值为:

100÷0.08=1 250(美元)

当利率翻倍时,现值的公式变为: $V=N/2i$,因此现值将变为原来的一半。

8. 请回忆收敛几何级数的代数公式: $1+K+K^2+\cdots=\dfrac{1}{1-K}$,在任何时候 K 都小于1。如果设 $K=1/(1+i)$,你能否证明永久性收入的折现公式: $V=\$N/i$?请运用常识给出另一种证明。如果一张彩票以6%的利率每年向你和你的继承人支付5 000美元,则它的现值是多少?

【重要级别】☆　　　　　　　　　【难度级别】☆☆

【考查要点】资产的现值

【参考答案】当 $K=1/(1+i)$ 时, $1+K+K^2+\cdots=\dfrac{1}{1-K}=1\div[1-1/(1+i)]=(1+i)/i$,永久性收入的折现公式为: $V=NK+NK^2+\cdots=NK\{1+K+K^2+$

$\cdots\} = NK/(1-K) = N[1/(1+i)]/[(1+i-1)/(1+i)] = N/i$。如果一张彩票以6%的利率每年支付5 000美元,则它的现值是:$V = 5\ 000/0.06 = 83\ 333.33$(美元)。

9. 曼哈顿的土地在2003年约值800亿美元,假设现在是1626年,你是想购买曼哈顿土地的荷兰人的经济顾问,并假设计算现值时,相应的利率是每年4%。你认为24美元的购买价是一笔好交易吗?如果利率是6%、8%,你的答案会如何变化?(提示:对每一利率,按2003年的地价推算土地在1626年的现值,然后将它与当年那个购买价相比较。)

【重要级别】☆　　　　　　　　【难度级别】☆

【考查要点】资产的现值

【参考答案】在利率为4%时,2003年800亿美元在1626年的现值为:

$80\ 000\ 000\ 000 \div (1+0.04)^{2003-1626} = 30\ 305$(美元),此时花费24美元购买土地是一笔好交易。

在利率为6%时,2003年800亿美元在1626年的现值为:

$80\ 000\ 000\ 000 \div (1+0.06)^{2003-1626} = 23$(美元),此时花费24美元购买土地不是一笔好交易。

在利率为8%时,2003年800亿美元在1626年的现值为:

$80\ 000\ 000\ 000 \div (1+0.08)^{2003-1626} = 0.02$(美元),此时花费24美元购买土地不是一笔好交易。

10. 利率的提高往往会带来资产价值的下跌。为了证明这个结论,请计算下面两项资产的现值,令年利率分别为5%、10%、20%:

a. 每年100美元的永久性收入。

b. 一年以后可以卖50美元的一棵圣诞树。

请解释为什么长期资产的价格对利率变动的敏感性要高于短期资产。

【重要级别】☆☆　　　　　　　　【难度级别】☆☆

【考查要点】资产的现值

【参考答案】a. 当年利率为5%时,每年100美元的永久性收入现值为:

$100 \div 0.05 = 2\ 000$(美元)

当年利率为10%时,每年100美元的永久性收入现值为:

$100 \div 0.1 = 1\ 000$(美元)

当年利率为20%时,每年100美元的永久性收入现值为:

$100 \div 0.2 = 500$(美元)

b. 当年利率为5%时,一年以后可以卖50美元的一棵圣诞树的现值为:

$50 \div 1.05 = 47.6$(美元)

当年利率为10%时,一年以后可以卖50美元的一棵圣诞树的现值为:

$50 \div 1.1 = 45.5$(美元)

当年利率为20%时,一年以后可以卖50美元的一棵圣诞树的现值为:

50÷1.2=41.7(美元)

长期资产的价格对利率变动更为敏感是因为利率对长期资产的影响要持续很多期,而对短期资产的影响时限有限。例如,利率变动会影响未来每一期永久债券的收益,因此它的价格变动就会反映未来每一期收益的变动。

【补充训练】

1. 利率与现值的关系是(　　)。

A. 两者呈正比　　**B. 两者呈反比**

C. 利率为零,现值也为零　　**D. 利率越大,现值也越大**

【重要级别】☆　　【难度级别】☆

【考查要点】资产的现值

【参考答案】B。利率与现值呈反比,利率越高,现值越小。

2. 一个项目为期3年,现金净流入的总数均为6 000元。有三种流入的方式:一是每年流入2 000元;二是第一年流入3 000元,后两年流入1 500元;三是第一年流入3 000元,第二年流入3 000元。你的选择是(　　)。

A. 第一种方式　　**B. 第二种方式**

C. 第三种方式　　**D. 根据利率大小决定**

【重要级别】☆　　【难度级别】☆

【考查要点】资产的现值

【参考答案】C。在相同利率的情况下,第三种方式的现值是最大的,因此选C。

3. 利率从根本上是(　　)。

A. 由供应决定的　　**B. 由需求决定的**

C. 由政府决定的　　**D. 由供给和需求两个因素决定的**

【重要级别】☆　　【难度级别】☆

【考查要点】资本和利息的基本概念

【参考答案】D。利率是资本的价格,本质上来说也是由资本的供给和需求来共同决定的。

4. 已知一垄断厂商的成本函数为$TC=5Q^2+20Q+10$,产品的需求函数为$Q=140-P$。试求该厂商利润最大化的产量、价格及利润。

【重要级别】☆☆　　【难度级别】☆☆

【考查要点】利润的相关概念

【参考答案】根据利润最大化的原则($MR=MC$)计算。因为$AR=140-Q$,所以$TR=140Q-Q^2$,从而$MR=140-2Q$。

又因为$MC=10Q+20$,所以利润最大化的产量满足$140-2Q=10Q+20$,$Q=10$。

第14章附录　市场和经济效率

【学习精要】

❖知识点一　完全竞争的效率

◇ 配置效率有时也称为帕累托效率，其出现的条件是：社会无法组织进一步生产或消费以增进某个人的满足程度，而同时却不会减少其他人的福利。

◇ 在一定的条件下，包括完全竞争，市场经济会显示出配置效率。在这样一个制度中，经济作为一个整体是有效率的，没有一个人的境遇可以在不使他人的境遇变得更糟的情况下变得更好。

❖知识点二　所有市场的一般均衡

◇ 局部均衡分析研究的是单个的市场、居民户或企业的行为，其前提是将其他市场和经济其他部分的行为视为既定。

◇ 一般均衡分析考察的是所有的居民户、企业和市场如何同时相互作用，以解决如何生产、生产什么和为谁生产的问题。

◇ 所有市场的一般均衡通过价格关系网互相关联，形成一种流动循环。经济的一般均衡包含了成百万个决定价格和产出的市场背后所隐藏的逻辑结构：(1)居民户供给要素、购买产品，以实现满意最大化；(2)厂商被利润的诱惑所牵引，将其从居民户处购得的要素转化为产品，再卖给居民户。一般均衡体系的逻辑结构是很完整的。

❖知识点三　竞争性一般均衡的性质

◇ 一般均衡发生的前提条件是没有外部性或不完全竞争的阻碍，"看不见的手"可以充分发挥作用，最理想的是在完全竞争的环境下。

◇ 一般均衡的基本结果是每种商品对消费者的边际效用都等于每种商品给社会带来的边际成本。

◇ 在消费者追求效用最大化、企业追求利润最大化的竞争性一般均衡中，所有消费者所消费商品的边际效用比率与其价格的比率都相等，企业生产的商品的边际成本比率与其价格的比率都相等。

◇ 一般均衡分析的核心结论是：因为价格对生产者来说是经济稀缺性的信号，对消费者来说是社会效用的标志，竞争价格机制就能利用社会当期的资源和技术提供最大的产出和满意程度。在理想的完全竞争条件下，经济会同时处于生产可能性边界和效用可能性边界之上。

【习题解析】

□概念复习

1. 局部均衡和一般均衡

答案见知识点二第一、二段。

2. 配置(或帕累托)效率

答案见知识点一。

3. 效用可能性边界(UPF,或效用可能性曲线)

效用可能性边界又称为效用可能性曲线,表示在既定的资源条件下,不同消费者能达到的最优效用水平组合的集合。在曲线上的点表示消费者的最大效用组合,曲线右上方的区域称为“效用不可能区域”,曲线的左下方表示没有达到最优效用的区域,被称为“无效率区域”。

4. 有效率的一般均衡的关键条件:边际效用(MU_S)与价格(P_S)成比例,边际成本(MC_S)与价格(P_S)成比例,所以边际效用(MU_S)与投入品的边际成本(MC_S)成比例

有效率的一般均衡的关键条件是指要实现有效率的一般均衡所必须满足的一些条件,而这些关键条件主要包括了消费者均衡和生产者均衡。(1)消费者均衡是指消费者在购买商品时,其所支出的每一元钱的边际效用相等,以达到效用最大化的一种均衡状态,用公式可以表示为:$MU_1/MU_2=P_1/P_2$。(2)生产者均衡是指竞争的厂商为了实现利润最大化,应使得每种商品的价格等于该种商品的边际成本,也即两种最终产品的边际成本的比率等于它们价格的比率,用公式可以表示为:$MC_1/MC_2=P_1/P_2$。因此,在消费者追求效用最大化、企业追求利润最大化的竞争性的一般均衡中,所有投入品的相对边际收益产品相对于所有企业和所有商品都相等,都等于那些投入的相对价格。

□问题讨论

1. 仔细描述竞争经济的两个法则。如何将它们应用于下面的引言?

a. “完全竞争为财富分配提供理想条件。”(Francis Walker,1892 年)

b. “看不见的手,如果能在某处发现它,它很可能是在掏穷人的钱包。”(Edward Nell,1982 年)

c. 亚当·斯密关于“看不见的手”的论述。(见第 2 章)

d. “帕累托……认为,竞争带来这样一种相对状态,在现有的资源和技术等条件的限制下,没有一个消费者的满足程度能够提高而不使至少一个其他消费者的满足水平下降。”(Tjalling Koopmans,1957 年)

【重要级别】☆☆ 【难度级别】☆☆

【考查要点】完全竞争的效率

【参考答案】竞争经济的两个法则是经济学的两大定理,即福利经济学第一定理和福利经济学第二定理。福利经济学第一定理认为瓦尔拉斯竞争均衡配置一定是帕累托有效的，福利经济学第二定理认为任何帕累托有效配置可以通过一些初始禀赋以及瓦尔拉斯式的竞争性均衡来获得。

a. 任何资源或收入的分配均能够通过市场机制有效率地进行分配，完全竞争可以实现财富分配的效率，它为财富的分配提供了有利的条件。

b. 资源配置有效率并不能够确保公平，市场机制仅仅能够确保配置效率，一种有效率的配置很有可能缺乏公平性。

c. 这句话就是福利经济学第一定理的一个比较形象化的表述。

d. 竞争性均衡是帕累托有效的，表述的是福利经济学第一定理的相关内容。

2. 竞争经济效率分析假定没有技术进步。回忆第10章中熊彼特的假说，这个精致的假说如何证实了竞争机制有经济效率的观点？发明创造代表了哪一种市场不灵？在一个潜在技术进步非常迅速的世界上，用生产可能性曲线说明：为什么从长期来看，一个不完全竞争但有技术创新的经济，能比一个有效率但技术停止的竞争经济生产更多的消费品？

【重要级别】☆☆　　　　　　　　　　　【难度级别】☆☆☆

【考查要点】完全竞争的效率

【参考答案】完全竞争会使经济处于生产可能性曲线上，但是不完全竞争会使经济不能实现帕累托效率，从而使得经济处于生产可能性曲线 PPF 之下。在熊彼特假说下，由于垄断势力追求利润而导致技术创新，经济将会迅速发展，而这将促进经济的极大发展。发明创造就代表了一种垄断，会使相应的产品市场处于垄断状态。

从生产可能性曲线来看，如右图所示，一个竞争性经济初始的生产可能性曲线是 PPF_1，经过一段时间的发展可能右移到 PPF_2，经济从 PPF_1 上的 E_1 点移动到 PPF_2 上的 E_2 点。然而对于熊彼特式的垄断经济而言，假定经济的初始生产可能性边界也是 ppf_1，由于垄断创新的发展，其生产可能性边界从 ppf_1 扩展到 ppf_2，最终经济虽然无法完全达到 ppf_2 上的某点，但是有可能位于 PPF_2 和 ppf_2 之间的 e_2 点。从图形上可以看出，e_2 点所带来的产出要大于 E_2 点的产出。因此，从长期来看，一个不完全竞争但有技术创新的经济，能比一个有效率但技术停滞的竞争经济生产更多的消费品。

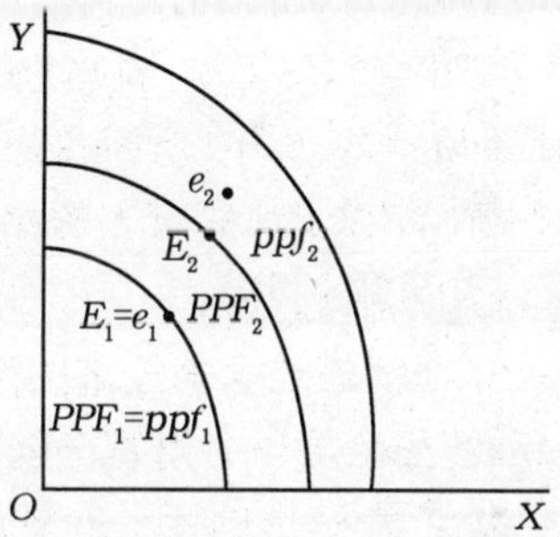

【补充训练】

1. (　　)是帕累托最优。

A. 收入分配公平

B. 不使社会中某些成员福利变差就无法使其他成员福利变好

C. 企业内部化其外部性

D. 不损害他人福利而改善部分人的福利

【重要级别】☆　　　　　　　【难度级别】☆

【考查要点】完全竞争的效率

【参考答案】B。此题考查帕累托最优的定义。

2. 当一个商品市场的价格变化的影响广泛分散到很多市场,每个市场只受到轻微的影响时,( )。

A. 不需要用一般均衡论分析

B. 一定要用一般均衡论分析

C. 局部均衡论分析很可能得出错误结果

D. 一般均衡论分析很可能得出错误结果

【重要级别】☆☆　　　　　　【难度级别】☆☆

【考查要点】所有市场的一般均衡

【参考答案】C。当商品市场的价格变化影响分散时,会对其他各个市场造成一定的影响,这时不能简单地用局部均衡的分析方法,只考虑该商品市场的变化情况。需要同时关注其他市场的影响,比如说房地产市场的价格变化,将不仅影响房地产市场本身,还会影响钢材市场、水泥市场等。这时,如果只用局部均衡非分析方法就有可能得出错误的结论。

第 15 章　比较优势和贸易保护主义

【学习精要】

❖知识点一　国际贸易的实质

◇ 国际贸易本质上是国内贸易的延伸，只不过是贸易范围跨出了国界。国际贸易与国内贸易之间的差异主要表现在：第一，国际贸易扩展了贸易的机会，拓宽了贸易的范围，使消费者可以享受到世界上其他国家的产品和服务。第二，国际贸易表明了主权国家的存在。跨国界的贸易涉及不同国家的公民和厂商。每一个国家都是一个主权实体，都对跨越国界的人口、商品和资金流动进行管制，这与国内贸易有着明显的不同。第三，汇率。不同的国家有不同的货币，在从事国际贸易时，必然会涉及贸易国之间的货币兑换，牵涉到汇率问题，而国内贸易则不必考虑。

◇ 美国对外贸易的特点。尽管美国是一个工业发达的国家，但它却出口大量的初级产品，进口大量的工业制成品，服务业贸易迅速增长。在这些贸易中，我们发现了大规模的双向的产业内部的贸易。

◇ 国际贸易产生的主要原因有以下几个方面：第一，自然资源的多样性。不同的国家由于自然资源和要素禀赋的差异，造成它们生产可能性的多样化，这样各国之间才会发生贸易。第二，偏好不同。即使所有国家和地区的生产条件是相同的，但如果它们对商品的偏好不同，则国与国之间仍然是需要进行贸易的。第三，成本差异。各国因为具有自己的优势产业，利用自己的先发优势建立起规模经济，使产品的成本发生递减现象。这样各国在生产成本上存在差异，进行贸易对各参与国都是有利的。

❖知识点二　比较优势原则

◇ 比较优势原则认为，如果各国专门生产和出口其生产成本相对低的产品，就会从贸易中获益。或者反过来说，如果各国进口其生产成本相对高的产品，也将从贸易中得利。即使一个地区在所有商品上的绝对生产率都比另一国更高或更低，比较优势原则也仍然成立。只要两国间在相对效率上存在差异，各个国家就会在某些商品上具有比较优势或比较劣势。

◇ 李嘉图的比较优势理论。1817 年，英国经济学家大卫·李嘉图揭示了国际分工对一国是有利的。他只分析了有两个地区和两种产品的情况,并选用劳动小时数来衡量所有的生产成本。经过分析,李嘉图证明了,如果两国都专门生产其具有比较优势的商品,那么它们就都会获得利益。通过分析贸易前和贸易后的情况,发现各国在贸易后将获得额外的收益,并逐步将其生产转向自己具有比较优势的领域。

◇ 在自由贸易条件下,当各国集中在自己具有比较优势的领域进行生产和贸易时,每个国家的情况都会变得比原先要好。与没有贸易的情况相比,当各国的劳工专门生产自己具有比较优势的产品,并用以交换比较劣势的产品时,他们工作同样的时间就能获得更多的消费品。

◇ 贸易条件是指出口价格和进口价格的比率。竞争市场中的自由贸易使得世界生产能够上移到其生产可能性边界上。旨在"保护"工人或产业的配额或关税,将会减少一国的总收入和消费的可能性。

❖知识点三　比较优势的扩展

◇ 在现实生活中,国际贸易所涉及的国家不只有两个,商品也不只局限于两种。当两个国家或地区以不变成本生产多种商品时,就可以按比较优势或比较成本来对这些商品进行排序。供给和需求的力量将决定这两个国家的生产分界线落在何处。

◇ 在引入多个国家时,并不改变分析的方法。当我们只考虑一个国家时,其他所有的国家可以合并成一组,被视为"世界其他国家"。贸易的优势与国家并无特殊联系,比较优势的分析方法和原理仍然适用于不同的国家组以及同一国家内的不同地区。存在多个国家时,贸易可能是三角形或多边的,国与国之间可以有大量的双边贸易盈余或赤字。

❖知识点四　贸易和关税的供求分析

◇ 在无贸易时,一国国内的生产能够满足所有的国内需求,但这时的均衡价格要比世界价格高。在自由贸易下,或更一般地说,在市场上,商品总是从价格低的地区流向价格高的地区。

◇ 现实的世界贸易情况是,政府一直在利用各种贸易壁垒来提高收入和影响某些产业的发展。主要的贸易壁垒有以下几种:第一,禁止性关税,就是指对进口产品征收一种税率非常高的关税,可以完全阻止任何商品的进口,使所有的贸易都停止下来。第二,非禁止性关税,即对进口商品征收一些较低的关税,这种关税会损害但不会消除贸易。总的来说,关税会提高商品价格,减少消费和进口的数量,增加国内生产。第三,配额,即对进口商品进行数量上的限制,在性质上与关税是相同的。一个禁止性配额相当于一项禁止性关税。尽管关税和配额之间没有本质的差别,但仍存在一些区别。关税能够给政府带来收入,使其他税收的降低成为可能,但是配额引起的价格差异所带来的利润,则会落入私人的腰包。第四,某些物品的运输成本具有与关税同样的影响,它减少了地区性专业分工所带来的好处。然而保护性措施和运输成本之间也是有区别的,运输成本是由自然条件,如海洋、高山和河流等造成的，而限制性关税却应由国家负全部责任。

◇ 关税的经济成本是指征收关税对经济造成的影响。它会产生三种影响：第一，国内厂商可以在关税所提供的价格保护伞下扩大生产。第二，消费者面临更高的价格，因而会减少消费。第三，政府获得关税收入。其中前两项都给经济造成了效率成本。关税会造成经济无效率。征收关税时，消费者的经济损失超过政府的收入与厂商所得的额外利润的总和。

∵知识点五　保护主义经济学

在现实的国际贸易中，主张贸易保护主义的观点大致有以下几类：(1)非经济的观点；(2)对经济逻辑的误解；(3)基于市场力量或宏观经济的不完善。

◇ 非经济目标：在贸易政策中，常见的非经济目标有国家安全、保留自己的传统文化或保护本国环境。许多国家有时为了非经济目标而采取要求以关税或配额保护本国不受外国进口品竞争的损害。

◇ 站不住的关税观：重商主义一味追求贸易的顺差，积累黄金或其他货币，但是货币本身并不能提高一国的生活水平，因此提高关税、取得贸易盈余不一定能改善一国的经济福利。为特殊利益集团征收关税，主要是因为这些人可以从某些保护措施中获利，他们有动力进行游说。而单个的消费者由于受关税轻微的影响，所以没有什么动力去花费资源对每项关税发表意见。国外廉价劳动力论点的缺陷在于，它忽视了比较优势理论。即使一国的工资远比其他贸易伙伴高，该国也能从贸易中受益。高工资来自于高效率，而不是保护性关税。支持报复性关税的人认为实行报复会粉碎其他国家的贸易保护壁垒，但是历史研究发现，实行报复性关税通常导致其他国家将关税提得更高，而很少能够成为一种有效降低多边关税的讨价还价的筹码。进口援助的措施主要有以下几类：一是例外条款，当某一产业被进口品损害时，可以采取临时的进口援助。二是反倾销关税，当某种外国商品以低于其平均成本或国内市场价格在美国出售时，就要对其征收反倾销关税。三是抵消关税，当外国对出口到美国的产品进行补贴时，就要对该种产品征收抵消关税。从经济优势角度看，缺少生产效率的产业在国内更有生产效率的产业的竞争下，实际上正在被淘汰出局。

◇ 有潜在正确性的贸易保护主义：(1)贸易条件最优或最优关税的论点。施加关税会使贸易条件向有利于一国而不利于他国的方向变化。当一个大国对其进口商品征收关税时，世界市场需求的减少会使均衡价格下降，进而该国该产品的税前成本就会降低。这种变化将改善该国的贸易条件，提高该国的实际收入。但是最优关税不能保证世界或单个国家的经济福利有所改善。当所有的国家都征收最优关税时，自由贸易的障碍会更大，很可能每个国家的经济福利都会下降。相反，如果所有的国家都废除贸易壁垒，那么全世界都可能从中受益。

(2)保护“幼稚产业”的关税。如果一国的产业基础比较薄弱，直接面对国际市场“大腕”的激烈竞争，其中的“幼稚产业”是很难生存的，而如果对其进行一些临时性的保护，它们就可能成长起来，从而获得批量生产的经济效益、大量的技术工人、适合当地经济的发明创造以及许多成熟产业特有的技术效率。尽管实行保护在最初会使消费者承担价格上涨所带来的负担,但产业成熟后就会富有效率,产品的成本和价格也都会下降。如果一项关税使得消费者在后来的收益远远大于在保护期内价格上升所承担的损失,那么这项关税就是合理的。但是对于扶持幼稚产业而言,补贴将是更有效率和更加透明的做法。

(3)关税和就业。实行保护主义的一个强有力的动机就是,贸易保护在经济衰退或滞涨时期有助于增加就业机会。实行保护措施可以提高进口品的价格,使得需求转向国内生产,从而创造就业机会。当国内需求上升时,企业会雇用更多的工人,失业率就会下降。但这是一项"以邻为壑"的政策,因为它是以其他国家的产出和就业的下降为代价来增加本国需求的。事实上,对于增加工作机会和降低失业来说,关税和进口保护都不是有效率的做法。一种更有效的增加就业的途径是运用国内的货币政策和财政政策。

◇ 配额的影响和关税大致是相同的,它们都使得市场中的价格和产量不能按各国的比较优势来决定。同时我们还应当关注其他的非关税壁垒,这些非正式的限制和管制使得一国很难在外国市场上出售自己的商品。近年来,非关税壁垒的保护程度约为关税壁垒的两倍,由于传统关税不断削减,非关税壁垒从某种意义上已经成为关税的替代物。

◇ 如果由于失业和外汇市场的扰动,市场不能正常运行,那么比较优势原则就要加以修正。而且,如果进口品降低了某些部门和要素的收益,那么这些部门或要素就会因为贸易而受到损害。

❖知识点六　多边贸易谈判

◇ 在20世纪30年代的贸易战中,许多国家试图提高贸易壁垒,以牺牲邻国的利益为代价来增加就业和产出,但是最终都认识到:在关税报复游戏的结局中,所有的人都是输家。

◇ 自由贸易谈判中的多边协议。现今最成功的多边协议是在WTO框架下达成的,它是1995年初由关税和贸易总协定(GATT)改变而来的。截至2003年,WTO共有146个成员国,其贸易量占到国际贸易的90%。它的宗旨是:"通过有效地降低关税和减少其他贸易壁垒,以及取消国际商业中的歧视待遇,以提高生活水平。"WTO的基本原则包括:各国应努力减少贸易壁垒;所有的贸易壁垒都应以非歧视为基础,即所有国家都应享受最惠国待遇;当一国将关税提高到协议水平上时,它必须补偿对贸易伙伴造成的经济损失;应通过磋商和仲裁的方式来解决贸易冲突。世界贸易组织先后进行了几轮大的多边贸易谈判,主要有1994年结束的乌拉圭回合谈判,2001年开始的多哈回合谈判,涉及的主要议程有农业、知识产权以及环境问题等。

◇ 由于各国参与全球化的程度不同,在全球化的过程中获得的利益也不同,有些国家因为全球化甚至越来越贫穷,导致反全球化运动不断升温。在过去的几年中,各国政府采取了一系列的措施以促进自由贸易来扩大区域性市场。典型的区域化措施有以下几个：一是北美自由贸易区的建立；二是欧盟统一大市场建成，并且引入了统一的货币——欧元。

【习题解析】

□概念复习

1. 绝对优势(劣势)和比较优势

绝对优势指一个国家具有的绝对有利的、适宜于某些特定产品的生产条件，它生产某种产品的成本绝对低于另外一个国家。绝对优势理论是最早的主张自由贸易的理论，由英国古典经济学派主要代表人物亚当·斯密创立，核心内容是分工对一国产业效率有很大的促进作用。如果一个国家在各方面都处于绝对的优势，而另一个国家在各方面则都处于劣势，则国际贸易就需要利用比较优势理论。大卫·李嘉图在其代表作《政治经济学及赋税原理》中提出了比较成本贸易理论(后人称为“比较优势贸易理论”)。比较优势理论认为，国际贸易的基础是生产技术的相对差别(而非绝对差别)，以及由此产生的相对成本的差别。每个国家都应根据“两利相权取其重，两弊相权取其轻”的原则，集中生产并出口其具有“比较优势”的产品，进口其具有“比较劣势”的产品。比较优势贸易理论在更普遍的基础上解释了贸易产生的基础和贸易利得，大大发展了绝对优势贸易理论。

2. 比较优势原则

答案见知识点二第一段。

3. 从贸易中获得的经济利益

从贸易中获得的经济利益是指一国从对外贸易中获得的利益，这种利益可分为来自交换的得益和来自专业化的得益两个部分。通过国际贸易，可以扩大本国居民的消费选择的范围，取得交换的得益。通过专业化分工，使得世界能够上移到其生产可能性边界上进行生产，提高了经济效率。

4. 三角贸易和多边贸易

所谓三角贸易，系指三个国家在任何时期保持对外贸易平衡的状况。在这种贸易状况下，甲国对乙国输出，乙国又对丙国输出，然后丙国又对甲国输出，或是依相反顺序输出，或以其他顺序输出，而完成三角贸易的贸易关系，结果三国之间的贸易获得抵消或平衡，这是广义的模式说法。而近代所指的三角贸易，则泛指一般的贸易案件中，若牵涉三国以上的厂商，而且具有转口贸易的事实者，均可以是三角贸易。

多边贸易是指三个或三个以上的国家，为求相互间的收支在整体上获得平衡，通过协议在多边结算的基础上所进行的贸易，又称多角贸易。其产生往往是由于两国间彼此供应的商品不对路或价格不相当，以致进出口不能平衡、外汇收支发生困难，需要第三国或更多的国家参加协议，建立三国或多国贸易，以使彼此间的进出口达到基本平衡。

5. 世界和一国的生产可能性边界

一国的生产可能性边界是指一国经济社会在既定资源和技术条件下所能生产的各种商品最大数量的组合,反映了资源的稀缺性和选择性。在生产可能性边界上的任意一点都表示各国的资源得到了充分的利用,都是处于帕累托最优点。生产可能性曲线的形状到底是凹向、凸向原点还是一条直线则要视生产是递增、增减还是不变而定。世界的生产可能性边界代表了世界各国如果从事专业化分工生产,发挥其比较优势所能创造的最大生产可能性。竞争市场上的自由贸易使得世界能够上移到其生产可能性边界上。由于没有贸易的均衡是无效率的均衡,因而世界处于其生产可能性边界内部。自由贸易使得每个地区专于各自具有比较优势的商品的生产上。由于有效率的专业分工的存在,世界的生产将外移到其生产可能性边界上。

6. 贸易条件下的消费可能性和生产可能性

贸易条件下的消费可能性是指在存在国际贸易的情况下,一国居民所能获得的最大消费的可能性集合。当不存在国际贸易时,各国只能消费本国的产品,其消费的最大组合就只是局限于本国的生产可能性边界,自由贸易扩大了各国的消费选择,使其消费可能性曲线上移。

贸易条件下的生产可能性是指在存在国家贸易的情况下,一国所能生产的最大产量的可能性集合。在国际贸易的条件下,各国可以实现专业化分工,充分发挥其比较优势,获得贸易利得,从而使世界生产达到生产可能性边界。

7. 无贸易和有贸易时的价格均衡

假设一国只是全球市场的一部分。商品的价格由世界市场的价格来决定。如果运输成本或者关税是禁止性的,这时无贸易均衡点位于国内供给曲线和需求曲线的交点。但此时,均衡价格高于世界价格,国内生产满足所有的国内需求。

在没有运输成本、关税和配额时,有贸易,则在套利原则下,商品总是从价格低的地区流向价格高的地区,该国市场的价格等于世界市场的价格。

8. 关税,配额,非关税壁垒

关税是世界各国普遍征收的一个税种,是指一国海关依法对进出境的货物或者物品征收的一种税。在现代经济中,一般国家只征收进口关税,有些国家还征收出口关税。征收关税是一国政府增加其财政收入的方式之一,但随着世界贸易的不断发展,关税占国家财政收入的比重不断下降。配额是非关税壁垒的一种,是一个国家对进出口商品量实施的绝对限制,以用来保护国内工业和改善国际收支。主要的限额是进口限额,它通过向进出口商颁发许可证的方式对一定时期内特定的进口数量和进口价值进行限制。此外,实行进口限额制的国家由于政治和其他方面的需要,往往不公平地分配进口限额,在贸易上实行差别待遇或歧视政策,同时配额也是有关官员腐化的温床。

非关税壁垒,又称非关税贸易壁垒,是一国政府除关税以外,对本国的对外贸易活动进行调节、管理和控制的一切政策与手段的总和,其目的就是试图在一定程度上限制进口,以保护国内市场和国内产业的发展。非关税壁垒大致可以分为直接的和间接的两大类:前者是由海关直接对进口商品的数量、品种加以限制,其主要措施有进口限额制、进口许可证制、“自动”出口限额制、出口许可证制等;后者是对进口商品制订严格的海关手续或通过外汇管制间接地限制商品的进口,其主要措施有实行外汇管制,对进口货物征收国内税,制定购买国货和限制外国货的条例、复杂的海关手续、繁琐的卫生安全质量标准以及包装装潢标准等。

9. 关税对价格、进口和国内生产的影响

每个国家都会对进出口的商品根据其种类和价值征收一定的税款。其作用在于通过收税抬高进口商品的价格,降低其市场竞争力,减少在市场上对本国产品的不良影响。关税有着保护本国生产业的作用,但在经济全球化的今天,其不利的影响也在逐步显现。主要是对就业率的影响。

10. 重商主义者,廉价外国劳动力和报复性关税的论点

重商主义一味追求贸易的顺差,积累黄金或其他货币,但是货币本身并不能提高一国的生活水平,因此提高关税、取得贸易不一定能改善一国的经济福利。为特殊利益集团征收关税,主要是因为这些人可以从某些保护措施中获利,他们有动力进行游说。而单个的消费者由于受关税轻微的影响,没有什么动力去花费资源对每项关税发表意见。

国外廉价劳动力论点的缺陷在于,它忽视了比较优势理论。即使一国的工资远比其他贸易伙伴高,该国也能从贸易中受益。高工资来自于高效率,而不是保护性关税。

支持报复性关税的人认为实行报复会粉碎其他国家的贸易保护壁垒,但是历史研究发现,实行报复性关税通常导致其他国家将关税提得更高,而很少能够成为一种有效降低多边关税的讨价还价的筹码。

11. 最优关税,失业和幼稚产业例外

答案见知识点五第四段。

12. 世界贸易组织和贸易谈判

世界贸易组织的介绍见知识点六第二段。

贸易谈判是指参与国际贸易的国家和地区之间就双边(或多边)贸易纠纷或摩擦进行谈判以实现互惠双赢的一种解决国际贸易问题的有效方式。贸易谈判的方式根据参与谈判的对象的多少,可以分为双边贸易谈判和多边贸易谈判等。世界贸易组织先后进行了几轮大的多边贸易谈判,主要有1994年结束的乌拉圭回合谈判,2001年开始的多哈回合谈判,涉及的主要议程有农业、知识产权以及环境问题等。

【翔高点评】WTO是当今世界最重要的多边贸易组织,应当从它的宗旨、基本原则以及主要运作方式等方面进行全面的了解。

□问题讨论

1. 判断下列说法的对错并说明原因,并对错误的说法加以改正。

a.“我们墨西哥在与美国的竞争中得不到什么好处,美国工厂的生产效率太高了,它有那么多计算机和机床,它的工程技术也十分发达。我们需要关税,要么我们只能什么也不出口!”

b. 如果美国工人处于墨西哥廉价劳工的无限制的竞争之下,则其实际工资一定会大幅度下降。

c. 如同适用于不同国家和地区之间的贸易往来一样,比较优势原则也适用于不同的家庭、城市和州之间。

d. 本章所引用的罗斯·佩罗特的话。

【重要级别】☆　　　　　　　　　【难度级别】☆

【考查要点】比较优势原则

【参考答案】a. 错误。虽然美国在许多领域内具有绝对优势,但是根据比较优势理论,美国和墨西哥如果各自出口其具有比较优势的产品,则自由贸易仍然会给两国带来收益。

b. 错误。尽管贸易会导致收入的再分配,但是贸易可以带来总收入的增加,美国工人会因为其较高的生产率而获得较高的工资,实际情况就是这样。

c. 正确。各个地区充分发挥其比较优势,利用专业化分工,与其他地区进行贸易,由此就可以获得很大的收益,扩大他们的消费选择空间。

d. 错误。罗斯忽视了比较优势原理和工人劳动生产率的差异,工资高低的差异反映了工人劳动生产率的差异。

2. 将图 15－1(课本 P259)及附表的数据用于欧洲的情况,假定欧洲有 600 单位的劳动,劳动生产率如表 15－2(课本 P258)所示。

【重要级别】☆☆　　　　　　　　【难度级别】☆

【考查要点】比较优势原则

【参考答案】根据题意,欧洲生产 X 单位食物耗时 $3X$ 小时,生产 Y 单位服装耗时 $4Y$ 小时。那么总耗时就满足:$3X+4Y=600$。因此,生产可能性表如下表所示,生产可能性边界如下图所示。

食物(X)	0	50	100	150	200
服装(Y)	150	112.5	75	37.5	0

3. 如果表 15－2 中的数据由(1,2;3,4)变为(1,2;2,4),会发生什么?说明这时所有的贸易都会被扼杀,用这个例子解释“多样性万岁”这句话。为什么那些贸易前价格与世界价格差别很大的小国从贸易中获利最多?

【重要级别】☆　　　　　　　　　【难度级别】☆

【考查要点】比较优势原则

【参考答案】当表中的数据由(1,2;3,4)变为(1,2;2,4)时,美国生产服装的价格是食物的两倍,欧洲生产服装的价格也是食物的两倍。从这个比例上可以看出,两个国家都不具有比较优势,它们不可以通过贸易来扩展自己的消费可能性边界。这就表明多样性有利于比较优势的形成,从而通过贸易和专业分工,提高经济福利。

贸易前价格与世界价格差别很大的小国可以按照比较低的世界价格购买到更多的所需商品,从而获得的收益也就会比较大。

4. 接问题3:假设表15-2中的数据是关于一个新兴工业国和美国的,则两国之间的贸易利得会怎样?现在假定此新兴工业国采用美国技术,其生产可能性与表15-2中美国的生产可能性相同。这对国际贸易会产生什么影响?新兴工业国的生活水平和实际工资会发生什么变化?美国的生活水平会发生什么变化?从中我们能否得到国家间的经济发展水平相近对贸易及福利影响的某种教训?

【重要级别】☆☆　　　　　　　　【难度级别】☆☆

【考查要点】比较优势原则

【参考答案】新兴工业国和美国都将由于生产的专业化而获得贸易利得,都可以通过贸易来扩展自己的消费可能性边界。新兴工业国采用美国技术,两国的比较优势将会逐步消失,这样两国的贸易也将失去必要。这时,新兴工业国实际工资会由于生产率的提高而提高,生活水平也逐步提高。美国的生活水平将会由于比较优势的相对下降而下降。

模仿理论指出,一个国家通过研发创新得到新产品后,会不会向其他国家出口,取决于其他国家生产者对新技术的模仿速度和消费者对新产品的接受速度。当模仿速度大于接受速度时,贸易很可能就不会发生了;当模仿速度小于接受速度时,就会导致贸易的产生。这样就要求技术创新国不断开发新产品,在其他国家模仿到它的新技术之后很快就又创新出新的产品,这样贸易就会一直进行下去;否则,贸易将会停止,技术创新国家就得不到相应的贸易利益。

5. 一位美国参议员写下了下面一段话:"贸易被认为是能够提高所有参与国的收入的,或者,至少亚当·斯密或大卫·李嘉图都曾这样教导我们。如果我们的经济是由于竞争对手的经济增长而下降,那么这些思想家以及他们的这套经济学信条,岂不就骗了我们整整200年。"

请解释为什么第一句话是正确的,而第二句话与第一句并没有什么联系。你能否给出一个例子,说明J国的经济增长降低了A国的生产水平?(提示:第4题的答案有助于找出这段话的错误之处。)

【重要级别】☆☆　　　　　　　　【难度级别】☆☆

【考查要点】比较优势原则

【参考答案】第一句话是正确的,这是李嘉图国际比较优势原理的结果。比较优势原则认为,如果各国专门生产和出口其生产成本相对低的产品,就会从贸易中获益。或者反过来说，如果各国进口其生产成本相对高的产品，也将从贸易中得利，会比没有贸易时的情况好很多。但是，第二句话是错误的，因为竞争对手的经济增长并不必然导致其贸易伙伴国生活水平的下降，但是竞争对手的经济增长是会消除多样性的。例如，如果J国采用了A国的先进生产技术，两国的经济发展水平将会相近，它们的比较优势将会缩小，这样两国的贸易就会消失。J国的实际工资会由于生产率的提高而提高，生活水平逐步提高，A国的生活和生产水平将会由于比较优势的相对下降而下降。

6. 现代国际贸易保护主义者曾应用下列观点来保护国内产业和避免外国的竞争：

a. 在某些条件下，如果其他国家不实行报复，一国可以通过实行贸易保护政策来提高本国的生活水平。

b. 韩国的工资只有美国工资的大约1/10，除非我们限制韩国制造业产品的进口，否则我们将来的贸易赤字会由于来自东亚低工资劳动者的竞争而持续恶化。

c. 一国或许愿意接受生活水平的轻微下降，以保护它认为对国家安全很重要的产业，如超级计算机或石油，免受外国竞争的损害。

d.（此题针对学过宏观经济学的学生）如果刚性的工资和价格或不合适的汇率导致了经济衰退或高失业率，那么关税或许会增加产出和降低失业率。

将以上每种论点与一种传统的贸易保护主义相联系；说明这些论点成立的条件，并说明你是否赞同这些论点。

【重要级别】☆☆　　　　　　　　　【难度级别】☆☆

【考查要点】保护主义经济学

【参考答案】a. 这是最优关税的论点。在其他国家不实行报复的前提下，当一个大国对其进口品征收关税时，世界市场的需求会减少，因而均衡价格将会下降，那么该产品的税前进口价格也会因此而降低。这将显著地改善该国的贸易条件，提高该国的实际收入。

b. 这种看法是不正确的，它混淆了比较优势原理的概念，美国和韩国工资高低的差异实际上反映的是两国劳动生产率的差异。这种错误原因的判断将会导致相应的政策发生错误。

c. 这是一种非经济目标的原因。它反映了在制定贸易政策时目标的多样性，不同的国家出于不同目标的考量会选择不同的政策。

d. 这种观点在短期内是正确的，因为它可以提高进口品的价格，使得其需求从国外转向国内生产，这样企业就会雇用更多的工人，失业率就会下降。但是这种政策将会招致贸易伙伴国的报复，因此在长期内来看，这种政策将会失效，因为本国的出口同样也会因为他国的限制而大幅缩减。

7. 美国实行配额制的产品有钢铁、造船、汽车、纺织品及其他诸多产品，经过经济学家们的估算，通过拍卖配额权财政部每年至少可以获得100亿美元的收入。请用图15－9(课本P267)对配额进行分析：假定政府的进口配额为100，并将配额

权按上一年的进口量分配给各进口国。那么服装的均衡价格和数量将是多少？配额导致的效率损失是多少？谁得到了矩形 *B* 的收入？拍卖配额权会带来什么影响？

【重要级别】☆☆　　　　　　　　　【难度级别】☆☆☆

【考查要点】贸易和关税的供求分析

【参考答案】如果政府只是将配额权按上一年的进口量分配给各进口国，则这些服装在美国市场上的均衡价格和数量将与实行关税的时候一样。均衡数量和均衡价格仍将保持不变。配额导致的效率损失为区域 A 和 C 的面积之和。政府没有得到矩形 B 的收入，这个收入是被获得配额权的人得到的，他们会以较低的世界价格购买或生产产品，同时以较高的国内价格出售产品。当政府拍卖配额权时，均衡的价格和均衡的数量都不变，效率损失也不变，但是政府得到了矩形 B 的收入，政府可以用该收入补贴消费者所遭受的损失。

【补充训练】

1. 名词解释：产业内贸易

【重要级别】☆☆☆　　　　　　　　【难度级别】☆☆☆

【考查要点】国际贸易的实质

【参考答案】产业内贸易是产业内国际贸易的简称，是指一个国家或地区，在一段时间内，同一产业部门产品既进口又出口的现象。产业内贸易可以更精确地表述为：同一产业内的产品，主要是制成品通过外部市场与内部市场在不同的国家或地区间的双向流动。比如日本向美国出口轿车，同时又从美国进口轿车的现象。造成产业内贸易现象的主要原因有产品差别、规模经济、消费者偏好差别、国家之间产品层次结构和消费层次结构的重合。

2. 当一国出现贸易逆差时，(　　)。

A. 该国是资本输入国

B. 该国储蓄能支持本国的国内投资

C. 该国储蓄能弥补政府的财政赤字

D. 以上都对

【重要级别】☆☆　　　　　　　　　【难度级别】☆☆☆

【考查要点】国际贸易的实质

【参考答案】B

第16章　政府税收和支出

【学习精要】

❖知识点一　政府的政策工具

◇ 在现代经济生活中，政府活动越来越影响私人经济的发展，主要的政策工具有以下三种。

(1)对收入、商品和服务的税收。这些税收减少了私人收入，从而减少了私人支出，同时为公共支出提供了来源。税收制度还对某些经济活动征收重税进行抑制，对需要扶植发展的活动征收较低的税，甚至进行补贴。

(2)在某些商品或服务(如道路、教育或治安)领域中的支出，以及为个人提供资源的转移支付(如社会保障和医疗保健补贴)。

(3)管制或控制措施，用以指导人们从事或减少某些经济活动。比如，对企业污染的限制，确定射频频谱标准，或是强制检验新药安全性等措施。

◇ 随着时间的推移，政府的税收和支出在GDP中所占的份额是稳步上升的。高收入国家的税收和支出占GDP的份额比贫困国家要大。各国的财政状况呈现出多样性。

◇ 除了支出和税收的增长，政府对支配经济事务的法律和管制也大大加强。政府的管制时有放松，但是仍然不可能回到自由放任的时代，经济学家们强调：管制的收益必须大于成本。政府的管制改变了资本主义的性质，私有财产越来越不完全地由私人控制，自由企业越来越不自由。历史的发展是不可逆转的。

❖知识点二　政府的职能

◇ "看不见的手"因为各种严格的条件假设在现实生活中很难完全发挥作用，有必要让政府介入来推进经济效率。市场失灵主要有以下几种情况：第一，完全竞争的破坏。第二，外部性和公共品。第三，不完全信息。政府的核心目标是帮助社会按其意愿配置资源。这是政府政策的微观经济方面，它集中于经济生活中的生产什么和如何生产这两个问题。各国的政策由于风俗习惯和政治哲学的差异而各不相同，有些国家强调市场的作用，实行自由放任，有的国家倾向于政府管制。

◇ 减少经济不公平。在市场经济中，因为竞争，总会带来收入分配的不公平问题。政府需要通过税收和支出政策来进行收入的再分配,有时也会用到管制的政策,为整个国民提供基本的医疗保健、营养和收入。

◇ 通过宏观经济政策稳定经济。政府有义务正确地运用货币政策和财政政策,并严格管制金融体系,以制止灾难性的经济萧条。此外,政府还努力熨平经济周期,防止经济衰退时出现大规模的失业和经济扩张时出现严重的通货膨胀。政府也在努力寻求能够促进长期经济增长的经济政策。

◇ 执行国际经济政策。政府现在在国际舞台上代表的是国家利益,与其他国家就广泛的问题进行谈判,签署对该国有利的协定。政府的国际经济政策主要有:减少贸易壁垒、执行援助计划、协调宏观经济政策、保护全球环境。

❖知识点三 公共选择理论

◇ 公共选择理论指由以布坎南、塔洛克等人为代表的公共选择学派所创立,通过对"法律—制度—结构"这一社会框架的研究,解决政治学与经济学长期隔绝的问题的一种经济理论。公共选择理论是现代西方经济学的一个分支,它将经济学应用到政府行为分析,说明政府的选择与决策。

◇ 公共选择理论考察不同选举机制的运作方式,指出没有一种理想的机制能够将所有的个人偏好综合为一种社会选择;研究当国家干预不能提高经济效率或收入再分配存在不公平时所产生的政府不灵;还研究国会议员的短视、严格预算约束的缺乏,以及为竞选提供资金所导致的政府不灵等问题。

❖知识点四 美国的财政三级体制

◇ 美国的公共财政体制是财政联邦体制。联邦政府的支出集中于与全国有关的事件——如国防和太空探索等公共品上。州和地方政府的支出一般集中在地方公共品上,其收益大多局限在州和城市的范围内。主要有街道治安和城市卫生等。

◇ 有效的财政联邦制会考虑公共项目的效益溢出行政边界的途径。最有效的对策是配置税收和支出以便让项目受益者提供税金和权衡利弊。

◇ 现在,美国政府的支出和税收约占全部国民产出的 1/3,其中 60%的支出是在联邦政府一级进行,剩余的在州和地方政府之间分配,政府支出中只有很少的一部分用于警察和法庭等传统职能。

❖知识点五 税收原则

◇ 受益原则和支付能力原则。受益原则是指个人所缴纳的税额应与他们从政府计划中得到的利益成比例。支付能力原则是指人们纳税的数额应与其收入或财富相对应。财富或收入越多,所纳的税就应当越高。通常按支付能力原则设计的税收制度同时也具有再分配性。这意味着它们从高收入的人们那里取得资金,用以增加穷人的收入和消费。

◇ 横向公平和纵向公平原则。横向公平指的是每个人都有权得到平等待遇的原则。而纵向公平指的是,地位不同的人有权公平地享有不尽相同的待遇。不过,多大程度的差异才算公平,从而可以贯彻执行下去这一点,始终没有达成共识。

❖知识点六　税收的种类和特点

◇ 累进税是指税率伴随税基规模扩大而相应提高的税收，其特点主要是平均税率随边际税率提高而提高，但边际税率总是高于平均税率，主要的税种是个人所得税和公司所得税。累退税是税率伴随税基规模的扩大而相应下降的税收，其特点是平均税率随边际税率下降而下降，但边际税率总是低于平均税率。比例税是指对同一征税对象，不论数额的大小。均按统一比例税率征收，一般用百分比表示。比例税体现了税负的横向平等的观点，使用范围较广。常见的比例税税种主要有增值税、消费税以及部分财产税和所得税。总的来说，税收被称为比例的、累进的、累退的，取决于高收入者所纳税额占收入比例是等于、大于还是小于低收入者所纳税额占其收入的比例。见右图。

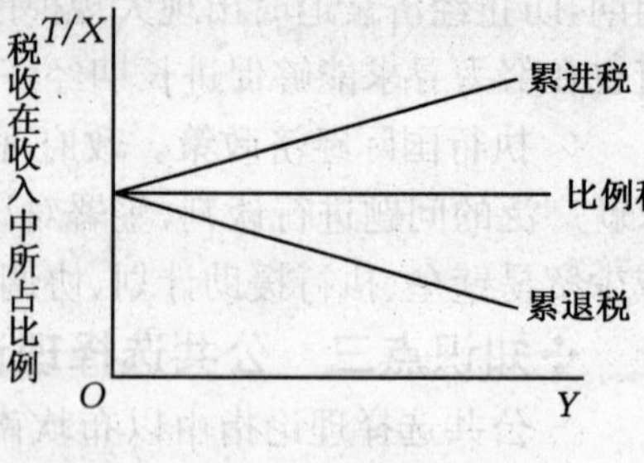

◇ 直接税是指直接对个人或企业征收的，例如个人所得税、社会保险或其他工薪税，以及遗产税和赠与税等。间接税是对商品和服务征收的，所以是“间接地”对个人征收，例如货物税和销售税、烟草税和汽油税、进口关税以及财产税等。直接税的优点是更容易进行调整，以适应不同人的不同情况，如家庭规模、收入、年龄和一般支付能力。而间接税的优点则是征收成本比较低，在征管上比较方便，因为它们可以在零售和批发环节上征收。

◇ 一半以上的联邦收入来自于个人所得税和公司所得税，其余部分来自工薪税和消费税。地方政府的收入主要来自财产税。对州政府来说，销售税是最重要的。

◇ 个人所得税对“各种来源的收入”征税，但要根据税收减免与扣除减掉某些收入。边际税率，即每 1 美元新增收入中税收支出所占的份额，对于决定税收在激励工作与储蓄方面的影响是十分重要的。在 20 世纪 80 年代，边际税率曾被大幅下调，但在克林顿执政期间，最高税率被上调；而到 2003 年布什执行一揽子财政计划时，又被降了下来。

◇ 增加最快的联邦税是工薪税，它被用来支持保险税。这是一项“专项资金”的征税，用来提供公共养老金以及医疗保健和伤残福利。由于这种支出流最终都有看得见的收益，所以工薪税有受益税的成分。

❖知识点七　税收的效率问题

◇ 税收对效率的影响成为税收政策中最令人关注的问题。经济学家和政策制定者着重研究各种激励措施对于个人与企业行为的影响。在税收政策中，主要涉及人们如何对各种不同水平的边际税率做出反应的问题。税率对于工作时间的影响是不明确的，因为工资变化的收入效应和替代效应的作用方向是相反的。由于所得税是累进的，有些人会选择更多的闲暇而不是工作，另外的一些人则会更加努力地工作以赚取更多的收入。由于高税收的存在，以及税收在各个部门之间的差异，导致了在储蓄和投资领域经济活动的低效率。

◇ 有效税收的现代理论提出了拉姆塞税收原则。它认为政府应对那些供给和需求最没有价格弹性的投入和产出征收最重的税。拉姆塞税收原则的理论基础是：如果一种产品在供给或需求上非常缺乏价格弹性，那么对这种产品征税对其消费和生产的影响就十分有限。在某些情况下。拉姆塞税收可以说是以最小的经济效率损失增进收入的一种方法。

◇ 一种新的方法是绿色税，它对环境外部性影响征收费用，减少有害的活动，同时增加收入。如果不征收绿色税，这部分收入可能就得通过对商品或对生产投入进行征税而获得，但就所有的税的开征而言，公平和政治上的可接受性，都是严格的约束条件。

❖知识点八 税收的归宿问题

◇ 税收归宿的概念体现了税赋被最终负担的方式，及其对价格、数量以及生产和消费构成的影响。那些支付税收的人经常将其负担向前转嫁给消费者，或向后转嫁给生产要素的提供者。

◇ 税制一般是累进的。最低收入群体接受净转移支付，而最高收入群体的平均税率最高。税收和转移支付体系从结构上来看，其累进性主要是源于转移支付而不是税收。税收制度整体上对收入分配几乎没有什么影响，原因在于所得税的累进影响被累退的税收如社会保障税和销售或增值税所抵消。公共计划中的累进成分主要是收入支持类的项目。

◇ 税收转嫁活动的存在，导致税收负担的“税法归宿”与其经济归宿之间发生巨大差异，于是造成名义上的公平税收实际上成为不公平。税收负担分配的不公平造成某些社会群体的福利水平下降，严重时必然造成经济社会的效率损失。

【习题解析】

□概念复习

1. 政府控制经济的三个工具：税收、支出、管制

答案见知识点一。

2. 市场不灵和政府不灵

市场不灵是指完全竞争的市场机制在很多场合下不能导致资源的有效配置，不能达到帕累托最优状态的情形。导致市场失灵的主要原因有：公共产品的存在、垄断、外部性、非对称信息等。

政府不灵是指政府的活动或干预措施缺乏效率，或者说政府做出了降低经济效率的决策或不能实施改善经济效率的决策。政府失灵的主要原因在于：(1)政府决策的无效率，投票规则的缺陷、政治市场上行为主体的动机、利益集团的存在都导致了政府决策的无效率。(2)政府机构运转的无效率，主要是因为缺乏竞争、缺乏降低成本的激励以及政府干预的无效率。(3)政府干预的无效率，特别是会因此出现寻租行为。

3. 公共选择理论

答案见知识点三第一段。

4. 政府的四项职能:(提高经济)效率、(增进)分配(公平)、(维持经济)稳定、(在)国际(上)代表(国家利益)

答案见知识点二。

5. 财政联邦制及地方的和全国性公共品

答案见知识点四第一段。

6. 政府支出的经济影响

政府支出的经济影响主要是指政府通过财政支出政策和转移支付政策对经济产生的作用。具体来说,政府对经济的影响主要有:通过对交通基础设施的投资可以降低运输成本,加速城市的扩展和郊区的繁荣。政府在基础教育和科学研究等基础领域的支出可以提高一国的科技实力,促进高新技术产业的发展,推动经济的增长。政府对传统文化的保护和发展提供资助,可以促进一国文化的发展,提高人们工作的积极性和热情度,从而促进经济的发展。

7. 受益原则和支付能力原则

答案见知识点五第一段。

【翔高点评】税收的征收是本着一定原则的,受益原则、支付能力原则、横向公平和纵向公平原则是税收的主要征收原则,是各类考试的考察重点,需要掌握。

8. 纵向公平和横向公平

答案见知识点五第三段。

9. 直接税和间接税

答案见知识点六第二段。

10. 累进税、比例税和累退税

答案见知识点六第一段。

11. 税收和转移支付的归宿和转嫁

答案见知识点八第一、三段。

12. 拉姆塞税收原则和绿色税

答案见知识点七第二、三段。

□问题讨论

1. 回忆奥利佛·温德尔·霍姆斯大法官所说的话:"税是我们为文明社会所支付的代价。"解释这句话,记住在经济当中,我们总是需要透过货币流动的面纱来理解实际资源的流动。

【重要级别】☆　　　　【难度级别】☆

【考查要点】政府的政策工具

【参考答案】税收是政府为实现其职能,凭借政治权利,依法无偿取得实物或现金的一种特殊分配活动。通过税收,政府实际上决定了如何从公民和企业手中取得资源以用于公共目标。政府以货币形式取得税收,这些货币是税收的一种媒介载体,必须经由它才能将实际经济资源由私人物品转化为公共品。通过取得税收,政府获取必要的经济资源可以去履行它的四个主要职能:提高经济职能、减少经济不公平、通过宏观经济政策来稳定经济、执行国际经济政策等。

2. 在考虑你是想要一个纯粹自由放任的经济还是政府管制的经济时,讨论对于卖淫、吸毒、心脏移植、攻击性武器和酒精是否由政府控制,讨论对这些物品征收高额税收或实行禁止的相对有利之处(回忆第5章中关于禁毒的讨论)。

【重要级别】☆　　　　　　　　　【难度级别】☆

【考查要点】政府的政策工具

【参考答案】因为卖淫、吸毒、心脏移植、攻击性武器和酒精等会危及广大国民的身体健康、生命和财产安全等,会危害社会经济的可持续发展,所以必须要有政府的干预和管制,以为本国经济的发展创造出稳定的环境,提高本国劳动力的质量,促进经济的发展。如果对这些物品征收高额税收或实行禁止可以相对减少它们的活动量,但是这些活动将由公开转为地下,滋生更多难以控制的非法活动,这些活动的成本将会高于活动本身。

3. 美国税收制度的批评者认为,税收会挫伤工作、储蓄和创新的积极性,所以会降低长期的经济增长。你能看出为什么"绿色税"能促进经济效率和经济增长吗? 考虑对硫酸和二氧化碳排放或泄漏的油轮的征收。列出你认为能提高效率的税收,并将它们的影响与税收对劳动或资本收入的影响进行比较。

【重要级别】☆☆　　　　　　　　【难度级别】☆☆☆

【考查要点】税收的效率问题

【参考答案】绿色税是指政府为了消除私人经济主体的经济活动对环境所造成的有害的外部性,引导他们保护环境、实现绿色生产和消费而征收的一种税。征收绿色税可以提高人们的环保意识,激励人们去改进技术,尽量减少对环境的破坏,实现经济的可持续发展,所以有助于经济效率的提高和经济增长。对硫酸和二氧化碳排放或泄露的油轮进行征税,可以使生产这些"废品"的组织的生产成本增加,在激烈的市场竞争条件下,它们会努力降低排放量,减少这部分的成本支出,环保的作用将更为明显。我认为能提高效率的绿色税有:(1)垃圾税,根据每个家庭所实际产生的垃圾数量而征收税收,是居民的一大生活开支,因此就可以使人们减少垃圾的产生。(2)水税,具体包括征收水污染税和水开采税,这会增加居民和企业的经济负担,使他们意识到节水的重要性,缓解目前许多国家所面临的水资源短缺问题。政府征收绿色税的实质和对劳动与资本收入征税的效果一样,都会减少经济活动,但是不同的是征收绿色税可以提高经济效益,而对劳动和资本收入的征税则不一定都能提高经济效益。

4. 税收经济学家经常谈到一次性总付税(如人头税),这种税对个人征收,而不考虑其经济活动。一次性总付税是有效率的,因为它们对所有收入和产出征收的边际税率都为零。

假设政府对每个人征收 200 美元的一次性总付税,用图说明这对劳动的需求和供给的影响。在均衡时,劳动的边际收益产品还等于工资吗?

在一个包含一生时间的分析框架中,我们可将一次总付税看作"禀赋税",以潜在劳动收入为基础对个人征收。富勒顿和罗杰斯发现,一个完全有效率的比例禀赋税能将平均一生收入提高 1.3%。你会赞同这样一个变动吗?说明在执行一项禀赋税时会遇到的困难。

【重要级别】☆☆　　　　　　　　　【难度级别】☆

【考查要点】税收的效率问题

【参考答案】如右图所示,政府对每个人征收 200 美元的一次性总付税并不能改变劳动市场的均衡状况,因为它对相对价格并没有造成实际影响,劳动与其他活动的机会成本并未发生变化。在均衡时,劳动的边际收益产品仍然等于工资。征收禀赋税可以提高经济的效率。富勒顿和罗杰斯的发现是有一定道理的,理论上可行。但是在征收时会遇到一些问题,首先是公平问题,禀赋税的实质是向富裕的人征税来补贴贫困家庭的支出,因而可能会遭到一些人的反对。其次是潜在的劳动收入是很难衡量的,实际上不可能实现完全有效的比例赋税。

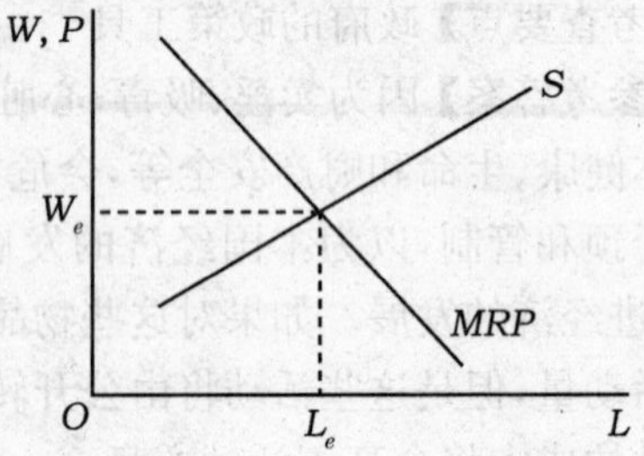

5. 将不同的联邦税按其累进程度列一张表。如果联邦政府想取消所得税,代之以消费税或销售税,这对于税收体系的总体累进程度有何影响?

【重要级别】☆☆　　　　　　　　　【难度级别】☆☆☆

【考查要点】税收的种类和特点

【参考答案】联邦税按其累进程度由强到弱排列如下表所示:

累进税	个人所得税
	遗产和赠与税
比例税	公司所得税
	工薪税
累退税	销售税
	其他税收及收入

如果联邦政府想取消所得税,代之以消费税或销售税,则税收体系的累进程度将会降低,税收体系将趋于累退税。一般来说,消费税和销售税是按比例征收的,较为贫困的人往往花费其收入的绝大部分购买含税商品,看似是累进的,但是穷人的社会收入在整个国民体系中占据很小的部分,富人的个人所得税减少后,他们的边际消费倾向很小,因此最终效果将是更为累退的。

6. 有些公共品是地方性的，外溢到小范围的居民中；另一些则是全国性的，使整个国家都收益；有一些是全球性的，影响所有的国家。私人品的外溢是可以忽略不计的。给出一些纯粹私人品和地方性、全国性或全球性公共品及其外部性的例子。对于每种情况，指出哪一级政府能制定最有效率的政策，并举出一两个可以解决外部性问题的适当的政府举措。

【重要级别】☆　　　　　　　　【难度级别】☆

【考查要点】政府的政策工具

【参考答案】减轻一个城市的噪声污染项目是属于地方性的公共品，地方或者联邦政府应该提供这种物品，政府应对制造污染的企业进行管制。

减缓沙尘暴的举措属于全国性或全球性的公共品，联邦政府的行为是最有效的，可以对破坏草场和森林的个人与企业进行制裁。

艾滋病的疫苗属于全球性公共品，所有国家都应当补贴其生产和销售。

根据制度经济学的相关理论，各级政府解决外部性的举措主要有：(1)课税与补贴；(2)对相关企业进行合并；(3)明晰产权，对某些资源赋予财产权；(4)直接管制。

7. 下面是一些能运用供求分析回答的税收归宿问题，用图来解释你的分析。

a. 在1993预算法案中，国会将每加仑联邦汽油税提高了4.3美分。假设汽油的批发价是由世界市场决定的，汽油税对美国生产者和消费者的相对影响如何？

b. 社会保险税主要针对劳动收入征税，如果劳动供给完全没有价格弹性，税收的归宿在哪里？如果劳动供给曲线是向后弯曲的呢？

c. 如果企业必须得到一个在世界资本市场上决定的税后投资收益率，那么，在一个小的开放经济中，公司所得税的归宿在哪里？

【重要级别】☆☆　　　　　　　【难度级别】☆☆☆

【考查要点】税收的归宿问题

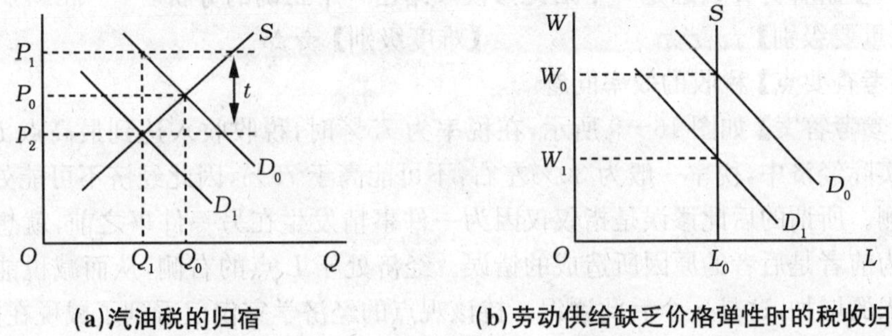

(a)汽油税的归宿　　　　(b)劳动供给缺乏价格弹性时的税收归宿

【参考答案】a. 提高汽油税对于消费者而言，价格将升高，税收将由消费者和生产者分担。因为在短期内由于需求相对而言缺乏弹性，所以消费者将承担大部分税收。如(a)图所示。

b. 如果劳动供给完全没有价格弹性，则工人将承担整个税收负担，如(b)图所示。如果劳动的供给曲线是向后弯曲的,则税收归宿取决于劳动需求的初始情况,如(c)图所示。在劳动需求曲线位于 D_0、D_1 时,税收将由劳动者和企业分摊。如果劳动需求为 D_3、D_4 时,税收将完全转嫁给工人。

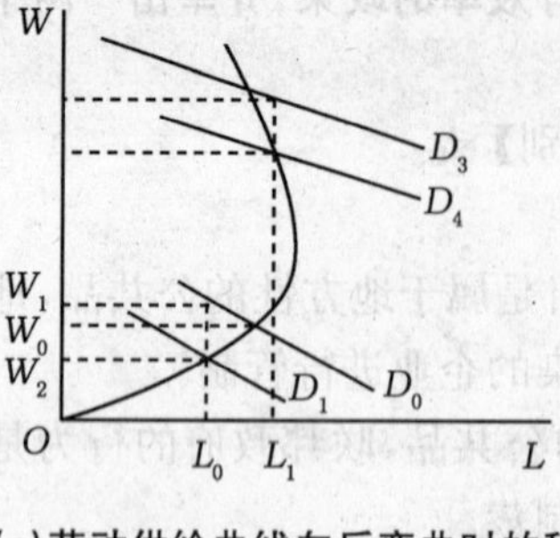

(c)劳动供给曲线向后弯曲时的税收

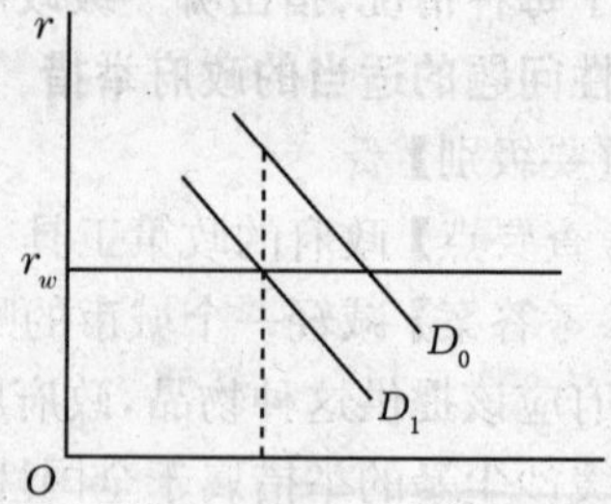

(d)小国开放经济下的税收归宿

c. 在小国开放经济下,公司将承担所有的税收。如(d)图所示,在小国开放经济下,资本的供给曲线是固定于世界利率处的一条水平直线。税收使得资本需求曲线从 D_0 左移到 D_1,公司承担了所有的税负。

8. 关于以加利福尼亚经济学家和参议员候选人阿瑟·拉弗的名字命名的拉弗曲线,有一个有趣的问题。在图 16－9(课本 P295)中,拉弗曲线显示出收入如何随税率上升而增加,在 *L* 点达到最高,然后在 100%的税率时降为零,因为此时经济活动已经被完全抑制了。不同税收的拉弗曲线的确切形状是有争议的。

在讨论税收时经常犯的一个错误就是后此谬误(见第 1 章关于这个问题的讨论)。要求减税的人经常在争论中借助于拉弗曲线。他们认为 20 世纪 60 年代减税时,经济处于拉弗曲线顶端的右侧,比如说在 *B* 点。他们说,在 1964 年"肯尼迪—约翰逊减税"后,联邦收入由 1963 年的1 100亿美元上升到 1966 年的1 330亿美元,所以减税能提高收入。请解释这为什么不能说明经济处于 *L* 点的右侧,再请进一步解释为什么这是一个后此谬误。给出一个正确的分析。

【重要级别】☆☆☆　　　　　　　【难度级别】☆☆

【考查要点】税收的效率问题

【参考答案】如图 16－9 所示,在税率为 75%时,税收收入达到最高点 L。但是在实际经济中,税率一般为 30%左右,不可能高于 75%,因此经济不可能处于 L 的右侧。所谓的后此谬误是指仅仅因为一件事情发生在另一件事之前,就想当然地认为前者是后者的原因所造成的错误。经济处于 L 点的右侧,从而减税能够带来收入的增加,这是一个后此谬误。持该观点的经济学家仅仅看到了减税在前,收入增加在后,而认为减税是收入增加的原因,这是片面的。收入增加可能是扩张性的货币政策和财政政策共同作用所致。20 世纪 60 年代肯尼迪和约翰逊时期的经济学家是坚信货币政策的效能和重要性的。因为要防止财政扩张过程中挤出效应的发生,货币政策必须适应财政政策的要求,增加货币供给以稳定利率特别是长期利率。相关关系并不意味着因果关系。要正确地分析经验事实,需要有一个揭示因果关系的模型，该模型要完整地描述减税及减税的作用机制，同时具备一些历史背景来评估经济中其他变量变化的影响。

9. 在统一税的税制下，对所有个人和公司收入只征一次低固定比率的税收。表16－5(课本P295)说明了这样的一个统一税是如何起作用的。比较统一税和表16－4(课本P287)中所列税收的平均税率和边际税率，列出两种税的优点和缺点，并说明哪种累进程度更高？

【重要级别】☆☆　　　　　　　　【难度级别】☆☆

【考查要点】税收的种类和特点、税收的归宿问题、税收的效率问题

【参考答案】由表16－5可知，在统一税下，基于调整后的总收入的平均税率分别是0，0，0，20％，20％，20％。而边际税率分别为0，0，0，20％，20％，20％。边际税率不再具有累进性。然而在传统的税制表16－4下，平均税率为－34％，－22％，－2％，9％，14％，30％，边际税率为－34％，0，31％，15％，26％，33％，41％。平均税率具有累进性质，边际税率整体上也具有累进性质。

通过以上的分析，我们可以看出，传统的税制具有累进性质，对高收入者将征收较高的收入，起到了一定的公平作用，但是它会造成极大的扭曲，充满了漏洞或税收偏好。统一税制将简化税收的编制，基本上可以消除所有的税收漏洞或税收偏好，较大程度上消除税收扭曲。但是统一税制不具有较强的累进程度，将牺牲中低收入者的利益，将收入从中低收入者手中向高收入者转移。

【补充训练】

1. 反周期波动的财政政策为(　　)。

A. 经济衰退时应增加政府开支、削减税收

B. 经济高涨时应增加政府开支、削减税收

C. 经济高涨时应增加政府开支、提高税收

D. 经济衰退时应减少政府开支、削减税收

【重要级别】☆　　　　　　　　【难度级别】☆

【考查要点】政府的职能

【参考答案】A。财政政策一般都是反周期的，在经济衰退时应当增加政府开支，同时削减税收，提高GDP构成中政府购买G的总量，减税也会起到增加居民购买力、扩大总需求的作用，有助于经济走出衰退。但是在经济高涨时，则应减少政府开支、增加税收。

2. 简述税收对需求的调节作用。

【重要级别】☆☆☆　　　　　　　　【难度级别】☆☆☆

【考查要点】税收原则

【参考答案】对某种产品征税，意味着生产者成本的增加，从而导致产品价格的提高，而产品价格的提高会导致对该种产品需求的减少，因此对某种产品征税可

以调节产品的需求结构。同时,税收还可以调节总需求。

当经济衰退的时候,国民产出水平下降,个人收入减少;在税率不变的情况下,政府税收会自动减少,留给人们的支配收入也会自动少减少一点,从而使总需求也适当少减少一点。

在经济繁荣时,失业率下降,人们的收入会自动增加,税收会随着个人收入的增加而自动增加,可支配收入也就会自动少增加一点,从而总需求也相应的少增加一点。

3. 简述宏观财政政策的内容。

【重要级别】☆☆　　　　　　　　【难度级别】☆☆

【考查要点】政府的职能

【参考答案】财政政策是政府为促进就业水平提高、减轻经济波动、防止通货膨胀、实现经济稳定增长而对政府支出、税收和借债水平所进行的选择,或对政府收入和支出水平所作的决策。财政政策主要分政府支出和政府收入两个部分。

政府支出是指整个国家中各级政府支出的总和,由许多具体的支出项目构成,主要可分为政府购买和政府转移支付两类。政府购买是指政府对商品和劳务的购买。如购买军需品和机关公用品、支付政府雇员的报酬、公共项目工程所需的支出等都属于政府购买。与政府购买不同,政府转移支付是指政府在社会福利保险、贫困救济和补助等方面的支出,这是一种货币性支出,政府在付出这些货币时并无相应的商务和劳务的交换发生,因而是一种不以取得本年生产出来的商品和劳务作为报偿的支出。因此,转移支付不能算作国民收入的组成部分。

再看政府的收入。税收是政府收入中最主要的部分,它是国家为实现其职能按照法律预先规定的标准,强制地、无偿地取得财政收入的一种手段,因此税收具有强制性、无偿性、固定性三个基本特征,正因为如此,税收可作为实行财政政策的有力手段之一。

当政府税收不足以弥补政府支出时,就会发行公债,使公债成为政府财政收入的又一组成部分。公债是政府对公众的债务,或公众对政府的债权。它不同于税收,是政府运用信用形式筹集财政资金的特殊形式,包括中央政府的债务和地方政府的债务。

第17章　促进市场更富效率

【学习精要】

❖知识点一　管制及其种类

◇ 管制的主要形式是直接干预，即政府发出指挥与控制命令，或者是采用市场激励的方法。管制的基本内容是制定政府条例和设计市场激励机制，以控制厂商的价格、销售或生产等决策。

◇ 管制传统上分为两类。经济管制指的是对价格、市场进入和退出条件、服务标准等所进行的控制。这种控制在自然垄断行业中很重要，主要体现在公用事业、金融业等。社会管制用来保护环境以及劳工和消费者的健康和安全，它的有关规定可用以矫正经济活动所引起的各种派生后果和外部性问题。突出的例子是环境管制问题。

❖知识点二　管制产业的原因

◇ 抑制市场力量。管制性措施应当用于削弱过强的市场力量，更具体地说，政府应该对企业数目太少的产业实行管制，以激发强有力的竞争。政府特别应当对自然垄断这种极端情况实施管制。当一个产业的规模经济或者范围经济十分强有力，以至于只有一个厂商能较好地生存下去时，就会产生自然垄断。

◇ 矫正信息不完全。消费者获得产品的信息往往是不充分和不完全的，政府应当试图弥补市场在有效提供信息方面的缺陷。在金融业领域中，大多数管制的目的都在于提高信息的数量和质量，这样市场会运转得更好一些。

◇ 处理外部性问题。因为私人主体的经济行为往往导致外部性问题的出现，为了矫正这种市场失灵行为，政府的某些管制行为也是十分有效的。最常见的就是对环境污染的管制。

❖知识点三　管制的利益集团理论

管制行为限制了被管制产业的进入，提高了现存企业的价格和利润。强调管制具有反竞争性的经济学家认为：说管制是为了消费者和工人的利益，不要相信。管制是通过在被管制产业中限制进入来阻止竞争，以提高某些制造商的收入。消费者或工人的任何获益都不过是偶然的。

❖知识点四　对自然垄断性公用事业的管制

自然垄断者相对竞争者来说，享有极大的成本优势，而且面对缺乏价格弹性的需求，所以能大幅度地抬高价格，获得巨额垄断利润，导致经济在很大程度上的无效率。显然，垄断厂商的价格不应该定得过高，其价格应能正确地反映生产的边际成本，如果采用 $P=MC$ 的原则来制定管制价格，会造成厂商的亏损，厂商会选择退出，此时应当放弃边际成本定价法或者由政府来资助被管制企业。因此，可以采用平均成本定价法或者双重定价法来为公用事业产品定价。

❖知识点五　管制的成本

◇ 经济学家通过研究管制的影响，以权衡管制的成本与效益。管制的后果包括了效率损失和收入的再分配。近年来，随着贸易壁垒的减少、产业管制的进一步放松以及社会管制的减少，今天的管制成本已经大幅度地下降。

◇ 面对市场竞争的压力，尤其是来自于国际市场的压力，今天只有少数几个产业还在实行经济管制。20 世纪 70 年代放松管制的运动明显地降低了政府的管制程度，航空业取消管制代表了这一运动所取得的成果。

❖知识点六　政府反垄断政策有关的理论要点

◇ 不完全竞争是缺乏效率的，因为其定价高于边际成本。在垄断或者寡头垄断的条件下，消费者所消费的该产业的产量往往低于有效产量。

◇ 技术的特点决定了许多产业带有规模经济或者范围经济的性质。要求这些自然垄断行业的产出像完全竞争企业一样是不现实的。

◇ 从长期来看，大部分经济进步来自技术变革。根据熊彼特的假设，具有巨大市场力量的企业应该对许多发明和技术变革承担责任，政府不能损害创新的积极性。

◇ 市场力量滥用主要集中在产业出现垄断时发生。当一个或一组相勾结的企业的产量大于该产业总产量的 3/4 时，产业垄断就会出现。

◇ 政府承担了防止垄断出现以及在垄断不可避免时对其加以控制的责任。反托拉斯政策试图防止垄断或反竞争市场力量的滥用，经济管制被用来控制自然垄断条件下垄断权的使用。

❖知识点七　反垄断法规的框架

◇《谢尔曼法》(1890 年)。1890 年，美国国会制定的第一部反托拉斯法，也是美国历史上第一个授权联邦政府控制、干预经济的法案。该法第一条就限制任何“企图限制贸易”的合同、联合和共谋。第二条则禁止“垄断”和任何意在垄断的勾结。但法律条文本身和相关解释都没有明确垄断的概念和被禁止的行为。其含义是在后来的案例法中不断被加以阐述和补充说明的。

◇《克莱顿法》(1914 年)。通过《克莱顿法》是为了澄清和强化《谢尔曼法》。该法禁止捆绑性契约，规定价格歧视和排他性经营非法；该法还禁止连锁董事会，并禁止通过收购竞争对手公司的普通股而进行兼并。这些行动本身并不一定违法，但是当这类行动实际上在明显减少竞争时，它们就违法了。该法既强调惩罚也强调预防。该法的另一重要内容就是它特别为工会的活动提供了反托拉斯法的豁免权。

◇ 联邦贸易委员会。1914 年成立了联邦贸易委员会(FTC)，以禁止“不公平的竞争手段”，并向那些违背竞争的兼并行为发出警告。1938 年，FTC 还被授权禁止欺骗性的不真实的广告。为实施权力，FTC 可以进行调查、举行听证会，以及发布“终止—停止”命令。

✣知识点八　反托拉斯的基本问题：行为和结构

◇ 非法行为。最重要的在本质上违法的行为是竞争企业之间规定价格、限制产量或瓜分市场的协定。这样的协定有抬高价格、降低产量的作用。反托拉斯还限制其他的行为：

(1)掠夺性定价。在这种情况下，一个企业以低于其生产成本的价格出售产品。

(2)捆绑性契约或协定。在这种情况下，只有购买者购买某种产品，企业才出售另外一种特定的商品。

(3)价格歧视。在这种情况下，企业由于某些与成本或竞争无关的原因，对不同顾客按不同价格出售相同的产品。

◇ 结构。固定定价和其他非法行为虽然严重，但最明显的反托拉斯案件并非是与行为相关而是与结构有关。这些案件或是为了解散大公司，或是预防性的反兼并措施，其宗旨都在于取消已经提上议事日程的大企业之间的兼并。企业规模的大小本身并不构成违法问题，法院关注更多的是反竞争行为而不是纯粹的垄断结构。

◇ 兼并。横向兼并，是指同一产业的公司联合在一起，按《克莱顿法》，当它可能在相当程度上降低产业竞争时，这种兼并就是被禁止的。纵向兼并发生在处于生产过程不同阶段的两个厂商结合在一起的时候。混合兼并是指将没有关联的业务结合到一起。在今天，横向兼并仍然受到人们的关注，而纵向兼并和混合兼并已经能为公众所理解和宽容。

✣知识点九　反托拉斯法和效率

反托拉斯法政策明显受到最近 30 年经济思潮的影响。其结果是，反托拉斯政策将目标完全放在提高效率上，而不再强调早期的平民主义者对巨型规模本身的关注。甚至，在今天的经济中(存在来自外国生产者和无管制行业的激烈竞争)，许多人认为反托拉斯政策应该主要致力于防止像价格固定这类勾结性协议等问题上。

【习题解析】

□概念复习

1. 两类管制：经济管制与社会管制

答案见知识点一第二段。

2. 旧式(命令控制式)管制和新式(经济激励式)管制

旧式管制主要是指政府采取直接干预的方式发出指挥与控制命令来强制人们从事或放弃某些经济行为的管制方式。新式管制主要是指政府利用市场激励的手段来诱使人们根据其经济利益来从事或放弃某些经济行为的管制方式。

3. 自然垄断

自然垄断是指在某些产业中,只有一家企业进行大规模的生产经营活动供给整个市场,才能使生产最有效率的垄断现象。在自然垄断行业,如果由两家以上的企业进行生产,生产成本将会上升,主要可能是企业内部规模经济的存在导致的。政府应该对自然垄断产业的价格进行管制。

4. 管制的三个理由:市场力量、外部性、信息不完全

答案见知识点二。

5.《谢尔曼法》、《克莱顿法》和《联邦贸易委员会法》

答案见知识点七。

【翔高点评】本题考察了三部反垄断法规的主要内容,需要掌握它们的基本立法精神在反垄断问题上的重要作用。

6. 自行禁止与"合理管制"

自行禁止是指当法院宣布某种勾结行为在本质上是非法的,不存在为这类行为辩解的理由,违背者不得以某种值得追求的目的为借口来为自己的托拉斯政策辩护。"合理管制"是指法院认为只有对贸易的不合理限制才属于反托拉斯法应该加以制裁的范围,并视为非法的反托拉斯政策。

7. 兼并:纵向的、横向的、混合的

答案见知识点八最后一段。

8. 重视效率的反托拉斯政策

在反托拉斯时,首先应该确保企业的效率,主要致力于防止像价格歧视规定这类勾结性协议等问题的反托拉斯政策。

□问题讨论

1. 什么是政府限制垄断权力的主要武器?描述每一政策的长处和弱点。

【重要级别】☆☆　　　　　　　【难度级别】☆☆

【考查要点】管制及其种类

【参考答案】反托拉斯政策和经济管制是政府限制垄断权力的主要武器。管制可以分为旧式的管制和新式的管制。旧式的管制主要是指命令控制式的管制,比较直接,缺乏弹性,新式的管制主要是指经济激励式的管制,具有较大的弹性。反托拉斯政策主要是建立在比较严格的法律上。有些法律条款比较严格,灵活性比较小,执行起来弹性较小;但是有的条款却不是十分具体,在执行时可以灵活使用,弹性比较高。

2. 回顾图17-2(课本P300)中的三种价格结果。你能想到实行理想的管制

价格的困难之处吗？（提示：国家从哪里得到财政收入？MC容易衡量吗？）同理，你能想到出于什么理由，许多经济学家宁愿要无管制的价格结果而不要受管制的价格结果吗？（提示：如果P_M比P_R高得不太多会怎样？你是否也担心管制的利益集团理论所指出的情况？）

【重要级别】☆☆☆　　　　　　【难度级别】☆☆☆

【考查要点】管制的成本

【参考答案】在无管制的情况下，垄断厂商根据$MR=MC$的原则，这样确定的价格明显高于边际成本，产量也比较小。

在政府实行理想的价格管制的情况下，按边际成本定价法$P=MC$，厂商的价格下降，产量增加。但是因为自然垄断厂商是在AC曲线下降的规模经济段进行生产，所以MC曲线必定位于AC曲线的下方，所以按照边际成本MC所决定的成本一定会小于平均成本。在这种管制价格下，厂商是亏损的，厂商会退出生产，这时价格管制政策就陷入了困境，要么放弃边际成本定价法，要么政府资助被管制的企业。另外一种则是实行平均价格管制法，在这一点，价格等于平均成本，企业的超额利润为零，企业生产可能缺乏积极性。但是如果企业的垄断价格和这种管制价格相差不大的话，则没有必要实行管制，管制反而会降低企业创新的积极性。管制的利益集团理论指出，管制是通过对被管制产业进行限制来阻止竞争，以提高某些制造商的收益。管制限制了被管制企业的进入，提高了现存企业的价格和利润。所以一个被管制的产业为了防止竞争者的进入和保持高利润而游说政府，以要求政府继续管制下去。因此，许多经济学家宁愿要无管制的价格结果，而不要受管制的价格结果。

3. 解释为什么最高限价或通货膨胀率减X的价格管制法比平均成本定价的管制法更有激励性，并解释后者为什么能更好地防止垄断利润。

【重要级别】☆☆　　　　　　【难度级别】☆☆☆

【考查要点】管制的成本

【参考答案】最高限价等管制法可以促使企业尽力去降低生产成本，对于企业更有激励性。当他们知道价格会上涨时，会降低生产的成本，去增大获利的可能性。最高限价或通货膨胀率减X的价格管制法能使生产更有效率的公司赚取更多的经济利润。而平均成本定价能够确保长期竞争的结果，即企业的利润为零，所以平均成本定价能够更好地防止垄断利润。

4.“微软，这个软件业巨头，它并非仅仅因为大才坏。”讨论这句话，主要根据反托拉斯法对于大公司的应用情况。

【重要级别】☆　　　　　　【难度级别】☆

【考查要点】反托拉斯的基本问题：行为与结构

【参考答案】微软在电脑操作系统市场上几乎是一个垄断者。但是根据反托拉斯法，企业的规模大小本身并不构成违法问题。反托拉斯法更多关注的是反竞争行为，而不是纯粹的垄断结构。一般来说，较大的规模会带来研发的巨大收益，但是如果微软公司利用其规模优势从事打击其竞争对手的反竞争行为，则微软公司就违背了反托拉斯法的规定，需要受到法律的制裁。

5. 观察图17—1(课本P299)中的成本和需求曲线。利用这些曲线，推导出垄断价格和产出。把它们与理想的管制价格和产出加以比较，指出其中的差异。

【重要级别】☆☆　　　　　　【难度级别】☆☆

【考查要点】管制的成本

【参考答案】参考问题讨论第2题的答案。

6. 反托拉斯的两个重要方面是结构和行为。前者只注意产业的结构(如企业的集中化)；后者则注意企业行为(如价格固定)。

a. 回顾各种法规和案件，看哪些与行为有关？哪些与结构有关？20世纪80年代的政府兼并准则是怎样的？

b. 两种方式的优点和不足各是什么？

【重要级别】☆☆☆　　　　　【难度级别】☆☆☆

【考查要点】反垄断法规的框架，反托拉斯的基本问题：行为和结构

【参考答案】a. 具体的反托拉斯法有《谢尔曼反托拉斯法》(1890年修正案)、《克莱顿反托拉斯法》(1914年修正案)以及《联邦贸易委员会法》(1914年修正案)，具体的条文见课本P305。在《谢尔曼反托拉斯法》中，第一条与行为有微弱关系，第二条主要是针对结构的。在《克莱顿反托拉斯法》中，第二、三条主要是针对行为，第七条与结构有关。《联邦贸易委员会法》主要是与行为有关。20世纪80年代的政府兼并准则是合理准则，即只有对贸易的不合理限制才属于《谢尔曼法》应该加以制裁的范围，被视为非法。

b. 结构易于监测，但是并不一定能够实现最有效率的生产。因为在某些情况下，一些行业存在规模收益递增的现象，只有一家企业进行大规模的生产经营来供给整个市场，才能使生产最有效率。行为相对来说难以监测，但是它能够确保效率的实现。

7. 把你认为属于"自然垄断"的各产业列成表，然后考虑防止运用垄断权力的各种干预策略，对你表上的每一产业你打算做些什么？

【重要级别】☆　　　　　　【难度级别】☆☆

【考查要点】管制产业的原因、管制及其种类

【参考答案】自然垄断的例子主要包括自来水供应、电信服务、电力、公共交通等，它们一般均只需要一家企业就可以达到目的，因此需要政府利用对价格的控制来管制自然垄断行业。主要的管制措施有：(1)根据俘获论，垄断厂商根据 $MR=MC$ 的原则，这样确定的价格明显高于边际成本，产量也比较小。(2)边际成本定价法 $P=MC$，厂商的价格下降，产量增加。但是因为自然垄断厂商是在 AC 曲线下降的规模经济段进行生产，所以 MC 曲线必定位于 AC 曲线的下方，按照边际成本 MC 所决定的成本一定会小于平均成本。在这种管制价格下，厂商是亏损的，厂商会退出生产，这时价格管制政策就陷入了困境，要么放弃边际成本定价法，要么

政府资助被管制的企业。(3)平均价格管制法，在这一点，价格等于平均成本，企业的超额利润为零，企业生产可能缺乏积极性。但是如果企业的垄断价格和这种管制价格相差不大的话，则没有必要实行管制，管制反而会降低企业创新的积极性。

8. 指出一个利润最大化的、无管制的垄断者从来不会在它需求曲线无弹性的范围内经营。指出管制如何才能迫使垄断者进入它的需求曲线无弹性的部分。当一个垄断者在其(a)需求曲线有弹性的部分，(b)需求曲线无弹性的部分，(c)需求曲线有单位弹性的部分经营时，其管制价格的增加对它的收益和利润各有什么影响？

【重要级别】☆☆☆　　　　　　　　　【难度级别】☆☆☆

【考查要点】管制产业的原因

【参考答案】在边际成本 $MC>0$ 的情况下，无管制的垄断厂商的利润最大化的条件是 $MR=MC$。因为 $MR>0$，此时需求是富有价格弹性的。在管制价格下，总的收益为 PQ。在需求有弹性的部分，随着管制价格的增加，导致产量减少的幅度大于价格上升的幅度，因此价格上升收益减少，但是利润却不一定会减少，当管制价格接近于垄断价格时，利润实现了最大化。当垄断者在需求无弹性的部分时，价格上升，导致产量下降的幅度小于价格上升的幅度，因此收入可能增加，但是利润的变化却是不一定的；如果价格向垄断价格接近，则利润有可能会增加。当垄断者在需求曲线具有单位弹性的部分经营时，管制价格的增加将导致收益不变。利润的变化也是不确定的。

9. 回顾本章关于兼并的准则，第 10 章中对于 HHI 的定义，以及第 10 章第 2 题的表和讨论。航空业属于哪一种情况？如果政府认为代码共享协议等价于兼并，那么这些协议能通过兼并准则吗？

【重要级别】☆☆　　　　　　　　　【难度级别】☆☆

【考查要点】反托拉斯的基本问题：行为和结构

【参考答案】根据 HHI 的定义，当 HHI 大于 1 800 时，该行业就是高度集中的。航空业便为高度集中行业。如果政府要保持行业的竞争性，代码共享协议将很难通过兼并准则。

10. 在《事实调查报告》中，杰克逊法官这样写道："微软觉得自己有相当的能力决定 Windows 98 的升级产品(用来卖给现有的 Windows 95 用户的操作系统)的价格，说明了该公司的垄断地位。微软于 1997 年 11 月的一项研究显示，该公司可以为 Windows 98 的升级产品定价为 49 美元，而且没有理由认为 49 美元不能带来盈利，但该研究认为 89 美元是收益最大化的价格。微软也因此将价格定为 89 美元"。解释为什么这些事实可以说明，微软不是一个完全竞争者。还需要哪些信息来证明微软是一个垄断者？

【重要级别】☆☆　　　　　　　　　【难度级别】☆☆

【考查要点】反托拉斯的基本问题：行为和结构，管制产业的原因

【参考答案】任何能够控制其价格的企业都不会完全按照完全竞争的市场规

则来运行,一个企业能够设定其价格,那么它们就有一定程度的垄断势力。要证明微软公司是垄断者,还需要证明以下情况是否发生:(1)微软公司在特定市场上占有决定性的市场份额。(2)微软公司的市场份额由于行业的进入障碍而受到保护。(3)由于微软的市场势力它在该市场上几乎不存在竞争对手。

【补充训练】

1. 作图分析政府对自然垄断怎样实行管制?希望达到什么效果?

【重要级别】☆☆☆　　　　　【难度级别】☆☆☆

【考查要点】管制产业的原因

【参考答案】所谓自然垄断是一种自然条件,它恰好使市场只能容纳一个有最适度规模的公司。自然垄断的基本特征,一是固定资本投资巨大,二是呈现规模报酬递增。铁路、航空、邮电、煤气、供电供水等公用事业大多具有自然垄断的特征。

对于自然垄断部门,如果政府准予自由进入,虽可以加强市场竞争,但由于市场需求限制,企业难以取得规模经济效果,巨大的固定投资可能被浪费。因此,对这一类部门,政府采用管制的方法来抑制垄断行为,其中主要是价格管制。政府应通过制定合理的收费标准,以便既能消除不合理的垄断利润,又能提高资源配置效率。

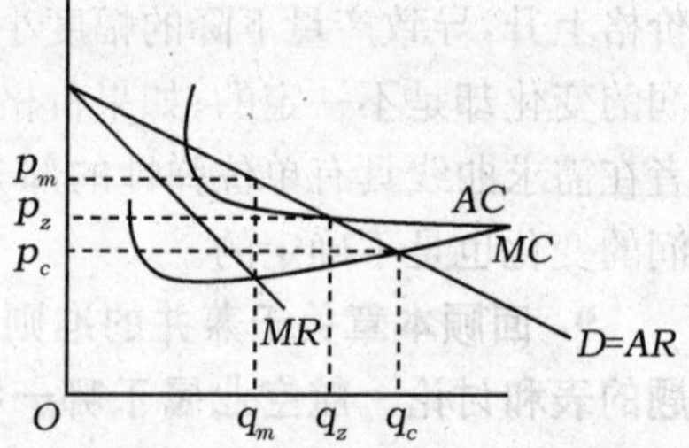

右图显示的是政府对自然垄断厂商实行价格管制的情况。

在图中,自然垄断厂商的平均成本曲线 AC 具有不断下降的特征。因此,边际成本曲线 MC 总位于 AC 的下方。未受政府管制时的均衡点是 (p_m, q_m),垄断厂商生产 q_m 数量的产品,按 p_m 的垄断价格出售,获得超额利润。现在政府实施价格管制。当管制价格为 p_c 时,产量为 q_c,厂商的边际成本等于产品价格,达到帕累托最优,但厂商却没法补偿它的全部成本,因为价格远远低于平均成本。如果要制定零经济利润价格 p_z,则在这种情况下,p_z 要高于帕累托最优价格 p_c,产量 p_z 也少于最优产量 q_c。重要的是,在自然垄断场合,帕累托最优价格和最优产量上,厂商的平均收益小于平均成本,出现了亏损。因此,这种情形下,政府如果要管制价格在最优水平,就必须补贴垄断厂商的亏损。

2. 2007 年 8 月 30 日第十届全国人民代表大会常务委员会第二十九次会议通过《中华人民共和国反垄断法》,该法将于 2008 年 8 月 1 日开始实施。实施反垄断法将有助于保护市场公平竞争、提高经济运行效率、维护消费者利益和社会公共利益。但是,实施反垄断法并不意味着应该在经济生活中杜绝所有的垄断。请你根据经济学的有关原理对上述文字进行阐释。

【重要级别】☆☆☆　　　　　【难度级别】☆☆☆

【考查要点】管制产业的原因

【参考答案】(1)垄断市场的弊端:a. 垄断市场会造成市场竞争的损失。市场竞争是市场运行发展和技术进步的推动力,市场竞争关系到企业的生存命运和发展前途,因而市场竞争会迫使企业不断改进生产技术,提高劳动生产率,降低个别劳动消耗,从而推动整个社会的技术迅速发展。垄断市场排除了市场竞争之后,垄断企业无市场竞争压力,它不用改进生产技术同样也可获得高额垄断利益,因为垄断企业的目的是利润最大化,改进生产技术能促进利润最大化目标的实现时它就改进生产技术,不用改进生产技术也可实现利润最大化目标时它就不会改进生产技术,这样,使社会在一定程度上失去了技术进步的推动力。

b. 垄断市场会造成生产效率的损失。在垄断市场条件下,垄断企业具有进行规模生产的条件和能力。如果垄断企业进行规模生产,就可以降低产品成本、提高产品产量,获得最佳的生产效率,在获得丰厚利润的同时也促进了社会生产效率的提高。但是,对于垄断企业来说,降低产量、提高产品价格的办法比提高生产效率的办法更容易获利,同时获利的成本更低,因而垄断企业就没有必要去提高生产效率。这样一来,就必然会造成社会生产效率的损失。

c. 完全垄断市场会造成消费者利益的损失。在完全垄断市场条件下,由于垄断企业垄断了市场供给,并凭借着垄断权力控制了市场价格,消费者只能被迫接受垄断企业控制的市场高价格。这样一来,消费者出高价格购买的产品和服务,价格与其价值严重背离,消费者的利益与其权利严重背离,必然造成消费者利益的重大损失。

d. 完全垄断市场会造成社会产量的损失。在完全垄断市场条件下,由于垄断企业完全垄断了市场供给,因而垄断企业生产的产量决定着市场供给的产品总量。然而在利润最大化决定垄断企业产量的情况下,由于垄断企业的生产条件和生产能力没有充分发挥其作用,所以垄断市场首先造成了社会生产条件和生产能力的损失,最终造成了社会产量的损失。

垄断市场有着以上诸多弊端,所以我们要采取反垄断法,从而保护市场公平竞争、提高经济运行效率、维护消费者利益和社会公共利益。

(2)当然垄断市场有着其有利的一面:a. 在一些行业可以实现规模经济;b. 垄断企业可以以自己雄厚的资金与人才实力实现重大的技术突破,而且垄断可以保护其专利权,有利于技术进步;c. 尽管在一国内是垄断的,有效率损失,但在国际上有竞争力,有利于一国世界竞争力的提高。所以不能完全杜绝所有垄断。

第18章 环境保护

【学习精要】

❖知识点一 人口与资源限制

◇ 马尔萨斯的人口理论以边际收益递减法则为基础。他指出：如果人口不受约束，将会以几何级数（或指数增长）一代一代地翻番。但是，增长的人口将只有更少的土地和自然资源可供利用。因为边际收益递减，收入最后的情况是呈算术级数增长，所以人均产出将趋于下降，最后人口数量将会被稳定在仅够人类生存的物质水平上。

◇ 在过去的一个半世纪中，马尔萨斯和他的追随者们受到了多方面的指责。批评者指出，马尔萨斯主义忽略了技术进步的可能性和控制生育在减少人口增长方面的重大作用。

◇ 关于污染、人口和收入三者关系的研究表明：对于环境质量的需求随着人均收入的增长而迅速增长，因此当人均收入增长时，大多数环境质量的指数是改善而不是恶化了。

❖知识点二 资源的种类

◇ 根据资源的属性可以将资源分为可分拨的和不可分拨的。当厂商或消费者能够获得商品的全部经济价值时，商品被称为可分拨的，如土地、矿产资源、森林等。在一个运行良好的竞争性市场，我们期望可分拨的自然资源将被有效地标价和分配。不可分拨的资源是其成本或收益不能完全归属于其主人的资源，也就是说，不可分拨的资源是一种具有外部性的资源。当资源是不可分拨的、具有外部性时，市场就不能提供正确的信号。一般来说，对于外部不经济的产品，市场会生产过渡；而对于外部经济类的产品，市场又会生产不足。

◇ 不可再生资源是指那些供给量基本固定，或短期内不可再生的资源。可再生资源的效用能够被有规律地补充，而且只要管理得当，它们就能产生无穷无尽的效用。

❖知识点三 资源的分配及价格趋势

◇ 对于不可再生资源而言，有关的经济问题就是如何对其进行时间和空间上的分配。不可再生资源虽然是有限的，但却存在着替代品。对于可再生资源而言，关键的问题就是使其价值达到最大。环境论者指出，能源和其他一些自然资源都是特殊种类的资产，应当加以保护，这样才能实现经济的可持续发展。经济学家则认为，他们只是将自然资源视为一种特殊种类的生产性资产。他们均同意应当为子孙后代留下充足的资源，但是经济学家更关注资本的生产能力而不是它的确定形式，自然资本和其他资本之间存在着替代关系。

◇ 相对于劳动的价格和工资率而言，由于生产率的提高和新的发明抵消了消耗的效应，大多数资源的价格在长期来看是下降而不是在上升。例如，铜质电话线正在被光缆所取代，后者使用的原材料更加便宜和丰富。这类变化已经发生在大多数的自然资源领域。

❖知识点四 外部性及其分析

◇ 外部性是指一种向他人施加那人并不情愿的成本或者效益的行为，或者说是一种其影响无法完全地体现在价格和市场交易上的行为。

◇ 公共品是指那种不论个人是否愿意购买，都能使整个社会每一成员获益的物品。私人品是指那些可以分割、可供不同人消费，并且对他人没有外部收益或外部成本的物品。公共品的有效提供通常需要政府行为，而私人品则可由市场进行有效的分配。

◇ 全球公共品问题之所以特别难处理，是因为缺乏有效的市场或政治机制进行有效的配置。市场不灵是因为个人没有适当的积极性进行生产，而各个国家又无法独享全球公共品投资的收益。任何个人或国家投资的边际成本都会远远低于全球居民的边际收益，因此投资不足是必然的结果。

◇ 来自生产和消费的外部性使环境问题不断增加。未受管制的市场经济将会制造过多的污染，而污染的控制却过少。未受管制的厂商通过私人边际收益和私人边际成本来决定控污（和其他公共品）的数量。效率则要求社会边际收益等于社会边际成本。

❖知识点五 矫正外部性问题的政策

◇ 政府可以采用社会管制措施来直接控制几乎所有的污染和其他影响健康及安全的外部效应。尽管在理论上管制者可以利用控污法令确保经济效率，但在现实中却很难实现，因为现实中存在着政府失灵。但不比较边际成本和边际收益就根本无法确定有效率的控污水平，而管制往往不允许厂商、区域和产业之间存在差别，有可能导致低成本的厂商得不到任何激励去更多地减少污染。

◇ 为避开直接控制的陷阱，环境政策应更多依靠经济激励而不是政府命令，其中之一就是收取排放费，要求厂商为它们的污染支付等于其外部危害的税款。如果排放费是通过精确计算的，那么追求最大利润的厂商就会被一只修正过的“看不见的手”引导至效率水平，在该点污染的社会边际成本和边际社会收益是相等的。

◇ 发放排放许可证是避免政府征税或收费的一种新的方法，由政府确定污染水平并将排放额度适当地在厂商中间分配，而不再是告诉厂商必须为每吨污染缴纳多少美元，并允许厂商自己选择污染水平。许可证的价格由许可证市场的供给和需求来决定，数额上等同于排放费。假设生产和控污成本已知，交易许可证将产生与排放费一样的结果。这两种方法的主要区别在于，政府经常会向厂商分派许可证，以赢得它们政治上的支持。这就是说，产业能从许可证上获得收益，而政府能在排放费上获得收益。

◇ 产权的修正而不是政府的直接干预有时候也可产生有效率的结果。私人部门克服外部性的一种方法是依靠责任规则，而不是直接的政府管制。在这里，外部性问题的制造者有法律责任向受害人进行赔偿，建立一个恰当的责任体系，外部性就被内部化了。在现实中，责任规则的应用十分有限，它通常需要高昂的诉讼成本，这增加了原先的外部成本。

◇ 私人部门所采用的第二种方法依赖于明晰的产权和不同利益集团的谈判。这种方法是由芝加哥大学的罗纳德·科斯教授发现的。他指出：有关当事人自愿协商常常可以得到一种有效率的结果。只要产权清晰，交易成本很低，尤其是当只有几个利益相关方时，健全的责任规则或谈判有时也能保证在存在外部性的情况下产生有效率的结果。

∵知识点六　气候变化问题的分析

◇ 温室效应也是公共品引起的问题之一，人们今天排放二氧化碳的行为将影响下几个世纪全球人类的生存气候。许多国家已开始节能和使用替代能源以减少使用矿物燃料，此外还有植树造林和其他一些方法。制定控制气候变化的有效战略需要测定减少二氧化碳排放量的边际成本和边际收益。

◇ 全球公共品，例如减缓气候变化，是一个非常棘手的问题。因为一般无法通过市场和国家政府来解决。当全球环境变化趋势威胁到我们的生活水平和生态系统的时候，各国必须设计出新的工具以敦促国际协议的达成。

【习题解析】

□概念复习

1. 马尔萨斯人口论

马尔萨斯的人口理论以边际收益递减法则为基础。他指出：如果人口不受约束，将会以几何级数(或指数增长)一代一代地翻番。但是增长的人口将只有更少的土地和自然资源可供利用。他特别指出了提高死亡率的一些因素：瘟疫、饥饿和战争，指出减缓人口增长可以通过诸如禁欲和延迟结婚等“道德约束”来实现。

2. 可再生资源与不可再生资源

答案见知识点二第二段。

3. 可分拨资源与不可分拨资源

答案见知识点二第一段。

4. 外部性和公共品

外部性是指一种向他人施加那人并不情愿的成本或者效益的行为，或者说是一种其影响无法完全地体现在价格和市场交易上的行为。外部性可以分为正的外部性和负的外部性：正外部性是某个经济行为个体的活动使他人或者社会获益而收益者无需花费代价；负的外部性是指某个经济行为个体的活动使他人或社会受损，而造成外部不经济的人却没有为此承担成本。

公共品是指那种不论个人是否愿意购买，都能使整个社会每一成员获益的物品。具有非竞争性和非排他性。

5. 私人品和公共品

答案见知识点四第二段。

6. 外部性引起的无效率

外部性引起的无效率是指外部性会导致市场失灵，从而影响经济中资源的配置效率。它对经济的影响方向和作用结果具有两面性，可以分为外部经济和外部不经济。某个经济行为个体的活动使他人或者社会获益而收益者无需花费代价，这种现象产生正外部性，当某个经济行为个体的活动使他人或社会受损，而造成的外部不经济的人却没有为此承担成本，这种现象称为负外部性，对社会和个人是不利的。福利经济学认为，除非社会上的外部经济效果与外部不经济效果正好相互抵消，否则外部性的存在使得帕累托最优状态不可能达到，从而也不能达到个人和社会的最大福利。

7. 内部成本和外部成本，社会成本和私人成本

内部成本指的是与企业产品的生产或劳务密切相关的成本、费用，包括生产环节的直接材料、直接人工、制造费用，销售环节的销售成本及其费用，管理环节的各项成本等，是企业的内涵式支付。

外部成本是指企业的社会成本，指企业在经营过程中为满足行业准入要求和承担社会义务而做出的必要支付，如税收支付、环保支付等。外部成本与企业的产品和劳务的提供并不直接相关，而是更多地与企业的法人地位相关，属于企业的外延性支付。

社会成本是与私人成本相对应的概念，等于私人成本加上对他人和社会没有补偿的成本，从整个社会的角度来看是一种机会成本。社会成本考察的是当生产一种产品的投入改为该产品之外的其他用途时的收益以及因此而给别人带来的损失。

私人成本也被称为私人费用，指厂商生产过程中投入的所有生产要素的价格，厂商投入的生产要素比如说劳动、资本、土地、企业家才能的价格均应该计入私人成本。在外部不经济时，私人成本低于社会成本，在外部经济的情况下，企业的私人成本高于社会成本。

8. 矫正外部性：标准、税收、责任、谈判以及科斯定理

外部性的存在导致经济资源得不到合理的配置和利用，因此必须对这些外部性进行矫正。一般来说，对于环境污染和其他影响健康及安全的外部效应，政府应当给企业规定排污标准，控制企业的污染水平。税收是指对企业的有危害的外部性行为征税，使该税款等于厂商的污染对社会和他人造成的损失。责任规则是指外部性问题的制造者有法律责任向受害人进行赔偿。科斯提出了另外一种解决外部性问题的私人方法——谈判。科斯指出，只要产权明晰，交易成本较低，经过有关当事人的资源协商和谈判，就能导致一种有效率的结果。科斯定理认为，法定权利的最初分配从效率角度上看是无关紧要的，只要这些权利能自由交换。换句话说就是，由法律所规定的法定权利分配不当，会在市场上通过自由交换得到校正。

9. 可交易的排放许可证

答案见知识点五第三段。

10. 全球公共品

全球公共品是公共品的一种，是指无论个人是否愿意购买或接受，但其影响将波及整个世界所有居民的一种物品。全球公共品主要有全球变暖、臭氧层空洞、预防艾滋病的疫苗等。

【归纳总结】公共品分为全球公共品、全国性的公共品、地区性的公共品等等。不同种类的公共品由不同层级的公共机构来提供。

□问题讨论

1. 可再生资源与不可再生资源的区别是什么？举例说明。

【重要级别】☆　　　　　　　　　　【难度级别】☆

【考查要点】资源的种类

【参考答案】不可再生资源是指那些供给量基本固定，或短期内不可再生的资源。例如经过漫长的地质年代所形成的煤、石油、天然气等矿物燃料。可再生资源的效用能够被有规律地补充，而且只要管理得当，它们就能产生无穷无尽的效用。比如说生物资源、气候资源和水资源等。

2. 什么是不可分拨的自然资源？举个例子，解释为什么对这种资源进行市场分配是无效率的。为了提高市场产出，你更愿意采取哪种方式？

【重要级别】☆　　　　　　　　　　【难度级别】☆

【考查要点】资源的种类

【参考答案】不可分拨的自然资源是指其成本或收益不能完全归属其所有者的资源，是一种具有外部性的资源。水资源就是一种不可分拨的资源，它在形式上表现为外部经济和外部不经济。由于水资源的产权不明晰，因此常常遭遇破坏和浪费。但是如果对它进行市场分配，企业根据其边际收益和边际成本来进行生产决策，将会导致过度用水和超标排污，从而导致水资源分配的无效率。为了解决水资源的浪费和污染问题，政府应该对经济进行干预，对生活和生产用水进行收费，同时也需要对生活污水和工业污水征收绿色税，制定环保的标准，对工业企业的污水处理循环利用进行奖励。

3. 几何级数是一组连续项的数列($g_1, g_2, \cdots, g_t, g_{t-1}\cdots$)，每一项是它前面数

字的同样倍数：$g_1/g_2=g_3/g_2=\cdots=g_{t+1}/g_t=\beta$。如果 $\beta=(1+i)>1$，则组合像复合利息一样会呈指数增长，其中 i 是利率。算术级数是一个数列 $(a_1,a_2,a_3,\cdots,a_t,a_{t+1}\cdots)$，其中每一项与其前一项之差都是固定的：$a_2-a_1=a_3-a_2=\cdots=a_{t+1}-a_t=\cdots=a$。请各举一例。证明 $\beta>1$ 的几何级数必定超过算术级数。这将与马尔萨斯的理论相联系。

【重要级别】☆☆　　　　　　【难度级别】☆☆☆

【考查要点】人口与资源限制

【参考答案】假设几何级数为 $3,3^2,3^3\cdots$，其通项为 3^n，算术级数为 3，6，9…，其通项为 $3n$。利用数学归纳法可证明 $\beta>1$ 的几何级数必定超过算术级数。马尔萨斯提出了人口增长趋势的假定：在食物供应不受限制的情况下，人口的数量会按照指数方式即几何指数的形式增长，但是实际情况是人们所能生产的食物的数量是按照算术级数增长的。人口过快增长使食物的生产远远不能满足人们的需要，必然导致增长的极限。

4. 回顾马尔萨斯的理论：不受限制的人口会呈几何级数增长，而食物（受制于收入递减）只能以算术级数增长。运用数学方法说明：在人口不受限制的条件下，当边际收益递减导致食物的产出增长慢于劳动投入时，为什么人均食物产出会出现下降？

【重要级别】☆☆　　　　　　【难度级别】☆

【考查要点】人口与资源限制

【参考答案】人均食物产量＝总的食物产量÷总人口数。在人口增长不受限制而边际收益递减导致食物的产出增长慢于劳动投入时，作为分子的食物数量按照算术级数增长，而作为分母的人口数量却按照几何级数增长。根据第3题的结论，人均食物产量将会越来越少。

5.“本地公共品”是指主要由本城或本州的居民受益的物品。例如，海滩和只向本镇居民开放的学校。是否有理由认为，城镇应采取竞争手段为它们的居民提供正确数量的本地公共品呢？如果是，是否意味着在“财政联邦制”的理论中本地公共品就应当由本地提供呢？

【重要级别】☆☆　　　　　　【难度级别】☆☆

【考查要点】外部性及其分析

【参考答案】有理由认为，城镇应该采取竞争手段为它们的居民提供正确数量的本地公共品。因为拥有一流设施的学校和海滩将会吸引优秀的居民和企业来本地落户，这样城镇就可以将这些居民和公司所缴纳的丰厚的税收用于进一步改善本地的生活和服务质量，本地政府非常有动力来做这件事情。因此，联邦政府应该将提供地方性公共物品的责任交给地方决策者。然而这并不意味着“财政联邦制”的理论中本地公共品就应当由本地提供。有些地方性公共品兼而具有全国性公共品的性质，比如警察的跨境办案，就需要联邦政府协助提供。

6. 判断下列外部性问题哪些情形已经严重到必须采取“集体行动”。如果是，

则本章介绍的4种对策中,哪一种最有效?

a. 钢铁厂将含硫的氧化物排到伯明翰的空气中;

b. 在餐馆吸烟;

c. 学生在没有室友的宿舍里吸烟;

d. 酒后驾车导致每年2.5万人死于车祸;

e. 21岁以下的人酒后驾车。

【重要级别】☆　　　　　　　　　　【难度级别】☆

【考查要点】矫正外部性问题的政策

【参考答案】a. 已经严重到必须采取“集体行动”,政府可以通过制定排污标准、征收排污费或是发放许可证等方式来解决此问题。

b. 在餐馆吸烟,影响的范围比较小,没有严重到必须采取“集体行动”。

c. 没有必要采取“集体行动”。

d. 酒后驾车危害已经十分严重,必须采取集体行动,对酒后驾车者予以重罚。例如可以吊销驾驶执照等。

e. 对此行为必须采取集体行动,因为它已经严重危害了公共安全。对这种酒后驾驶者应当予以警告和罚款。如果累次遭到处罚,则应当吊销驾驶执照。

7. 把你的同学聚在一起对下列现象作一个或发价值分析:保持威廉王子海峡处于未开发的原始状态;保护斑点猫头鹰在1万年内不灭绝;保证在今后的1万年内至少有100万只斑点猫头鹰;把每年的汽车死亡事故率从1/1 000降到1/2 000。你认为这种方法在收集人们的偏好方面可信度如何?

【重要级别】☆　　　　　　　　　　【难度级别】☆

【考查要点】气候变化问题的分析

【参考答案】这种方法在收集人们的偏好等方面的信息时可信度是比较低的,因为人们往往倾向于夸大他们对自己实际上无需支付任何费用的物品的评价。

8. 唐·富勒顿和罗伯特·斯塔文斯认为以下观点是经济学家在看待环境问题时的常见误区(见第1章补充读物中斯塔文斯的著述)。就每一观点解释它为什么是误区,而正确的观点又应该是什么?

a. 经济学家认为市场能够解决所有的环境问题;

b. 经济学家总是建议用市场的办法来解决环境问题;

c. 经济学家总是用市场价格来评估环境问题;

d. 经济学家只强调效率而从不关心收入分配的问题。

【重要级别】☆☆　　　　　　　　　【难度级别】☆☆☆

【考查要点】外部性及其分析、气候变化问题的分析

【参考答案】a. 尽管经济学家利用市场手段来解决外部性问题,但是大多数经济学家认为,外部性会导致市场失灵,环境问题常常发生在产权难以明确界定的时候,市场并不能够解决所有的环境问题。

b. 经济学家总是建议采用市场手段来解决环境问题是因为市场在资源配置

中能够导致更少的扭曲。但是许多经济学家也认为在一些场合，有必要通过政府行为来解决外部性问题。

c. 经济学家总是利用价格机制来评估环境问题，是因为价格机制能够导致更为有效的资源配置。但是经济学家在一些场合下，支持采用排污费等方式来解决环境问题。

d. 在资源配置中，效率和公平的这两者的平衡问题是最为棘手的经济问题。一方面，大多数经济学家希望充分利用一个经济体的资源禀赋；另一方面，许多民众又十分关注资源禀赋的公平分配。

9. 有难度的问题：全球公共品带来了新的问题，因为没有一个单一的国家能够获得它控制污染的收益。为说明这一点，让我们重画图 18－8（课本 P327），标上“美国排放减少量”。将所有的曲线都标上“US”，以表示这是美国的收益和成本。然后，画一条新的 MSB 曲线，它比 MSB_{us} 高 3 倍，说明世界的收益是美国的 3 倍。考虑点 E 的“国内”均衡，此时美国的净收益最大化。你能否说明为什么对世界来说，这一点是缺乏效率的吗？（提示：请参阅课本图 18－6 的分析。）

【重要级别】☆☆　　　　【难度级别】☆☆

【考查要点】外部性及其分析

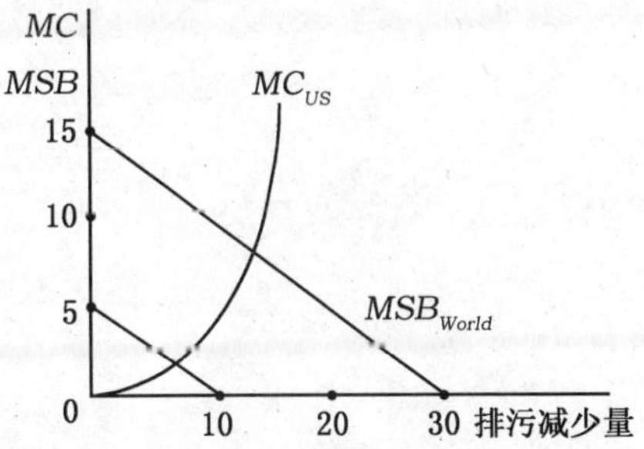

【参考答案】如右图所示，对于美国而言，都是根据各自的边际收益和边际成本进行生产决策，会按照 $MC_{US}=MSB_{US}$ 来进行生产决策，而不是按照 $MC_{US}=MSB_{World}$ 来进行生产决策，因此其最优的排污减少量远小于世界最优排污的减少量。因此，对于世界而言，美国排放的污染量太多了。

如果每个国家都按照美国的方式进行生产决策，即都只是根据本国的边际收益和边际成本进行决策，则必将导致一个低效率的均衡，即污染排放量过多。如果大家都合作的话，按照 $MC=MSB_{World}$ 来进行生产决策，必将导致帕累托改进。联合行动所导致的结果将比竞争性行为所导致的结果更有效率。

【补充训练】

1. 外差效应又称为（　　），它源于（　　）。

【重要级别】☆　　　　【难度级别】☆

【考查要点】外部性及其分析

【参考答案】外部效益　个人边际收益、边际成本同社会边际收益、边际成本不一致

2. 如果造纸工厂污染了居民的饮用水，按科斯定理，只要（　　），问题就可以

妥善解决。

【重要级别】☆　　　　　　　　　　【难度级别】☆

【考查要点】矫正外部性问题的政策

【参考答案】财产权明确且交易费用为零

【翔高点评】科斯定理的主要内容是:如果产权是既定的,只要交易成本很小或者为 0,无论事先将产权赋予谁,市场都是有效率的。

3. 纯公共物品主要具有(　　)。

A. 非竞争性与非排他性　　　　　　B. 竞争性与非排他性

C. 非竞争性与排他性　　　　　　　D. 竞争性与排他性

【重要级别】☆　　　　　　　　　　【难度级别】☆

【考查要点】外部性及其分析

【参考答案】A。

第19章　效率与公平:重大权衡

【学习精要】

❖知识点一　收入和财富的分布

◇ 个人收入指的是某人或某家庭在某个时期(通常是一年)所获得的总的款项或现金。个人收入主要包括劳动报酬、财产收入(如租金、利息和红利)以及政府的转移支付。个人可支配收入是指个人收入减去所有的税赋。财富或"净价值"则是某个时点上所拥有的有形资产和金融资产的货币价值,减去对银行和其他信用机构的欠款。

◇ 洛伦茨曲线是由累计的一定人口数量占总人口的百分比与这部分人口所获得的收入占总收入的百分比的对应关系来表示。其中由横轴和纵轴组成的折线称为绝对不平等线,它表示社会的全部收入集中在一个人手中。介于绝对平等线与绝对不平等线之间的任意一条凸向横轴的曲线是反映实际收入分配状况的曲线,即洛伦茨曲线(见右图)。该曲线向下弯曲的程度越大,表明社会收入分配不均的程度越严重;反之,社会收入的分配越接近公平。

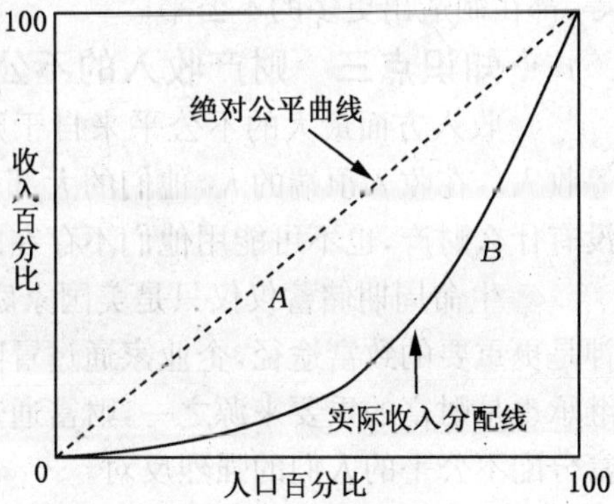

◇ 基尼系数是表示社会收入分配不平等的程度,它是根据洛伦茨曲线而得出的衡量不公平程度的量化指标。由洛伦茨曲线阴影部分的面积再乘以 2 就可以得出基尼系数。在绝对不公平情况下,基尼系数等于 1;而在绝对公平的情况下,基尼系数等于 0。若基尼系数为 0 和 1 之间的一个数,则表示社会收入分配处于绝对不平等和绝对平等之间。

◇ 收入不公平的根源之一是财富所有权的不公平。财富指的是金融资产和有形资产的完全所有权。那些极为富有的人享受着远远高于一般家庭的丰厚收入,而那些没有财富的人其收入却少得可怜。在市场经济中,财富分布的不公平远远大于收入分布的不公平。

◇ 由于经济和社会结构的不同,各个国家的收入分布存有巨大的差异。在高收入国家中,以市场为导向的国家(如美国)收入分布最不公平,而北欧的福利国家总的来说最为公平。发展中国家显示出一种有趣的相似性:工业化进程开始时,不公平程度加剧;工业化进程完成后,不公平程度下降。最极端的不公平现象(即极度的富裕与极度的贫困共存)出现在中等收入国家。

❖知识点二　劳动收入中的不公平

导致报酬不公平的因素是:劳动的能力和技能方面的差异、劳动强度的差异、不同职业之间的差异,以及其他因素。

◇ 劳动的能力和技能方面的差异。个人的各种能力(生理上的、精神上的和性格上的能力)都有极大的差别,这些差别有可能造成人们收入的巨大差异。

◇ 劳动强度的差别。由工作努力的差别而带来的收入差别可能相当大,但没有人会因此说经济机会就是不公平的。

◇ 职业的差异。收入不公平的一个重要来源是人们的职业,不同职业之间工资出现差异的原因有人力资本投资的差异、工作的危险性、工会或产业经营规范过严的限制等。

◇ 其他因素。主要是指很多的歧视性规定,比如对于妇女和少数民族的歧视和排斥。另外,技术革新、移民、国际贸易还有日益流行的"胜者全得"的市场规则等,都在制造出更多的不公平。

❖知识点三　财产收入的不公平

◇ 收入方面最大的不公平来自于财产收入的差别,包括股票、债券和房地产等收入。在收入顶端的人,他们的大部分金钱都是从财产收入中获取。穷人几乎没有什么财产,也不可能用他们不存在的财产去赚取更多的财富。

◇ 生命周期储蓄仅仅只是美国家庭财富的一小部分。与节俭相比,企业家精神是更重要的致富途径,企业家通过冒险以及创新行为获得"熊彼特利润"而致富。继承也是财富的重要来源之一,财富通过继承集中在少数人手中,这引起了担心财富分配不公平的人们的强烈反对。

❖知识点四　再分配的代价

◇ 公平的概念主要有:(1)民主社会注重政治权利的平等,通常包括了投票权、陪审团制度、言论自由和集会自由。(2)自由主义哲学家赞同人人都应享有公平的经济机会的观点,所有的人都应该有同等的机会进入最好的学校,获得最好的训练和工作。(3)即是经济结果的公平。但是,如果经济要有效率地运行,经济结果存在某些差别是必然的。如果一味地坚持结果的公平,将会严重阻碍经济机制发挥作用。

◇ 著名的奥肯"漏桶"实验形象地揭示了由政府来进行再分配以实现公平时的效率损失。经济学家阿瑟·奥肯认为,再分配之桶难免会有漏洞,政府从富人那里取走1元钱,可能最终只有0.5元钱落入穷人手中。因此,如果给予贫困的人大量的补助，则贫困的刺激就会降低，穷人就可能会因此减少工作。

◇ 再分配措施，比如累进税，由于降低工作和储蓄的积极性，将可能使实际产出下降。当一个国家考虑其收入分配政策时，它所要权衡的是，更大程度公平的收益和有关政策会对国民收入产生多大的影响。高税率和慷慨的收入支持计划会造成很多无效率：管理成本的增加、工作和储蓄积极性的挫伤，以及社会经济为此付出的代价。但是相比其他诸如营养不良、丧失工作技能等经济代价，再分配的效率代价也是可以接受的。福利国家奉行的平均主义观念比美国面临着更多的效率损失。

❖知识点五　反贫困政策：计划和批评

◇ 大多数收入保障计划所针对的是老人而不是穷人，主要的项目是社会保障计划和医疗计划，这两个计划是美国和其他高收入国家的最大的转移支付项目。针对贫困家庭的计划是联邦、州、地方项目的混合物。有些是现金援助，有些是补贴某项支出，其他的是一些专项转移支付。

◇ 当今的福利制度严重损害了低收入的成年人寻找工作的积极性，如果一个享受福利待遇的穷人得到一份工作，政府就会取消他的各项补贴，这个人甚至会失去医疗福利。在这种情况下，我们可以说，穷人面对的是高的边际工作“税率”。因为当收入上升时，福利补贴急剧下降。

❖知识点六　福利改革

◇ 为了减轻或医治贫困，社会学家提出了很多建议。主张强化政府干预的人将贫困视为社会状况和经济结构的结果，对此穷人很难控制，他们强调营养不良、学校不佳、危险的环境等是决定穷人命运的关键因素，政府负有减轻贫困的责任。另有一部分人认为贫困产生于不良的个人行为——这些行为是个人的责任，理所当然应由这些穷人自行矫正。总的来说，为了减少贫困，应该进行收入补助计划和实施劳动所得税抵免措施。

◇ 减轻贫困的主要计划包括福利支付、食品券、医疗保健计划，还有一些力度和范围比较小的项目。总体上来说，这些计划受到了批评。因为当低收入家庭开始有工资收入或其他报酬时，这些计划便对他们实施很高的津贴削减率（或边际“税”率）。

【习题解析】

□概念复习

1. 收入分布的趋势

收入分布的趋势是指随着经济和社会的发展，人们的收入所得所发生变化的一般规律。通常来说，在政府未加干预的情况下，收入分配会随着经济的发展出现贫富差距越来越悬殊的趋势。

2. 收入和财富的洛伦茨曲线

答案见知识点一第二段。

3. 基尼系数

答案见知识点一第三段。

4. 劳动收入和财产收入

劳动收入是指人们通过自己的诚实合法劳动所获得的收入，其中主要是指劳动者的工资收入。财产收入主要是指人们通过储蓄、企业家精神和遗产继承所获得的收入。导致贫富差距的最主要的原因就是人们财产收入来源的不平等。

5. 运气、生命周期储蓄、风险承担、继承的相对作用

这些因素可以导致人们的财富收入分配出现变化，从而形成收入差距悬殊现象。在这些因素中，生命周期储蓄是指居民为了实现一生中的平稳消费，根据自己所处的生命周期阶段而进行的储蓄。

6. 高等教育的工资溢价

受过高等教育的人有比较高的人力资本，其平均工资收入要高于一般的社会公众。这就是高等教育的工资溢价。主要原因就是受过高等教育的人工作能力比较强、工作效率比较高，能够创造更大的价值，并且能够胜任某些需要特殊能力的工作。

7. 贫困

贫困主要是指个人或家庭物质生活极度贫乏的现象。一般有绝对贫困和相对贫困之分。绝对贫困是指个人和家庭依靠其劳动所得和其他合法收入不能维持其基本的生存需要，按国际标准，每天收入低于1美元的人为绝对贫困。相对贫困是指生活水平处于大多数人可接受的最低水平之下的状态。

8. 福利国家

福利国家是指通过创办并资助社会公共事业，实行和完善一套社会福利政策和制度，以保证公民在其整个生存期间能够享受到最低生活水平和多种福利的国家，以北欧国家为代表。

9. 奥肯"漏桶"

答案见知识点四第二段。

10. 公平:政治的公平、机会的公平、结果的公平

答案见知识点四第一段。

11. 公平与效率

公平和效率是收入分配中的一对概念。公平是指收入分配应该均等化，效率是指收入分配应该促进资源配置的最优化。一般来说，公平与效率的关系主要有以下几种:效率优先，公平优先，公平与效率并重。我国现阶段的分配政策是效率优先，兼顾公平。

12. 收入支持计划

收入支持计划是指政府对收入低于某一水平的家庭给予一定补贴的政策，通常的措施有现金补助或食品券等。

13. 收入可能性曲线:理想情况与现实情况

收入可能性曲线是指在一定的技术条件下,一国在既定的资源和收入分配下,所能生产商品的最大产值的组合的轨迹。收入可能性曲线的理想情况是指促进公平的再分配计划不会产生扭曲和效率损失时的收入可能性曲线。收入可能性曲线的现实情况是指促进公平的再分配计划导致扭曲和效率损失时的收入可能性曲线。

□问题讨论

1. 让班上每一个同学在一张纸上不记名地写下对他或她家年收入的估计。用这些数据资料中列出收入分布频率表,并指出哪里是中位数收入?平均收入是多少?

答案略。

2. 下述情况会对税后收入的洛伦茨曲线产生什么影响?(假定政府用税收购买一部分GDP。)

a. 比例所得税(即对所有收入按同样税率征税)。

b. 累进的所得税(即对高收入的征税重于对低收入的征税)。

c. 对于香烟和食品的税收急剧上升。

画出4条洛伦茨曲线来表示原始的收入分配情况以及采取上述3种行动之后的收入分配情况。

【重要级别】☆☆　　　　【难度级别】☆☆

【考查要点】收入和财富的分布

【参考答案】a. 如右图所示,因为比例所得税是按照相同的比例对所有的收入征税,它同时减少了所有人的收入,人们的收入相对分布没有改变,因此前后的洛伦茨曲线没有发生变化。

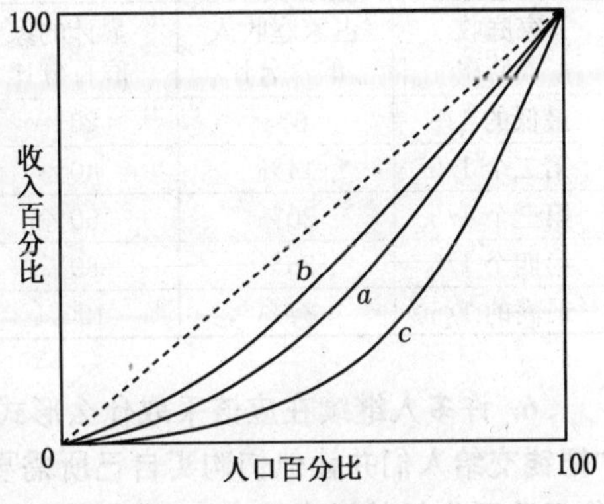

b. 因为累进的所得税将使高收入者缴纳的税收较多,其收入将减少很多,使其比例在一定程度上减少,洛伦茨曲线向45°线的方向移动。

c. 低收入者往往花费大部分收入用于香烟等的消费,税收上升,他们将支付更多的税收,变得更加贫困;同时贫困的人数也会增加,进一步加剧社会的不平等。洛伦茨曲线将向远离45°线的方向移动。

3. 回顾奥肯的"漏桶"实验。召集一群人并让每人写下当政府从最富的20%的人手中转移100美元给最穷的20%的人时,多大的漏洞是可以承受的?99%?50%?还是零?每个人应该写出简短的理由并予以讨论。

答案略。

4. 考虑补贴穷人收入的两种方式:(a)现金资助(比如每月500美元)和(b)具

体资助,如食品补贴、医疗保健。列出使用每种方式的优势和劣势。你能解释为什么美国倾向于使用方式(b)吗?你是否赞同?

【重要级别】☆☆　　　　　　　　　　【难度级别】☆☆

【考查要点】反贫困政策:计划和批评

【参考答案】一般而言,现金资助可以扩大接受资助者的效用可能性边界,增加他们的选择范围,因此更具有效率,但是现金资助无法保障受助者会将其完全用于对特定商品的消费。具体资助能够确保受助者仅仅得到特定的商品,但是它缺乏效率,而且要支付高额的管理费用。

5. 一个称为伊科诺兰的国家有10个人。他们的收入(以千美元计)分别是3、6、2、8、4、9、1、5、7和5。列一个像表19-2(课本P333)那样的分5个档次的收入分布表,绘制出一条洛伦茨曲线,并计算按本章中定义的基尼系数的大小。

【重要级别】☆☆

【难度级别】☆☆

【考查要点】收入和财富的分布

【参考答案】将这10个人的收入由低到高可以排列为:1,2,3,4,5,6,7,8,9,总收入达到50。其收入分布表如下表所示,洛伦茨曲线如右图所示。洛伦茨曲线和45°线之间的面积为0.146,基尼系数为0.146/0.5=0.292。

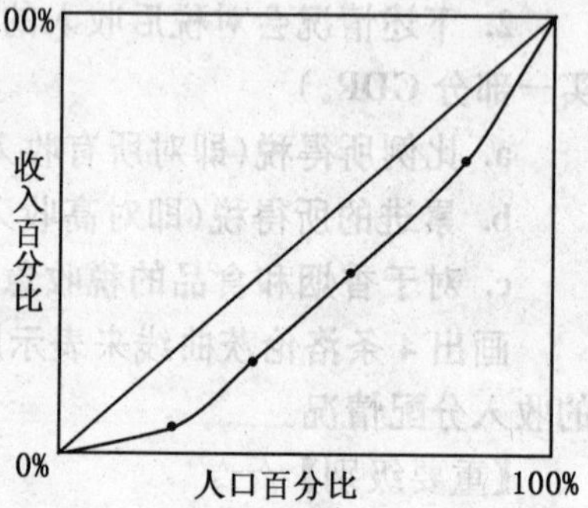

收入分布表

家庭收入档次	占家庭收入的百分比	累计的家庭百分比	累计的收入百分比		
			实际分布	绝对公平	绝对不公平
最低的1/5	6%	20%	20%	0	6%
第二个1/5	14%	40%	40%	0	20%
第三个1/5	20%	60%	60%	0	40%
第四个1/5	26%	80%	80%	0	66%
最高的1/5	34%	100%	100%	100%	100%

6. 许多人继续在应该采取什么形式补助穷人的问题上进行争论。一派认为,"把钱交给人们并让他们购买自己所需要的保健服务和食品。"另一派认为,"如果你把购买牛奶的钱交给穷人,他们将把钱花在买啤酒上。如果你以实物形式提供服务,则你的钱对减轻营养不良和疾病就更为有效。你挣的钱可以由你随意花费,但是对于社会的收入支持款项,社会有权将它直接用于社会目标。"

第一派的争论也许是依据需求理论:让每一个家庭在其有限的预算下决定如何使其效用最大化。第5章表明为什么这种意见也许是对的。但是,如果家长的效用主要包括啤酒和彩票而不是给孩子的牛奶和衣服,则情况将会如何?你是否会同意第二种观点?根据你个人的经验和学习理解的情况,你认为哪一种观点更正确?说明你的理由。

【重要级别】☆☆　　　【难度级别】☆☆

【考查要点】反贫困政策：计划和批评

【参考答案】第二派的观点有一定的正确性，但是如果从经济效率的角度讲，第一派的方法更可取。现金补贴会使预算线向外平行移动，致使所有的消费都可以增加。食物形式的补贴也会使预算线平行移动，但是仅限于人们购买补贴的实物时，其他消费品的消费是不会增加的，如右图所示。

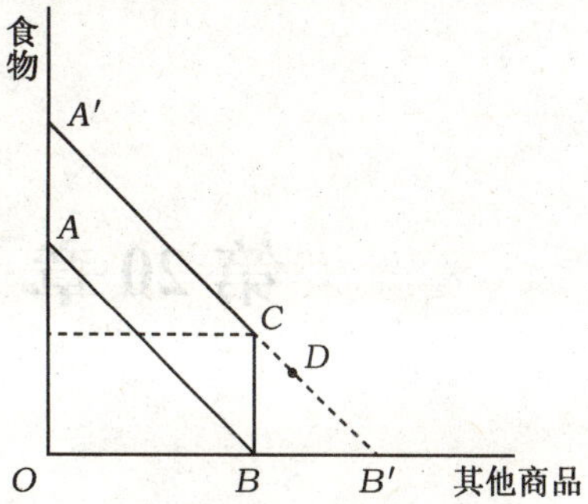

【补充训练】

1. 判断：完全平等的收入分配使洛伦茨曲线正好处于45°线上。

【重要级别】☆☆　　　【难度级别】☆☆

【考查要点】收入和财富的分布

【参考答案】正确。洛伦茨曲线的弯曲度越大则收入分配越不平等。

2. 判断：一般认为基尼系数越大，收入分配就越趋向平等。

【重要级别】☆☆　　　【难度级别】☆☆

【考查要点】收入和财富的分布

【参考答案】错误。基尼系数是衡量一个国家贫富差距的指标，基尼系数越大，收入分配越不平均；基尼系数越小，收入分配就越趋向平等。

第 20 章　宏观经济学概述

【学习精要】

❖知识点一　宏观经济学的产生

◇ 宏观经济学是将整个经济运行作为一个整体来进行研究的，所考察的是同时影响众多企业、消费者和工人的因素，相反，微观经济学所研究的却是单个产品的价格、数量和市场。

◇ 宏观经济学的研究以两大核心命题为主要线索：(1)产出、就业和价格的短期波动，即所谓的商业周期；(2)产出和生活水平的长期变动趋势，即所谓的经济增长。

◇ 美国在 1946 年《就业法》中规定了其宏观经济目标为“实现就业、生产和消费的最大化”，这是一项联邦政策。从那时起，这三个目标的优先顺序就不断变化。但是所有的市场经济还是要面对这三个核心的宏观经济问题：(1)产出和就业率为什么有时会下降？如何减少失业率？(2)通货膨胀的根源是什么？如何控制它？(3)一国如何提高其经济增长率？

◇ 在现实复杂问题之外的严峻事实是这些目标之间不可避免的冲突：未来居住条件的改善可能意味着即时消费的减少，遏制通货膨胀可能会带来短期内失业率的上升。

❖知识点二　宏观经济学的目标

◇ 宏观经济政策的主要目标是高水平的和快速增长的产出率、低失业率和稳定的价格水平。

◇ 经济活动的最终目标是向人们提供所需要的物品和服务。对于一国经济来讲，为居民提供足够的住房、食品和教育是至关重要的。一国经济总产出的最全面的指标是国内生产总值(GDP)。GDP 指的是一国在一年内所生产的所有最终物品和劳务的市场价值之和。衡量 GDP 的方法有两种：实际 GDP 按固定价格或不变价格来进行统计，名义 GDP 用实际市场价格来衡量。

◇ 潜在 GDP 是指一国经济所能持续生产的最大的产出水平，潜在产出是由一个经济的生产能力来决定的，后者又是由可获得的投入(资本、劳动、土地等)和该经济的技术效率来决定的。当一国经济按照其潜在生产能力运行时，劳动力和资本就会得到充分利用。当产出高于潜在产出时，通货膨胀率将上升；而低于潜在产出的产出水平容易导致高失业率。

◇ 在所有宏观经济指标中，就业率和失业率最直接地被人感知。人们希望达到的最直接目标就是高就业，与此相对应的则是低失业。失业率是指没有被雇用的劳动力的百分比，劳动力包括所有就业人员和正在寻找工作的失业者，不包括那些没有工作但又不打算寻找工作的人。失业率变动与商业周期趋向一致：当产出下降时，对劳工的需求下降，失业率上升。

◇ 价格稳定指的是总体价格水平不变或上升非常缓慢。统计人员通常用价格指数——总体价格水平的衡量指标来描述价格的变动轨迹。一个重要的例子就是消费者价格指数，它度量的是消费者所购买的商品或服务的平均价格。经济学家通过观察通货膨胀率来衡量价格的稳定性，它表示总体价格水平从一年到下一年的百分比变动。价格的稳定性非常重要，因为一个平稳运行的市场系统要求价格必须准确、便利地传递关于相对稀缺资源的信息。历史数据表明，如果通货膨胀率很高，会给经济增加很多的运行成本，这些成本有些是显性的，有些则是隐性的。

❖知识点三 宏观经济政策工具

◇ 财政政策是指税收和政府支出的使用。政府支出有两种形式：其一是政府购买，即政府在物品和劳务上的花费；其次是政府转移支付，以提高某些群体的收入。政府开支的数量决定各公共部门和私人部门的相对规模，亦即 GDP 中有多少是以集体形式而不是以私人形式消费掉的。从宏观经济角度看，政府支出也会影响经济的总体支出水平，从而会影响 GDP 的水平。

◇ 税收是财政政策的另一种形式，它通过两种途径影响整体经济。首先，税收影响人们的收入。通过增加或减少家庭可支配或可花费的收入，税收可以影响人们用于购买物品和劳务的消费量以及私人储蓄量。不管是短期还是长期，私人的消费和储蓄对产出和投资都有重大的影响。此外，税收还能影响物品和生产要素的价格，因而也能影响激励机制和行为方式。

◇ 宏观经济政策第二大工具是货币政策，它是通过政府对国家的货币、信贷及银行体制的管理来实施的。由中央银行执行的货币政策决定供给和金融财务状况。货币供给的变动使利率上升或下降，并影响商业投资、房地产以及对外贸易等部分的支出水平。货币政策对实际 GDP 和潜在 GDP 都有重要的影响。常见的货币政策工具有变动法定准备金率、调整再贴现率以及公开市场等。

❖知识点四 宏观经济的国际联系

◇ 随着经济全球化的深入发展，各国之间的贸易情况大为加强。衡量国际贸易的一个重要指标就是净出口，即出口产品价值与进口产品价值的差额。当出口大于进口时，为顺差；当出口小于进口时，为逆差。政策制定者非常重视国际经济政策的制定，国际贸易本身不是目的，更进一步地说，国家重视国际贸易是因为它关系到生活水平的提高这个最终目标，国家所关心的主要问题是贸易政策和国际金融管理。

◇ 第二大国际经济政策问题是国际金融管理,一国国际贸易受到汇率的影响,汇率是指本国货币用外国货币来表示的价格。作为货币政策的一部分,国家运用不同的制度来规范外汇市场,尤其是对于开放经济的小国而言,汇率管理是唯一的也是最重要的宏观经济政策。

◇ 国际经济是一个联系着各国贸易和金融的复杂的网络。国家经济体系顺利运行就能促进经济快速增长;但若贸易体系崩溃,全世界的生产和收入都会受到巨大的冲击。因此,各国要考虑到贸易政策和国际金融政策对它们国内的产出、就业和价格稳定等目标的影响。

❖知识点五　总供给与总需求的定义

◇ 总供给是指一定时期内一国企业所愿意生产和出售的物品和劳务的总量。总供给取决于价格水平、经济的生产能力和成本水平。总供给不仅取决于企业能够获得的价格水平,而且也取决于该经济的生产能力或潜在产出水平。潜在产出水平又取决于可供利用的生产性投入的数量以及将这些投入组合在一起的管理效率和技术效率。

◇ 总需求指的是一定时期内一个经济中各部门所愿意支出的总量。总需求是消费者、企业和政府支出的总和,它既取决于价格水平,也取决于货币政策、财政政策和其他因素。总需求的组成部分包括:消费者所购买的汽车、食品和其他消费品;企业所购置的厂房和设备,政府所购买的导弹和计算机,以及净出口。总购买量会受物品赖以成交的价格水平的影响,会受战争和天气等外生因素的影响,还会受政府政策的影响。

◇ 总供给和总需求相交得到均衡水平,国民产出和价格水平在这一水平上达到平衡,即需求方所愿意购买的数量正好等于供给方所愿意出售的数量。而相应的国民产出和价格水平决定就业、失业和外贸。

❖知识点六　总供给曲线和总需求曲线

◇ 用坐标轴来表示总供给曲线和总需求曲线。横轴表示经济的总产出,纵轴表示价格总水平。向下倾斜的曲线是总需求曲线,简称 *AD* 曲线,它表示经济中所有的当事人实体在不同价格水平上将要购买的数量。向上倾斜的曲线为总供给曲线,简称 *AS* 曲线。这条曲线所表示的是在每一个价格水平上(假定其他影响总供给的因素保持不变)企业所愿意生产与出售的物品和劳务的数量。

◇ 宏观经济均衡是指总产量和总价格水平这样一种组合,在此时,买者和卖者都不再愿意改变他们的购买量、销售量或价格水平,同时也不存在价格变动的压力。该均衡是将 *AS* 曲线和 *AD* 曲线放在一起相交而得到的。均衡产出有可能偏离充分就业时的产出或潜在产出。

◇ 有必要强调一点的是,千万不要将宏观经济学的 *AD* 曲线和 *AS* 曲线与微观经济学的 *DD* 曲线和 *SS* 曲线相混淆。微观经济学的供给曲线和需求曲线指的是单个商品的数量和价格,其前提是假定国民收入、其他商品的价格这类因素保持不变。而总供给曲线和总需求曲线则不同,它体现的是总产出水平和总价格水平的决定，其前提假定是货币供应量、财政政策以及资本存量这类因素维持不变。总供给和总需求解释的是税收如何影响国民产出和所有价格的变动；微观经济学的供给和需求则可能会考虑汽油税怎样影响汽车的购买量。这两组曲线表面上相似，但它们所解释的却是截然不同的经济现象。

❖知识点七　宏观经济史与经济政策的作用

◇ 近期美国经济史显示出一种总供求冲击及其政策反应的不规则波动。在20世纪60年代中期，因越南战争而膨胀起来的赤字加上银根放松，导致了总需求的迅猛增长。其结果是价格和通货膨胀飞涨。在70年代末期，经济政策制定者通过采取紧缩性货币政策和提高利率来控制通货膨胀的上升。其结果是对利率敏感的需求（如住宅、投资、净出口等）的支出下降了。在80年代初的经济紧缩时期降低了通货膨胀率，而且迎来了一个较长的宏观经济稳定时期。

◇ 从20世纪的长期进程来看，潜在产出的增长极大地提高了总供给，并促使产出和生活水平持续提高。

◇ 一个世纪以来，大量资本、劳动甚至土地等投入的迅速增长导致了生产规模的扩大，新产品和新工艺的开发和应用带来的生产效率的提高。此外，管理技术和服务水平的调高也对经济增长起到了重要作用。劳动、资本、效率的提高导致了经济潜在生产率的极大提高，使总供给远远地向右移动。从长期来看，总供给是产出增长的主要决定因素。

【习题解析】

□概念复习

1. 宏观经济学和微观经济学

宏观经济学是使用国民收入、经济整体的投资和消费等总体性的统计概念来分析经济运行规律的一个经济学领域，将整个经济运行作为一个整体来进行研究的，所考察的是同时影响众多企业、消费者和工人的因素。宏观经济学是相对于古典的微观经济学而言的。宏观经济学是约翰·梅纳德·凯恩斯的《就业、利息和货币通论》发表以来快速发展起来的一个经济学分支。

微观经济学是研究社会中单个经济单位的经济行为，以及相应的经济变量的单项数值如何决定的经济学说，亦称市场经济学或价格理论。微观经济学的中心理论是价格理论。

【翔高点评】宏观经济学和微观经济学是经济学的两大分支，微观经济学研究个体、局部，宏观经济学研究的则是整体。两者的研究方法和研究视角是完全不同的。不能将微观经济学的一些概念结论直接应用到宏观经济学中。

2. 国内生产总值(GDP)，实际的和潜在的

答案见知识点二第三、四段。

3. 就业，失业，失业率

就业是指一个国家的国民拥有工作岗位，从事生产性或服务性劳动的一种状态，是相对于失业而言的一种状态。就业从广义上讲，是指一种生产要素投入生产性活动，并且带来要素收入的全过程。从狭义上讲，就业使得劳动力得到有报酬的使用，或者有劳动能力并且愿意和可以工作的人拥有一份工作。

失业是指在劳动范围内，有就业能力并且有就业要求的人口没有就业机会的经济现象。根据失业形成的不同原因，可以将失业在理论上进行分类，得出不同的失业类型。在经济政策上，治理失业必须根据不同的失业及其产生的原因，采取不同的政策措施。

失业率是指一定时期内失业人数占就业人数与失业人数之和的比率。失业率常被用来衡量一国的失业水平，失业率的高低与一国经济发展的状况和劳动市场的发达程度密切相关。

4. 通货膨胀，通货紧缩

通货膨胀是指在纸币流通条件下，因货币供给大于货币实际需求，也即现实购买力大于产出供给，导致货币贬值，而引起的一段时间内物价持续而普遍上涨的现象。其实质是社会总需求大于社会总供给(供远小于求)。

通货紧缩是指社会总物价水平持续下降的情况。在市场经济条件下，一般物价水平的持续下降必然是总需求小于总供给的结果。在现实的市场经济中，有可能出现信息、激励和决策等方面的问题而导致的过度供给，和因为消费、投资等导致的总需求不足的现象，这时就会导致通货紧缩。

【翔高点评】通货膨胀和通货紧缩是一对相对的概念，防治通货膨胀很重要，但是根治通货紧缩也同样重要，从某种程度上来说，通货紧缩对经济的损害更大。

5. 消费者价格指数(CPI)

消费者物价指数是世界各国普遍编制的一种指数，可以用于分析市场价格的基本动态，是政府制定物价政策和工资政策的重要依据。它是反映与居民生活有关的产品及劳务价格统计出来的物价变动指标，通常作为观察通货膨胀和通货紧缩水平的重要指标。通常通过一组固定商品按当期价格计算的价值与按基期价格计算的价值的比例来反映。但是消费者价格指数的范围较窄，只包括了社会最终产品中的居民消费品的这一部分，不足以说明全面的情况。

6. 净出口

答案见知识点四第一段。

7. 财政政策(政府支出，税收)

财政政策是指政府变动税收和支出以便影响总需求进而影响就业和国民收入的政策。变动税收是指改变税率和税率结构，变动政府支出是指改变政府对商品与劳务的购买支出以及转移支付，利用政府预算来影响总需求，从而达到稳定经济的目的。政府通过财政政策使总供给和总需求达到理想的均衡状态，从而促进充分就业和控制通货膨胀。从经济发生作用的结果来看，财政政策分为扩张性财政政策和紧缩性财政政策。

8. 货币,货币政策

任何一种可以执行交换媒介、价值尺度、延期支付标准和完全流动的财富储藏手段等功能的商品,都可被看作是货币;从商品中分离出来固定地充当一般等价物的商品,就是货币;货币是商品交换发展到一定阶段的产物。货币的本质就是一般等价物。货币的形式从实物货币、金属货币、纸币发展到信用货币和现代的电子货币,形式不断更新,但其基本的职能是不变的。

货币政策是通过政府对国家的货币、信贷及银行体制的管理来实施的。由中央银行执行的货币政策决定供给和金融财务状况,分为扩张性货币政策和紧缩性货币政策。货币供给的变动使利率上升或下降,并影响商业投资、房地产以及对外贸易等部分的支出水平。货币政策对实际GDP和潜在GDP都有重要的影响。常见的货币政策工具有变动法定准备金率、调整再贴现率以及公开市场等。

9. 总供给,总需求

总供给是指一个国家的生产者依据一定的价格水平,在一定的时期内愿意生产出来并通过市场反映出来的产品和服务的总量。总供给水平相对于总需求水平而言,它代表一个国家满足总需求水平的总产出能力的大小,其事后指标通常用国内生产总值的水平来衡量。在资源约束型经济中,总供给水平是决定一国经济增长速度的主要因素;在需求约束型经济中,总需求水平则是经济增长速度的主要决定因素。

总需求是指一个国家的各个市场主体依据一定的收入和价格水平,在一定时期内通过市场反映出来的购买产品和服务的计划支出总量。总需求通常由四个部分构成,即消费总支出、投资总支出、政府总支出和净出口总额。提出总需求概念,目的是为政府的宏观需求管理政策服务。

10. *AS* 曲线,*AD* 曲线

用坐标轴来表示总供给曲线和总需求曲线。横轴表示经济的总产出,纵轴表示价格总水平。向下倾斜的曲线是总需求曲线,简称*AD*曲线,它表示经济中所有的当事人实体在不同的价格水平上将要购买的数量,是一条表示产品市场和货币市场同时达到均衡时价格水平与国民收入间的依存关系的曲线。向上倾斜的曲线为总供给曲线,简称*AS*曲线。这条曲线所表示的是在每一个价格水平上(假定其他影响总供给的因素保持不变)企业所愿意生产与出售的物品和劳务的数量。总供给曲线可以通过劳动市场和总量生产函数的分析得到。短期的*AS*曲线是向右上方倾斜的,长期的*AS*曲线则是一条垂直于横轴的直线。在长期中,经济保持在潜在的产出水平,需求管理政策不能改变国民收入,只能改变价格总水平。

11. *AS* 和 *AD* 的均衡

答案见知识点六第二段。

12. 长期经济增长的源泉

具体来说,长期经济增长的源泉主要有:资本积累的增加、劳动力素质的提高、资源配置效率的提高、技术的进步,这些因素都会促使总供给曲线向右移动,使经济在长期内保持一定的增长。

【翔高点评】技术进步和劳动力素质的提高是经济长期增长的源泉，一国要想经济得到大的发展，必须在这几方面做好基础性的积累工作。

□问题讨论

1. 宏观经济学的主要目标是什么？写出每个主要目标的简短定义。请详细解释为什么每一个目标都十分重要。

【重要级别】☆☆　　　　　　　　【难度级别】☆☆

【考查要点】宏观经济学的目标

【参考答案】具体见知识点二。

2. 利用本章附录的数据计算：

a. 1981 和 1999 年的通货膨胀率

b. 1982 和 1984 年的实际 GDP 的增长率

c. 1970～1980 年以及 1990～1999 年的平均通货膨胀率

d. 1970～1999 年实际 GDP 的平均增长率

【重要级别】☆☆　　　　　　　　【难度级别】☆☆

【考查要点】宏观经济学的目标

【参考答案】a. 根据附表的资料，可以直接得到：1981 年的通货膨胀率为 10.3%，1999 年的通货膨胀率为 2.2%。

b. 根据附表，1981 年的实际 GDP 为 52 917 亿美元，1982 年为51 893美元，1983 年为54 238亿美元，1984 年为58 136亿美元。由此可得 1982 年的实际 GDP 增长率为：

$g_{1982}=(51\ 893-52\ 917)\div 52\ 917\times 100\%\approx -1.94\%$

1984 年的实际 GDP 增长率为：

$g_{1984}=(58\ 136-54\ 238)\div 54\ 238\times 100\%\approx 7.19\%$

c. 1970～1999 年的平均通胀率为：

$\pi_{1990\sim 1999}=(5.4\%+4.4\%+3.2\%+6.2\%+11.0\%+9.1\%+5.8\%+6.5\%+7.6\%+11.3\%+13.5\%)\div 11\approx 7.66\%$

d. $g_{1970\sim 1999}=(94\ 703-37\ 719)\div 37\ 719\times 100\%\approx 151.08\%$

所以 1970～1999 年的平均实际 GDP 增长率为：$151.08\%\div 30\approx 5.04\%$

3. 下面每项对总供给或总需求将会产生什么影响？(假定其他条件保持不变)

a. 个人所得税和公司所得税的大幅度削减(对 *AD*)

b. 一项削减国防开支的裁军协议(对 *AD*)

c. 潜在产出水平的增加(对 *AS*)

d. 放松银根使得利率降低(对 *AD*)

【重要级别】☆　　　　　　　　【难度级别】☆

【考查要点】总供给与总需求的定义

【参考答案】a. 石油价格大幅上涨，作为一种不利的供给冲击，将会使企业的生产成本增加，导致总供给减少，AS曲线向左上方移动。

b. 减少国防开支，将会减少一国的总需求水平，使AD曲线向左下方移动。

c. 潜在产出水平的增加能够有效提高一国所能生产出的商品和劳务水平，使总供给曲线AS向右下方移动。

d. 将使得对利率敏感的投资需求增加很多，从而使得总需求增加，AD曲线向右上方移动。

4. 使用AS－AD分析方法说明问题3中的每一个事件对产出和总体价格水平的影响。

【重要级别】☆☆☆　　　　　　【难度级别】☆☆☆

【考查要点】总供给曲线与总需求曲线

【参考答案】a. 石油价格的大幅上升，导致AS曲线向左下方移动，在总需求保持不变的情况下，产出会减少，总体价格水平会上升，引发滞涨的出现。

b. 国防开支的减少，导致AD曲线向左下方移动，在总供给曲线AS不变的时候，使得产出和价格水平均下降。

c. 潜在产出水平的增加，将使得总供给曲线AS向右下方移动，在总需求保持不变的情况下，使得产出增加，总价格水平下降。

d. 放松银根使得利率下降，将使总需求曲线AD向右上方移动，在总供给曲线AS保持不变的情况下，将使产出增加，总价格水平上升。

5. 设想你自己是一个政策制定者。经济处在这样的均衡水平：P＝100，Q＝3 000＝潜在GDP。你对通货膨胀的态度是据对“不迁就的”，也就是说，你要求价格绝对稳定在P＝100而不管产出会发生什么情况。最后，你可以运用货币政策和财政政策来影响总需求，但你不能影响短期总供给。你认为下列情况如何应对：

a. 投资支出突然增加

b. 在密西西比河发生洪灾之后，食品价格猛烈上涨

c. 生产率的下降导致潜在产出水平下降

d. 东亚经济衰退导致净出口急剧下降

【重要级别】☆☆　　　　　　【难度级别】☆☆

【考查要点】总供给曲线与总需求曲线

【参考答案】a. 在这种情况下，政府必须实行紧缩性的财政政策或紧缩性的货币政策来减少总需求，使得总需求曲线AD发生回移。

b. 当食品价格上升时，人们的生活成本会上升，继而工资也必须要求上升，导致总供给曲线左移，这时为了维持价格的稳定，可以采取削减政府开支等紧缩性的财政和货币政策，使总需求曲线也发生回移，从而保持价格的稳定，但这时总产出水平会下降。

c. 潜在产出水平的下降使得AS曲线向左发生移动，为了维持价格的稳定，可以采取和b中相同的政策，使AD曲线发生回移。

d. 净出口的下降会减少一国的总需求，使其总需求曲线左移，因此可以采用一些措施来增加本国的消费或者使本币发生贬值增加出口，最终使得 *AD* 曲线发生右移，回归原位。

6. 在1981～1983年，里根政府采取了降低税收并增加政府支出的财政政策：

a. 解释一下为什么这项政策将会增加总需求；假定只有 *AD* 曲线移动，请说明它对产出和价格水平有何影响。

b. 供给学派认为减税主要是通过增加潜在产出水平来影响总供给。假定里根的财政手段既影响 *AS*，也影响 *AD*，请说明它对产出和价格水平的影响。请解释为什么它对产出的影响是确定的，而对价格的影响是不确定的。

【重要级别】☆☆　　　　　　【难度级别】☆☆

【考查要点】宏观经济政策工具

【参考答案】a. 减税将会增加消费者的可支配收入进而增加居民的消费需求，从而使总需求增加，同时政府支出的增加也会使得总需求直接增加。如果只有 *AD* 曲线向右上方移动，则产出和价格都将上升。

b. 根据供给学派的观点，减税将会使得总供给曲线右移，但是右移的幅度不确定。总供给曲线和总需求曲线的右移使得产出会增加，但是由于总供给曲线右移的幅度不确定，所以价格水平的变动也将不确定。

7. 1993年国会通过的克林顿的紧缩财政政策通过增税和减少支出产生了效果。试说明这一政策的效果：(a)假设没有货币政策的干预；(b)假设货币政策完全抵消了财政政策对GDP的影响，并且，较低的赤字引起了高投资和潜在产出的高增长。

【重要级别】☆☆　　　　　　【难度级别】☆☆

【考查要点】宏观经济政策工具　财政政策、货币政策

【参考答案】a. 如果政府没有干预，则紧缩性的财政政策将使得总需求减少，进而导致产出和价格水平都下降。

b. 假设货币政策完全抵消了财政政策对GDP的影响，则总需求曲线将会回到原来的水平上，而同时较低的赤字引起了高投资和潜在产出的增长，导致 *AS* 曲线右移，这时可以明显地看到，产出将增加，但是价格水平的变化将保持不变。

8. 美国的最近一次经济转折发生在20世纪80年代初期。考虑下表中实际GDP和价格水平的数据。

a. 计算1981～1985年实际GDP的增长率和通货膨胀率。你能猜出在哪一年出现了严重的经济下滑或衰退吗？

b. 在一个如图20－6(课本P361)那样的 *AS*－*AD* 图形中，画一组能够反映如下表所示的价格和产出均衡的 *AS* 和 *AD* 曲线。你如何解释你所辨认出的衰退呢？

实际 GDP 和价格水平数据

年份	实际 GDP(10 亿美元,2000 年价格)	价格水平(2000 年=100)
1980	5 161.7	54.1
1981	5 291.7	59.1
1982	5 189.3	62.7
1983	5 423.8	65.2
1984	5 813.6	67.7
1985	6 053.7	69.7

【重要级别】☆☆☆　　　　　　　【难度级别】☆☆☆

【考查要点】总供给曲线和总需求曲线

【参考答案】a. 根据表中的数据可以计算得到:

$g_{1981}=(52\,917-51\,617)\div 51\,617\times 100\%\approx 2.50\%$

$g_{1982}=(51\,893-52\,917)\div 52\,917\times 100\%\approx -1.94\%$

$g_{1983}=(54\,238-51\,893)\div 51\,893\times 100\%\approx 4.52\%$

$g_{1984}=(58\,136-54\,238)\div 54\,238\times 100\%\approx 7.19\%$

$g_{1985}=(60\,537-58\,136)\div 58\,136\times 100\%\approx 4.13\%$

$\pi_{1981}=(59.1-54.1)\div 54.1\times 100\%\approx 9.24\%$

$\pi_{1982}=(62.7-59.1)\div 59.1\times 100\%\approx 6.09\%$

$\pi_{1983}=(65.2-62.7)\div 62.7\times 100\%\approx 3.99\%$

$\pi_{1984}=(67.7-65.2)\div 65.2\times 100\%\approx 3.83\%$

$\pi_{1985}=(69.7-67.7)\div 67.7\times 100\%\approx 2.95\%$

由以上的计算可知,1982 年的实际 GDP 的增长率为负数,因此 1982 年出现了严重的经济衰退。

b. *AS* 曲线逐年(除了 1981～1982 年之外)向右下方移动。如(a)图所示,GDP 增长率快的年份,其 *AS* 曲线右移的幅度也较大;同样地,*AD* 曲线也向右移动,价格和产出都会增加。1982 年经济出现的一次严重下滑可以视为暂时性的严重的供给冲击,如(b)图所示,使总供给曲线 *AS* 向左移动,总需求曲线也向左移动,均衡点发生了改变,经济中的产出发生了下降,价格将会上升。

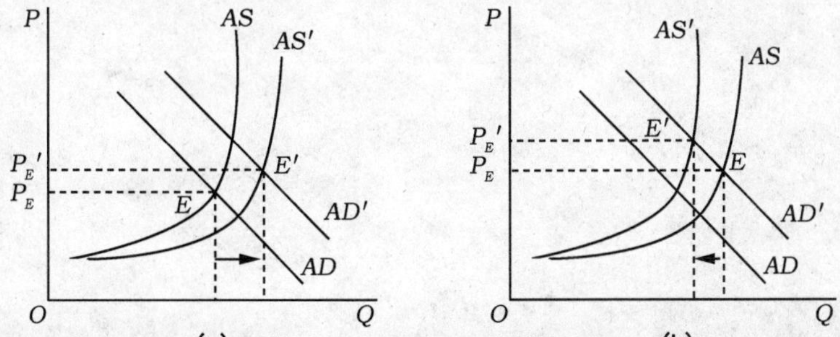

(a)　　　　　　　　(b)

【补充训练】

1. 宏观经济政策的目标是什么？为达到这些目标可采用的政策工具有哪些？

【重要级别】☆☆☆　　　　　　　【难度级别】☆☆☆

【考查要点】宏观经济学的目标

【参考答案】一般来说，宏观经济政策目标有四个：经济增长、充分就业、价格水平稳定和国际收支平衡。经济政策不是只考虑这些目标中的某一目标，而是要同时实现这些目标。经济政策就是为了同时实现这些目标而制定的手段和措施。应该说，上述宏观经济政策的四个目标之间存在着一定的矛盾。这就要求政府在制定政策时或者确定重点政策目标，或者对目标进行协调。当我们不考虑对外贸易，且把问题的考虑限定在短期和静态条件时，则宏观经济政策的目标就包括两个，即充分就业和价格水平稳定。围绕着这两个目标而提出的宏观经济政策主要有财政政策、货币政策和收入政策。

第21章　经济活动的衡量

【学习精要】

❖知识点一　国内生产总值及其衡量方法

◇ 国内生产总值是指一国在一年内所生产的最终产品和劳务的市场价值之和。GDP是衡量一国物品和劳务产出总量的最综合的指标。它是既定年份中一国境内的消费(C)、投资(I)、政府购买(G)以及净出口(X)的货币价值的总和，即 $GDP=C+I+G+X$。

◇ 衡量国内生产总值主要有两种方法：一是产品流量法。从产品角度核算，GDP是个人在商品和劳务上的消费支出、国内私人总投资、政府的消费支出以及商品和劳务的净出口额的总和。二是成本法。从成本角度进行核算，GDP是工资、利息、租金、利润、企业间接税以及折旧之和，是企业从事经营活动时所付出的各种成本。这些成本也是生产要素的收入，因此这种方法也被称为收入法。

◇ GDP统计的两种方法统计的结果是一致的。因为在宏观经济活动的环形流动图中，作为利润的剩余起到了自动调节的作用，使得环流下部的成本或收入的价值正好等于环流上部的产品的价值。

◇ 附加值法。为了避免重复计算，我们严格地让GDP仅仅包括最终产品，而不包括用来制造最终产品的中间产品。通过计算每个生产环节的附加值，小心地扣除向其他厂商购买中间产品的支出，环形流动图下部的收入法能恰当地避免所有的重复计算，而正好只将工资、利息、租金和利润计算一次。

❖知识点二　国民账户统计细节

◇ 名义GDP(PQ)代表给定年份中所生产的最终产品和劳务的货币价值总量。这里的价值量是以当年的市场价格来计算的，实际GDP(Q)是指从名义GDP中剔除了价格变化并以商品和服务的数量来计算的GDP。GDP缩减指数(P)可以说是“GDP的价格”，公式为：

$$Q=\text{实际 GDP}=\frac{\text{名义 GDP}}{\text{GDP 紧缩指数}}=\frac{PQ}{P}$$

为了修正快速变化的相对价格的影响，美国国民账户使用系列权数来统计实际 GDP 和物价指数。

◇ 消费是 GDP 中最重要的组成部分，又被称为个人消费支出，基本上可以分为三大类：耐用品、非耐用品和服务。近年来，增长最快的是服务领域。

◇ 投资是指在国民收入账户中，一年内一国的建筑物、设备、软件产品及库存等资本存量的增加部分。国民账户收入主要包括有形资本，忽略了大部分无形资本，比如研发费用和教育支出。为了估计资本的形成，需要衡量净投资。净投资等于总投资减去折旧。

◇ 政府支出包括政府购买的消费品、投资品，是政府在其雇员身上的一切薪金开支加上它向私人企业购买的物品。政府的转移支付是政府对个人的一种支付，这种支付并不用来交换受益人所提供的产品或服务，由于转移支付不是用来购买当前的商品或服务的，因而不应包括在 GDP 中。政府的利息支付也被认为是转移支付，因而也应该从 GDP 中扣除。同时，在用成本法计算 GDP 时，我们需要将直接税和间接税都算作最终产品生产成本的一个组成部分。

◇ 净出口是指商品和服务的出口额和进口额之间的差额。在开放经济中，净出口变得越来越重要。

❖知识点三　国民收入恒等式

◇ 国民生产总值(GNP)是指一年内一国居民所拥有的投入要素所生产的最终产品的总值，它与 GDP 的关系是：

$$GNP=GDP+\text{国外净要素的收入}$$

国内生产净值(NDP)等于一国在一年内所生产的全部最终产品，这里的最终产品包括净投资或总投资减去折旧：

$$NDP=GDP-\text{折旧}$$

国民收入(NI)代表的是劳动、资本和土地等生产要素所获得的全部收入：

$$NI=GDP-\text{折旧}-\text{间接税}$$

$$\text{个人可支配收入 } DI=NI-\text{直接税}-\text{企业净储蓄}+\text{转移支付}$$

◇ 国民储蓄总是等于国民投资。投资的组成部分包括国内私人总投资、国外投资(净出口)。储蓄的来源是私人(家庭和企业)储蓄和政府储蓄(政府预算盈余)。私人投资加净出口等于私人储蓄加政府预算盈余。无论经济处于商业周期的哪一阶段，这种恒等关系都必然成立。

◇ 传统的 GDP 核算主要包括了市场活动，但是许多有意义的经济活动是发生在市场活动之外的，比如在高校学生的人力资本投资方面，国民账户记录了学费，却忽略了机会成本。同样，诸如做饭、洗衣等许多居民活动产生很多有价值的“准市场性”的产品和服务也未计入 GDP 的核算中。此外，还有一些地下经济活动，比如赌博、贩毒等，也不会被计入 GDP 的核算中。除了经济活动本身之外，GDP 指标有时还会忽略经济活动所导致的有害后果，一个重要的方面就是忽略了对环境的破坏。

❖知识点四　价格指数和通货膨胀

◇ 价格指数是关于平均价格水平的指标，在实践中我们用其来衡量整体的物价水平。常见的价格指数有以下几种：(1)消费者价格指数(CPI)，衡量的是城市消费者为购买一揽子生活消费品和服务而支付的随着时间而平均变化的价格。在构造该价格指数时，应依据每个商品在经济中的重要程度来衡量该商品价格的权数。(2)GDP价格指数，是指一国生产的所有商品和服务的价格水平，而不是某一部分的价格水平。它和CPI的另一不同之处在于，它是一个系列加权指数，考虑到了不同商品所占份额的变化，此外，GDP的各组成部分也有紧缩指数，有时被用作CPI的补充。(3)生产者价格指数(PPI)，它衡量的是生产和批发环节的价格水平。计算PPI的固定权数是每种商品的净销售额，由于这种指数非常详细，在商业领域广为使用。各种价格指数上移就是通货膨胀开始出现的重要标志。

◇ 通货膨胀意味着整体价格水平的上升，通货膨胀率表示的是整体价格水平的变化程度，公式为：

$$\text{通货膨胀率}(t\text{ 年})=\frac{t\text{ 年的价格水平}-(t-1)\text{年的价格水平}}{(t-1)\text{年的价格水平}}\times 100\%$$

与通货膨胀相对的概念是通货紧缩，指的是总体物价水平的下降。

【习题解析】

□概念复习

1. 国民收入和产品账户(国民账户)

国民账户是国民收入和产品账户的简称，是测量GDP的基本方法和框架。根据传统的复式记账原理，在国民账户的一方列出的是产品流量的总额，而另一方列出的是这些产品的生产过程中产生的收入流量的总额，这个账户表示出经济中产品流量与收入流量在宏观水平上的恒等关系。

2. 实际GDP和名义GDP

答案见知识点二第一段。

3. GDP紧缩指数

GDP紧缩指数(P)可以说是“GDP的价格”，公式为：

$$Q=\text{实际 GDP}=\frac{\text{名义 GDP}}{\text{GDP 紧缩指数}}=\frac{PQ}{P}$$

GDP紧缩指数的优点是范围广泛，能够比较准确地反映一般物价水平的变动趋向；缺点是资料的搜集比较难，需要对未在市场上发生交易的商品和劳务进行换算，并且可能受到价格结构因素的影响。

4. GDP＝C＋I＋G＋X

答案见知识点一第一段。

【翔高点评】注意区分三部门经济和四部门经济中GDP核算公式的异同。

5. 净投资＝总投资－折旧

总投资是指一年内一国的建筑物、设备、软件产品以及库存等资本存量的增加部分，折旧衡量的是一年当中已经消耗掉的资本额。净投资指的就是净的资本增量。净投资永远等于新投入的资本(总投资)减去死亡的资本(资本折旧)。

6. 从两种等价的角度来看GDP:产品(环形流动图上部)、收入(环形流动图下部)

答案见知识点一第二段。

7. 中间产品、附加值

中间产品指的是用于生产其他产品的产品，是指在生产过程中须进一步加工、目前还不能作为社会投资和消费的产品和劳务，包括各种原材料、燃料和动力。附加值指的是企业的销售额同从其他企业购进的原材料和劳务的支付额之间的差额，是企业在某一生产环节真正实现的价值增值部分。

8. NDP＝GDP－折旧

国内生产净值(NDP)等于一国在一年内所生产的全部最终产品，这里的最终产品包括净投资，NDP＝GDP－折旧。

9. 政府转移支付

答案见知识点二倒数第二段。

10. 可支配收入(DI)

可支配收入是指人们可以自由支配的，能够用来消费或者储蓄的收入，个人收入本身并不能完全归个人来支配，缴纳了个人所得税之后，这个税后的收入才是个人的可支配收入。可支配收入通常被认为是消费开支的最重要的决定性因素，常被用来衡量一国的生活水平。

11. 投资—储蓄恒等式：$I=S$、$I^T=I+X=S^P+S^G=S^T$

投资—储蓄恒等式是指代表总储蓄和投资的恒等关系的等式。在不存在政府或者外贸部门的两部门经济中，投资是指国民总产出中未被消耗的部分，储蓄是指国民总收入中未被用于消费的部分。由于国民总收入和国民总产出相等，这说明储蓄恒等于投资，即 $I=S$。当存在政府和外贸部门时，总储蓄或国民储蓄分为两部分，即来自于居民户和企业的私人储蓄(S^P)和政府储蓄(S^G)，它代表政府税收收入超过其开支的部分。在投资方面，总投资或国民投资(I^T)等于国内总投资(I)加上外国净投资，即净出口(X)。因此，在四部门经济中，完整的投资—储蓄恒等式为：$I^T=I+X=S^P+S^G=S^T$。

12. 通货膨胀、通货紧缩

参见第20章概念复习第4题。

13. 价格指数：CPI、GDP价格指数、PPI

答案见知识点四第一段。

□问题讨论

1. 仔细说明下列概念的定义，并举例说明：

a. 消费

b. 国内私人总投资

c. 政府的消费性和投资性采购(计入 GDP)

d. 政府转移支付(不计入 GDP)

e. 出口

【重要级别】☆☆　　　　　　　　【难度级别】☆☆

【考查要点】国内生产总值及其衡量方法

【参考答案】a. 消费是 GDP 中最重要的组成部分,又被称为个人消费支出,基本上可以分为三大类:耐用品、非耐用品和服务。比如说汽车和电视、理发和就业等。决定消费的因素主要有可支配收入、利率、价格等。

b. 国内私人总投资指个人或企业增加或替代资本资产的支出。主要有固定资产投资和存货资产,例如新厂房、新设备以及存货等。

c. 政府的消费性和投资性采购主要是指市场经济国家为加强对政府公共支出的管理所进行的消费性和投资性采购,其中消费性采购主要是对办公设备的购买支出,投资性采购主要是指政府用于道路建设等的支出。

d. 政府转移支付是指政府并非购买本年的商品和劳务的支付。它包括对非盈利组织的慈善捐款、农产品补贴、公债利息等。这笔款项是不计入 GDP 的,原因在于这笔款项的支付不是为了购买商品和劳务,而仅仅是一种资源的转移。

e. 出口是指将本国商品或劳务输出到其他国家市场的交易活动。将一定时期内所有出口商品的贸易额加总就得到出口额,它反映了一个国家的出口贸易水平。

2. 你有时会听到,"你不能将苹果和橙子相加。"请说明,在计算国民账户时,我们可以并且的确将苹果和橙子相加,请解释计算方法。

【重要级别】☆　　　　　　　　【难度级别】☆

【考查要点】国内生产总值及其衡量方法

【参考答案】苹果和橙子属于不同种类的商品,有可能其度量单位不同,这在商品种类越多时越明显,因此不能将其简单加总。而在计算 GDP 时,GDP=(苹果的价格×苹果的数量)+(橙子的价格×橙子的数量)。通过使用价格来测度产出的货币总值,从而使得不同种类的商品可以加总。

3. 考察第 4 章附录中的数据。找到 1998 年和 1999 年名义 GDP 和实际 GDP。计算 GDP 紧缩指数。1999 年名义 GDP 和实际 GDP 的增长率是多少?1999 年的通货膨胀率是多少?(按 GDP 紧缩指数计算)

【重要级别】☆　　　　　　　　【难度级别】☆

【考查要点】价格指数和通货膨胀

【参考答案】根据附录中的数据,可以得到 1998 年的名义 GDP 为87 470亿美元,实际 GDP 为90 669亿美元,1998 年的 GDP 缩减指数为:87 470÷90 669×100%≈96.5%。

1999 年的名义 GDP 为 92 684 亿美元,实际 GDP 为 94 703 亿美元,1998 年的 GDP 缩减指数为:92 684÷94 703×100%≈97.87%。

因此,1999年名义GDP的增长率为:(92 684－87 470)÷87 470×100%≈5.96%。

1999年实际GDP的增长率为:(94 703－90 669)÷90 669×100%≈4.45%。

1999年的通货膨胀率为:(97.87－96.5)÷96.5×100%≈1.42%。

4. 孤岛上的鲁宾逊生产了1 000美元的环形流动图上部的产品。他支付了750美元的工资、125美元的利息和75美元的租金。他的利润应该是多少?如果鲁宾逊的产量的3/4用于消费,其余的用于投资,用生产方法和收入方法计算鲁宾逊孤岛的GDP,并说明这两种方法所算得的GDP必然相等。

【重要级别】☆☆☆　　　　【难度级别】☆☆☆

【考查要点】国内生产总值及其衡量方法

【参考答案】(1)根据题意,鲁宾逊的利润为:1 000－750－125－75＝50(美元)。(2)用生产的方法来计算,消费 C＝1 000×3/4＝750(美元),投资 I＝1 000×1/4＝250(美元),则GDP＝C＋I＝750＋250＝1 000(美元)

用收入的办法来计算,GDP＝工资＋利息＋租金＋利润＝750＋125＋75＋50＝1 000(美元)。由于利润是一种剩余,因此两种方法所统计出的GDP也必定是相等的。

5. 下面是一些伤脑筋的问题。你能否说明为什么下列各项不被计入美国的GDP之中?

a. 优秀的厨师在自己家里烹制膳食

b. 购买一块土地

c. 购买一副伦勃朗的绘画真品

d. 我在2000年播放一张1997年录制的CD所获得的价值

e. 电力公司排放的污染物对房屋和庄稼的损害

f. IBM公司设在英国的工厂所创造的利润

【重要级别】☆☆　　　　【难度级别】☆☆

【考查要点】国民收入恒等式

【参考答案】a. 因为这项活动没有参与市场交易,所以不计入GDP。

b. 由于购买的这块土地不是统计当期新创造出来的产值,因此也不计入GDP。

c. 由于购买的绘画真品不是统计当期生产的,因此不计入GDP。

d. 这种行为产生的价值不应该计入2000年的GDP,否则会造成重复计算。

e. 这些损害是不计入GDP的,主要是为了避免重复计算,但是用于减轻损失的治理污染支出会通过电价反映出来,从而计入GDP。

f. 这些利润应当计入英国的GDP,同时计算进入美国的GNP,但却不是美国的GDP。

6. 考虑一个阿格诺维亚农业社会,我们在本章正文中的"一个数字实例"部分里曾讨论过它的GDP。建一个类似于表21－6(课本P377)的国民收入账户,假

设:每蒲式耳小麦的成本为5美元,没有折旧,工资占国民产出的3/4,企业间接税占政府的开支来源的100%,其余的收入算做农民的租金收入。

【重要级别】☆☆　　　　　　　　　　【难度级别】☆☆

【考查要点】国内生产总值及其衡量方法

【参考答案】一个数字上的例子是:假设阿格诺维亚这个农业国家共生产了100蒲式耳的玉米,并且进口了7蒲式耳的玉米,其中的87蒲式耳用于消费,10蒲式耳用于供养军队,6蒲式耳以库存的形式用于国内投资,此外还有4蒲式耳出口到国外,因此净出口为-3。

国民收入账户如下表所示:

产品法		收入法或成本法	
个人消费支出	\$435	工资	\$375
库存投资	\$30	租金收入	\$75
政府消费和投资	\$50	企业间接税	\$50
净出口	\$-15		
	\$500		\$500

7. 回顾对CPI偏差的讨论。解释为什么没有考虑到新产品的质量改进会导致CPI偏高?选择一个你熟悉的产品,解释它的质量如何改进,以及价格指数如何难以跟上质量的变化。

【重要级别】☆☆　　　　　　　　　　【难度级别】☆☆

【考查要点】价格指数和通货膨胀

【参考答案】对于有些产品来说,其质量一直在不断的改善,这些改善多是因为市场竞争的存在,但是并没有导致价格的上升。此外由于技术进步,产品品质的提高反而导致了产品价格的下跌。因此如果未考虑新产品质量改进,则会导致CPI的偏高。除非政府的统计人员能够详细了解每一行业产品生产过程的相关知识,否则很难从价格的上涨中分辨出产品品质的提高。比如说电子产品的质量和性能在不断提高,但是其价格却在一直下降。

8. 近10年来,妇女的有偿工作时间增加,无报酬的工作时间减少。

a. 工作时间的增加如何影响GDP?

b. 解释为什么所衡量的GDP的增加会高估真实产出的增量。并解释包括了家庭生产活动的扩充的国民账户如何处理这种由非市场活动向市场活动的转变。

c. 解释下面这个悖论:当一个人与和他(她)的花匠结婚成家时,会减少GDP。

【重要级别】☆☆　　　　　　　　　　【难度级别】☆☆

【考查要点】国民收入恒等式

【参考答案】a. 会导致GDP的增加。主要是因为随着妇女工作时间的增加,她们的劳动产品进入市场交易的部分也越来越多。因此会导致GDP的增加。

b. 在妇女未大量进入劳动大军时,许多家务劳动都未被计入GDP,但是,随着妇女大量进入劳动大军，计入 GDP 的劳动部分增加了，但是未计入 GDP 的家务劳动部分就减少了，此时的 GDP 实际上高估了真实产出，因为此时妇女只不过是在用外在劳动代替了家务劳动。包括了家庭生产活动的扩充的国民账户必须对非市场性的经济活动进行估算，可以利用非市场性活动的机会成本来估算价值。

c. 当一个人与和他(她)的花匠结婚成家时，花匠原先所做的工作现在变成了家务劳动，退出了市场交易，因此不再计入 GDP，GDP 就会减少。这个例子典型的反映了传统 GDP 核算的缺陷。

9. 考察下表中的价格数据。它显示了 2000 年 12 月消费者价格指数的真实值。

a. 利用英文版 440 页专栏中叙述的方法，计算 1999 年 12 月至 2000 年 12 月 CPI 增长的百分比。

b. 1999 年 12 月 CPI 的值是 168.3(令 1983 年的值为 100)。2000 年 12 月 CPI 的值是多少?

消费者价格指数(2000 年 12 月)

支出类别	相对重要性(%) (1999 年 12 月)	变化百分比 (1999 年 12 月～2000 年 12 月)
所有项目(1967＝100)	100	?
食品和饮料	16.30	2.8
住房	39.64	4.3
服饰	4.68	－1.8
交通	17.45	4.1
医疗	5.77	4.2
娱乐	6.01	1.7
教育和通信	5.42	1.3
其他商品和服务	4.73	4.2

【重要级别】☆☆　　　　　　　　【难度级别】☆☆☆

【考查要点】价格指数和通货膨胀

【参考答案】a. 消费者价格指数 CPI 变动的计算公式如下：t 期的价格的加权变化＝$\sum$商品 i 在($t-1$)期的相对重要性×从($t-1$)期到 t 期商品 i 增加的百分比。根据该公式和上表中的数据，可以算出 1999 年 12 月～2000 年 12 月 CPI 增长的百分比为 3.41。

b. 2000 年 12 月的 CPI 的值为：168.3×(1＋0.034 1)＝174.0。

【补充训练】

1. 判断：折旧费用是国民生产总值的一部分。

【重要级别】☆　　　　　　　　【难度级别】☆

【考查要点】国民收入恒等式

【参考答案】正确。GDP包括折旧。

2. 判断:当三部门经济处于均衡状态时,家庭和企业部门的储蓄加税收等于投资加政府支出。

【重要级别】☆☆　　【难度级别】☆☆

【考查要点】国内生产总值及其衡量方法

【参考答案】错误。当三部门经济处于均衡状态时,家庭和企业部门的储蓄加政府的净收入(税收－转移支付)等于投资加政府支出。

3. 潜在国民收入和均衡国民收入两个概念在宏观经济分析中有何重要作用?

【重要级别】☆☆　　【难度级别】☆☆

【考查要点】国民账户统计细节

【参考答案】潜在国民收入也称为充分就业产量或者自然率产量,是指经济体充分利用现有资源时,达到的可能的最大的产量;均衡国民收入则是指在总需求或总支出约束条件下,达到宏观均衡的实际产量。两者关系可以反映短期经济波动的原因:二者正好相等表明资源处于充分利用状态,而且处于充分就业状态;均衡国民收入小于潜在国民收入,则资源未充分利用,表现为经济衰退、失业增加;均衡国民收入大于潜在国民收入,则资源超正常使用,表现为经济增长、通货膨胀。

4. 经济学中为什么用GDP为主要核算指标,但又不能搞GDP崇拜?

【重要级别】☆☆☆　　【难度级别】☆☆☆

【考查要点】国内生产总值及其衡量方法

【参考答案】GDP是一个经济社会在一定时期内运用生产要素所生产的全部最终产品的市场价值。从收入的角度来看,它包括工资、利息、租金、企业税前利润、政府税收、折旧等部分,它是核算一个经济体在一年内产出的重要指标。从国家之间的角度来看,GDP可以反映一个国家的经济规模,按照GDP总量的排序可以大概测度一个国家在国际上的经济地位。GDP还是观测经济状况的重要指标,能帮助决策者判断经济处于低迷还是膨胀状态,应该采取何种宏观经济政策。因此,GDP作为一个经济指标是非常重要的。

但是GDP本身是有缺陷的,不可盲目崇拜。首先,非市场交易得不到反映。例如许多不经过市场交易的活动,像家务活动、自给自足生产等,难以在GDP中统计反映出来。又如,不少地下交易只是为了逃避税收,经济活动发生了,却没有在GDP中反映出来。其次,有些严重影响社会发展和人们生活质量的内容无法得到反映。例如,GDP核算无法说明人们享受了多少闲暇,它也无法说明一个国家环境污染的程度。再次,有些在GDP中反映的市场交易活动不能正确反映社会经济发展水平,如赌博和黄色活动在一些国家GDP中得到反映,却可能带来严重的社会问题。最后,由于GDP含劳务活动,两国可以拥有相同的GDP,但一国生产粮食,一国只生产歌曲,显然,这两国的物质生产水平是大不一样的。

第22章 消费与投资

【学习精要】

❖知识点一 预算支出模式

◇ 消费是GDP中最大的组成部分，它主要分三大类：耐用品、非耐用品和服务。人们将收入分配于食品、衣着和其他项目上的方式具有可以预测的规律性。贫困家庭必然将其收入的大部分花在诸如食品和住房等生活必需品方面。当收入提高时，在很多食品类消费品上的开支会增加。尽管如此，收入增长过程中人们在食品上的边际支出是存有限制的，因此当收入进一步增加后，食品支出占总支出的比例势必会下降。

◇ 恩格尔系数是食品支出总额占个人消费支出总额的比重。19世纪德国统计学家恩格尔根据统计资料，对消费结构的变化得出一个规律：一个家庭收入越少，家庭收入中(或总支出中)用来购买食物的支出所占的比例就越大；随着家庭收入的增加，家庭收入中(或总支出中)用来购买食物的支出比例则会下降。推而广之，一个国家越穷，每个国民的平均收入中(或平均支出中)用于购买食物的支出所占比例就越大；随着国家的富裕，这个比例呈下降趋势。简单地讲，一个家庭或国家的恩格尔系数越小，就说明这个家庭或国家经济越富裕。

❖知识点二 消费、收入和储蓄

◇ 收入、消费和储蓄紧密相连，个人消费是收入中没有用于消费的部分，储蓄等于收入减去消费。个人储蓄率是指个人储蓄额占个人可支配收入的比例。收入是消费和储蓄的首要决定因素。收支相抵点是指一般家庭既不储蓄也不负储蓄，而是恰好消费掉其全部收入。当一个家庭的实际消费多于其收入时，该家庭所进行的是负储蓄。

◇ 消费函数是宏观经济学最重要的范畴之一，它反映的是消费支出水平与个人可支配收入水平之间的关系。这个概念是经济学家凯恩斯提出来的，其假设的前提是，消费和收入之间存在着一种以经验为依据的稳定的关系。消费曲线与45°线相交的那一点是盈亏平衡点，代表的是家庭收支相抵时的可支配收入。在45°线上的任何一点，消费都正好等于收入，家庭的储蓄为零。当消费函数处于45°

线之上时,家庭是负储蓄。当消费函数处于45°线之下时,家庭拥有正储蓄。负储蓄或储蓄的数量通常以消费函数与45°线之间的垂直距离来衡量。

◇ 储蓄函数反映的是储蓄水平与收入水平之间的关系,储蓄是从收入中减去消费而得到的,它是45°线与消费函数的垂直距离。在收支相抵点,储蓄等于零。消费函数反映消费水平与可支配收入水平之间的关系。由于所储蓄的就是未被消费的,因此储蓄曲线和消费曲线互为镜像。

◇ 边际消费倾向(*MPC*)是指当可支配收入每增加1美元时,人们所增加的消费量。消费函数的斜率所衡量的是可支配收入每变动1美元时所引起的消费量的变动,也即边际消费倾向。

◇ 边际储蓄倾向(*MPS*)是增加1美元可支配收入时所增加的储蓄量。在图形中,它是储蓄函数的斜率。由于每1美元可支配收入中未被消费的必然是被储蓄起来的,因此$MPS=1-MPC$。

❖知识点三 消费的决定因素

◇ 从家庭行为研究转到国民经济趋势研究,是宏观经济学的一个基本方法:开始先考察个体的经济活动,然后加总或集合所有个体以研究整体经济的运作方式。消费行为对于理解短期商业周期和长期经济增长都极为重要。短期看,消费是总支出的主要组成部分。当消费急剧变动时,很可能会通过对总需求的冲击来影响产出和就业。此外,那些未被消费的部分即储蓄是一国可用于投资新资本品的部分,而投资又是长期经济增长背后的推动因素,消费和储蓄行为是理解经济增长和商业周期的关键。

◇ 日常观察和统计研究都表明,当前可支配收入水平是决定一个国家消费的核心因素。一般来说,消费者在选择其消费水平时,既会考虑当前收入,也会预期其长期收入。为说明消费对长期收入趋势的依赖关系,经济学家提出了两种理论:(1)永久性收入理论,指的是收入的趋势水平,也即剔除了暂时的或瞬时的影响之后的收入。根据永久性收入理论,消费主要取决于永久性收入。这一理论暗示,消费者不会对所有的收入变化做出相同的反应。如果收入的变动看起来是永久性的,那么人们就可能会消费所增加的大部分收入。另一方面,如果收入的变动具有明显的暂时性,那么所增加的收入的相当大的部分就会被储蓄起来。(2)生命周期假说,认为人们储蓄是为了熨平生命过程中的消费的波动,一个重要的目标是保障退休后仍有一份适当的收入。因此,人们倾向于在工作时储蓄,以便为退休后储备资金,并力争在有生之年将所积累的储蓄消费殆尽。生命周期假说暗示社会保障可以为退休人员提供慷慨的收入支持计划,从而会减少中年劳工的储蓄,因为他们不再需要为退休存过多的钱。

◇ 财富和其他影响。另一个决定消费数量的重要因素是财产,较多的财富会导致较多的消费这一事实,被称为财富效应。通常来说,财富的迅速增加或减少会导致消费活动的急剧变化。

◇ 可支配收入水平是国民消费水平的主要决定因素。经济学家通过"拟合的消费函数”发现在过去消费水平十分紧密地随着可支配收入的变动而变动。

◇ 个人储蓄率急剧下降的主要原因有以下几个方面:(1)社会保障体系减弱了人们预防性储蓄的动机。(2)资本市场发展为人们融资提供了更多的渠道,使人们可以减少储蓄。(3)财富的快速增长,尤其是股票市场的繁荣,使居民个人财富大大增加,“财富效应”降低了人们的个人储蓄率。尽管由于股票市场的繁荣,消费者感到更加富裕了,但实际上,一个国家只有在生产出更多的有形与无形资产的时候,才确实是变得更加富裕了。

❖知识点四 投资的决定因素

◇ 私人支出的第二大部分是投资。在宏观经济学中,投资起到两个作用。第一,它是支出的一个很大且很容易变动的部分,投资的大幅变动会对总需求产生重大的影响,这又会进一步影响商业周期。第二,投资导致资本积累。建筑物和设备存量的增加能提高一国的潜在生产能力,从而促进长期的经济增长。因此,投资发挥着双重作用,既经由总需求而影响短期产出水平,又通过对资本形成的作用而影响潜在的生产能力和总供给,从而能够左右长期产出水平的增长趋势。

◇ 收入。如果一项投资有助于厂商出售更多的产品,则它将会增加企业的收入。这表明,决定投资的一个十分重要的因素是整体产出水平(GDP)。当原有的工厂处于闲置状态时,相对来说,企业对新厂的需求就不大,从而投资数量也较小。更为一般地说,投资需取决于整体经济活动将会产生的收益。

◇ 成本。决定投资水平的第二个因素是投资的成本。由于投资品会持续使用多年,因此对投资成本的计算要更为复杂。对耐用品而言,资本的成本不仅包括资本品的价格,而且包括为它借款的利息和厂商为其收入所付的税金。另外,政府的税收也会影响投资的成本,一个重要的税收是联邦公司所得税。

◇ 预期。决定投资的第三个因素是利润预期和企业信心,投资首先是对未来的一种赌博,赌的是投资所能获得的收益将会超过投资的成本。因此,投资决策命悬于对未来事件的预期或预测的细线之上。企业会去花费大量的精力分析投资的可行性,并试图缩小有关投资决策的不确定性。

❖知识点五 投资需求曲线的定义及其移动

◇ 投资需求曲线是投资支出水平和利率之间的关系在坐标轴中的表现。由于投资的盈利性逆向地随影响资本成本的利率的变化而变化,我们可以作出一条向下倾斜的投资需求曲线。当利率下降时,更多的投资项目将变得有利可图,这说明为什么投资需求曲线的斜率是向下倾斜的。

◇ 利率可以影响企业的投资水平,但投资还受其他因素的影响。GDP的增加将会使投资需求曲线向外移动;企业税收的增加将会对投资起到抑制的作用,使投资需求曲线向左移动;此外,预期也会对企业的投资水平造成很大的影响。

◇ 投资行为的不可预测性来源于以下几个不确定性因素:新产品的成功或失败,税率及利率的变化,政治倾向和为稳定经济而采取的政策措施,以及生活中类似的随机事件,等等。事实上,在每一个商业周期中,投资的波动都是经济繁荣或衰退的驱动力。

【习题解析】

□概念复习

1. 可支配收入、消费、储蓄

可支配收入是指人们可以用来消费或储蓄的收入，个人收入不能完全归个人支配，因为要缴纳个人所得税，税后的个人收入才是可支配收入。可支配收入等于个人收入扣除向政府所缴纳的所得税、遗产税以及交给政府的非商业性费用等以后的余额。可支配收入被认为是消费开支的最重要的决定性因素，常常被用来衡量一国的生活水平。

消费是指消费者个人购买的产品和服务的价值，它是GDP中最大的组成部分，主要分成三大类：耐用品、非耐用品和服务。决定消费的因素很多，主要因素是可支配收入、价格水平、收入分配等。

储蓄是指将一部分不用于当前消费的收入存储和积蓄起来的行为及其相应的余额。人们进行储蓄的动机多种多样，比如为了实现均匀消费的生命周期性储蓄，为了给后代留下遗产的遗产性储蓄，为了应付生活中出现的意外变化和事件的谨慎性储蓄等。个人储蓄与企业储蓄、政府储蓄的总和构成了国民总储蓄。国民总储蓄是一国资本形成和经济增长的重要基础。

2. 消费函数和储蓄函数

答案见知识点二第二、三段。

3. 个人储蓄率

个人储蓄率是指个人的储蓄占其可支配收入的比例。个人储蓄率的高低往往与一国经济的发展有着密切的关系。个人储蓄率较高，能为经济提供更多的资本积累。在长期中，资本存量的增加将提高人均资本存量，从而提高一国经济的人均产出水平。

4. 边际消费倾向(MPC)

答案见知识点二第四段。

5. 边际储蓄倾向(MPS)

答案见知识点二最后一段。

6. *MPC*+*MPS*=1

边际消费倾向和边际储蓄倾向之和等于1。因为全部增加的收入分为增加的消费和增加的储蓄两部分，所以边际消费倾向和边际储蓄倾向之和必定等于1。

7. 盈亏平衡点

盈亏平衡点是指消费函数曲线上消费与可支配收入相等的点，即消费函数曲线与45°线的交点。在盈亏平衡点，消费等于可支配收入，储蓄水平为零。

8. 45°线

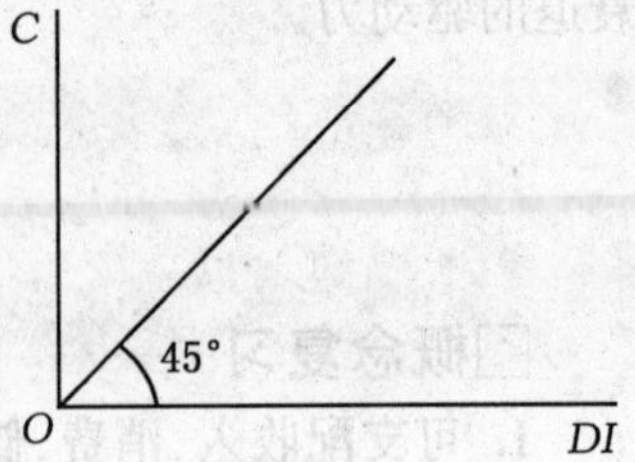

45°线是在可支配收入与消费平面上,从原点向右上方引出的一条倾角为45°的射线。位于45°线上的任何一点,消费都正好等于收入,家庭储蓄为零,如右图所示。

9. 消费的决定因素:当前可支配收入、永久性收入、财富效应、生命周期效应

答案见知识点三第二、三段。

【翔高点评】本题集中考查了各种消费理论,是各类考试的考查重点,要认真把握,关键就在于各理论对决定消费的因素看法不同,对消费者做出消费决策时所考虑的期间界定不同。

10. 投资的决定因素:收入、成本、预期

答案见知识点四。

11. 利率在 *I* 中的作用

利率是指一定期限内利息额与本金额的比率。利率的高低对资金的借出者来说意味着收益的多少;对资金的使用者来说,意味着成本的高低。利率高时,投资的成本也较高,企业会减少投资;当利率低时,投资的成本也较低,企业会增加投资。所以说投资与利率一般情况下呈反向变动关系,能够影响企业的投资决策。

12. 投资需求曲线

答案见知识点五第一段。

□问题讨论

1. 总结食品、服装、奢侈品和储蓄在既定预算收入条件下的消费支出模式。

【重要级别】☆　　　　　　　　　　【难度级别】☆

【考查要点】预算支出模式

【参考答案】人们的预算支出模式一般为:随着可支配收入的增加,人们用于食品和服装的支出会减少,而用于奢侈品的支出会增加,人们的储蓄也会增加。

2. 在运用消费函数和投资需求曲线分析问题时,我们需要区分这些曲线本身的移动和沿着这些曲线的移动。

a. 详细说明哪些变化能够引起这两条曲线发生移动,哪些变化能够导致沿着这两条曲线的变动。

b. 用文字和图形两种方法说明下列因素是会引起消费曲线移动,还是会引起沿着消费曲线的变动:可支配收入增加,财富减少,股票价格下跌。

c. 用文字和图形两种方法说明下列因素是会引起投资需求曲线的移动,还是会引起沿着投资需求曲线的变动:预期下一年的产出量下降,利率上升,对利润征税加重。

【重要级别】☆☆　　　　　　　　【难度级别】☆☆

【考查要点】投资需求曲线的定义及其移动

【参考答案】a. 可支配收入的变化将导致消费函数和投资需求曲线自身的移动。任何促使人们在每一收入水平下支出变动的因素都会导致这两条曲线的移动。比如人们对未来的收入前景预期乐观时，人们的消费函数曲线就会右移。实际利率的变化将会导致沿着投资需求曲线的变动。

b. 可支配收入增加引起沿着消费曲线的变动，如(a)图所示；财富减少和股票价格的下降都将导致消费曲线下移，如(b)图所示。

c. 预期下一年的产出量下降，或对利润征税加重都将使需求曲线下移，引起需求曲线自身的变动，如(c)图所示。利率上升将会引起沿着投资需求曲线的变动，使投资需求从 A 点移到 B 点，如(d)图所示。

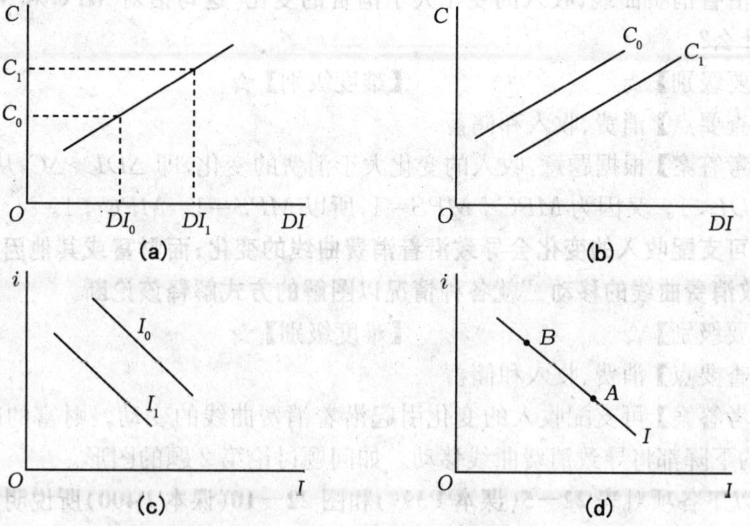

3. 表22－4(课本P392)中的 *MPC* 和 *MPS* 究竟是如何计算出来的？通过计算 *A* 点和 *B* 点之间的 *MPC* 和 *MPS* 加以说明。说明为什么 *MPC*＋*MPS*≡1 永远成立。

【重要级别】☆☆　　　　　　　【难度级别】☆☆

【考查要点】消费、收入和储蓄

【参考答案】边际消费倾向的计算公式为 $MPC=\Delta C/\Delta DI$，边际储蓄倾向的计算公式为 $MPS=\Delta S/\Delta DI$，因为 $DI=C+S$，所以 $\Delta DI=\Delta C+\Delta S$。

$$MPC+MPS=\Delta C/\Delta DI+\Delta S/\Delta DI=(\Delta C+\Delta S)/\Delta DI=\Delta DI/\Delta DI=1$$

4. 在每一个收入水平上我都消费掉全部收入。画出我的消费曲线和储蓄曲线。我的 *MPC* 和 *MPS* 分别是多少？

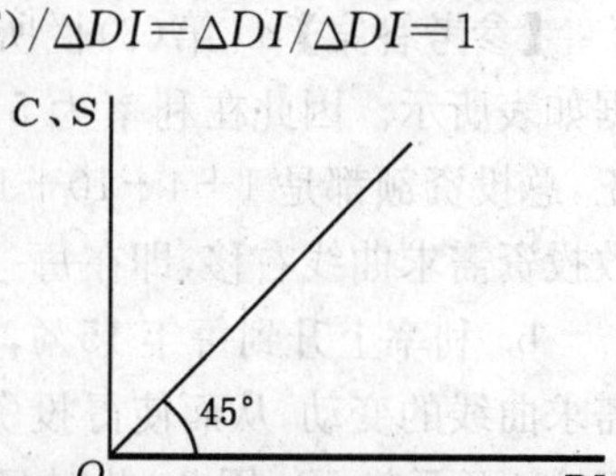

【重要级别】☆　　　　【难度级别】☆

【考查要点】消费、收入和储蓄

【参考答案】因为根据题意，消费等于可支配收入，即 $C=DI$，消费曲线与45°线完全重合，消费曲线如右图所示。此时储蓄为 S

$=DI-C=0$,所以储蓄曲线为横轴,如图中的粗线所示。

消费曲线的斜率为1,因此边际消费倾向为$MPC=1$,而边际储蓄倾向为$MPS=0$。

5. 估算一下你去年的收入、消费数量和储蓄数量。如果你进行的是负储蓄(你的消费数量大于你的收入数量),那么负储蓄的资金来源是什么?按表22-1(课本P388)所列示的每一种主要类型估计你的消费构成。

【重要级别】☆　　　　　　　　　　【难度级别】☆

【考查要点】消费、收入和储蓄

【参考答案】答案略。

6. "沿着消费曲线,收入的变化大于消费的变化"这句话对*MPC*和*MPS*分别意味着什么?

【重要级别】☆　　　　　　　　　　【难度级别】☆

【考查要点】消费、收入和储蓄

【参考答案】根据题意,收入的变化大于消费的变化,即$\Delta DI>\Delta C$,从而$MPC=\Delta C/\Delta DI<1$。又因为$MPC+MPS=1$,所以$MPS=1-MPC<1$。

7. "可支配收入的变化会导致沿着消费曲线的变化;而财富或其他因素的变化则会导致消费曲线的移动。"就各种情况以图解的方式解释该论断。

【重要级别】☆　　　　　　　　　　【难度级别】☆

【考查要点】消费、收入和储蓄

【参考答案】可支配收入的变化引起沿着消费曲线的变动。财富的减少和股票价格的下降都将导致消费曲线移动。如问题讨论第2题的图形。

8. 以下各项对表22-5(课本P399)和图22-10(课本P400)所说明的投资需求函数会产生什么影响?

a. 第(3)栏所列示的每1 000美元投资的年收益增加一倍。

b. 利率上升到每年15%。

c. 加入第9个项目。它的前三栏数据是(J,10,70)。

d. 对第(6)栏和第(7)栏所显示的净利润征收50%的税收。

【重要级别】☆☆　　　　　　　　　【难度级别】☆☆

【考查要点】投资需求曲线的定义及其移动

【参考答案】a. 第(3)栏所列示的每1 000美元投资的年收益增加一倍时,数据如表所示。因此在利率为5%或10%时,项目A、B、C、D、E、F、G的净利润为正,总投资额都是1+4+10+10+5+15+10=55(百万美元),年收益的增加将导致投资需求曲线右移,即在每一利率水平下,投资比原来的更多。

b. 利率上升到每年15%,不会引起投资需求曲线的移动,但会引起沿着投资需求曲线的变动,从而使得投资需求曲线减少。当利率为15%时,投资支出将小于20(百万美元),因此,此时只有A、B、C三个项目有利可图,因此总的投资额就变为1+4+10=15(百万美元)。

c. 加入第 9 个项目，它的前三栏数据是(J,10,70)，在每一给定的利率水平，如果年净利润为正，投资有利可图，则投资需求将增加 10(百万美元)。

d. 对第(6)栏和第(7)栏所显示的净利润征收 50%的税收，投资需求不会产生什么变动。因为对净利润征收 50%的税收只会引起使第(6)、(7)两列的数字减半，但是正负号不变，即只是利润额的大小改变，而没有使正利润变为负利润，因此投资的决策不会发生变化。

9. 问题 8(c)中的扩大了的投资需求表，并假定利率为 10%，分别计算问题 8 中从 a 到 d 的情况下投资数量各为多少。

【重要级别】☆☆　　　　　　　　【难度级别】☆☆

【考查要点】投资需求曲线的定义及其移动

【参考答案】a. 第(3)栏所列示的每 1 000 美元投资的年收益增加一倍时，此时在 10%的利率下年净利润为正的有利可图的项目为 A、B、C、D、E、F、G、J，因此总投资额为 1+4+10+10+5+15−10+10=65(百万美元)。

b. 利率上升到每年 15%，新增加一个利率点，A、B、C、D、E 的年利润仍然为正。因此，此时的企业仍将投资于项目 A、B、C、D、E。总的投资额为 1+4+10+10+5=30(百万美元)。

c. 新增的项目在利率为 10%时，年净利润为 70−100=−30(百万美元)，利润为负。因此，加入新的项目不会导致投资的变化，投资总额仍然为 1+4+10+10+5=30(百万美元)。

d. 对第(6)栏和第(7)栏所显示的净利润征收 50%的税收时，在利率为 10%时，只会改变净利润的大小，而不会改变其正负，因此投资总额仍然为 1+4+10+10+5=30(百万美元)。

10. 有难度的问题：根据生命周期模型，人们每年的消费数量取决于他们一生的收入，而不是取决于他们当前的收入。假设你的预期未来收入(按不变美元计算)如表 22−6(课本 P404)所示。

a. 假设储蓄没有利息。你最初也没有储蓄。再假设你想"熨平"你的消费(每年享受相同数量的消费)，因为每增加 1 美元消费所能获得的满足是递减的。请推导出你在这 5 年之中的最佳消费轨迹，并将数字填入第(3)栏。然后计算出每年的储蓄数量，并填入第(4)栏；将你每年的期末财富或累积的储蓄数填入第(5)栏。你在头 4 年里的平均储蓄率是多少?

b. 其次，假设政府社会保险计划在你的每一个工作年中征收2 000美元的税，并在第 5 年为你提供8 000美元的退休金。如果你仍然打算熨平你的消费，则计算并修改你的储蓄计划。社会保险计划对你的消费的影响是什么？对你在头 4 年中的平均储蓄率有何影响？你能否理解为什么有些经济学家认为社会保险会降低储蓄水平?

【重要级别】☆☆　　　　　　　　【难度级别】☆☆

【考查要点】消费的决定因素

【参考答案】a. 总收入为30 000＋30 000＋25 000＋15 000＋0＝100 000(美元)。在储蓄没有利息、平滑消费时,平均每年的消费额为100 000÷5＝20 000(美元)。如下表所示。在第4年末的累计储蓄余额为20 000美元,因此头4年里的平均储蓄余额为20 000÷4＝5 000(美元)。平均收入为100 000÷4＝25 000(美元)。因此平均储蓄率为5 000÷25 000＝20％。

(1)年份	(2)收入(美元)	(3)消费(美元)	(4)储蓄(美元)	(5)累计储蓄(年末值)(美元)
1	30 000	20 000	10 000	10 000
2	20 000	20 000	10 000	20 000
3	25 000	20 000	5 000	25 000
4	15 000	20 000	－5 000	20 000
5*(*为退休)	0	20 000	－20 000	0

b. 在参加社会保险计划时,如下表所示,消费没有受到社会保障计划的影响。头4年的平均收入仍为25 000美元,头4年的平均储蓄为12 000÷4＝3 000(美元),因此平均储蓄率为3 000÷25 000×100％＝12％。社会保障计划的存在降低了人们为了自己的老年生活而储蓄的积极性,从而在某种程度上降低了储蓄率。

(1)年份	(2)收入(美元)	(3)消费(美元)	(4)储蓄(美元)	(5)累计储蓄(年末值)(美元)
1	30 000	20 000	8 000	8 000
2	20 000	20 000	8 000	16 000
3	25 000	20 000	3 000	19 000
4	15 000	20 000	－7 000	12 000
5*(*为退休)	0	20 000	－12 000	0

【补充训练】

1. 持久收入假说的主要代表人是(　　),相对收入假说的主要代表人是(　　)。

【重要级别】☆　　　　　　　　　　【难度级别】☆

【考查要点】消费的决定因素

【参考答案】弗里德曼　杜森贝里

2. 有的投资不随着国民收入的变化而变化,这种投资为(　　　)。

【重要级别】☆　　　　　　　　　　【难度级别】☆

【考查要点】消费的决定因素

【参考答案】自发投资

3. 凯恩斯消费函数与生命周期消费函数的区别何在?

【重要级别】☆☆ 【难度级别】☆☆

【考查要点】消费的决定因素

【参考答案】(1)凯恩斯消费函数指消费支出与收入的关系。凯恩斯认为消费支出包括自发消费和引致消费。引致消费与收入正相关,引致消费与收入的比例称为边际消费倾向。凯恩斯认为边际消费倾向随收入增加而递减。自发消费由文化、经济结构等因素决定。

(2)生命周期消费函数是由莫迪格里安尼提出来的。莫迪格里安尼认为:消费取决于整个生命周期里的收入。由于一个人的收入与他所处的生命周期的具体阶段相关,所以储蓄也与他所处的生命周期的具体阶段相关。

一般来说,在年轻的时候,收入比较低,所以年轻人要借债消费;在工作阶段,收入最高,这时一方面要还以前的借款,另一方面要为退休后的生活储蓄;在退休阶段,消费工作阶段的储蓄。

(3)从上面的分析中可知,凯恩斯消费函数与生命周期消费函数的区别在于:凯恩斯认为消费取决于人们的即期可支配收入;而莫迪格里安尼认为消费取决于整个生命周期里的收入,由于收入在整个生命周期里配置,从而使得人们消费更稳定。

4. 设消费函数为 $C=120+0.75y$。试求:

(1)消费水平达到 1 120 时,收入应为多少?

(2)边际消费倾向及边际储蓄倾向各为多少?

(3)收入为 3 000 时,消费水平为多少?

【重要级别】☆☆ 【难度级别】☆☆

【考查要点】消费、收入和储蓄

【参考答案】(1)在 $C=120+0.75y$ 中,令 $C=1\ 120$,得 $y=1\ 333$。

(2)从消费函数知 $MPC=0.75$,从而 $MPS=0.25$。

(3)在 $C=120+0.75y$ 中,令 $y=3\ 000$,得 $C=2\ 370$。

第23章　商业周期波动和总需求理论

【学习精要】

∵知识点一　商业周期的特点

◇ 商业周期是指国民总产出、总收入、总就业量的波动，持续时间通常为2～10年，它以大多数经济部门的扩张或收缩为标志。经济学家一般将商业周期划分为两个主要阶段：衰退和扩张。衰退是总产出、总收入和就业的连续下降期，通常延续6个月至1年，以经济中许多广泛的紧缩为标志。萧条指的是规模广泛且持续时间长的衰退。尽管我们把短期波动叫做“周期”，但是商业周期的形式是不规则的，没有两个完全相同的商业周期，我们也无法预测商业周期的发生日期和持续时间。

◇ 经济衰退的普遍特征有以下几个方面：(1)消费者购买急剧下降，同时汽车和其他耐用品的存货会出人意料地增加，厂商会做出压缩生产的反应，实际GDP会下降，紧随其后的是对工厂和设备的企业投资也急剧下降。(2)对劳动需求的下降。首先是平均每周工作时间减少，其后是解雇员工和失业率上升。(3)产出下降，导致通货膨胀步伐放慢。对原材料的需求下降，导致其价格跌落。工资和服务的价格下降的可能性比较小，但在经济衰退期它们的增长趋势会放慢。(4)企业利润在衰退期急剧下滑，同时，由于对贷款的需求减少，利率在衰退时期一般也会下降。在周期的扩张阶段，其情景则是衰退的镜像，上述所有特征都正好呈现出相反方向的变动。

◇ 许多商业周期都发生在总需求的变化导致产出、就业和价格剧烈变动的时候。当消费者、企业和政府的支出改变时，或者政府根据经济的生产能力改变总支出的水平时，总需求就随之变动。总需求的下降导致衰退或萧条。经济活动的升温又可能会导致通货膨胀。

∵知识点二　商业周期理论

◇ 外因论。外因论是在经济体系之外的某些要素的波动中寻找商业周期的根源，如战争、革命、选举；石油价格、发现金矿、移民；新土地和新资源的发现；科学突破和技术创新；甚至太阳黑子、气候和天气等。

◇ 内因论。内因论在经济体系内部寻找商业周期的机制和原因。这种理论认为，任何一次扩张都孕育着新的衰退和收缩，任何一次收缩也都包含着可能的复苏和扩张。经济生活正是以这种近乎规律的方式不断地循环往复。一个重要的理论是乘数—加速数原理。根据该原理，产出的快速增长刺激了投资，大规模的投资反过来又刺激产出增长得更多。这个过程一直持续下去，直至潜在经济能力被完全利用殆尽。到达这一饱和点之后经济增长率便开始放慢，放慢的增长反过来又会减少投资和存货，这将使经济进入衰退直至到达谷底。然后经济过程又呈现相反的运作状态，经济回稳并重新兴起。商业周期的内因论显示了一种类似于钟摆运动的机制，外部冲击通过一种循环方式在经济内部绵延传递。

◇ 需求拉动型商业周期。如右图所示，总需求下降导致了产出的下降。假设经济位于初始的均衡点 B，因为比如说出口的减少，导致总需求曲线 AD 向左移到 AD'。如果总供给没有变化，则经济将会达到一个新的均衡点 C。产出从 Q 降低到 Q'，实际产出在衰退中相对于潜在产出来说也降低了，同时价格水平也下降了，通货膨胀率也有所下降。

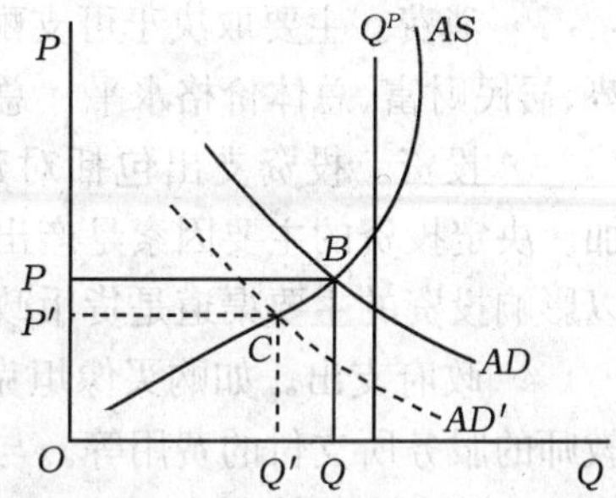

◇ 以弗里德曼为首的货币学派将商业周期归因于货币和信贷的扩张和收缩，该理论认为货币是影响总需求的最基本因素。当利率提得过高时，就会引发衰退。

◇ 以诺德豪斯为首的政治理论将经济波动归因于：政治家为重新当选而对经济政策的操纵。

◇ 以卢卡斯、巴罗和萨金特等为代表的均衡商业周期理论宣称，对价格和工资变动的错觉使人们提供的劳动总是过多或过少，从而导致产出和就业的周期性波动。这些理论的一种说法是：衰退期间失业率的升高是因为劳工们所期望的工资太高。

◇ 真实商业周期理论认为某一部门的创新或劳动生产率变动所带来的影响会在经济中传播，并引起波动，这一理论以普雷斯科特、普洛塞等为代表。这种古典式理论认为，商业周期主要是由于总供给冲击所造成的，而总需求对于商业周期来说并不重要。

◇ 戈登的供给冲击理论认为，商业周期是由于总供给的改变而引起的。典型的例子是 20 世纪 70 年代的石油危机，油价的飞涨紧缩了总供给，助长了通货膨胀，并降低了产出和就业量。

❖知识点三　商业周期的预测

经济学家们研发了各种预测工具来帮助预测经济的变动，最为常见的工具是计量经济模型。一个经济计量模型是由一系列代表各种经济行为的方程所组成，使用大量的历史数据进行推算。通常，模型建立者先要有一个分析框架，包含一些代表总供给和总需求的方程式，通过运用现代经济计量技术，使这些方程与历史数据相“吻合”，取得有关的参数估计值。在每一步骤，模型建立者都要凭借他们的经验和判断来评价其结果是否合理。最后,将所有的"模型"放在一起,作为一个方程体系来运行。一旦外生变量和政策变量明确给定,这种方程体系就会对重要经济变量的未来情况做出预测。一般情况下,预测都能较好地估计未来。但有些时候,尤其是当重大政策发生变动的时候,预测就会出现谬误。

❖知识点四　总需求理论

◇ 总需求是指在其他条件不变的情况下,在某一给定的价格水平下人们所愿意购买的产出的总量,也即所有生产部门所愿意支出的总量。它包括:消费、国内私人投资、政府商品与服务采购,以及净出口。

◇ 消费。主要取决于可支配收入,其他影响消费的因素包括:收入的长期趋势、居民财富、总体价格水平。总需求分析主要关注那些决定实际消费量的因素。

◇ 投资。投资支出包括对建筑物、软件和设备的私人购买以及库存品的增加。决定投资的主要因素是产出水平、资本成本,还有对将来的预期。经济政策赖以影响投资的主要渠道是货币政策。

◇ 政府支出。如购买像坦克和筑路设备这样的商品,以及对法官和公立学校教师的服务所支付的费用等。与私人消费和投资不同,总需求的这一部分是直接由政府的支出政策所决定的。

◇ 净出口。它等于出口值减去进口值。进口取决于国内的收入和产出、国内和国外价格的比率,还有本国货币的汇率。出口是进口的镜像,由外国的收入和产出、相对价格和外汇汇率来决定。因此,净出口将取决于国内和国外的收入水平、相对价格和汇率。

❖知识点五　向下倾斜的总需求曲线及其移动

◇ *AD* 曲线是在政策和外生变量不变的情况下,将所有产出成分的总支出数量与总体价格水平联系在一起。总需求曲线向下倾斜,这表明在其他条件不变的情况下,实际支出会随着价格水平的上升而下降。由于价格对实际收入、实际财富和实际货币供给的影响,价格上升会导致实际支出的下降。当价格水平上升而名义货币供给量不变,从而使实际货币供应量下降时,就会出现这种货币供给效应。实际货币供应量的下降会使利率上升、信贷紧缩,并降低实际支出总量。

◇ 宏观经济学与微观经济学中需求曲线的不同之处在于,宏观曲线描绘的是整体经济的价格和产量的变化,而微观曲线则分析单个商品的价格和产量。微观经济中的需求曲线以纵轴表示单个商品的价格,以横轴表示该商品的产量,并假定其他商品价格及消费者的总收入保持不变。而宏观经济学的总需求曲线上,一般价格水平沿纵轴变化,总产量和总收入沿横轴变化。与此相反,在微观经济学中,收入和产量保持不变。

◇ 能够使总需求发生变动的因素包括:(1)宏观经济政策,这是由政府控制的,主要有货币政策和财政政策。(2)外生变量,比如外国的经济活动、技术进步以及资本市场的变动。当这些因素发生变化时,就会使 *AD* 曲线移动。如(a)、(b)两图所示。

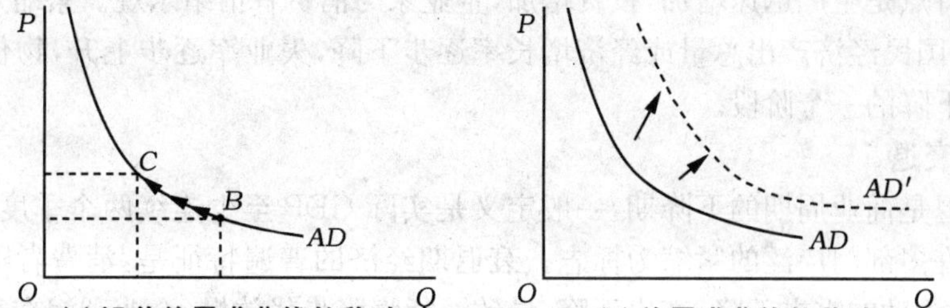

(a) 沿着总需求曲线的移动　　(b) 总需求曲线的移动

❖知识点六　影响需求各因素的相对重要性

◇ 一般来说，经济学家对于究竟是哪些因素会影响总需求这一点并无分歧，但他们对不同因素的重要性则有不同的看法。货币主义者强调货币的影响，特别是货币供给的作用，认为货币供给是总支出量的主要的决定因素。有些经济学家认为外生因素很重要，相信技术进步是决定繁荣和衰退的主要因素。当今主流的宏观经济思潮是一种折中理论，经常从凯恩斯主义的角度来研究商业周期的问题，即强调总需求波动是商业周期的根源。这些波动可能由货币政策、财政政策和私人部门的波动引起。总的来说，不同时期有不同的科技、政治和军事方面的波动，从而会有各自不同的商业周期模式。

◇ 有人认为资本主义发展到现在，自然会比早期更平稳。一个原因在于政府部门已经更具规模而且更为可靠。但更重要的一个原因还应该在于，当前人们对于宏观经济学已经有了更深刻的理解，政府已经能够运用货币手段和财政手段来预防各种冲击演化成衰退，制止经济像滚雪球一样地从衰退陷进萧条。商业周期有可能在北美已经被消除，但 20 世纪 90 年代，它在其他国家和地区却更加肆虐。

【习题解析】

□概念复习

1. 商业周期或商业周期波动

答案见知识点一第一段。

2. 商业周期的阶段：高峰、低谷、扩张、紧缩

商业周期是指国民总产出、总收入、总就业量的波动，持续时间通常为 2～10 年，它以大多数经济部门的扩张或收缩为标志。一个完整的经济周期包括繁荣、衰退、萧条、复苏四个阶段。高峰是指经济周期中经济活动的最高点，是繁荣或高涨阶段的终结时期和转入衰退的转折点。这个时期的特点是产业和就业人数达到最高水平，股票和商品价格开始下跌，存货高于一般水平，企业家的乐观情绪正在转为悲观。低谷是经济周期中经济活动的最低点，是萧条阶段终结时期和转入复苏阶段的转折点，这个时期的主要特点是产业和就业人数达到最低水平，企业家的悲观情绪正在转为乐观。扩张是指商业周期中经济活动高于正常水平的一个阶段，其主要特点是生产迅速增加,投资增加,企业家与消费者情绪乐观。紧缩是指商业周期中,国民经济产出总量或经济增长率逐步下降,失业率逐步上升,物价总水平也逐步下降的一个阶段。

3. 衰退

衰退是商业周期的下降期,一般定义是实际GDP至少连续两个季度下降,以经济中许多部门广泛的紧缩为标志。衰退期经济的普遍特征是:消费者购买急剧下降,对劳动的需求下降,产出下降,导致通货膨胀步伐放慢,企业利润在衰退中急剧下滑。

4. 总需求变动和商业周期波动

答案见知识点一第三段。

5. 外生的和内生的周期理论

答案见知识点二第一、二段。

【翔高点评】商业周期理论虽然多,但是并不复杂,基本可以归为两大类,分别从经济体系的外部和内部去寻找。

6. 宏观经济学模型

答案见知识点三。

7. 实际变量=名义变量/价格水平

该公式揭示了实际变量与名义变量之间的转换关系。实际变量是指以货币表示的变量。宏观经济学中常见的名义变量有工资、利率、以当年价格表示的GDP。实际变量是指剔除了物价变动因素、以不变价格表示的GDP等。影响人们生活的是实际变量,但是名义变量会扰乱实际市场信号。名义变量与实际变量的背离类似于价格和价值的背离,表现为经济泡沫和较大的经济风险。

8. 总需求、*AD*曲线

答案见知识点四第一段和知识点五第一段。

9. 总需求的主要成分:*C*,*I*,*G*,*X*

答案见知识点四。

10. *AD*曲线由于货币供给效应向下倾斜

总需求曲线之所以向下倾斜,主要是由于货币供给效应所致;当价格水平上升而名义货币供给量不变,从而使实际货币供给量下降时,就会出现货币供给效应。实际货币供给量的下降会使利率上升、信贷紧缩,并降低实际支出总量。这就是*AD*曲线向下倾斜的主要原因。

11. 决定并导致*AD*曲线移动的因素

答案见知识点五最后一段。

问题讨论

1. 区分沿着*AD*曲线的移动和*AD*曲线本身的移动。解释为什么潜在产出能力的提高会使*AS*曲线外移而导致经济沿*AD*曲线移动。解释为什么减税可以使*AD*曲线外移(增加总需求)。货币供给减少(紧缩银根)对总需求有什么影响?

【重要级别】☆☆☆　　　　　　　　【难度级别】☆☆☆

【考查要点】向下倾斜的总需求曲线及其移动

【参考答案】总需求曲线表示当其他条件不变时，在给定的价格水平下，人们愿意购买的总量。它由消费需求、投资需求、政府购买和净出口四部分组成。由于货币供给的影响，价格水平的变化会引起需求量沿着总需求曲线的移动。对总需求曲线 *AD* 本身移动的影响因素主要可以分为两类：一是由政府控制的宏观经济政策变量，主要包括了货币政策和财政政策；二是外生变量，主要是 *AS*－*AD* 框架以外的因素所引起的，这些因素的变动都可以导致总需求曲线本身发生移动。潜在产出能力的提高可以影响供给，同时通过价格水平影响总需求，总供给曲线将平行移动，而经济将会沿着总需求曲线移动。减税将使得消费者的可支配收入增加，因此在每一价格水平上，消费支出增加。货币供给的减少本质上是一种紧缩银根的措施，它将使利率上升，导致实际货币供给和投资等减少，从而使总需求曲线向左移动。

2. 描述商业周期的不同阶段，并说明美国经济现在处于什么阶段。

【重要级别】☆☆　　　　　　　　【难度级别】☆☆

【考查要点】商业周期的特点

【参考答案】商业周期的不同阶段见概念复习第 2 题。

美国经济处于什么阶段基本上可以通过经济类报纸杂志中的相关报道获知，因为有很多经济先行指标可以使我们大致判断出经济所处的商业周期阶段。

3. 总产出的某些变化根源于需求方面的影响，而另一些则是由于供给方面的冲击。

a. 举出每种情况的例子。并利用 *AD*－*AS* 曲线图来区分需求导致的产出变化和供给导致的产出变化。（提示：在每种情况下 *P* 怎样变动？）

b. 指出下列每一种情况会否导致供给方商业周期或需求方商业周期的情况发生，并利用图 23－4(课本 P409)上 *AS*－*AD* 的图示对其影响加以说明：战时的国防支出增加；战时的轰炸对工厂和发电厂的破坏；由于欧洲严重衰退引起的净出口的减少；由电子计算机的应用导致的发明创造的急剧增加和劳动生产率的快速提高。

【重要级别】☆☆　　　　　　　　【难度级别】☆☆

【考查要点】商业周期理论

【参考答案】a. 典型的来自需求方面的影响的例子主要有政府公共支出的增加，在这种情况下会导致价格和总产出水平的上升、失业的减少。石油价格的冲击的例子可能就是总产出源自供给方面的影响的例子，它可能导致价格的上升和产出的减少，会使失业增加。两种例子影响产出变化的原因主要是：源自需求方面的影响将使 *AD* 移动，而源自供给方面的影响则主要影响 *AS* 的移动，因此两者对产出和就业的影响就是不同的。

b. 如图(a)所示，战时的国防支出增加会导致需求方面的商业周期的变化，使得价格水平上升、产出增加。如图(b)所示，战时的轰炸对工厂和发电厂的破坏会导致总供给方面的商业周期的变化，使价格水平上升、产出下降。如图(c)所示，由于欧洲严重衰退引起的净出口的减少，将会导致需求方面的商业周期的变化，价格水平和产出水平同时发生下降。如图(d)所示，由电子计算机的应用导致的发明创造的急剧增加和劳动生产率的快速提高，会导致供给方面的商业周期发生变化，价格水平下降，产出水平增加。

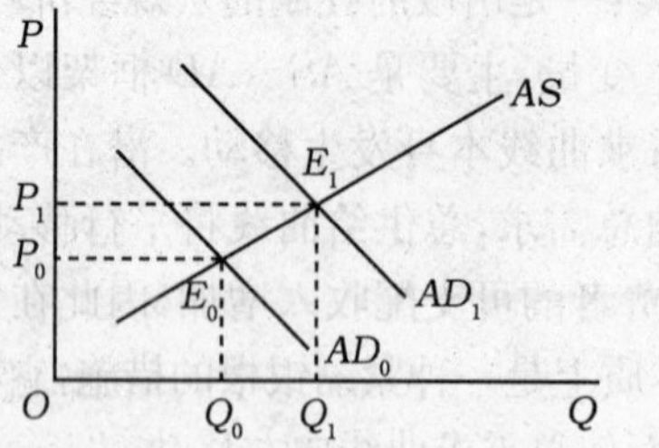

(a)战时国防支出增加对经济的影响

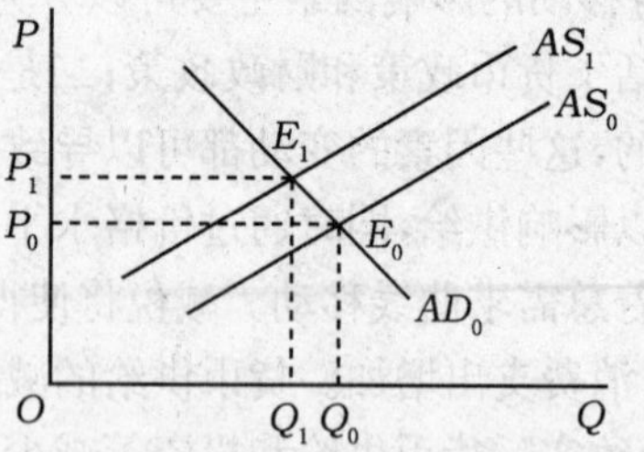

(b)不利的供给冲击对经济的影响

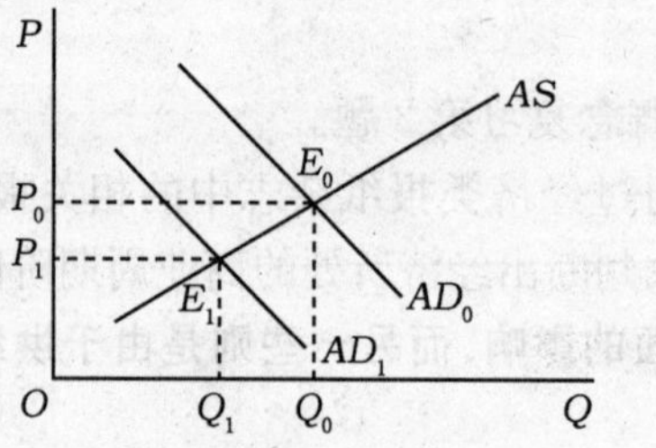

(c)净出口的减少对经济的影响

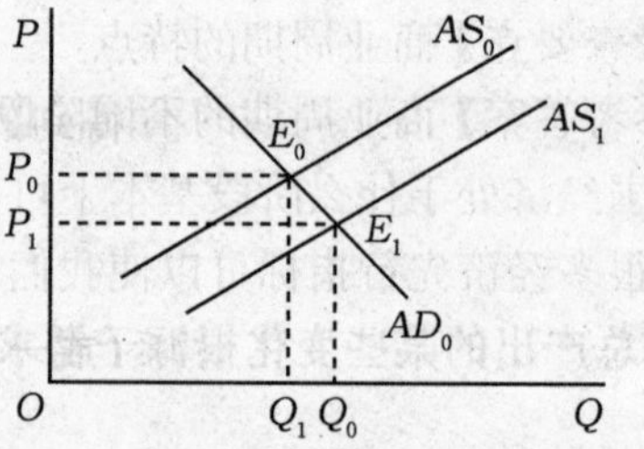

(d)技术进步和生产率提高对经济的影响

4. 列出一个类似于表23－1(课本P414)的表格，写出将会导致总需求下降的事件。(你的答案应该是举出不同的事例，而不仅仅是改变表23－1中所列示的因素的变化方向。)

【重要级别】☆☆☆　　　　　　【难度级别】☆☆

【考查要点】向下倾斜的总需求曲线及其移动

【参考答案】

变量		对总需求的影响
政策变量	货币政策	央行调高存款准备金率
	财政政策	政府扩大政府购买
外生变量	国外产出	国外产出下降，外需减少
	资产价值	股票价格下跌
	其他	不利的石油供给冲击

5. 近年来出现了一种新的真实商业周期理论(或称为*RBCs*)(这种方法将在

第33章中进一步讨论)。该理论认为商业周期是由于对生产率的冲击并传递到经济体系中而引起的。

a. 在 *AS*—*AD* 框架中说明 *RBC* 理论。

b. 讨论 *RBC* 理论是否能够解释本章中描述的商业周期的一般特点。

【重要级别】☆☆　　　　　　　　　【难度级别】☆☆

【考查要点】商业周期理论

【参考答案】a. 根据真实周期理论,长期的总供给曲线是垂直的,它将因为技术进步、投资和劳动生产率的变化而发生移动。技术进步加快、劳动生产率的提高等都将使总供给曲线 *AS* 右移;而劳动生产率下降等将使总供给曲线 *AS* 左移。

b. 真实商业周期理论能够描述本章所讲的一般情况。只要市场是出清的,并且市场是完备的,*AS* 的调整将是迅速的。只是在 *RBC* 理论所描述的经济中,高峰将变低,而低谷将变得很浅。

6. 有难度的问题:找两颗骰子,看看能否用下面的方法产生出与商业周期类似的某种东西。将两颗骰子每次掷出的点数的和加以记录,要达到20次以上。将连续的数值取周期为5的移动平均,然后将其描绘在图上,看起来会很像GDP、失业或通货膨胀的运动轨迹。这样得到的一个序列是7,4,10,3,7,11,7,2,9,10…。其平均值为:(7+4+10+3+7)/5=6.2,(4+10+3+7+11)/5=7,等等。为什么这看起来像商业周期呢?【提示:由骰子产生的随机数字就像是投资或战争的外生冲击。移动平均则好像经济体系(或一把摇椅)的内生乘数或平抑机制。两者放在一起,就产生了一个类似周期的东西。】

【重要级别】☆　　　　　　　　　　【难度级别】☆

【考查要点】商业周期的特点

【参考答案】商业周期是经济活动的不规则的扩张和收缩,没有两个完全相同的商业周期,也没有精确公式可以用来预测商业周期的发生时间和持续时间。掷骰子和商业周期的结果是类似的,其结果也是不规则的,但是根据概率论的知识,两骰子随机点数之和的数学期望是7。掷的次数越多,其均值越接近7,点数和围绕着7上下波动。这就像经济周期一样,存在着一个产量趋势,经济围绕着这个趋势在波动。由骰子产生的随机数字就像是商业周期中引起经济波动的投资和或战争的外生冲击,而数学期望值7就像是经济体系的平抑机制。

7. 有难度的问题:著名宏观经济学家乔治·佩里在1990～1991年海湾战争后写下了这样一段话:

> 战争通常给美国经济带来好处。一般来说,由于军事需求加入到正常经济活动中,会带来产出的增加、失业的减少和对工业能力的充分利用。而这次,也是第一次,战争和衰退一起发生了。这一关于衰退的反常的情况能告诉我们什么呢?(《布鲁金斯评论》,1991年春。)

利用互联网或到图书馆去,查阅1990～1991年间以及较早的战争时期(第二次世界大战、朝鲜战争、越南战争)有关总需求的主要决定因素的资料。特别是政

府的商品和服务的采购(尤其是国防支出)、税收、利率要着重考查,你能否解释佩里所描述的异常情况?(为了有利于在互联网上查找数据,请参阅本书导言部分和第21章补充读物部分的有关评价。)

【重要级别】☆☆　　　　　　　【难度级别】☆☆

【考查要点】向下倾斜的总需求曲线及其移动

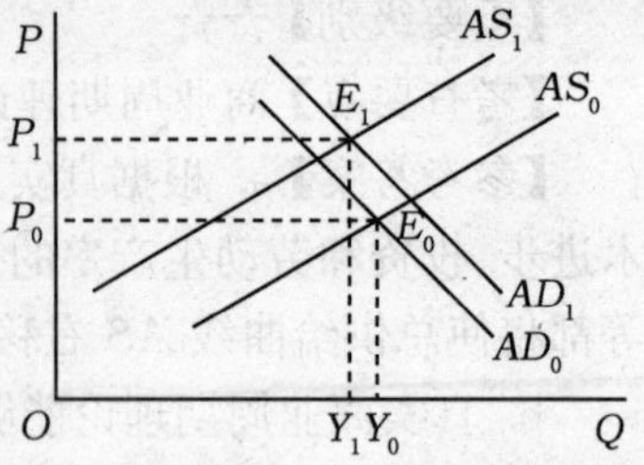

【参考答案】如右图所示,在海湾战争带来总需求增加的同时,海湾战争引发的油价冲击使美国等西方国家陷入了相对温和的经济衰退之中。海湾战争引发的国防支出的增加,增加了总需求,使总需求曲线 AD 向右移动。另一方面,海湾战争引起了国际石油市场油价的波动,油价上涨形成了不利的供给冲击,使总供给曲线向左发生了移动,导致了价格的上升、产出的下降,从而引起了一次温和的衰退。

8. 数据问题:找到1948～2003年实际GDP的数据(登录经济分析局网站www.bea.gov)

a. 如果实际GDP下降我们就定义为"衰退",则哪些年份的经济曾进入衰退?(请注意,传统的衰退并不是这样定义的。)

b. 计算1948～1973年,1973～1988年,1988～2003年实际GDP平均增长率。这些时期实际GDP平均增长趋势如何?【提示:解下面的方程,计算平均增长率 $(1+g)=(GDP_{1973}/GDP_{1948})^{1/(1973-1948)}$,$g$ 代表每年的平均增长率。】

c. 有些宏观经济学家倾向于将GDP增长明显低于增长趋势的情况定义为增长型衰退。例如,GDP增长率比平均增长率低2个百分点。那么,哪些年属于增长型衰退?

【重要级别】☆　　　　　　　【难度级别】☆

【考查要点】商业周期的特点

【参考答案】答案略。

【补充训练】

1. 总需求越大,实际国民经济增长越快。对吗?为什么?

【重要级别】☆☆　　　　　　　【难度级别】☆☆

【考查要点】总需求理论

【参考答案】这种说法不对。因为均衡产出是和总需求相一致的产出,也就是经济社会的收入正好等于全体居民和企业想要有的产出。均衡产出并不等于实际国民经济增长。从长期看,国民经济增长取决于劳动力、资本、土地和技术水平,只有在这四者增加的情况下,实际国民经济增长才会增加。从中期看,在一定条件下,总需求的增加会导致国民经济的增长,这是因为在资源没有充分利用的情况下，总需求的增加会增加对劳动力、资本和土地的利用，从而促使经济增长。但当资源得到充分利用的情况下，总需求增加只能导致通货膨胀，并不能促进国民经济的快速增长，更不要说总需求越大，实际国民经济增长越快了。

2. 设一经济社会存在如下关系：

消费 $C=1\,400+0.8Y_D$；税收 $T=tY=0.25Y$；投资 $I=200-50r$；

政府购买 $G=200$；实际货币需求 $M_d/P=0.4Y-100$；名义货币供给 $M_s=900$

试求：(1)总需求函数式；(2)价格水平 $P=1$ 时的总产出和利率。

【重要级别】☆☆　　　　　　　　【难度级别】☆☆

【考查要点】总需求理论

【参考答案】(1)产品市场均衡时，有

$Y=C+I+G=1\,400+0.8Y_D+200-50r+200$ ①

$Y_D=Y-T=Y-0.25Y$ ②

由①②可得：$Y=4\,500-125r$ ③(IS曲线方程)

货币市场均衡时，有

$M_s/P=M_d/P$

即 $\frac{900}{P}=0.4Y-100r$

得 $r=0.004Y-\frac{9}{P}$ ④(LM曲线方程)

联立③④可得总需求函数：

$Y=3\,000+\frac{750}{P}$

(2)$P=1$ 时，$Y=3\,000+750=3\,750$

$r=0.004\times 3\,750-9=6$

第24章　乘数模型

【学习精要】

❖知识点一　乘数模型概述

◇ 乘数模型又被称为凯恩斯的乘数模型可以用来理解商业周期。乘数模型是第一个发展出来的完整的短期产出决定模型。乘数模型是一个用来解释短期产出水平如何被决定的宏观经济学的理论范畴，即某些支出的1美元变动会引起GDP的1美元以上的(或多倍的)变动。乘数模型能够说明在一个存在资源闲置的经济中，对于投资、外贸、政府税收和开支政策等各种冲击会怎样影响产出和就业水平。乘数模型是建立在一个关键的假设上，即工资和价格都是固定的，同时社会资源是未被充分利用的。此外，我们还要暂时忽略货币政策的作用和金融市场对经济变化的反应。

❖知识点二　储蓄与投资对产出的决定作用

◇ 消费曲线上的每一点表示的是：在某个可支配收入水平上社会所意愿或计划的消费量。储蓄曲线上每一点所表示的是：在某个收入水平上社会所意愿或计划的储蓄量。这两条曲线密切相关，由于 $C+S$ 永远等于可支配收入，所以消费曲线和储蓄曲线是一对镜像，它们加起来总是等于45°线。

◇ 在宏观经济中，一个均衡水平的产出就是当支出和储蓄中的各种力达到了均衡；在均衡状态下，产出的水平总是趋向于稳定，直到当支出与储蓄的力有所改变，均衡才会被打破。

◇ GDP唯一的均衡水平是处于计划的储蓄与投资相等的点。在其他的任何产出水平上，居民意愿储蓄的数量都不等于企业意愿投资的数量。这种不一致会导致企业改变其产量和就业水平，从而使经济体系回复到均衡的GDP水平。

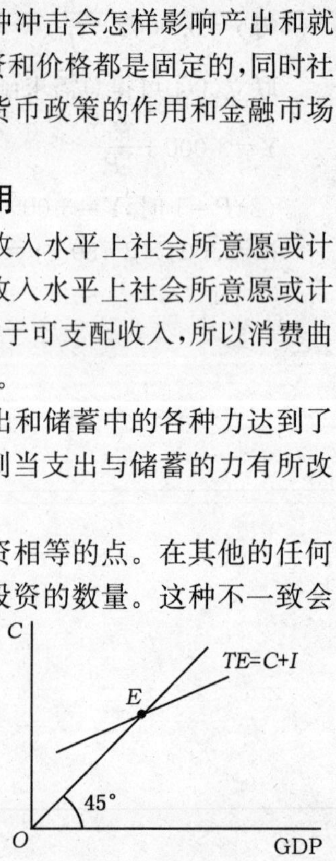

❖知识点三　总支出对产出的决定

◇ 总支出(或 TE)曲线表示对应于每一个产量水平，消费者和企业意愿支出的数量。在右图中，$TE=C+I$ 曲线与45°线的相交 E 点，经济处于均衡状态。

这是因为，在这一点上，对消费和投资的意愿支出数量正好等于总产出量。总计划产出与总计划支出之间的差异就导致产出数量的变动。

◇ 一个均衡的经济就意味着计划的（C 和 I）支出量等于计划产出量。如果经济偏离均衡状态，在这一产出水平，支出线 $C+I$ 处于 45°线上方，因而计划的 $C+I$ 将大于计划的产出量。这意味着消费者愿意购买的货物的数量大于企业生产的数量。在这种非均衡状态，厂商将会增加产量，失业率将下降。这样，总计划产出与总计划支出之间的差异就导致产出数量的变动。只有当厂商生产的数量等于居民和厂商计划的开支的 $C+I$ 时，经济才能达到均衡，如右图所示。

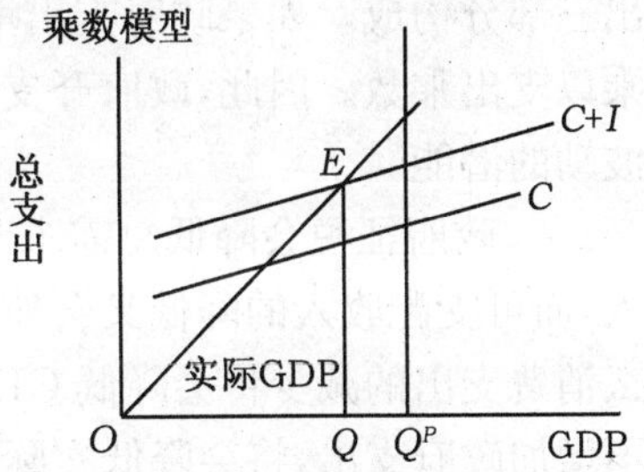

❖知识点四　乘数的含义、图形描述及展望

◇ 乘数是指外生支出变化 1 美元对于总产出的影响。在简单的 $C+I$ 模型中，乘数是投资变化率和总产出变化率的比率。简单的乘数公式是：

$$\text{产出的变动}=\frac{1}{MPS}\times\text{投资的变动}=\frac{1}{1-MPC}\times\text{投资的变动}$$

◇ 当经济中存在过剩的生产能力和失业人员时，增加投资或其他支出所增加的这些支出最终会更多地导致实际产出的增长，而较少地会导致价格水平的上涨。然而，当经济达到并超过其潜在产出时，在现有价格水平上要创造更多的产出就是不可能的。因此，在充分就业情况下，增加支出只会导致价格水平上升，而很少或完全不会引起实际产出或就业的增加。

◇ 乘数模型是总需求—总供给模型的一个特例。它解释了在特定的精确假设下，AD 是如何受消费和投资支出影响的。乘数模型的核心假设是：在短期内价格和工资都是固定不变的，虽然与实际情况不大相符，但是该假设却表明，如果某些工资和价格具有粘性，那么一些使得 AD 发生移动的变化就会导致产出发生变化。当产出等于潜在产出时，AS 曲线就会变成垂线。而在潜在产出的线的左侧，由于存在着闲置资源，产出主要由总需求大小决定。当投资增加时，就会引起 AD 增加，从而使均衡产出上升。乘数模型有一个非常重要的特点，对于描述萧条甚至衰退来说，它是一个十分有用的方法。然而它却不能应用于充分就业时期，一旦工厂正以其最大生产能力运作，同时所有的劳工都已经被雇佣时，经济中就不可能再增加产出了。如右图所示。

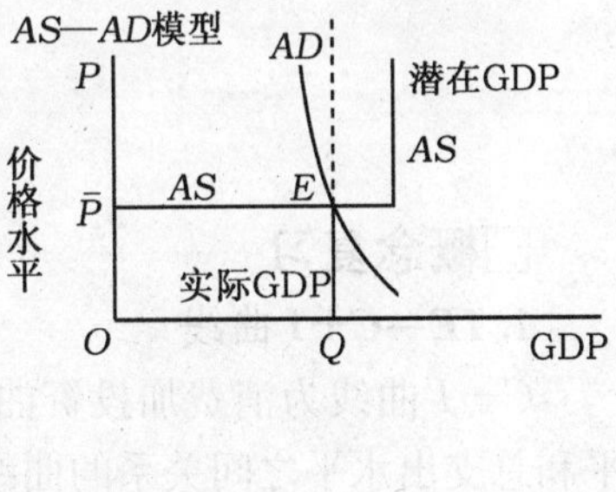

❖知识点五　财政政策对产出的影响

◇ 凯恩斯主义的政策，首先体现为宏观经济政策对实际经济目标所做出的显著贡献，尤其是对实现充分就业和国民收入实际增长这样的目标；其次，凯恩斯主义者要求积极主动的管理；最后，凯恩斯主义者希望将财政政策和货币政策紧密结

合起来,共同促进宏观经济目标的实现。

◇ 假定经济是封闭的、不存在对外贸易,则GDP将只由消费、投资和政府支出三部分构成。如果政府支出增加,那么产出的增加幅度就是政府支出的增加量乘以支出乘数。因此,政府开支就具有一种通过抑制或刺激产出而影响商业周期波动的潜能。

◇ 政府征税会降低总需求和GDP的水平。增加税收会减少人们的可支配收入,而可支配收入的降低又会使人们减少消费。如果投资和政府支出保持不变,那么消费支出的减少将会降低GDP和就业水平。因此,在乘数模型中,增加税收而不增加政府支出,将会降低实际GDP。

❖知识点六　财政政策乘数

◇ 政府支出乘数是指政府在产品和服务上每增加1美元开支所能引起的GDP的更多增长的程度。政府在产品和服务上的支出是决定产出和就业的一个重要因素。在乘数模型中,如果G增加,那么产出的增加幅度就是G的增加量乘以支出乘数。因此,政府开支就具有了一种通过抑制或刺激产出而影响商业周期波动的潜能。政府支出乘数公式为:$1/(1-MPC)$。

◇ 税收乘数。在影响产出方面,变动税收是个有力的工具。但是税收乘数小于支出乘数,小的幅度为一个MPC因子,即税收乘数$=MPC\times$支出乘数。税收乘数之所以小于支出乘数,原因显而易见。当政府在G上支出1美元时,这1美元会直接花费在GDP上。而另一方面,当政府减少1美元税收时,这1美元只有一部分花费在C上,另一部分则会储蓄起来。这种对1美元的G和1美元的T所做出的不同反应,就足以使税收乘数低于支出乘数。

◇ 运用统计技术和宏观经济学理论,经济学家们发展了估算支出乘数的现实模型。用主流的方法估计,所测定的4年内的乘数值是在1~1.5之间。

◇ 理解宏观经济要求不仅要理解各种模型,而且要理解个模型的优势和劣势,其中最简单的乘数模型主要有以下几个特点:(1)忽略了货币和信用对消费和投资的影响;(2)忽略了对外贸易对国内国外产出的影响;(3)总供给也未在考虑之间,所以我们无法分析支出的扩大如何分布在价格和产量之上。

【习题解析】

□概念复习

1. $TE=C+I$ 曲线

$C+I$曲线为消费加投资曲线,是一条反映简单的两部门经济模型中GDP水平和总支出水平之间关系的曲线,又称为TE曲线(总支出曲线)。在简单的两部门经济模型中,人们的收入用于消费和投资,因此,$C+I$曲线上的每一点都表示在相应的GDP水平下人们意愿的支付总量。

2. $TE=C+I+G$ 曲线

$TE=C+I+G$ 曲线也称为总支出曲线，表明总支出(TE)由消费(C)、投资(I)和政府支出(G)三部分构成，这是一条反映三部门经济模型中，GDP 水平和总支出水平之间关系的曲线，说明人们的收入用于消费、投资和政府支出。与两部门经济模型相比，这条总支出曲线的构成多了政府部门(G)，是两部门经济模型的扩展。$C+I+G$ 曲线上的每一点都表示在相应的 GDP 水平下人们意愿的支付总量。

3. 决定 GDP 的两种方法：计划储蓄＝计划投资；计划 C+计划 I＝计划 GDP

这两个式子的前提条件是不存在政府投资和对外贸易这种情况。消费曲线上的每一点表示的是：在某个可支配收入水平上社会所意愿或计划的消费量。储蓄曲线上每一点所表示的是：在某个收入水平上社会所意愿或计划的储蓄量。储蓄曲线和投资曲线的交点是国民产出在达到均衡时的 GDP 水平，这时 GDP 水平就被决定了。

一个均衡的经济就意味着计划的消费和投资等支出量等于计划的产出量。$C+I$ 曲线与 45°线的交点就是这个均衡点。只有在这一点，当厂商生产的数量等于居民和厂商计划开支的 $C+I$ 时，经济才能达到均衡水平。这时决定的 GDP 就是计划 GDP。

4. 投资等于储蓄：计划水平和实际水平

投资代表了经济中意愿投资的计划水平，而储蓄则代表了经济中实际的投资水平。只有投资等于储蓄，即计划投资等于实际投资时，经济才能实现均衡。如果计划投资小于实际投资，意味着总需求小于总供给，部分产品卖不出去，企业的非计划存货投资大于零；反之则相反。

5. 投资的乘数效应

因为国民经济各部分之间是相互联系的，所以投资支出的增加或减少能够带来产出的多倍增加或减少的经济效应，用公式表示就是 $k=1/(1-MPC)=1/MPS$。在式子中，MPC 指边际消费倾向，MPS 指边际储蓄倾向。当 MPC 越小时，投资乘数则越大，对经济的影响也就越大。

6. 乘数＝$1+MPC+MPC^2+\cdots=\dfrac{1}{1-MPC}=\dfrac{1}{MPS}$

答案见知识点四第一段。

7. 财政政策：①G 对均衡 GDP 的影响；②T 对 CC 和 GDP 的影响

财政政策是指政府通过变动税收和支出来影响总需求从而影响就业和国民收入的政策。变动税收是指政府改变税率和税收结构。变动政府支出是指政府改变对商品和劳务的购买支出以及转移支付，进而来影响总需求，达到稳定宏观经济的目的。政府通过行政预算来直接控制消费总量和投资总量，调节总需求，通过变动税收来影响居民的可支配收入水平，进而影响他们的消费水平，以影响 GDP 水平。财政政策可以分为扩张性财政政策和紧缩型财政政策。

8. 政府采购(G)和税收(T)的乘数效应

答案见知识点六第一、二段。

9. $C+I+G$ 曲线

该曲线是一条反映三部门经济模型的曲线，是体现GDP水平和总支出水平之间关系的曲线，代表了三部门经济中意愿的总支出量。该曲线上的每一点都表示在相应GDP水平下意愿的支付总量。它与45°线的交点决定了经济中的均衡水平。

10. 现实中乘数估计

现实中乘数估计是指经济学家为了获得更符合现实的、反映产出随政府开支变动而变动的模型，通过建立大型的计量经济模型，用数值来模拟政府开支变动对经济的影响。

□问题讨论

1. 简单的乘数模型中，假设投资总是等于零。说明在这种特殊情况下均衡产出将出现于消费函数的收支相抵点。为什么当投资量为正时，均衡产出将高于该消费函数的盈亏平衡点？

【重要级别】☆　　　　　　　　【难度级别】☆

【考查要点】储蓄与投资对产出的决定作用

【参考答案】在简单乘数模型中，当 $I=S$ 时，经济实现了均衡。如果 $I=0$，则均衡时，$S=0$。此时，$C=GDP-S=GDP$。因此投资量为零时，均衡产出将出现于消费函数的盈亏平衡抵点。当投资为正时，均衡时 $I=S$，储蓄也必须为正。消费 $C=GDP-S<GDP$。因此当投资量为正时，均衡产出将高于该消费函数的盈亏平衡点。

2. 仔细定义什么是乘数模型中的均衡？在下列情形中分别解释为什么该情况不是一种均衡？同时描绘在不同情况下，整个经济会如何反应以重新达到均衡？

a. 在表24－1(课本P422)中，GDP为33 000亿美元。

b. 在表24－2(课本P428)中，实际投资为零。

c. 汽车销售商发现他们的存货远远大于他们的计划。

d. 在A部分最简单的模型中，消费计划储蓄600美元，同时商人们计划投资700美元。

【重要级别】☆☆　　　　　　　　【难度级别】☆☆

【考查要点】储蓄与投资对产出的决定作用

【参考答案】均衡是指各种市场力量处于平衡的状态，又被称为市场出清，是各种需求和供给力量处于平衡的状态。除非遭遇各种冲击或扰动，否则经济就不能偏离其均衡状态。均衡点未必是位于充分就业的点或是一个合意的点。

a. 由表中的数据可得，此时的GDP为33 000亿美元，计划的消费为32 000亿美元，计划的储蓄为1 000亿美元，计划的投资为2 000亿美元。因此，GDP水平要小于计划的投资和消费之和，存货水平将下降，经济将扩张，从而会得到一个产出更高的均衡点。

b. 当实际投资为零时，实际投资小于计划投资，存货水平低于企业意愿的存货水平,因此经济将扩张,产出将增加。

c. 汽车销售商发现他们的存货远远大于他们的计划,汽车销售商将削减存货水平,汽车公司也将削减水平,因此经济产出水平就会下降。

d. 消费者将消费更多,储蓄小于计划投资,因此经济将出现扩张,均衡产出也将增加。

3. 重新设置表 24－1,假设计划投资等于(a)3 000 亿美元,(b)4 000亿美元;则 GDP 的最终差额是多少?这个差额比 *I* 的变动是大还是比它小?为什么?当 *I* 从2 000亿美元下降到1 000亿美元时,GDP 必然会下降多少?

【重要级别】☆　　　　　　　　【难度级别】☆

【考查要点】乘数模型概述、储蓄与投资对产出的决定作用

【参考答案】a. 当计划投资为 3 000 亿美元时,就可以得到下表。

产出等于计划支出的 GDP(一)　　　　(单位:十亿美元)

(1) GDP 和 DI 的水平	(2) 计划消费	(3) 计划储蓄 (3)＝(1)－(2)	(4) 计划投资	(5) GDP 的水平 (5)＝(1)	(6) 计划投资和 消费的总和,TE (6)＝(2)＋(4)	(7) 导致的产出 变动趋势
4 200	3 800	400	300	4 200＞	4 100	收缩
3 900	3 600	300	300	3 900＝	3 900	均衡
3 600	3 400	200	300	3 600＜	3 700	扩张
3 300	3 200	100	300	3 300＜	3 500	扩张
3 000	3 000	—	300	3 000＜	3 300	扩张
2 700	2 800	－100	300	2 700＜	3 100	扩张

由上表可知,均衡的 GDP 为 39 000 亿美元,原来均衡的 GDP 为 36 000 亿美元,此时 GDP 的增加量为3 000亿美元,而投资的变化量只有3 000－2 000＝1 000亿美元。因此,GDP 增加的量大于投资增加的量,投资的乘数为:3 000÷1 000＝3。

b. 当计划投资为 4 000 亿美元时,可以得到下表。

产出等于计划支出的 GDP(二)　　　　(单位:十亿美元)

(1) GDP 和 DI 的水平	(2) 计划消费	(3) 计划储蓄 (3)＝(1)－(2)	(4) 计划投资	(5) GDP 的水平 (5)＝(1)	(6) 计划投资和 消费的总和,TE (6)＝(2)＋(4)	(7) 导致的产出 变动趋势
4 200	3 800	400	400	4 200＞	4 200	收缩
3 900	3 600	300	400	3 900＝	4 000	均衡
3 600	3 400	200	400	3 600＜	3 800	扩张
3 300	3 200	100	400	3 300＜	3 600	扩张
3 000	3 000	—	400	3 000＜	3 400	扩张
2 700	2 800	－100	400	2 700＜	3 200	扩张

由上表可知,均衡的 GDP 为 42 000 亿美元,原来均衡的 GDP 为36 000亿美元,此时 GDP 的增加量为6 000亿美元,而投资的变化量只有4 000−2 000=2 000亿美元。因此,GDP 增加的量大于投资增加的量,投资乘数为:6 000÷2 000=3。当 I 从2 000亿美元下降到1 000亿美元时,会造成当期产出的减少,产出的减少又会引起消费的减少,消费的减少又会引起需求的减少,从而使产出进一步减少,这样一直持续下去,最终投资的减少会通过乘数效应,引起产出多倍的减少。由以上的分析可知,投资乘数为 3。当 I 从2 000亿美元下降到1 000亿美元时,计划的投资减少了1 000亿美元,产出的变化将是减少3 000亿美元。因此,当 I 从2 000亿美元下降到1 000亿美元时,GDP 必然下降3 000亿美元。

4. 请给出乘数(a)的一般定义,(b)算式,(c)几何图形。当 *MPC* 分别等于 0.9,0.8,0.5 时,或 *MPS* 分别等于 0.1 或 0.8 时,算出乘数的数值。

【重要级别】☆☆　　　　　　【难度级别】☆☆

【考查要点】乘数的含义、图形描述及展望

【参考答案】乘数是指每单位外生支出的变动所导致的总产出的变动。用公式表示就是 $k=\Delta Y/\Delta J=\frac{1}{1-MPC}=\frac{1}{MPS}$。在这里,$\Delta Y$ 是国民收入的变化,ΔJ 是支出的变化。出现乘数的主要原因是人们的边际消费倾向,以及经济中有尚未利用的资源、过剩的生产能力。当 $MPC=0.9$ 时,乘数值为 1÷0.1=10。当 $MPC=0.8$ 时,乘数值为 1÷0.2=5。当 $MPC=0.5$ 时,乘数值为 2。当 $MPS=0.1$ 时,乘数值为 1÷0.1=10。当 MPS 为 0.8 时,乘数值为 1.25。

5. 投资会经由加速数原理(见第 23 章)、随着产出的变化而变化。定义边际投资倾向(*MPI*),表示每一单位产出变化所引起的投资的变化。假设投资为:$I=\bar{I}+1.2Q$($MPI=1.2$),当 *MPC* 为 0.8 时,边际支出倾向为什么等于 *MPC*+*MPI*?算出当边际支出倾向等于 2 时,支出和再支出的数列。试解释发散的无穷几何级数的经济意义。

【重要级别】☆☆　　　　　　【难度级别】☆☆

【考查要点】储蓄与投资对产出的决定作用

【参考答案】在简单模型中,经济中的总支出为 $C+I$,因此边际支出倾向为:$\Delta C/\Delta Q+\Delta I/\Delta Q=MPC+MPI$,根据题意,本题的边际支出倾向为 0.8+1.2=2。当边际支出倾向为 2 时,支出和再支出数列为:$Q,2Q,2^2Q,\cdots,2^nQ$。如果边际支出倾向大于 1,则经济的膨胀将会加速,任何支出的变动都可能引起再支出的更大的变动,导致经济规模的更大变化。

6. 运用支出的系列"轮"数或曰级数方法,用文字说明为什么税收乘数小于支出乘数?

【重要级别】☆☆　　　　　　【难度级别】☆☆

【考查要点】财政政策乘数

【参考答案】在第一轮,支出增加 ΔQ,将使总需求增加同样的 ΔQ,第二轮时,会导致消费支出增加 $MPC\times\Delta Q$ 等，最终将会使总收入增加 $\frac{1}{1-MPC}\times\Delta Q$。税收的变动也会影响 GDP 的均衡水平，它对于产出来说也是一个有力的变动工具。但是税收乘数小于支出乘数，它的具体的表达式为：税收乘数＝$MPC\times$ 支出乘数。税收乘数小于支出乘数的主要原因是，当政府在 G 上支出 1 美元时，这 1 美元会直接花费在 GDP 上；而当政府减少 1 美元的税收时，这 1 美元只有一部分花费在 C 上，另有一部分会被储蓄起来。

7. 解释为什么政府有可能运用财政政策来稳定经济。为什么财政政策在"凯恩斯区域"对于提高产出是有效的，而在总供给为垂直线的经济中则是无效的？

【重要级别】☆☆☆　　　　【难度级别】☆☆☆

【考查要点】乘数的含义、图形描述及展望

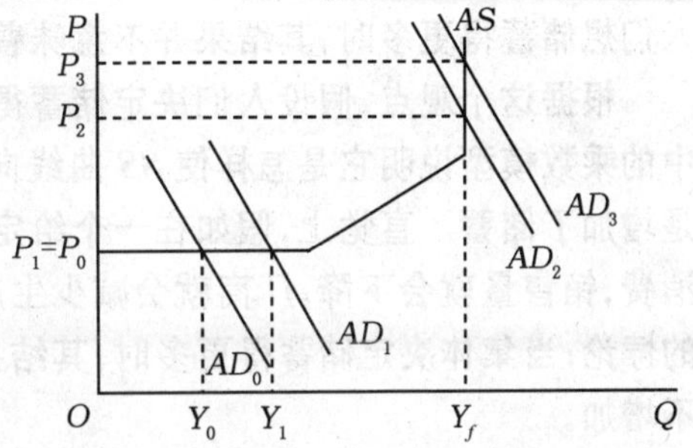

【参考答案】根据凯恩斯经济学的理论，政府可以通过改变政府支出以及变动税收等来影响总需求，从而保证经济的稳定。如右图所示，在凯恩斯区域，总供给曲线是大致水平的，扩张性的财政政策会使 AD 曲线右移，从而导致产出的增加，但是却不会导致价格水平有很大的变动，所以其对提高产出是有效的。而在古典区域，总供给曲线为一条位于充分就业产出水平的垂线，扩张性的财政政策只会引起价格水平的上升，引发通货膨胀，但是产出基本上保持不变。

8. "即使政府花费数十亿美元用于浪费性的军备，这一行为在衰退时期也能够创造就业。从全社会的观点来看这样做是值得的。"请对这句话加以讨论。

【重要级别】☆☆　　　　【难度级别】☆☆

【考查要点】财政政策对产出的影响

【参考答案】这句话是比较片面的。不同的政府支出项目具有不同的经济影响，我们不能仅仅为了就业这个目标就牺牲了其他的社会目标。政府花费数十亿美元用于浪费性的军备，在短期内可以增加总需求、创造就业，对于经济走出衰退有很大的作用。从全社会的观点来看，政府的这种做法在短期内是值得的，但是它对经济的长期增长作用不大。政府应该考虑采用更为理想的支出项目，比如说增加科技和教育的投入，而不是简单地投资于军备。由于不同的支出项目会对经济产生不同的乘数效应，所以政府在决策时应当谨慎，考虑更好的支出项目。

9. 储蓄和投资图以及 45°线和曲线 $C+I$ 是用来解释在乘数模型中国家产出是如何被决定的两种方法。请描述这两种方法，并解释为什么它们的效果是一样的。

【重要级别】☆☆☆　　　　【难度级别】☆☆☆

【考查要点】储蓄与投资对产出的决定作用

【参考答案】消费曲线和储蓄曲线分别表示在某个可支配收入水平上社会计划的消费量和储蓄量，两条曲线的交点就是国民产出在达到均衡时的 GDP 水平，这就是投资—储蓄的产出决定法。将意愿的投资和消费曲线相加就得到总支出曲线，从原点出发的一条 45°线上的任何一点，消费总量加上投资支出正好等于产出总量。当总支出曲线与 45°线相交时，这个交点就是均衡点，经济处于均衡状态。因为在这一点上，对消费和投资的意愿支出数量正好等于总产出量。这就是决定经济产出的消费加投资法。两者等价是因为 $GDP=C+S$，在均衡点处也有 $GDP=C+I$，因此 $I=GDP-C=S$。

10. 有难度的问题：国民产出的增长主要是依靠储蓄和投资，并且我们从小就受到教育并笃信勤俭节约重要，"省下来的一分钱就是赚到的一分钱"储蓄得越多对经济就越有利吗？在一次饶有兴趣的争论中(称为"节俭悖论")，凯恩斯指出：当人们想储蓄得更多时，其结果并不意味着整个国家能够储蓄得更多。

根据这个观点，假设人们决定储蓄得更多时的情况。用图 24－4(课本 P423)中的乘数模型说明它是怎样使 *SS* 曲线向上移动的。解释它为什么降低产出而不是增加了储蓄。直觉上，假如在一个给定的商业环境中，人们试图增加储蓄，降低消费，销售量就会下降，厂商就会减少生产。请解释产量会下降多少。这就是节约的悖论：当集体决定储蓄得更多时，其结果却会导致产出和收入的减少，而储蓄并不增加。

请解释：为什么说这是人们的成见中存有谬误的好例子。进一步解释：为什么悖论只是在经济中存在着闲置资源时才成立，而在典型的完全就业环境中储蓄的增长又确实能够带来投资的增加而不是产出的下降。

【重要级别】☆☆　　　　　　　　【难度级别】☆☆

【考查要点】储蓄与投资对产出的决定作用

【参考答案】从微观经济主体的角度看，减少浪费、增加储蓄是一个比较好的方法，往往可以致富。但是从宏观角度看，在既定的收入中，消费与储蓄呈反方向变动。因此储蓄增加，国民收入就会减少；储蓄减少，国民收入就会增加。因为节俭减少了支出，迫使厂家消减产量、解雇工人，从而减少了收入，最终减少了储蓄。储蓄为个人致富铺平了道路，然而如果整个国家加大储蓄，则将会使整个社会陷入萧条和贫困。所以这是人们的成见中存有谬误的好例子。

节俭悖论发生的条件是经济中存在大量的闲置资源，总供给过剩，总需求不足，均衡国民收入由总需求单方面决定。这时，储蓄增加必然要减少消费支出，也就是减少总需求，从而减少均衡国民收入。由于储蓄是收入的增函数，二者同方向变动，收入减少，储蓄必然减少。在完全就业的经济中，不存在闲置资源，储蓄的增加会增加经济中的投资水平，提高人均资本存量，从而促进总供给能力的增加。因此在现实生活中，鼓励人们进行储蓄，是为经济的长期增长所需要的资本形成创造条件，这与节俭悖论没有任何关系。主要的原因是前提条件不同。

【补充训练】

1. 税收乘数与转移支付乘数的唯一区别是(　　)。

【重要级别】☆☆　　　　　　　　【难度级别】☆☆

【考查要点】财政政策乘数

【参考答案】税收乘数是负数,政府转移支付乘数为正数

2. 假定在某个三部门经济中,初始均衡状态时,税率为 $t=0.2$,均衡收入 $Y_0=100$ 万元,边际消费倾向为 $b=0.8$。现在设税率减至 $t'=0.1$,政府减少购买 10 万元,即 $\Delta G=-10$ 万元。求新的均衡收入 Y'、税收变化量 ΔT 和政府预算盈余的变化 ΔBS。

【重要级别】☆☆☆　　　　　　　【难度级别】☆☆☆

【考查要点】财政政策乘数、财政政策对产出的影响

【参考答案】由于税率变化而导致的收入变化为:

$$\Delta Y_T=-\frac{1}{1-b(1-t)}b\times Y_0\times\Delta t$$

$$=-\frac{1}{1-0.8\times(1-0.1)}\times0.8\times100\times(-0.1)$$

$$=28.56(\text{万元})$$

由于减少政府购买而导致的收入变化为:

$$\Delta Y_G=\frac{1}{1-b(1-t)}\Delta G=-\frac{1}{1-0.8\times(1-0.1)}\times(-10)$$

$$=-35.7(\text{万元})$$

总的均衡收入变化为:

$\Delta Y=\Delta Y_T+\Delta Y_G=28.56+(-35.7)=-7.14$(万元)

因而新的均衡收入水平为:

$Y'=Y_0+\Delta Y=100-7.14=92.86$(万元)

税收的变化量 $\Delta T=t'Y'-tY_0=0.1\times92.86-0.2\times100=-10.71$(万元)

政府预算盈余的变化 $\Delta BS=\Delta T-\Delta G-\Delta TR=-10.71-(-10)$

$=-0.71$(万元)

3. 运用乘数和加速原理说明国民经济波动的主要原因。

【重要级别】☆☆　　　　　　　　【难度级别】☆☆

【考查要点】财政政策乘数

【参考答案】乘数原理指的是投资的变动导致收入的数倍变动,加速原理指收入变动或消费需求的变动引起投资变动的理论。当满足不存在闲置未用的过剩生产能力和资本—产出比不变两个假定前提时,产品需求增加引致产品生产扩大。为了增加产量,就要求增加资本存量,要求有新的投资。也就是说,收入或消费需求的变动导致投资的数倍变动。

乘数与加速原理相互作用模型说明了乘数与加速原理结合而产生的经济周期波动。将乘数与加速原理结合起来,才能说明收入、投资和消费三者之间的关系。其模型内容如下:设边际消费倾向为 c,加速系数为 a,本期收入为 Y_t,上一期收入为 Y_{t-1},本期消费为 C_t,上一期消费为 C_{t-1},本期消费由上一期收入与边际消费倾向决定,自发投资为 I_0,引致投资为 I_i,本期投资为 $I_t=I_0+I_i=I_0+a(C_t-C_{t-1})$,所以在乘数与加速原理结合的模型中,其基本公式为:

$$C_t=cY_{t-1}$$

$$I_t=I_0+I_iI_0=I_0+a(C_t-C_{t-1})$$

$$Y_t=C_t+I_t=cY_{t-1}+[I_0+a(C_t-C_{t-1})]$$

从乘数与加速原理相互作用模型可以得出两点结论:在国民收入中,投资、消费和收入是相互影响、互相加速的。如果自发投资是一个固定的量,依靠经济本身的调整,就会自发形成经济的周期波动,经济的扩张与衰退正是乘数与加速原理相互作用而决定的。

乘数和加速原理相互作用模型部分地解释了西方经济出现周期性波动的原因。因为在社会经济活动中,投资的变动能引起国民收入的变动,而国民收入的变动又会引起投资的变动。前者是投资乘数的作用,后者是加速原理的作用,乘数与加速原理的相互作用是客观存在的,对经济周期的波动也确实起到一定的作用。

第25章　金融市场和货币的特殊形态

【学习精要】

❖知识点一　金融系统概述

◇ 金融是指经济代理人以消费或投资的目的从其他代理人那里借入或者贷出资金的过程。人们可能会借入或者贷出资金，因为他们的现金收入时常与他们的意愿支出不匹配。

◇ 金融系统包括市场、厂商和其他机构，承担和执行着居民户、企业和政府在国内和国外的各种金融决策。金融系统的重要组成部分包括了货币市场、固定利率的债券或抵押贷款等资本市场、能取得公司所有权的股票市场，还有交易不同国家货币的外汇市场。美国绝大多数的金融系统由旨在营利的经济实体组成，但是非营利性的政府机构，如美联储和其他常设机构等，在保证金融系统的有效性和稳定性方面也起着特别重要的作用。

◇ 金融市场同其他市场一样，只不过它的产品和服务包括股票和债券等金融工具，重要的金融市场包括股票市场、债券市场和外汇市场。借贷行为经由各种金融中介发生在金融市场上。

◇ 提供金融服务和产品的机构叫做金融中介。金融机构和各其他企业有所不同，它们的资产更多是金融资产而非厂房和设备那样的实物资产，很多零售金融交易更多通过金融中介而不是直接在金融市场交易。最重要的金融中介是商业银行，另一大重要的金融中介包括保险公司和养老基金，它们提供专业化的产品、保险政策和保证居民退休生活的投资。第三类的金融中介“集中”并“细分”各种债券，包括共同基金和抵押品再销售者。

◇ 金融系统的功能：(1)金融系统在不同的时间、部门和地区间转移资源，这一功能使投资被更有效地利用而不是浪费在不需要的地方。(2)金融系统有控制风险的作用。从某种意义上说，风险管理类似于资源转移，它将风险从那些最需要降低风险的人或部门中转移出来，并转移或分散给那些风险承受力和适应性更强的人或部门。(3)金融系统根据单个储蓄者或投资者的需求吸收和发放资金。(4)金融系统发挥着重要的票据交换所的功能，从而促进付款人(买者)和收款人

(卖者)之间的交易。

❖知识点二　金融资产的类别

◇ 金融资产是经济中一个参与者对另一个参与者的货币要求权,主要包括以美元计价的资产(支付货币固定为美元)和有价证券(其价值代表的是所占有实体资产的价值)。

◇ 货币是能够被普遍接受的充当交易媒介的任何一种东西。

◇ 储蓄账户是指在银行的存款,通常是由政府担保,有固定的本金价值,其利率由短期市场利率决定。

◇ 政府债券包括国库券和联邦、州、地方政府发行的债券。它们承诺到期支付本金,分期支付利息。联邦政府债券被认为是最安全的投资。

◇ 股权是指企业的所有权。它们从公司的净利润中获取红利。公开交易的股权由股票市场定价,也就是依据市场对未来股利的估计而决定其价格。非公司股权体现的是合伙制企业、农场和小企业的价值。

◇ 金融衍生品是一些新的金融工具,它们的价值依附或衍生于其他资产的价值。一个重要的例子是股票期权,它是一种工具,其价值依附于它的基准股票。

◇ 养老金指人们对公司或养老金计划所持有资产的所有权。在工作期间由员工和公司共同基金建立这笔基金,在员工退休后以养老金的形式发给员工。

❖知识点三　利率和金融资产的回报率

◇ 利率是借入资金所支付的价格。我们通常以每年所支付的利息数量占所借本金的百分比来计算利率。有很多种利率取决于期限、风险、税收负担和借入资金者的其他特质。利息是借款人所支付的成本,它使得借款人在借款期内能获得实际资源。

◇ 一个资产的现值是指未来的收入流在今天的美元值。它可以通过计算在现行利率下,今天需要投资多少钱才能获得未来的收入流而得到。现值的计算公式为:

$$V=\frac{N_1}{1+i}+\frac{N_2}{(1+i)^2}+\cdots+\frac{N_t}{(1+i)^t}+\cdots$$

一般来说,当利率上升的时候,股票、债券、房地产和其他一些长期资产的价格都会下降。

◇ 名义利率,有时也被称为是货币利率,是用货币表示的货币利率。实际利率以名义利率减去通货膨胀利率来计算。在通货膨胀时期,我们必须用实际利率,而不是名义利率或者货币利率,以物品的形式计算投资在物品上的投资收益。

❖知识点四　货币的演变及货币供给

◇ 货币是能够被普遍接受的充当交易媒介的任何一种东西,其产生和演变过程为:(1)以物易物。在经济发展的早期,没有货币,人们进行的是以物易物,即用一种物品交换其他物品。但操作起来很不方便,因为经常出现的并不是“需求的双重巧合”,而是“缺乏巧合”。(2)商品货币。在人类历史上,作为交易媒介的货币最初是以商品形式出现的，从最初的牛、橄榄油等到后来几乎全部局限于金银这样的金属。这些形式的货币具有内在的价值，政府就没有必要再去保证它的价值；货币的数量也可以通过市场对金银的供求来确定。不过金属货币也有缺点，一是需要动用稀缺资源来从地下开采它，二是会仅仅由于偶然发现矿藏而突然变得丰富起来。(3)现代货币。商品货币的时代已经让位于纸币时代，现在大多数货币是银行货币，储存在银行或其他金融机构中，现在许多现金支付的商品与服务都可以使用支票。另外，随着互联网的发展，人们可以进行电子支付，并可通过互联网进行交易。

◇ M_1 是狭义或交易货币，它包括各种实际用于交易的货币，主要有以下三个部分：(1)硬币。M_1 包括所有未被银行持有的硬币。(2)纸币。纸币是更重要的货币，最初纸币需要担保，但是如今，美国所有的硬币和纸币都是法定货币。这就是说，政府规定了某物为货币，即使该物品本身并没有价值。硬币和纸币是法定清偿手段，所有公共的或私人的债务都必须接受它作为偿还手段。硬币和纸币加起来约占 M_1 即交易货币总额的 1/2。(3)支票账户。交易货币的第三个组成部分是支票存款或银行货币，这是指存于银行或其他金融机构的能够开支票的款项。

◇ M_2 是范围更大的广义货币，M_2 中包含了 M_1，还包括了银行储蓄存款和其他类似的可以替代交易货币的资产。M_2 主要包括：M_1、储蓄账户存款和小额定期存款、货币市场共同基金等准货币。

❖知识点五　货币需求

◇ 货币的职能：(1)货币最主要的职能是交易媒介。(2)货币也可以作为核算单位，用来衡量物品的价值。(3)货币有时还被当作价值贮藏手段，使得价值能够在一段时间被保持。现在，人们认为支票存款(M_1)和货币市场共同基金(M_2)等货币形式才是保存财富的安全手段。

◇ 持有货币的机会成本是人们因为持有货币而放弃的持有风险较大、流动性较低的资产或投资的利息。

◇ 我们拥有狭义货币(M_1)的主要原因是我们有交易需求。我们持有现金和支票存款的目的是购买商品和支付账单。如果收入增加，我们所需购买的商品价值也就会增加，那么就需要有更多的货币用于交易，所以对货币的需求就增加了。对货币的交易需求容易受到持有货币的机会成本的影响。如果其他资产利率相对于货币利率提高了，那么居民户和企业都愿意降低他们的货币持有量。另外，人们有时候持有货币是把它当做一种资产或价值储存的手段，这是资产需求。不过，现代金融理论表明精心设计的投资组合中一般不包括交易货币(M_1)。

❖知识点六　存款的创造过程

◇ 具有 100%准备金的银行体系对货币和宏观经济的影响是中性的，因为它对货币供给没有影响。而部分准备金银行体系，使银行具备了创造货币的能力。这就是说，银行能够将 1 美元的准备金变成数倍美元的存款。

◇ 银行是商业化的企业，经营的目的在于为它的所有者赚取利润。银行的一个主要职能是为顾客开设支票账户。银行被要求为其他支票存款保持法定准备金。准备金可以是手头现金或在联邦储备系统的无息存款。为了说明问题,我们考察法定准备金为 10%的情况:这时银行系统作为一个整体,再加上公众的或私人的借款者以及进行存款的公众,能够对联邦储备机构注入银行系统的每 1 美元的新准备金按 10∶1 的比例创造银行货币。

◇ 每一家小型银行扩大贷款与投资的能力都是有限的。它的贷款或投资数量不能超过从存款者那里得到的数量;它只能够贷出存款的 90%。虽然没有哪一家银行能够单独将准备金扩大 10 倍,但是整个银行系统却能够做到这一点。每一个收到1 000美元新存款的银行都会把它刚得到的现金的 90%用于贷款和投资。如果我们沿着这个越来越小但没有穷尽的链条,推算业务顺次承接的每一轮银行,那么,就会发现整个银行系统的新存款是:

$$\text{货币供给乘数}=\frac{\text{货币的变化量}}{\text{准备金的变化量}}=\frac{1}{\text{法定准备金率}}$$

◇ 可能会有一些银行系统的新的现金准备金会漏到银行以外的流通领域,以及流入到非支票账户的资产中。当一些新准备金漏入非支票存款资产中时,货币创造与新准备金的关系就会脱离由货币供给乘数所给出的 10∶1 的比例关系。

❖知识点七　股票市场的各种理论

◇ 资产具有不同的特征,其中最主要的两个就是收益率和风险。收益率是指从一项有价证券中获得的全部货币收入。对于储蓄账户和短期债券来说,收益率就是利率。对于大多数其他资产来说,收益还包括由资本损益带来的收入(如红利等)。风险意味着投资收益的可变性,一般用收益的标准差来衡量。收益和风险之间有很强的正相关关系。因为人们总是回避风险的,所以只有更高的收益才能诱使他们去购买更具有风险的资产。

◇ 股票市场(其中纽约股票交易所最为重要),是买卖大公司股票的地方。股票市场在历史上充满了剧烈的波动,比如 1929 年的大崩盘。人们使用股票价格指数,如"标准普尔 500 指数"以及人们所熟悉的"道—琼斯工业股票指数"来记载股票价格的变动趋势。

◇ 股票价格的现代经济理论通常重点研究有效市场的作用。所谓有效市场,是指在该市场上全部信息都被投机者迅速吸收并立刻被计算在市场价格之中。在有效市场中没有轻易可得的利润;观察昨日的新闻或价格过去的变动形式、选举结果、商业周期,都无助于预测未来的价格变动。因此在有效市场上,价格由于意外事件而变动。由于意外事件本身是随机性的,所以股票价格和其他投机价格的变动也是无规则的,就像随机游走一样。

◇ 个人投资的五项原则:(1)了解你的投资;(2)分散,分散,这是金融预言家的法则;(3)考虑普通股指数基金;(4)最小化不必要的费用和税收;(5)使你的投资与你的风险偏好相一致。

【习题解析】

□概念复习

1. 金融系统、金融市场、金融中介

答案见知识点一第二、三、四段。

2. 金融系统的功能

答案见知识点一最后一段。

3. 主要金融资产或工具

答案见知识点二。

4. 利率,名义利率和实际利率

答案见知识点三第一、三段。

【翔高点评】在计算各种金融资产的收益率时,常用的是实际利率。

5. 利率的溢价是由于:期限、风险、非流动性

不同的资产由于到期时间长短不同、风险大小不同和流动性不同,而存在利率高低的不同。这些利率之间的差异作为一种溢价,就是对期限、风险和流动性差异的一种补偿。

6. 利息:持有货币的机会成本

利息是对货币使用所支付的报酬。当人们选择持有货币时,就不能得到利息。因此,利息可以视为是人们选择持有货币的机会成本。而机会成本又是人们在经济决策过程中,为了某种方案的实现而放弃的其他各种方案中可能所获得的最大利益。

7. 按通货膨胀指数调整的债券

又称为通货膨胀指数化债券,是指债券本金和利息的到期支付根据既定的通货膨胀指数变化情况调整的债券。该种债券在发行时先确定一个实际票面利率,而到期利息支付除了按照票面的利率标准外还要加上相应的通货膨胀率变化,本金的支付也是如此。它以独特的收益、风险在西方发达国家的资本市场上赢得了广大机构和个人投资者的青睐,称为金融市场重要的交易品种。

8. 货币,狭义货币(M_1),广义货币(M_2)

答案见知识点四。

【翔高点评】货币的分类十分重要,也是常考的知识点。基本的公式就是 $M_2 = M_1 +$ 准货币。

9. 商品货币,纸币,银行货币

商品货币称为实值货币,它是指商品价值与货币价值相等的货币。纸币是指国家依法发行的作为法定流通手段的货币符号。它本身没有价值,只是充当执行流通手段的职能、充当商品交换的媒介。如果纸币发行过量,将会使其贬值,引致物价上涨。银行货币又称存款货币,是指客户存在银行的活期存款。活期存款的存户可以随时开出支票在市场上转移或流通，充当交易媒介或支付工具，执行货币的职能。

10. 货币需求的动机：交易需求，资产需求

答案见知识点五最后一段。

11. 银行准备金(库存现金和在美联储的存款)

为安全起见，银行需要提留一定比例的存款，以保证储户提款，其余的存款才能用于放贷或投资，这部分存款叫银行准备金。

12. 部分准备金银行

部分准备金银行是相对于全额准备金银行而言的。它是指商业银行留下一部分准备金，把其余的资金全部贷出的制度。银行不用把所吸收的存款都作为准备金留在金库中或存入中央银行。

13. 货币供给乘数

新支票存款与准备金增量之比叫做货币供给乘数。货币供给乘数 $=\dfrac{\text{货币的变化量}}{\text{准备金的变化量}}=\dfrac{1}{\text{法定准备金率}}$。

14. 普通股票(公司股权)

普通股票是"优先股"的对称，指股东享有平等的权利和义务，其股息随着公司的盈利状况改变的股票。它是股份公司发行股票时采用最多的一种形式。普通股股金是构成股份公司资金的基础。普通股的股息必须在先支付债券利息、优先股股息后才能分配。在公司清算时，普通股对公司剩余资产的索取权排在债权人和优先股之后。

15. 有效市场

答案见知识点七第三段。

16. 股票价格的随机游走

在有效市场上，价格由于意外事件而变动。由于意外事件本身是随机性的，所以股票价格和其他投机价格的变动也是无规则的，就像随机游走一样。股票的现行价格就已经反映了供求关系，或者离本身价值不会太远。现时股票的市价已经代表了千万精明人士的看法，构成了一个合理的价位。市价会围绕着内在价值上下波动，这些波动却是随意而没有任何轨迹可循的。

17. 指数基金

指数基金，顾名思义就是以指数成分股为投资对象的基金，即通过购买一部分或全部的某指数所包含的股票，来构建指数基金的投资组合，目的就是使这个投资组合的变动趋势与该指数相一致，以取得与指数大致相同的收益率。从理论上来讲，指数基金的运作方法简单，只要根据每一种证券在指数中所占的比例购买相应比例的证券，长期持有就可。运作上，它比其他开放式基金具有更有效规避非系统风险、交易费用低廉、延迟纳税、监控投入少和操作简便的特点。从长期来看，指数投资业绩甚至优于其他基金。

18. 个人投资的五个原则

答案见知识点七最后一段。

□问题讨论

1. 给出 M_1 和 M_2 的定义。M_1 包括什么？M_2 包括哪些 M_1 所不包括的成分？说明 M_2 的每一个组成部分与货币需求背后因素的关系。

【重要级别】☆☆　　　　　　　【难度级别】☆☆

【考查要点】货币的演变及货币供给

【参考答案】M_1 是指狭义的货币，也就是交易性的货币，具体而言主要有硬币、纸币和支票账户。M_2 是广义的货币，除了包含 M_1 之外，还包括银行储蓄存款和其他类似的可以替代交易货币的资产，这与货币的资产需求有关。

M_2 中的 M_1 部分主要是用来进行商品之间的交易的。对货币的交易需求容易受到持有货币的机会成本的影响。如果其他资产利率相对于货币利率提高了，那么居民户和企业都愿意降低他们的货币持有量。

M_2 中所包括的准货币，主要与货币的资产需求有关，人们把它当做一种资产或价值存储的手段。人们会在货币与各种其他金融资产之间合理安排投资组合，从而实现既定收益下的风险最小化，或既定风险下的收益最大化。

2. 假设所有的银行都保持 100%的准备金。改写表 25－6(a)(课本 P448)和表 25－7(课本 P450)，以反映将1 000美元加入到一个保持 100%准备金的银行系统之中后将会发生的情况。在这种情况下，准备金的增加对货币供应量有什么影响？银行“创造”货币了吗？

【重要级别】☆☆　　　　　　　【难度级别】☆☆

【考查要点】存款的创造过程

【参考答案】如果将 1 000 美元准备金加入到一个保持 100%准备金的银行系统之中，教材中的表将变为下面的表(a)和表(b)。

表(a)

资产/美元		负债/美元	
准备金	1 000	存款	1 000
总计	1 000	总计	1 000

表(b)

资产/美元		负债/美元	
储备金	1 000	存款	1 000
贷款	0		
总计	1 000	总计	1 000

综合以上的两个表格，可以发现：具有 100%准备金的银行体系对货币和宏观经济的影响是中性的，因为它对货币供给没有影响，所以 100%准备金的银行没有“创造”出新的货币。

3. 假设银行对其存款持有 20%的准备金，并且假设从银行系统中减去 200 美元的准备金，重新制作表 25－6(a)至表 25－8(课本 P450)。在这种情况下货币供给的乘数是多少？

【重要级别】☆☆　　　　　　　【难度级别】☆

【考查要点】存款的创造过程

【参考答案】货币供给的乘数可以利用公式得出：1÷20％＝5。

4. 下列各项对货币(M_1)需求会产生什么影响(假设其他因素不变)？

a. 实际GDP增加

b. 价格水平上升

c. 储蓄存款和国库券的利率上升

d. 所有价格、工资和收入都增加一倍(你能准确计算出对货币需求的影响吗？)

【重要级别】☆☆☆　　　　【难度级别】☆☆

【考查要点】货币需求

【参考答案】a. 实际GDP的增加会导致人们可支配收入的增加，从而增加人们的交易性货币需求，因此对M_1的需求也将会增加。

b. 价格水平的上升也会引起名义GDP的增加，从而使得货币的交易性需求随之增加。所以价格水平上升时，M_1的需求也会上升。

c. 储蓄存款和国库券的利率上升时，人们会改变资产组合，减少货币的资产需求，从而使得货币的需求下降。

d. 所有价格、工资和收入都增加一倍，经济中的实际变量保持不变，由于人们对货币的需求是实际货币需求，因此人们的实际货币需求保持不变。

5. 持有货币的机会成本等于安全的短期资产(比如国库券)的收益减去货币的利率。下列各项对以支票账户形式持有货币的机会成本会产生什么影响？

a. 1980年以前(当时支票存款没有收益)，市场利率从8％上升到9％。

b. 1984年(当时支票账户的收益率达到了5％的最高水平)，利率(1)从3％增加到4％；(2)从8％增加到9％。

c. 1991年(当时取消了对可转让提款账户利率的管制)，市场利率(1)从3％增加到4％；(2)从8％增加到9％。

d. 如果货币需求对机会成本的弹性是0.2，那么在上述各种情况下，预计货币需求对市场利率的变化做何种反应？

【重要级别】☆☆　　　　【难度级别】☆

【考查要点】货币需求

【参考答案】a. 市场利率的提高使人们以支票账户形式持有货币的机会成本上升。

b. 当利率从3％增加到4％，但是这个利率仍然低于支票账户的收益率的最高水平，因此人们以支票账户形式持有货币的机会成本不会发生改变。而当利率从8％增加到9％时，高于支票账户的收益率的最高水平，人们以支票账户形式持有货币的机会成本上升。

c. 在两种情况下，由于利率变动的大小相同，因此机会成本基本不受影响。但是货币需求改变量不同。当市场利率从3％增加到4％时，利率的变动率为(4％

−3%)÷3%≈0.33。由于利率是持有货币的机会成本，因此机会成本的变动为0.33。货币需求对货币机会成本的弹性是0.2，所以货币需求的变动为：0.33×0.2=0.066，也就是说，货币需求将增加约6.6%。当市场利率从8%增加到9%时，利率的变动率为(9%−8%)÷8%≈0.125，货币的需求将增加约2.5%。

6. 利率问题(解答这些问题可能需要一个计算器)：

a. 你按13.5%的年利率投资2 000美元，6个月后你的资金总额是多少?

b. "复利"就是可用已获得的利息再赚取利息；如今的大部分利率都是复利。假如你按每年10%的复利利率投资10 000美元，为期3年，那么在每一年结束时你的投资总额是多少?

c. 考虑下列数据：消费价格指数在1977年为60.6，在1981年为90.9。从1978～1981年，政府债券每年的利率分别为7.2%、10.0%、11.5%、14.0%。计算从1978～1981年这四年期间平均的名义利率和实际利率。

d. 国库券通常以贴现的方式出售；这就是说，一张面值为1万美元、期限为90天的国库券今天出售的价格，将正好使到期时收回1万美元所得到的收益符合市场利率。如果市场利率为每年6.6%，那么一张面值1万美元、期限为90天的国库券的售价应该是多少?

【重要级别】☆　　　　　　　　【难度级别】☆

【考查要点】利率和金融资产的回报率

【参考答案】a. 如果按13.5%的年利率投资2 000美元，则按照单利计算，6个月后的资金总额为：2 000×(1+13.5%÷2)=2 135(美元)。按照逐月复利计算，6个月的资金总额为：$2\ 000\times(1+0.135\div12)^6\approx2\ 138.9$(美元)。按照连续复利计算，6个月后的资金总额为：$2\ 000\times e^{0.135\times0.5}=2\ 139.7$(美元)。

b. 如果按照逐年复利法计算，则第一年结束时的投资总额为：10 000×(1+10%)=11 000(美元)；第二年的投资总额为：$10\ 000\times(1+10\%)^2=12\ 100$(美元)；第三年的投资总额为：$10\ 000\times(1+10\%)^3=13\ 310$(美元)。

而如果按照逐年连续复利法计算，则第一年结束时的投资总额为：$10\ 000\times e^{0.1}\approx11\ 052$(美元)；第二年的投资总额为：$10\ 000\times e^{0.2}\approx12\ 214$(美元)；第三年的投资总额为：$10\ 000\times e^{0.3}\approx13\ 499$(美元)。

c. 1978～1981年这四年间的平均名义利率为：(7.2%+10.0%+11.5%+14.0%)÷4=10.675%。每年的实际利率可以通过近似公式来计算：实际利率=名义利率−通货膨胀率。但是由于本题未告知1978年、1979年、1980年的消费价格指数，所以无法计算这些年份的通货膨胀率，因而也就无法求解实际利率，那么1978～1981年这四年间的实际利率的平均值是无法确切的求出的。如果以1977年为基期，则1981年的通货膨胀率为：$\frac{90.9-60.6}{60.6}\times100\%=50\%$，1981年的实际利率为：14.0%−50%=−36%。投资政府债券按照逐年连续复利计算，则其名义回报率为：(1+7.2%)(1+10.0%)(1+11.5%)(1+14.0)−1=49.9%。因此，实际的回报率为：49.9％－50％＝－0.1％。

d. 如果一年以365天计算，则该债券的市场售价为：$P=\frac{10\ 000}{1+\frac{90}{365}\times 6.6\%}\approx$ 9 840(美元)。

7. 有关价值的问题：

a. 考虑一年期债券的现值。计算当利率分别是1％，5％和20％的时候债券的现值。

b. 计算当利率分别是1％，5％，10％和20％时每年的收益是16美元的永久性债券的现值。

c. 比较a和b的答案，哪个资产对利率变化更敏感？将差异量化。

【重要级别】☆　　　　　　　　【难度级别】☆

【考查要点】利率和金融资产的回报率

【参考答案】a. 美国一年期债券到期时所得的支付为1 100美元。现值的计算公式为：$PV=\frac{FV}{1+i}$。当利率为1％时，债券的现值为：$PV_1=\frac{FV}{1+i}=\frac{1\ 100}{1+0.01}\approx$ 1 089.11(美元)

当利率为5％时，债券的现值为：$PV_2=\frac{FV}{1+i}=\frac{1\ 100}{1+0.05}\approx 1\ 047.62$(美元)

当利率为20％时，债券的现值为：$PV_3=\frac{FV}{1+i}=\frac{1\ 100}{1+0.2}\approx 916.67$(美元)

b. 永久性债券的现值计算的公式为：$PV=\frac{FV}{i}$

当利率为1％时，收益是16美元的永久性债券的现值为：$PV_1=\frac{FV}{i}=\frac{16}{0.01}=$ 1 600(美元)。

当利率为5％时，收益是16美元的永久性债券的现值为：$PV_2=\frac{FV}{i}=\frac{16}{0.05}=$ 320(美元)。

当利率为10％时，收益是16美元的永久性债券的现值为：$PV_3=\frac{FV}{i}=\frac{16}{0.1}=$ 160(美元)。

当利率为10％时，收益是16美元的永久性债券的现值为：$PV_4=\frac{FV}{i}=\frac{16}{0.2}=$ 80(美元)。

c. 由a和b可得，永久性债券对利率的变化更为敏感，因为利率的变化会对永久性债券的现值造成永久性的影响。在a中，现值和利率之间呈反向变动关系，但是利率变化对现值的影响仅仅持续一年，不是很大；而在b中利率的提高一倍将会使永久性债券的现值减小一半，利率变化的影响将持续很长时间。

【翔高点评】现值的计算是各种金融资产计算的重点,关键要掌握基本的现值公式。

8. 你是否认为下列各项应该算入美国的狭义货币供给量(M_1),请说明理由:储蓄存款、地铁专用辅币、邮票、信用卡和俄罗斯人在莫斯科支付的20美元账单。

【重要级别】☆　　　　　　【难度级别】☆

【考查要点】货币的演变及货币供给

【参考答案】M_1是狭义的货币供应量,是指人们主要用于交易的货币,主要包括了硬币、纸币和支票账户等。根据这个定义,在题中所示的各项支付手段均不应当计入美国的M_1。

9. 根据有效市场理论,下列事件对于通用汽车公司股票的价格有什么影响?

a. 出乎意料地宣布政府打算在下一年7月1日提高公司税。

b. 国会通过授权法案6个月后的7月1日提高税率。

c. 出乎专家们预料的一则通告:美国要对下一年日本小汽车的进口限制配额。

d. 12月31日颁布法规来贯彻问题c中的通告。

【重要级别】☆☆☆　　　　【难度级别】☆☆☆

【考查要点】股票市场的各种理论

【参考答案】有效市场理论认为在证券市场上,由于每个投资者都在努力寻找各种信息以谋求最大收益,因而任何促使证券价格发生变动的新信息必将很快地反映到现行价格之中,从而使得基于新信息基础上的未来获利可能趋向于零。

a. 政府突然提高公司税会减少通用汽车公司的利润,因此通用汽车公司的股票价格会下降。

b. 国会提出在未来提高税率对通用公司现在的股价是没有影响的。

c. 美国对日本小汽车的进口实行限制配额,会导致美国对国内的汽车需求增加,从而使通用汽车公司的销量增加,因此通用汽车公司的股价会上升。

d. 12月31日颁布法规来贯彻问题c中的通告,基本上对公司股价是没有影响的。

10. 假定法定准备金规定被取消,银行系统的准备金水平将由什么因素来决定?在这种情况下,货币供给乘数将会发生什么变化?

【重要级别】☆☆　　　　　【难度级别】☆☆

【考查要点】存款的创造过程

【参考答案】如果取消法定准备金制度,银行系统的准备金水平将由市场利率水平、银行面临挤兑的可能性大小以及银行的不良贷款比例上升等因素所决定。在这种情况下,一般而言,准备金总量会减少,货币供给乘数将上升。但是,难以精确预测货币供给乘数上升的大小。

11. 假定有一个巨型银行,比如说叫做美国巨人银行,它持有所有人的所有支票存款,并受10%法定准备金规定的约束。如果向美国经济中注入一笔资金,那

么在知道新存款必定还会回到银行的情况下,巨人银行的贷款数量能否超过存款增量的 90%? 这能否改变最终的货币供给乘数?

【重要级别】☆☆　　　　　　【难度级别】☆☆

【考查要点】存款的创造过程

【参考答案】巨人银行的贷款数量不会超过存款增量的 90%,因为受到 10% 法定准备金规定的约束。货币供给乘数也不会发生改变,仍然为 1÷10%=10。因为所有贷出去的存款又会存到巨人银行,从而形成新的贷款,只有一家垄断的巨人银行时的货币乘数和银行体系的货币供给乘数相同。

12. 有难度的问题:期权是指在一个既定日之前,以一个既定的价格来买入或卖出一种股票或者其他证券的权利。看涨期权是买权,看跌期权是卖权。假设你有一个看涨期权可以买 100 股高波动率的股票,Fantasia. com 执行价格是每股 10 美元,可以在接下来的 3 周里的任意时候行使。Fantasia 目前的价格是每股 9 美元。

a. 你知道为什么期权的价格大于每股 1 美元吗?

b. 假设期权明天就到期,到时候股票上涨 5 美元和下跌 5 美元的概率都是 50%,那么期权的价格是多少?

【重要级别】☆☆☆　　　　　【难度级别】☆☆☆

【考查要点】金融资产的类别

【参考答案】a. 如果股价高于 10 美元,就可以执行看涨期权。如果股价波动性比较大,它上涨或下跌的机会是均等的,只要股价上涨的幅度大于每股 2 美元,期权的价值就会大于 1 美元。因为期望收益为 0.5×0+0.5×2=1(美元)。

b. 如果股价超过支付的价格时,就可以执行期权。如果价格上涨 5 美元,为每股 14 美元,则每股高于执行价格 4 美元。所以期望收益为:0.5×4+0.5×0=2(美元)。因此,期权的价格为 2 美元。

13. 掷硬币 100 次。一次正面算做"加 1",而一次反面算作"减 1"。记录该结果。把它标在一张作图纸上。这便是一种随机游走。(那些有计算机的人,可以通过一个计算机程序,随机数字发生器和绘图器来做这件事。)

然后,记录若干个星期内你特别喜爱的公司股票的收盘价格(或者取自以前发行的报纸),把价格同时间标出来。你能发现上述两种变动方式上的差别吗? 两者是不是看起来好像随机游走一样?

【重要级别】☆☆　　　　　　【难度级别】☆

【考查要点】股票市场的各种理论

【参考答案】答案略。

【补充训练】

1. 计算下列每种情况时的货币乘数:

(1)货币供给为 5 000 亿元,货币基础为 2 000 亿元;

(2)存款为 5 000 亿元，通货为 1 000 亿元，准备金为 500 亿元；

(3)准备金为 500 亿元，通货为 1 500 亿元，准备金与存款的比率为 0.1。

【重要级别】☆☆☆　　　　【难度级别】☆☆☆

【考查要点】存款的创造过程

【参考答案】(1)货币乘数时货币供给量与货币基础的比率为：$mm=M/MB=$ 5 000亿/2 000亿=2.5

(2)可以计算 $a=C/D$，$b=R/D$ 并用第一题的公式计算货币乘数：

$a=C/D=$1 000 亿/5 000 亿=0.2

$b=R/D=$500 亿/5 000 亿=0.1

$mm=1+a/a+b=1+0.2/0.2+0.1=1.2/0.3=4$

(3)题中已经给出 $b=R/D=0.1$，但仍需计算 $a=C/D$。从题中可以知道 C 的值，但不知道 D 的值。我们可以根据已知的 b 和 R 计算出 $D=R/b$。因此：

$D=R/b=$500 亿/0.1=5 000 亿

$a=C/D=1\ 500/5\ 000=0.3$

$mm=1+a/a+b=1+0.3/0.3+0.1=1.3/0.4=3.25$

2. 银行创造货币的做法是(　　)。

A. 出售自己的部分投资证券　　　　**B. 增加自己的准备金**

C. 把超额准备金作为贷款放出　　　**D. 印刷更多的支票**

【重要级别】☆☆　　　　【难度级别】☆☆

【考查要点】存款的创造过程

【参考答案】C。

3. 假定现金—存款比率是 C，准备金—存款比率是 R，请推导出相应的货币乘数？

【重要级别】☆☆☆　　　　【难度级别】☆☆☆

【考查要点】存款的创造过程

【参考答案】设 K 为流通在外的现金，D 为存款，N 为准备金，则 $K/D=C$，$N/D=R$。

基础货币为：$B=K+N$

货币供给为：$M=K+D$

货币乘数为：$m=\dfrac{K+D}{K+N}=\dfrac{K/D+1}{K/D+N/D}=\dfrac{C+1}{C+R}$

4. 信用卡能否作为货币使用？

【重要级别】☆☆☆　　　　【难度级别】☆☆☆

【考查要点】存款的创造过程

【参考答案】信用卡与货币有着密切的联系，但两者有本质的区别，不能互相替代。

(1)货币是充当交换媒介的一般等价物，价值尺度职能是货币的最基本的职能,而信用卡不是等价物,没有价值尺度作用,而只是价值转移的手段,是货币的载体。

(2)作为流通手段,货币与商品在买者与卖者之间不断作换位运动,而信用卡则永远隶属于一个主人,在作为媒介完成商品交易时,价值转移了,信用卡并没有转移,它所媒介的仍然是货币与商品的换位运动。

(3)信用卡是一种先进的支付工具,它是货币支付手段的扩大和延伸,它突破货币的局限性,可在一地或数地多次地为它的持有者完成交易,可在银行授信额度以内以或大或小的金额支付货币换回持卡人所需要的商品和服务。在为同一持卡人服务时,它把货币的支付手段在时间和空间上大大扩大了。

(4)信用卡不是储藏手段,它在为客户服务时,所执行的仅仅是一种储蓄存折的作用。

(5)它不会成为世界货币。尽管信用卡打破国界限制,在国际上广泛使用,但由于它不具有价值尺度作用,它所转移的仍是货币,它在货币执行世界货币职能时仍然是一种支付工具。

第 26 章　中央银行与货币政策

【学习精要】

❖知识点一　联邦储备系统

◇ 联邦储备系统目前由 12 个地区的联邦储备银行组成，分别设在纽约、芝加哥、里士满、达拉斯、旧金山以及其他主要城市，是根据 1913 年的《联邦储备法案》设立的。每个联邦储备银行都参与全国范围支付体系的运作，发行硬币和其他（纸币）通货，管理和监督本地区其他银行的运作。今天联储的任务划分为四个主要部分：(1)制定并执行国家货币政策；(2)管理和监督银行体系；(3)保持金融系统的稳定性；(4)为政府和公众提供特定的金融服务。

◇ 联邦储备系统的核心是联邦储备委员会，其 7 名成员由总统提名并由参议院批准，任期可长达 14 年。理事一般由专职的银行家或经济学家组成。联储系统的主要决策机构是联邦公开市场委员会（FOMC），它的 12 名有表决权的成员包括 7 名联储委员会理事和 5 名地区联邦储备银行的行长。这个机构控制着现代货币政策最重要和最常用的工具：银行准备金比率。联邦储备委员会的主席同时也任联邦公开市场委员会的主席，是联储的公开发言人，在决定货币政策方面有非常大的权限。同时，他也掌握着整个联邦储备系统的最高权力。联邦储备委员会举行会议时，12 个地区联储银行的行长都参加，在联储主席的领导下制定和贯彻货币政策。联储作为一个整体来说不属于立法、司法和行政三大政府部门中的任何一方，具有比较强的独立性，能够最大限度地保护公众的利益。

◇ 设于华盛顿的联邦储备委员会，再加上 12 个联邦储备银行，就构成了美国的中央银行。每一个现代国家都有一个中央银行。它的主要使命是控制全国的货币供给和信贷条件。联储的目标有：(1)使经济增长能实现其潜在的扩张能力；(2)使就业率维持在较高水平；(3)使物价稳定（即货币的购买力保持稳定）；(4)使长期利率保持在合理状态。

◇ 在决定货币政策时，联储直接操纵它所控制的工具或政策变量：公开市场业务、贴现率和法定准备金。它们有助于确定银行准备金、货币供应量以及利率这些货币政策的中间目标。最终，货币政策和财政政策相配合，追求高增长、低失业和稳定物价等主要目标。

◇ 联邦储备系统的资产负债表中,其资产绝大部分是美国政府证券(如公债),一些小的项目如贷款和票据承兑,主要是对商业银行的贷款和预支款。负债方中,有两个独特的项目:通货和准备金。联邦储备通货是联储的主要负债,它包括我们每天使用的硬币和纸币。另一个重要的负债项目是银行准备金,它也可以列在联储负债方作为商业银行在联储的存款余额。这个数量再加上少量的银行库存现金就是准备金,它为国家银行系统成倍地派生存款提供条件。

◇ 通过控制它的有效收益资产(政府证券和贷款),联储可以控制它的负债(存款和联邦储备券)。银行在联储的存款加上银行库存现金,称为总准备金,可用以满足法定存款准备金的要求。通过变动这些准备金,联储就可以决定国民经济中的货币供应量,进而影响 GDP、失业率和通货膨胀。

❖知识点二 货币政策的基本要点

◇ 通过在公开市场上买卖政府债券,联储便能降低或提高银行的准备金数量。公开市场业务是中央银行最重要的货币政策工具。在制定政策时,由联邦公开市场委员会决定是否买进政府公债,以便向银行系统注入更多的准备金;或者,是否通过卖出政府债券来实行紧缩的货币政策。联储公开市场委员会每年召开8次会议以决定货币政策,并向它的操作机构,即纽约的联邦储备银行下达指示。今天,联储主要通过对联邦基金利率即银行准备金的同业拆借利率设定短期目标来进行操作。正如世界上许多中央银行那样,联储的主要任务是在稳定较低通货膨胀率的同时,缓和产出与失业的波动。然而,并不存在一个单独的变量使得货币紧缩或放松。更确切地说,联储倾向于关注包括经济预测在内的各种指示器。它跟踪工资、零售和批发价格,还有财政政策、汇率和众多经济指标的实际变动轨迹。

◇ 贴现率也即商业银行向12个地区性联邦储备银行借款时的利息率。许多年来,货币政策的推行总是以贴现率的变动作为信号的。早些年,联储主要通过购买(或"贴现")银行或企业的商业票据来控制货币供给,处于被动的一方,只能坐等别人来贴现窗口,效果不大。今天,贴现率已经成为货币政策的一个相对次要的工具。有时贴现率的改变也被当做主要经济政策改变的市场信号。但是,在更多情况下,贴现率仅仅跟随市场利率的变动,以防止银行用较低的利率借入款项而以较高的利率在公开市场上借出款项,从而谋取额外利润。

◇ 在联邦储备规则下,银行必须持有一个固定比例的支票存款作为准备金。这个比例被称为法定准备金比率。银行准备金由库存现金(即银行持有的通货)和银行在联邦储备系统的存款组成。较高的准备金要求以及准备金本身的零收益性,会使得银行只愿意持有法定的最低限度的准备金水平。这样,银行货币供给量就取决于银行准备金的保有量(由联储通过公开市场业务决定)和货币供给乘数(由法定准备金比率决定)。由于联储既控制着法定准备金的数量,又控制着法定准备金的比率,因而它就能够(在较小的误差范围内)严格地对货币供给量进行控制。由于改变准备金要求会引起政策上过大和过分突然的变化,因此极少被采用。

而公开市场业务则能以破坏性较小的方式获得同样的效果。

◇ 如果不依靠在公开市场购买债券进行抵消的话，国际储备的外流就会减少美国银行准备金和货币供应量。同样，如果不加抵消，国际储备的流入就会起到相反的作用。抵消国际储备流动的机制被称为分流。近年来，联储经常性地清除国际储备变动的影响．在实行固定汇率制的开放经济中，一国货币政策必须与其他国家的货币政策保持一致。

∵知识点三　货币传导机制

◇ 货币传导机制：即从货币供给量变动传导到产出、就业、价格以及通货膨胀变动的途径。

◇ 在假定联储系统担心通货膨胀，决定减慢经济增长速度这一条件下，整个货币传导途径包括了以下步骤：(1)首先，联储采取措施减少银行准备金，主要手段是在公开市场上出售政府证券来达到减少银行准备金总量的目的，改变了整个银行系统的资产负债表。(2)银行准备金每减少1美元会导致多倍的支票存款收缩，从而减少货币供给。(3)货币供给的减少将会提高利率并紧缩信贷。(4)在利率上升和财产减少的情况下，对利率敏感的支出，特别是投资将呈现出下降的趋势。较高的利率水平、紧缩的信贷条件以及财产价值的减少这三个因素相结合，将会制约投资和消费支出。(5)最后，货币紧缩的压力将使总需求减少从而减少收入、产出、就业和通货膨胀。

∵知识点四　货币市场的运行

◇ 货币市场受以下两个因素共同影响：(1)公众持有货币的愿望(由货币需求曲线 DD 表示)，和(2)联储的货币政策(它在右图中被表示为一个固定不变的货币供应量，SS 曲线)。两者的交点决定市场利率 i。

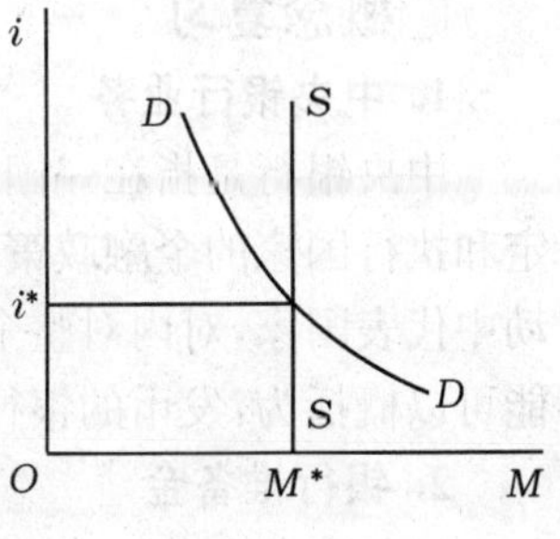

◇ 一项货币紧缩政策会使 SS 曲线向左移动，从而使市场利率提高，见(a)图。国民产出或价格水平的提高则使 DD 曲线向右移动，从而使利率上升，见(b)图。同样，货币供给扩张或货币需求减少则具有相反的作用。

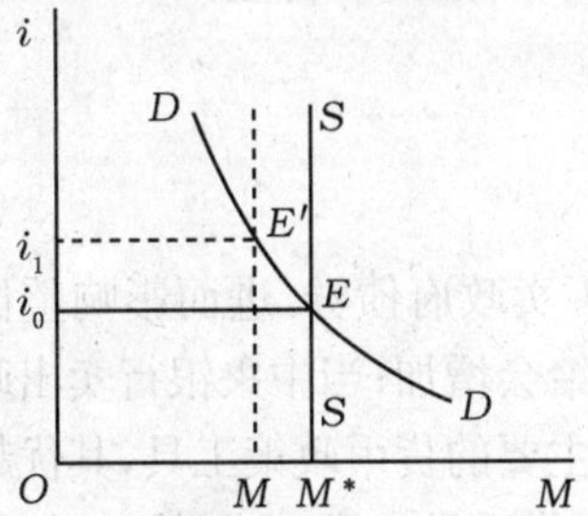

(a)

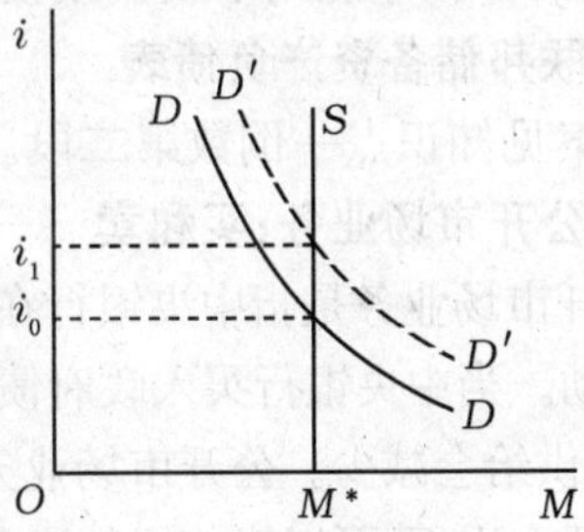

(b)

❖知识点五　货币政策对经济的影响

◇ 尽管货币机制经常被解释为货币影响“投资”，实际上，货币机制是一个极为繁复的过程，利率和资产价格的变化影响着许多不同的支出要素。这些要素包括：住房建筑，受抵押贷款利率和房价变动的影响；企业投资，受利率和股票价格变动的影响；耐用消费品的支出，受利率和贷款条件的影响；州政府和地方政府的投资支出会受到利率的影响；而其净出口，则由受利率影响的汇率来决定。

◇ 在一个开放的经济中，国际贸易加强了货币政策对国内经济的影响。在浮动汇率制下，货币政策的变化也能影响汇率和净出口，构成货币传导机制的另一层作用。贸易联系能够加强货币政策的影响，就像作用于国内投资一样，它也同方向地作用于净出口。

◇ 货币政策在短期和长期内可能会具有不同的影响。短期内，由于 AS 曲线相对平缓，AD 的绝大部分变化将影响产出，只有很小一部分影响价格。而在长期，随着 AS 曲线变得越来越近乎垂直，货币的变动将主要引起价格水平的变化，而很少会引起产出的变化。在极端的情况下，货币供给的变化将只影响名义变量，而不会影响实际变量，这时我们可以说货币是中性的。不过在现实中，大多数场合货币变动都会对经济产生影响。

【习题解析】

□概念复习

1. 中央银行业务

中央银行是指在一国的金融体系中居于主导地位的核心金融机构。它负责制定和执行国家的金融政策，调节货币流通和信用活动，对国家负责，在对外金融活动中代表国家，对内对整个金融体系和金融活动实行监督和管理。中央银行的职能可以概括为：发币的银行、国家的银行、银行的银行。

2. 银行准备金

银行准备金是指为了安全起见，银行需要提留一定比例的存款，以保证储户提款，其余的存款才能用于放贷或投资，这部分存款叫银行准备金。

3. 联邦储备资产负债表

答案见知识点一倒数第二段。

4. 公开市场业务：买和卖

公开市场业务是指中央银行在金融市场上买卖政府债券，进而影响整体货币供给的活动。当中央银行买入政府债券时，货币供给会增加；当中央银行卖出政府债券时，货币供给会减少。公开市场业务是当今最为主要的货币政策工具，其优越性体现在以下几个方面：可以影响银行准备金，直接影响货币供应量；央行能够适时经常性、连续性地进行操作；央行可以主动出击，不像贴现政策那样处于被动地位；可以灵活实施，对货币供应量进行微调，而不会像存款准备金变动那样，产生震动性影响。

5. 贴现率,(通过票据贴现)向联储借款

贴现率,在本章对于中央银行业务来说特指“再贴现率”,是指商业银行将自己持有未到期的已贴现商业票据向中央银行再贴现时所支付的利率。当再贴现率升高时,再贴现的成本增加,商业银行向中央银行借入资金的需求减少,贷款规模会减少,反之,则会扩大。但是再贴现政策有很大的局限性,中央银行处于被动的地位,政策调控效果十分有限。再贴现率有如下特点:短期性、官方性、基准性。

6. 法定准备金

法定准备金是指法律规定的存款机构为保证客户提取存款和资金清算需要而必须在中央银行账户中保留的存款。法定准备金占存款总额的比例被称为法定准备金率,是中央银行的传统的三大货币政策工具之一。当法定准备金率提高时,预示货币政策的紧缩;当法定准备金率下降时,预示货币政策的扩张。法定准备金率的变动会对货币供应量产生剧烈的影响,不适合作为日常的操作工具。

7. 联邦公开市场委员会

答案见知识点一第二段。

8. 联邦储备委员会

答案见知识点一第一、二段。

9. 政策工具、中间目标、最终目标

货币政策工具是指中央银行为了实现一定的货币政策目标而采用的政策手段,是政策目标与结果之间的桥梁。常见的货币政策工具有:公开市场业务、再贴现、法定准备金比率、道义劝告等。中间目标是指中央银行为了实现货币政策目标而设置的可供观测和调整的指标,一般需要满足可控性、可测性和相关性特征,现今主要的货币政策中间目标是利率和货币供应量。最终目标是指货币政策所要达到的最终效果。宏观经济的最终目标包括充分就业、物价稳定、经济增长和国际收支平衡等,这些目标之间可能存在替代性关系或者互补性关系,中央银行首先必须搞清货币政策最终目标之间的关系,有选择性的以一种或几种作为货币政策的最终目标。

【归纳总结】货币政策实施的基本要素:

政策工具	中间目标	最终目标
公开市场业务	利率	充分就业
再贴现	货币供应量	物价稳定
法定准备金率	通货膨胀率	经济增长
道义劝告		国际收支平衡

10. 货币传导机制

货币传导机制即从货币供给量变动传导到产出、就业、价格以及通货膨胀变动的途径。货币政策传导机制的主要环节是:(1)从中央银行到商业银行等金融机构和金融市场;(2)从商业银行等金融机构和金融市场再到企业、居民等非金融部门的各类经济行为主体;(3)从这些经济行为主体最后到经济活动的各种变量。

11. 货币的供给和需求

货币的供给是指一定时间内一国银行系统向经济运行投入货币的过程。中央银行提供基础货币,在实行部分准备金制度的商业银行的配合下,货币乘数发挥作用,向国民经济系统中投放一定量的货币。货币需求是指在一定时期内,社会各部门对其既有的收入或财富能够而且愿意以货币形式持有的数量。货币需求的动因一般包括交易性货币需求、预防性货币需求和投机性货币需求。根据选取的决定货币需求因素的差异,货币需求还可以分为名义货币需求和实际货币需求。

12. 货币传导机制的五个步骤:准备金变动、准备金影响到货币、货币影响到利率、利率影响到投资、投资影响到GDP

答案见知识点三第二段。

13. 支出中的利率敏感部分

这是指支出中对利率的变动反应较为敏感的部分,即利率的变动会引起该部分支出较大的变动。一般而言,在支出中,对利率变动较为敏感的成分是投资支出;当利率降低时,投资会增加;当利率上升时,投资会减少。

14. *AS*—*AD* 框架下的货币政策

货币供给的增加导致总需求的增加,并引起 *AD* 曲线右移,这种移动说明了在存在闲置资源的情况下货币扩张的作用。货币扩张减低了市场利率,刺激了那些对利率敏感部门的支出,比如说企业投资、住房购买等,总需求通过乘数机制数倍的增长,使产出和价格高于原有水平。但是在一个充分就业的经济中,货币的扩张导致 *AD* 曲线的上移,它对于实际产出几乎没有什么影响,只会导致价格水平的上升。紧缩性的货币政策对经济的影响则相反。

15. *R* 下降→*M* 下降→*i* 上升→*I* 下降→*AD* 下降→GDP 和 *P* 下降

这是紧缩性货币政策对实体经济产生影响的货币传导机制。央行决定实施紧缩性货币政策,将会通过在公开市场上出售政府债券来降低准备金的规模,通过乘数效应,这将会直接导致货币供应量的下降。在货币需求不变的情况下,货币供给的减少将会导致利率的升高。这时对利率变动敏感的投资支出将呈现下降的趋势。在一个国际贸易开放程度不断加深的经济中,利率上升可能会使汇率提高,从而抑制净出口。因此,紧缩货币将提高利率并使总需求减少。

16. 短期和长期的货币政策

货币政策指政府通过中央银行变动货币供应量,影响利率和国民收入的政策措施。货币政策分为紧缩性和扩张性货币政策,根据这些政策作用于经济的时间长短也可以分为短期货币政策和长期货币政策。主要的货币政策工具有公开市场业务、法定准备金率和再贴现率三种。在短期中,货币供给的变化将会引起产出的变化,但是在长期内,货币的供给主要影响的是价格水平,而对实际产出很少或者不产生影响。在短期内,*AS* 曲线是向右上方倾斜的,而在长期内,*AS* 曲线将趋向于垂直或者接近垂直,*AD* 变动对产出的影响就削弱了,而对价格的影响则变得更为显著。

17. 货币的"中性"

名义货币数量的变化不会改变产品市场原有均衡状态和国民收入的结构，仅仅引起产品市场各种商品价格的绝对价格水平的同比例的变动。当货币是中性时，货币供给的增加引致货币需求的增加，货币市场在新的供求均衡点上达到均衡，货币市场均衡的改变只引起物价总水平的变化，不改变商品的相对价格，也不影响产品市场的均衡，不影响实际国民收入中消费、投资和储蓄的比例关系。当货币具有中性时，货币只是一种面纱，货币经济类似于物物交易的经济。

□问题讨论

1. 用图 26－6(课本 P472)解答以下问题：

a. 联储认为失业率上升过猛，并想通过增加货币供给来扭转这个趋势。联储必须采取什么措施来增加货币供给？这将会对货币供给曲线产生什么影响？货币市场会有什么反应？

b. 由于国外经济迅速扩张导致美国的出口增加和实际 GDP 增长，这时货币需求会发生什么样的情况？对市场利率又会产生什么样的影响？

c. 由于自动取款机(ATMs)的普及，人们发现自己出于谨慎动机的现金持有需求在减少。货币需求在每一利率水平和 GDP 水平上都下降了。由于联储还不能确定这一现象的影响，因此保持货币供给不变。这种条件下，资产变动对货币供给和需求的影响是什么？对市场利率的影响又是什么？

【重要级别】☆☆　　　　　　　　　　【难度级别】☆☆

【考查要点】货币市场的运行

【参考答案】a. 美联储可以通过其三个货币政策工具来使货币供给增加，主要的手段是：通过公开市场买入政府债券，降低贴现率或者降低法定准备金率。这将使得货币供给增加，从而货币供给曲线右移，均衡利率下降。如(a)图所示。

b. 国外经济迅速扩张将会导致美国的出口增加和实际 GDP 的增长，随着美国收入的提高，货币的交易需求随之增加，货币的总需求也会相应增加。货币需求曲线会向右移动，但是货币的供给曲线保持不变，因此货币市场的均衡点将会发生变化，均衡利率将会上升。如(b)图所示。

c. 这种资产变动将会导致货币需求的减少，而货币供给则保持不变。货币需求的减少使货币需求曲线向右发生移动，货币供给曲线保持不变，货币市场的均衡点发生变化，均衡利率下降。如(c)图所示。

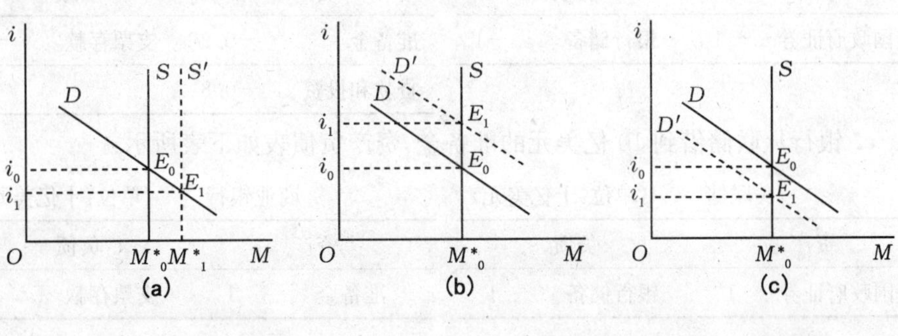

2. 假设你是联储委员会主席,现在经济出现过热,你被召到国会听证。请你针对议员的询问写出一份说明,概括性地解释你将采取何种措施以保持价格的稳定。

【重要级别】☆☆　　　　　　【难度级别】☆☆

【考查要点】货币政策的特点、货币政策对经济的影响

【参考答案】当经济出现过热局面时,为了抑制这种势头,必须实施紧缩性的货币政策。主要有以下几种措施:(1)通过公开市场操作卖出政府债券,回收居民和企业手中的现金,减少流通中的货币供给量。(2)提高法定准备金率,减少商业银行的存款创造能力。(3)提高贴现率,增加银行的借款成本,从而减少货币的供给。在这三个政策工具中,最常用的是公开市场手段。

3. 考虑一下表 26-1(课本 P465)中的联储的资产负债表。假设对支票账户的准备金要求为 10%,而对其他账户的准备金要求为零,请制作一份相应的银行资产负债表(就像上一章中的表 25-3 一样)。

a. 假设联储通过公开市场业务卖出 10 亿美元的政府证券,以此制作一份新的资产负债表。

b. 制作一份联储将法定准备金比率提高到 20%时的新的资产负债表,看看会发生什么?

c. 假设银行从联储借到 10 亿美元的准备金。这将会使资产负债表发生什么变化?

【重要级别】☆☆　　　　　　【难度级别】☆☆

【考查要点】联邦储备系统

【参考答案】a. 联储通过公开市场业务卖出 10 亿美元的政府债券时的资产负债表如下表所示:

美联储　(单位:十亿美元)

资产		负债	
美国政府证券	−1	银行储备	−1

商业银行　(单位:十亿美元)

资产		负债	
贷款和投资	−1	支票存款	−1

b. 一份联储将法定准备金比率提高到 20%时的新的资产负债表如下表所示:

美联储　(单位:十亿美元)

资产		负债	
美国政府证券	−1	银行储备	−1

商业银行　(单位:十亿美元)

资产		负债	
准备金	−0.2	支票存款	−1
贷款和投资	−0.8		

c. 银行从联储借到 10 亿美元的准备金,资产负债表如下表所示:

美联储　(单位:十亿美元)

资产		负债	
美国政府证券	1	银行储备	1

商业银行　(单位:十亿美元)

资产		负债	
准备金	1	支票存款	1

4. 假设商业银行拥有1 000亿美元的支票存款和40亿美元的库存现金，且准备金要求为支票存款的10%。假定公众持有2 000亿美元总量固定的货币，中央银行的资产全部是政府证券。

a. 为中央银行和银行系统制作资产负债表。注意，必须包含银行在中央银行的存款。

b. 现在假定中央银行决定开展公开市场业务，向公众出售10亿美元的政府证券。制作新的资产负债表。回答 M_1 发生了什么变化？

c. 最后，运用货币传导机制图，说明该政策对均衡货币供给、利率、投资以及产出的影响。

【重要级别】☆☆☆　　　　　【难度级别】☆☆☆

【考查要点】货币传导机制、货币政策对经济的影响

【参考答案】(1)中央银行和银行系统的资产负债表如下面两表所示：

中央银行　（单位：十亿美元）

资产		负债	
美国政府证券	206	联邦储备货币	200
		银行储备	6
		加总	206

银行系统　（单位：十亿美元）

资产		负债	
现金	4	支票存款	100
中央银行储备	6		
贷款	90		
加总	100		

(2)中央银行通过公开市场业务卖出10亿美元的政府债券时的资产负债表如下面两表所示：

中央银行　（单位：十亿美元）

资产		负债	
美国政府证券	205	联邦储备货币	200
		银行储备	5
		加总	205

银行系统　（单位：十亿美元）

资产		负债	
现金	4	支票存款	90
中央银行储备	5		
贷款	81		
加总	90		

(3)该政策对均衡货币供给、利率、投资以及产出的影响如下图所示：

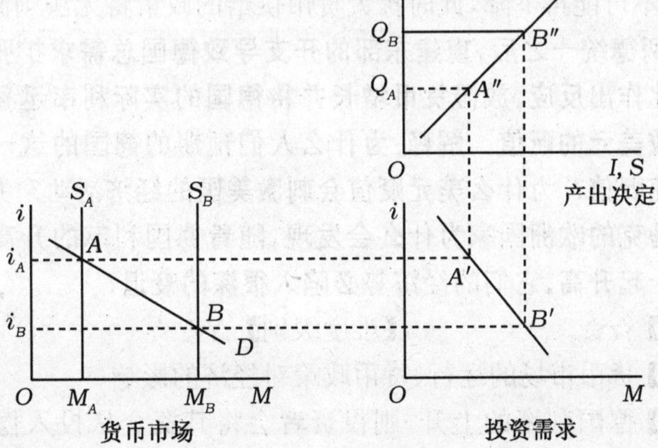

5. 运用图26－7(课本P473),说明1979年以后的紧缩性货币政策时如何降低GDP的,再用文字说明每一个步骤。

【重要级别】☆☆　　　　　　　　【难度级别】☆☆

【考查要点】货币传导机制、货币政策对经济的影响

【参考答案】(a)图表示货币市场均衡,(b)图表示投资决定,(c)图表示通过乘数机制而决定的总需求和GDP。初始状态的货币供给曲线为S,货币需求曲线为D,货币市场的均衡利率为i。联储为了防止经济的衰退,通过公开市场业务来减少货币供给,从而使得曲线左移,均衡利率上升。利率水平的上升引起了投资需求等的减少。投资的增加,又通过乘数效应使产出使产出从一个点减少至另外一个点。

6."政府赤字的危害在于它造成了货币的快速增长。"解释这一说法的错误。

【重要级别】☆☆　　　　　　　　【难度级别】☆☆

【考查要点】货币市场的运行

【参考答案】货币供给不是由政府控制的,而是由中央银行控制的。当政府出现财政赤字,并通过债券为赤字融资时,如果中央银行购买了政府发行的债券,实行赤字货币化,则货币供给量会增加;但是中央银行具有一定的独立性,它没有义务为政府赤字融资。

7. 1998年和1999年,日本的物价每年下降了2%,短期利率则是每年0.1%:

a. 实际利率是多少?

b."1998年和1999年,日本陷入流动性陷阱,中央银行无法降低实际利率,因此也无法刺激经济。"解释这一说法。

【重要级别】☆☆☆　　　　　　　【难度级别】☆☆☆

【考查要点】货币市场的运行、货币政策对经济的影响

【参考答案】a. 因为实际利率＝名义利率－通货膨胀率,所以实际利率为:0.1%－(－2%)＝2.1%。

b. 在经济衰退时,中央银行可能会通过增加货币供给来降低利率,从而刺激消费和投资。但是如果利率水平很低,陷入流动性陷阱,货币需求曲线几乎为水平的,则利率水平不可能再下降,此时扩大货币供给的政策将无法刺激经济。

8. 1990年两德统一之后,重建东部的开支导致德国总需求扩张迅速扩张。德国中央银行对此作出反应,放慢货币增长并将德国的实际利率迅猛提高。德国货币的紧缩将导致美元的贬值。解释:为什么人们预期的德国的这一货币紧缩能够导致美元的迅速贬值?为什么美元贬值会刺激美国的经济活动?并解释那些本国货币钉住德国马克的欧洲国家为什么会发现,随着德国利率的升高并带动欧洲其他国家的利率一起升高,它们的经济势必陷入很深的衰退?

【重要级别】☆☆　　　　　　　　【难度级别】☆☆☆

【考查要点】货币市场的运行、货币政策对经济的影响

【参考答案】德国利率的上升,则投资者会将其资金从投入德国转移投入美

国。这势必会减少外汇市场上对美元需求的减少，使得美元贬值，从而增加了国外对美国商品和劳务的需求。本国货币钉住德国马克的欧洲国家不得不在外汇市场上购买本国的货币或者是提高本国的国内利率来保持本国货币与德国马克汇率的稳定。这些措施将损害其出口，将其经济推入衰退之中。

【补充训练】

1. 中央银行的贴现率的变动成了货币当局给银行界和公众的重要信号，贴现率的(　　)。

A. 下降表现货币当局要扩大货币和信贷供给

B. 下降表现货币当局要减少货币和信贷供给

C. 上升表现货币当局要减少货币和信贷供给

D. 上升表现货币当局要扩大货币和信贷供给

E. 表现政府采取旨在使收入分配公平的政策

【重要级别】☆☆　　　　【难度级别】☆☆☆

【考查要点】货币政策的基本要点

【参考答案】AC。贴现率反映银行的资金成本，贴现率上升表示货币当局要紧缩货币和信贷，贴现率下降则是货币当局释放的扩张货币和信贷的信号。

2. 在*LM*曲线平行横轴的区域，货币政策无效。对吗？为什么？

【重要级别】☆☆☆　　　　【难度级别】☆☆☆

【考查要点】货币市场的运行、货币政策对经济的影响

【参考答案】这种说法正确。在*LM*曲线平行横轴的区域，即在水平线上阶段的*LM*曲线上，货币的需求曲线已处于水平状态，对货币的投机需求已达到“流动性陷阱”的阶段，货币需求对利率敏感性极大，也就是货币需求的利率弹性无穷大。凯恩斯认为，当利率很低，即债券价格很高时，人们觉得用货币购买债券的风险极大，债券只会跌，不会涨，因此买债券很可能亏损，人们愿意长期持有货币，不肯去买债券，这时货币投机需求成为无限大，从而使*LM*曲线呈水平状态。由于这种分析是凯恩斯提出的，所以水平的*LM*区域称为凯恩斯区域。在凯恩斯区域，经济一般处于萧条时期，货币政策无效，而财政政策有很大效果。

3. 为什么货币政策在严重萧条时无效。

【重要级别】☆☆☆　　　　【难度级别】☆☆☆

【考查要点】货币政策对经济的影响

【参考答案】货币政策是指政府通过中央银行变动货币供给量，影响利率和国民收入的政策措施。货币政策的工具有公开市场业务、改变贴现率、改变法定准备率以及道义上的劝告等措施。这些货币政策工具作用的直接目标是通过控制商业银行的存款准备金，影响利率与国民收入，从而最终实现稳定国民经济的目标。

货币政策的效果和*IS*曲线和*LM*曲线的斜率有关。在严重萧条时，市场利

率很低，陷入到流动性陷阱里，人们的货币需求弹性无限大。任何货币政策的效果都是使货币供应量发生变化，但在流动性陷阱条件下，任何货币供给的增加都会被无限的货币需求抵消，而不会改变利率的大小，从而也不会影响投资，因此对总产出没有影响，此时货币政策无效。

4. 假定中国人民银行最近决定加息以巩固 2004 年上半年以来的宏观调控，同时，市场上对人民币币值始终存在着升值的预期。试分析加息通过什么样的机制影响我国的短期宏观经济运行？如果人民币币值真的升值，对我国的短期宏观经济运行有何影响？

【重要级别】☆☆☆　　　　　　【难度级别】☆☆☆

【考查要点】货币市场的运行、货币政策对经济的作用

【参考答案】(1)加息对短期宏观经济运行的影响可以用 $IS-LM$ 模型来分析。由于投资需求是利率的减函数，因此提高利率会降低企业的投资需求。同时，提高利率会增加企业负债的利息成本，这时企业会权衡负债的成本和收益，有可能会提前偿还银行贷款，从而减少企业可使用资金量，企业业务萎缩，经济降温，国民收入下降。

此外，提高利率使得投机性货币需求下降，国民收入下降使得交易性和预防性货币需求下降，因此经济中的实际货币需求下降。在名义货币供给不变的条件下，货币市场均衡要求物价上升，从而减少实际货币供给，使得货币市场均衡。

(2)根据汇率决定的利率平价理论，远期汇率的变动率等于两国的利率之差。提高利率，使得人民币与其他国家的利率拉大，从而人民币会承受更大的升值压力。

(3)人民币升值对短期宏观经济运行有好有坏。从好的方面看：①人民币升值使得国外的商品更便宜，从而降低从国外进口商品的成本；②以外币计算的外债将变相收缩，从而减轻政府和企业的外债负担；③人民币升值有利于中国企业向海外扩张。④更重要的是，人民币升值有利于调整被扭曲的资源配置，提高经济效率，增进社会福利。

从坏的方面看：①人民币升值提高了中国产品在海外市场的价格，从而降低了中国产品的竞争力。因此，中国出口会下降。②由于国际需求降低，经济总需求减少，企业提供的就业机会减少，从而失业增加。③人民币升值后，投机者会认为人民币会继续升值，从而国际热钱会以各种方式进入我国，加剧国际收支的不平衡。

因此，人民币升值有好有坏，但是好的方面大于坏的方面。人民币长期被低估，使得贸易部门发展迅速，但非贸易部门发展缓慢，甚至萎缩。资源被大量出口，换回的是一堆纸质美元。人民币升值的最终目的是调整这种扭曲的资源配置，提高经济效率。

第 27 章　经济增长的进程

【学习精要】

❖知识点一　经济增长的有关概念

◇ 经济增长代表的是一国潜在的 GDP 或国民产出的增加。也可以说，当一国生产可能性边界（PPF）向外移动时，就是实现了经济增长。

◇ 经济增长涉及长期潜在产出的增长。人均产出的增长是政府的重要目标，因为它关系到平均实际收入和生活水平的提高。

❖知识点二　经济增长的源泉

◇ 人力资源：劳动投入包括劳动力数量和劳动大军的技能，很多经济学家认为，所投入的劳动力的质量，如劳工的技能、知识和纪律性，是一国经济增长的最重要的资源。

◇ 自然资源：主要的自然资源包括了耕地、石油和天然气、森林、水资源和矿产资源等。但是，自然资源的拥有量并不是经济发展取得成功的必要条件。

◇ 资本形成：经济增长的实现需要牺牲当前的消费，在新的资本品上进行大量的投资。政府主要应当进行社会基础资本的投资，解决这些投资的外部经济问题。

◇ 技术变革和创新：技术变革是指生产过程的变革，或是新产品、新工艺的引进。技术变革并不是简单地找到一个更好的产品和工艺流程。相反，快速创新通常都需要培育出一种新的企业家精神。

◇ 经济学家用总生产函数（APF）来表明这些因素之间的关系，将国民总产出、总投入和技术联系在一起。它的数学表达式为：$Q=AF(K,L,R)$，其中的 A 代表了经济中的技术水平。生产率是指产出与投入的加权平均值的比例。由于新发明的出现或者对国外先进技术的引进，技术水平（A）得到提高，因此技术的进步可以使一国在相同投入水平条件下生产出更多的产品。

❖知识点三　斯密和马尔萨斯的古典动态模型

◇ 斯密认为在田园时代，土地可以供所有人自由免费的使用，资本积累也还没有凸显其重要性。产出的扩张与人口的增加是同步进行的，因此人均实际工资会长期不变。

◇ 马尔萨斯也强调了土地在经济增长中的重要作用，但是他认为人口的压力会使经济状况恶化到劳工们处于仅能维持生存的最低生活水平。有限的土地意味着人口翻倍会导致收益递减。

❖知识点四　新古典增长模型和新经济增长理论

◇ 新古典经济增长模型是由诺贝尔经济学家罗伯特·索洛提出的，假设经济使用两类投入(资本和劳动)生产一种匀质产品。在技术不变的条件下可以得到新古典增长模型的总产出方程：$Q=F(K, L)$，K代表资本品，L代表工人的数量。

◇ 资本深化是指人均资本量随着时间推移而增长的进程。如果资本存量的增加快于劳动的增加，那么就会发生资本深化。如果没有技术变革，资本深化将会带来人均产出的增长，带来劳动边际产品和工资的增加；它还会导致资本收益的递减并降低资本收益率。

◇ 没有技术变革，人均产出和工资的增长就会停滞。这个结果，比起马尔萨斯所预言的那个"维持生存工资"的世界来，显然要好得多。但是，新古典增长模型的长期均衡已经表明：假如经济增长仅仅是靠资本积累，而这种资本积累又只不过是靠用现存的生产技术来增加工厂数目的话，那么生活水平的提高最终还是会停滞。

◇ 技术变革使同等投入获得更多的产出，使总生产函数曲线向上移动，在同样的劳动和资本投入下，获得更多的产出。最近关于"新增长理论"的研究就致力于揭示技术变革发生的内在机制。这种理论强调：(a)技术变革是经济体系的一种产出；(b)技术是一种公共的或非竞争性的物品，可以同时为许多人使用；(c)产生新的创造发明代价昂贵，但是复制却很便宜。这些特点意味着，政府在有效地保护知识产权、保证发明人有足够的动力完成研究和开发方面，必须给予足够的重视。

❖知识点五　经济增长的七个基本趋势及其联系

◇ 从已有的资料可以看出20世纪以及21世纪早期经济增长的几个趋势，其中最主要的有：实际工资和每小时平均产出稳定上升；实际利率无明显变动趋势；资本—产出比率下降。

◇ 这些主要的趋势与加进了技术进步因素的新古典增长模型相一致。这样，经济理论证实了经济发展史告诉我们的道理：是技术进步提高了投入品的生产率，并且提高了工资和价格水平。

◇ 最后一个趋势，即1900年以来潜在产出的持续增长表明，"经济剩余"的源泉(例如技术创新和教育)对GDP的增长或劳动生产率的作用超过了资本的深化。

❖知识点六　经济增长的核算

◇ 产出Q的增长可以分解为三个部分：劳动(L)的增长乘以它的权数、资本(K)的增长乘以权数和技术变革(T. C.)本身。

◇ 全要素生产率是指产出减去所投入要素加权平均后的总和的增长，或者称做技术进步。

◇ 如果劳动对增长的贡献率为资本的3倍。那么增长核算的基本方程就是：

$$Q\text{增长的}\% = \frac{3}{4}(L\text{增长的}\%) + \frac{1}{4}(K\text{增长的}\%) + \text{T.C.}$$

人均产出增长率为：

$$\frac{Q}{L}\text{增长的}\% = Q\text{增长的}\% - L\text{增长的}\% = \frac{1}{4}\left(\frac{K}{L}\text{增长的}\%\right) + \text{T.C.}$$

全要素生产率为：

$$T.C. = Q\text{增长的}\% - \frac{3}{4}(L\text{增长的}\%) - \frac{1}{4}(K\text{增长的}\%)$$

∵知识点七　美国经济增长的变动

◇ 美国从第二次世界大战后到20世纪60年代末，生产率一直保持较快的增长，但是1973年左右乃至随后的几年中的生产率增长乏力，甚至有所下降，这个时期生产率的增长停滞的主要原因是国际油价飙升、管制变严、工资物价控制、能源产业全面控制，以及研发经费遭到削减等。

◇ 20世纪90年代后期，计算机领域生产力爆炸和投资增加以及统计技术的进步，又导致可统计的劳动生产率增长速度的急剧上升。

【习题解析】

□概念复习

1. 增长的四个轮子：劳动力、自然资源、资本、技术

经济增长的四个轮子主要是指：劳动力、自然资源、资本和技术。具体见知识点二第一至四段。

2. 总生产函数

答案见知识点二最后一段。

3. 斯密的黄金时代

斯密的黄金时代是斯密所设想的一种经济发展状态，在这种经济发展中，不存在土地的占有和资本的积累，土地可以供任何人自由利用。随着人口的增加，人们只能不断地开垦耕地和扩大耕地面积。无限的土地资源意味着人口翻倍时，人口和劳动随之增长，经济的产出也会翻倍。

4. 资本—劳动比率

资本—劳动比率是指每个工人使用的可获得的资本的数量，它的变化在技术上反映了资本深化的进程及其速度，是厂商对生产技术的选择结果。根据新古典增长理论，资本—劳动比率越高，人均稳态的产出水平也越高。

5. 马尔萨斯的有限土地

马尔萨斯认为土地等自然资源相对于人口的快速增长而言是有限的，土地所生产出来的食物无法满足迅速增长的人口的需求，最终经济增长会达到极限。

6. 现代马尔萨斯主义:有限的资源和环境制约

现代马尔萨斯主义是一种区别于传统的马尔萨斯主义的一种关于增长极限的观点。它认为增长不仅受制于有限的资源,而且受制于自然资源有限的吸收能力。全球日益恶化的环境问题会在很大程度上制约经济的发展,全球生态系统的失衡、土壤退化将威胁农业的长期发展,物种的灭绝对未来的医药和其他技术的发展也构成了威胁。

7. 新古典增长模型

新古典经济增长模型是由诺贝尔经济学家罗伯特·索洛提出的,假设经济使用两类投入(资本和劳动)生产一种匀质产品。在技术不变的条件下可以得到新古典增长模型的总产出方程:$Q=F(K\ ,L)$,K 代表资本品,L 代表工人的数量。在新古典增长理论中,以资本积累为核心,以资本积累机制的递减规律为基本假设,核心是新古典生产函数和资本积累方程,基本结论是:资本收益递减规律(源于新古典生产函数)导致资本积累动力的逐渐消减;除非存在外生的人口增长或技术进步,经济不可能实现持续增长;政府政策只有水平效应,没有增长效应。在新古典模型中,有效劳动的增长率是外生给定的。因此,新古典模型并没有对这种差异做出任何经济解释。

8. 资本深化中 *K/L* 的上升

资本深化是指资本以超过劳动力增长的速度积累,是相对于资本广化而言的。虽然在经济发展的过程中,人口以一定的比例增长,但是资本积累的速度则更快,导致人均资本占有量上升,即 K/L 上升。资本广化与资本深化一般是同步进行的,一般来说,资本深化意味着在经济增长过程中存在着技术进步,而纯粹的资本广化则没有技术进步。

9. 新增长理论

新经济增长理论或称"内生技术变革理论",认为人均实际 GDP 增长是因为人们在追求利润中所作出的选择,而且增长可以无限持续下去。内生增长理论的主要任务之一是揭示经济增长率差异的原因和解释持续经济增长的可能。尽管新古典经济增长理论为说明经济的持续增长导入了外生的技术进步和人口增长率,但外生的技术进步率和人口增长率并没有能够从理论上说明持续经济增长的问题。内生增长理论是基于新古典经济增长模型发展起来的,从某种意义上说,内生经济增长理论的突破在于放松了新古典增长理论的假设并把相关的变量内生化。

10. 技术作为一种可以被生产出来的产品

这是新增长理论的一种重要的观点。内生增长理论试图解释技术的来源,其中之一就是将技术视为是大学科研机构生产出来的一种产品。

11. 经济增长的 7 个趋势

经济学家在总结发达国家的经济发展史之后概括出了七个经济发展的基本趋势:(1)资本存量增加的速度远比人口和就业量的增长速度快,并导致资本深化。(2)20 世纪绝大部分的时间里实际工资水平呈现强劲的上升趋势。(3)20 世纪工资与薪金在国民收入中所占的份额相当稳定。(4)实际利率和利润率有较大波动，特别是在商业周期中。但在20世纪后期它们没有表现出明显的上升或下降的趋势。(5)按照边际收益递减规律，在技术条件不变的情况下，资本—产出比例应稳步上升。但自1900年以来，这一比率实际上是下降的。(6)20世纪绝大部分时间里，国民储蓄占GDP的比率和投资占GDP的比率一直是稳定的。但是，自1980年以后，美国的国民储蓄率急剧地下降了。(7)不考虑商业周期的影响，国民产值年平均增长率约为3%。产出增长大大高于加权平均后的资本、劳动和资源投入的增长，表明技术创新在经济增长中起着十分关键的作用。

12. 增长核算：Q 增长的% $=\frac{3}{4}$(L 增长的%) $+\frac{1}{4}$(K 增长的%) $+$ T. C.

$$\frac{Q}{L}\text{增长的\%}=\frac{1}{4}\left(\frac{K}{L}\text{增长的\%}\right)+\text{T. C.}$$

答案见知识点六。

□问题讨论

1. 根据经济资料，某家庭2003年的生活水平相当于它在1900年的生活水平的9倍。就实际消费方式而言，这意味着什么呢？不妨同你自己的父母和长辈一起讨论一下，比较你们今天的生活水平与父母那一代人的生活水平，分析两者的不同之处。

【重要级别】☆　　　　【难度级别】☆

【考查要点】经济增长的有关概念

【参考答案】就实际消费方式而言，这意味着人们将以更小比例的收入来用于生活必需品的消费。第二问的答案比较开放，主要是两个时代可供选择消费的商品种类不大一样，消费支出的结构不太一样，具体的答案因人而异，这里省略掉。

2. "如果政府强调知识产权，资助基础科学，控制商业周期，经济增长的速度将会令古典经济学家吃惊。"解释上述说法的含义。

【重要级别】☆☆　　　　【难度级别】☆☆

【考查要点】经济增长的源泉

【参考答案】科学和发明是技术进步的源泉，它们使得投资更有吸引力，资本更具有生产力。因此强调知识产权的保护，就能够激励人们创造出更多的新技术和新发明，会强有力地促进经济的发展。同时控制商业周期，会尽量减少投资需求的波动性，经济将会出现飞速的发展。

3. "如果没有人口增长也没有技术变革，持续的资本积累最终将毁灭资本家阶层。"请解释为什么那种状况会使利息率为零，并使利润消失？

【重要级别】☆　　　　【难度级别】☆

【考查要点】新古典增长模型和新经济增长理论

【参考答案】因为资本的回报是递减的，随着资本积累的增加，资本的回报越来越少，资本积累到一定的量，就有可能使得资本的回报率为零，也就是利息率为零。此时资本将不会给资本家带来任何利润，因此持续的资本积累在没有人口增长和技术变革的条件下会毁灭资本家阶层。

4. 回忆本章的增长核算方程(1)。如果劳动每年增长1%，资本每年增长4%，技术变革每年为1.5%，计算产出的增长率。

如果发生下列变化，则答案又将如何：

a. 劳动增长率降低为每年0%。

b. 资本增长率升高为每年5%。

c. 劳动和资本在GDP中占有相同的份额。

请计算上述各种变化单独发生时人均产出增长率的变化。

【重要级别】☆☆　　　　　　　　【难度级别】☆

【考查要点】经济增长的核算

【参考答案】经济增长的基本核算公式是：

$$Q\text{增长的}\%=\frac{3}{4}(L\text{ 增长的}\%)+\frac{1}{4}(K\text{ 增长的}\%)+\text{T. C.}$$

$$\text{人均产出增长率为：}\frac{Q}{L}\text{增长的}\%=Q\text{ 增长的}\%-L\text{ 增长的}\%$$

$$=\frac{1}{4}\left(\frac{K}{L}\text{增长的}\%\right)+\text{T. C.}$$

如果劳动每年增长1%，资本每年增长4%，技术变革每年为1.5%，则产出的增长率为0.75×1%+0.25×4%+1.5%=3.25%，人均产出的增长率为3.25%−1%=2.25%。

a. 当劳动增长率降低为每年0%，则总产出的增长率为0.75×0+0.25×4%+1.5%=2.5%，人均产出的增长率为2.5%−0=2.5%。

b. 当资本增长率升高为每年5%，则总产出的增长率为0.75×1%+0.25×5%+1.5%=3.5%，人均产出的增长率为3.5%−1%=2.5%。

c. 当劳动和资本在GDP中占有相同的份额，则总产出的增长率为0.5×1%+0.5×4%+1.5%=4%，人均产出的增长率为4%−1%=3%。

【翔高点评】本题主要考察的是经济增长的核算公式，熟记基本公式后可以解决大部分此类问题。

5. 利用生产可能性曲线解释为什么马尔萨斯的预言是错误的。坐标系中，用一轴表示人均食物量，另一轴表示人均工业品量，假定食品行业存在劳动边际收益递减，但工业品行业中劳动边际收益不变。

【重要级别】☆　　　　　　　　【难度级别】☆☆

【考查要点】斯密和马尔萨斯的古典动态模型

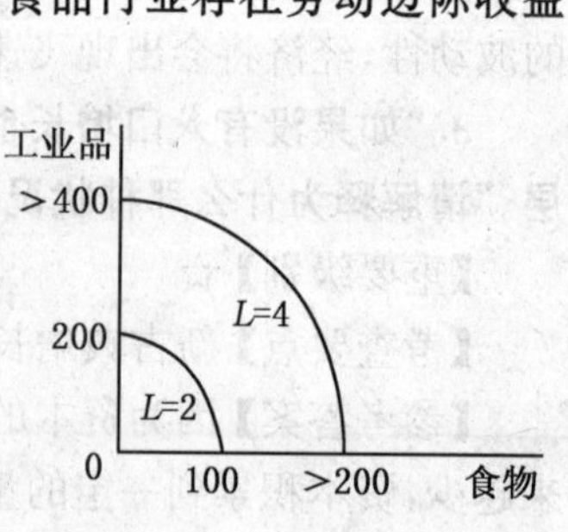

【参考答案】技术进步意味着用同样或者更少的投入，可以生产出更多的产品和服务。因此，尽管马尔萨斯关于土地供给是固定不变的假设是正确的，但是它没有考虑到资本和技术的巨大进步对经济增

长的影响,如上图所示,技术的进步将会引起产量的增加超过一倍。

6. 增长论的批判者指出有些因素将会制约下个世纪生活水平的提高。考虑以下几种可能的情况(可能是现实的也可能是不现实的):

a. 全球变暖导致世界产粮区的过暖和干旱,从而降低重要谷物的产量。

b. 恐怖主义升温迫使政府、企业和家庭投资于防御措施以消除威胁,例如增加安防支出,提高保障投资。

c. 研发费用越来越多地投资于军事和空间技术。

d. 由于劳动人口所受的教育和培训落后于不断增加的电脑工作对技术的要求,技术变革会带来更多的结构性失业问题。

讨论以上每种情况对人均消费水平增长的影响。既要考查市场消费,也要考查非市场消费。运用增长核算方法解释你的论断的合理之处。

【重要级别】☆　　　　　　　　　　【难度级别】☆

【考查要点】经济增长的核算

【参考答案】a. 全球变暖相当于一次不利的技术变革,这将降低人均消费增长的水平。

b. 恐怖主义升温将会使人均消费继续增长,但是人们要增加安防支出,提高保障投资,所以其他方面的消费将会减少。

c. 研发费用越来越多地投资于军事和空间技术,会导致人们购买越来越多的军事和空间技术,从而人均消费会继续增长,然而他们购买的其他商品将会减少。同时,一些新技术将会引起其他领域的增长。

d. 技术变革带来的更多是结构性的失业,随着失业率的上升,人均消费将会降低。

7. 有难度的问题:许多人担心,计算机带给人类的命运将会与拖拉机和汽车带给马的命运一样:由于技术变革使得骡马成为过时的东西,所以20世纪初马的数量已经急剧下降。如果我们把计算机看作是一种特殊的生产性资本*K*,那么将它们引入图27-4(课本P491)后,对资本—劳动比率会产生什么影响?如果劳动力数量不变,总产量是否会下降?在什么样的条件下实际工资会下降?你知道为什么关于马的类比在这里并不适用吗?

【重要级别】☆☆　　　　　　　　　【难度级别】☆☆

【考查要点】新古典增长模型和新经济增长理论

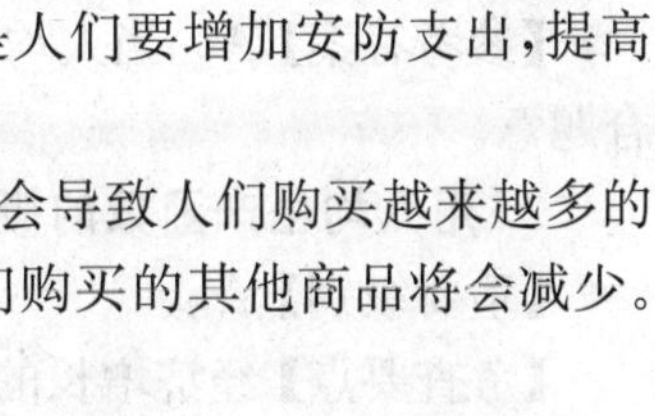

【参考答案】随着经济中利用了越来越多的计算机,资本—劳动比率和人均产出将会增加,但是它们并不是按照相同的比率增加。假定技术和其他因素保持不变,如右图所示,经济将会从A点移动到B点,然后再移动到C点。

如果劳动力数量是固定的,产出下降将会在以下两种极端情况下发生:第一,如果由于萧条或者战争,大量的资本被破坏或者废弃,工人将没有足够的工具投入新的生产。第二,资本被过度使用,导致资本的边际产出下降。在第一种情况下,劳动的实际工资将会下降。第二种情况则不易发生,主要是因为企业家在边际产出为负之前就会采取措施,降低资本量。

马的类比在此并不适用主要是因为工人可以通过培训去做其他的事情,他们也可以学会使用计算机,因此总的来说,工人是不大可能落伍的。

【补充训练】

1. 下列属于资本深化的情况是(　　)。

A. 人口增长 5%,资本存量增加 10%

B. 人口增长 5%,资本存量增加 5%

C. 人口增加 5%,资本存量增加 4%

D. 人口没有增长,资本存量也没有增加

【重要级别】☆☆　　　　　　　【难度级别】☆☆

【考查要点】新古典增长模型和新经济增长理论

【参考答案】A。当人均资本存量增加时才能称为资本深化,因此只有 A 项符合题意。

2. 用人均生产函数的概念说明为什么资本积累率提高会加快经济增长?

【重要级别】☆☆　　　　　　　【难度级别】☆☆

【考查要点】经济增长的源泉

【参考答案】人均生产函数表明了,在技术为既定的情况下,人均产量如何随人均存量增加而增加。如果资本积累率提高,那么人均资本存量也就更迅速地提高,这就意味着人均产量迅速增长,即更高的增长率。可以用沿着人均生产函数的变动来说明这一点。

第 28 章　经济发展的挑战

【学习精要】

❖知识点一　发展中国家的一般状况

◇ 发展中国家:最重要的特征是人均收入低,另外,人们的健康水平普遍较差,文化水平低,营养普遍不良,并且资本缺乏。可以将发展中国家大致划分为六大类区域:东亚和太平洋、东欧和中亚、拉美和加勒比海、中东和北非、南亚、撒哈拉以南非洲等。

◇ 除了人均收入低之外,许多社会指标和健康指标也能体现贫穷在低收入国家所造成的影响,如人们的预期寿命短、教育普及率低、文化水平低等。因此,发展中国家需要注重本国的人力资源的开发,不断向高收入国家或地区靠拢。昨天获得成功的发展中国家,明天将会成为发达经济国家。

❖知识点二　经济发展的四大要素

◇ (1)人力资源:低收入国家需要控制高出生率,采取积极的措施来控制人口的增长,克服马尔萨斯陷阱。除此之外,许多发展中国家还必须关注人力资源的质量问题。政府在制定经济发展计划时,要注意以下几个方面:①控制疾病,提高健康和营养水平。②提高教育水平,减少文盲并加强劳工培训。③最重要的一点是,不可低估人力资本的重要性。

(2)自然资源:亚洲和非洲一些国家的人均自然资源非常贫乏,或许其最有价值的自然资源就是耕地。土地所有制模式是十分关键的因素,它可以鼓励农民投入更多的资本和技术力量以提高土地的质量。同时经济学家认为,石油和矿藏所带来的自然财富并非是绝对的天赐之福,在某些国家这些财富很可能成为统治者挥霍的对象。

(3)资本形成:现代经济要求一系列多样化的资本品。国家必须抑制现期消费以形成富有成效的迂回的生产能力。大多数贫穷国家是无力进行储蓄的,即使是能够进行储蓄,也需要花费很长时间来进行资本的积累。政府必须首先介入基础设施建设,并保证这些项目必要的资金投入。

(4)技术变革与创新:经济发展所依赖的最后一个也是最重要的因素就是科学

技术进步。发展中国家具有一个潜在的有利条件:可望在分享发达国家技术进步的过程中受益。发展中国家在引进技术的同时,需要注意配套条件的同步发展:大批掌握先进技能的工程技术人员和劳动力、可靠的电力供应、及时的备件供应以及维修服务;另外还需要培养一批乐于承担风险、勇于开办新工厂、采纳新技术并敢于引进新式经营理念的企业家或管理者。

◇ 许多妨碍发展的因素在最贫穷国家中经常是自我强化的,低收入水平妨碍储蓄,阻碍资本增长,抑制生产率提高,从而低收入水平仍在延续,陷入贫困的恶性循环。一个国家若要成功地获得发展,则需要采取一系列措施来打破这种贫困的恶性循环,并促使经济按照一种良性循环的轨迹迅速发展。

❖知识点三　经济发展战略

◇ 落后假说:这是由哈佛大学的亚历山大·格申克龙提出的,它认为相对落后本身,很可能会有助于经济发展。相对落后的国家可以购买先进国家的技术和设备,在前沿技术问题上各国之间存在着某种趋同现象。比之高收入国,贫困国家或低收入地区的经济增长一般都更加迅速,此时,趋同现象产生。

◇ 工业化和农业:发展中国家在经济发展时面临着如何让处理工业化与农业发展之间的关系的问题。一些国家试图以牺牲农业为代价来加速工业化步伐的做法存在着很大的问题。工业化导致资本积累,吸引大批工人进入城市,并经常造成大量失业;而提高农业劳动生产率需要的资本或许要少一些,同时又能为剩余劳动力提供就业岗位。

◇ 国家和市场:发展中国家在经济发展时也需要处理好国家和市场之间的关系。很多发展中国家的文化传统都同市场机制格格不入。市场上的企业竞争或追求利润的行为,与一些国家的传统做法、宗教信仰和既得利益相悖。但是经验证明,广泛地借助市场,能够提供管理经济和加速经济增长的最有效的途径。市场导向型政策的主要内容包括:确立私人财产和所有权优势,外向型的贸易政策,低水平的关税和尽可能少的贸易配额限制,以及鼓励小企业发展并促进竞争等,运转良好的市场应处于一种稳定的宏观经济环境之中。这种宏观经济环境要求税收实现确定和较低的通货膨胀率。

◇ 增长和开放:一国在发展过程中,是应当采取进口替代战略还是外向型开放战略。一般来说,一个国家的开放程度与增长速度之间具有强烈的相关关系。开放和外向型政策能够使得某些国家和地区获得规模经济和国际专业化分工的好处,从而增加了就业,有效地利用了内部资源,使得劳动生产率快速增长。但是如若开放过度,特别是对短期资本流动不加限制,很有可能会招致投机者的攻击,酿成金融危机和银行危机。

◇ 要建立和维持一个健康的经济环境,政府的作用至关重要。政府必须推崇法治,强调合同的有效性,并使其管制有利于竞争和创新。通过对教育、医疗、交通设施的投资,政府在开发人力资源过程中可以起到重要作用。但在那些政府没有比较优势的部门,则必须依靠私人部门,对那些市场不灵现象明显的领域,政府应当集中精力加以管理;而对那些政府具有相对劣势的部门,政府则应当放松管制和解除干预,让私人部门发挥作用。

❖知识点四　各种经济发展模式

◇ 经济发展的模式尽管形式各异,但是其核心问题却具有相似之处:都面临着市场与政府指令的抉择,即经济是由市场来主导,还是由政府来主导。极端之一是市场经济,在市场体系中,人们的行为的主要目的是金钱或个人的其他满足,个人和企业的关系在本质上是平等的。另一个极端是指令经济,决策是由政府官员们做出的,人与人之间的关系是纵向从属的。处于市场经济和指令经济这两个极端之间的是社会主义和管理市场经济。政府的作用小于指令经济,但政府在引导和指导经济方面仍起着重要的作用。

(1)亚洲管理市场模式:主要特点是将强有力的政府监控同强大的市场力量相结合,经济中投资率比较高,在宏观经济政策上力求稳定,保持低通货膨胀率和高储蓄率,重视人力资本和物质资本的投资,同时大都实行出口导向型经济政策,通过低汇率和财政政策刺激出口,并引进那些在高收入国家最具有实用性的技术。

(2)社会主义。社会主义包含了一系列的模式,第二次世界大战后的西欧,建立在民主框架上的社会主义政府扩大了福利国家的范围,对工业实行了国有化,对经济实行了计划管理。但是近年来,这些国家大力放松管制和实行私有化,又回到了自由市场的框架之下。主要特点是:生产资源政府所有制、计划经济、收入再分配以及和平和民主的进程。

(3)苏式共产主义。在苏联模式下,国家拥有所有的土地和几乎全部的资本,决定工资和绝大部分的物价,还指导经济的微观运作。

❖知识点五　苏联模式的失败

◇ 从历史上看,马克思主义深深地扎根于半封建的俄国。一项关于苏式指令经济的资源配置问题的研究表明,这是一种包罗万象的、高度中央集中计划的、特别强调重工业的资源配置模式。苏联经济在最初的几个十年内曾经迅速增长,但是近年的经济停滞和政治瘫痪导致了俄罗斯(以及某些其他东欧国家)的收入水平远远落后于北美、日本和西欧。

◇ 在苏式的指令经济中,大规模的产出清单都是由政策制定者决定的,军备支出和科研投资是优先考虑的项目,消费要在其他优先保证的部门得到满足之后才能加以考虑。如何生产也是由计划当局决定,并由此产生了严重的"委托代理"问题。同时,在这种模式下,对于各种浪费几乎没有实质性的制约机制。

❖知识点六　苏联和东欧国家的转型

从1989年开始,苏联和东欧国家纷纷放弃了指令经济实验,并开始大力引入市场经济。在决定回归市场经济道路之后,指令经济经历坎坷逐步转向市场经济。在转型的过程中,主要的障碍包括了以下几个方面。

(1)价格改革和自由市场定价。因为长期的价格非市场化,导致了严重的价格扭曲。因此,大多数国家改革的第一步都是开放价格,让供给和需求去决定。

(2)严格预算约束。指令经济下的企业“软预算约束”意味着经营亏损由政府补贴来弥补,因而不会导致破产。但是在市场经济中,厂商必须对盈亏负责。

(3)私有化。转向市场经济需要由私人机构来做出关于购买、销售、定价、生产和借贷等决策。

(4)其他改革。主要包括以下内容:健全市场法律框架,建立现代银行体系,打破普遍的垄断现象,紧缩货币政策和财政政策以防止通货膨胀失控,开放国内经济迎接国际竞争。

(5)转轨顺序。主要分为两种:一种是激进的改革方案,称为“休克疗法”;另一种是渐进的改革方案,称为逐步改革法。对那些希望从政府控制型经济转变为市场导向型经济的国家而言,转轨的教训具有广泛的应用价值。

【习题解析】

□概念复习

1. 发展中国家

答案见知识点一第一段。

2. 发展指标

发展指标是衡量人类经济社会发展的重要标准,一般用人类发展指数来衡量,测量一个国家在人类发展的三个基本方面的平均成就:预期寿命、人均GDP以及知识水平。

3. 发展的四大要素

答案见知识点二。

4. 恶性循环、良性循环

恶性循环是指许多坏事互为因果、循环不已、越来越坏的一种现象,良性循环与恶性循环相对应,是指许多好事互为因果、循环不已、越来越好的一种现象。具体见知识点二最后一段。

5. 落后假说

答案见知识点三第一段。

6. 开放和趋同

开放是指对外开放,一般指一个国家积极主动地扩大对外经济交往,放开或取消各种限制,发展外向型经济,积极利用好世界市场资源的一种战略性选择。趋同是指贫穷的国家或地区往往比富裕的国家和地区拥有更高的增长率,随着时间的推移,贫穷落后国家或地区最终将会赶上发达国家或地区的现象。实行开放战略是实现趋同的重要方法,以亚洲四小龙为代表的经济发展过程是典型的代表。

7. 两难选择的核心:市场与指令

答案见知识点四第一段。

8. 社会主义,共产主义

社会主义是位于自由放任的资本主义与中央计划模式之间的一种经济发展模式,社会主义具有如下特征:生产资源政府所有制、计划经济、收入再分配以及和平和民主的进程。共产主义是一种政治信仰或社会状态,作为一种学说,由马克思发扬光大,将其从空想转到了科学的平台上,形成了历史唯物主义和唯物辩证法。生产资料将归社会成员集体所有,实行按需分配,社会基本不存在贫富差距问题,届时劳动将不再是谋生的手段,而成为人们的第一需要。

9. 委托代理问题

委托代理问题的产生主要有两方面原因:一是信息获得手段的不完全性,二是信息内容的不完全性。委托人和代理人之间经常出现委托代理问题,代理人不能完全按照委托人的意图行事。一旦出现该问题,不仅企业所有者的利润受损,也会使社会资源的配置效率受损。苏联的指令经济中就经常出现这种问题,解决这个问题不可能通过政府的干预来解决,而是需要通过设计有效的激励措施——实施一种最优合约,委托人可以花费最低限度的成本而使得代理人采取有效率的行动实现委托人的目标。

10. 苏式指令经济

苏式指令经济是指前苏联所采用的一种经济组织形式,按照这种形式,关键的经济职能,诸如生产什么、怎样生产、为谁生产等都由政府直接决定。这种经济形式也被称为"中央计划经济"。具体见知识点五。

11. 向市场经济转轨

答案见知识点六。

□问题讨论

1. 你是否认为人人都会赞同本章开头所引用的那段崇拜物质利益的话?在经济发展带来的福利清单中,你认为还应该增加什么?

【重要级别】☆　　　　　　【难度级别】☆

【考查要点】发展中国家的一般状况

【参考答案】人们对这段话的理解是随着时代的变化而发生变化的,弗朗西斯·哈克特的话听起来似乎很个人主义,但是当他希望每个人都得到这些东西时,似乎显示出了平等主义。在经济发展带来的福利清单中还应该加上新鲜的空气等良好的自然生态环境、健康快乐的心理,以及其他国家的居民同样幸福等。

2. 请描述一下促进经济发展的四个主要因素。结合这些因素,谈谈高收入的石油出口国是怎样致富的?像马里这种人均资本、土地及技术水平都很低的国家,有什么样的发展希望?

【重要级别】☆☆　　　　　　【难度级别】☆☆

【考查要点】经济发展的四大要素

【参考答案】第一个问题可参见知识点二简要描述。

高收入的石油出口国可以通过充分利用其丰富的石油资源优势,发展石油开采和炼油产业,或者是通过出口原油或石油加工品来获取收入。像马里这样的人均资本、土地及技术水平都很低的国家可以充分发挥其劳动力资源丰富的优势,发展劳动密集型产业,以发展经济。

3. 有些人很惧怕“不发达经济体的恶性循环”。在贫困国家,迅速增长的人口会侵蚀掉任何由技术进步带来的成果,并降低人们的生活水平。低人均收入使国家致力于解决温饱问题,而无法留出储蓄和投资。大部分人口都依靠农业生存,几乎没有希望改善教育水平、降低人口出生率或者实现工业化。假如你是这个国家的顾问,你将出什么样的建议来打破这种恶性循环呢?

【重要级别】☆☆　　　　　　【难度级别】☆☆

【考查要点】经济发展的四大要素

【参考答案】一国要消除形成贫困的障碍,跳出贫困陷阱的恶性循环,常常需要采取一系列的行动,从许多方面来进行突破。一些发展经济学家建议用一种“大推进”来打破上述的恶性循环。若一国能够同时采取一系列的步骤来增加投资、提高健康和教育水平、发展技术并且控制人口的增长,则该国就可以打破这种贫困的恶性循环,并促使经济按照一种良性循环的轨迹迅速发展。

4. 请将某发展中国家今天的境况与其200年前可能会面对的境况相比较(这两个时期的人均收入水平相等),结合推动经济发展的四个车轮,说明今天的发展中国家可能遭遇到的有利条件和不利条件。

【重要级别】☆☆　　　　　　【难度级别】☆

【考查要点】经济发展的四大要素

【参考答案】发展中国家面临的主要不利条件是:(1)人力资源约束,许多发展中国家出生率很高,陷入马尔萨斯陷阱,识字率很低,严重约束了人力资本的形成。(2)自然资源约束,大多数发展中国家的自然资源十分贫乏,大部分劳动力从事的都是农业生产。(3)资本形成的约束,对于大多数发展中国家而言,其收入水平和储蓄率很低,没有资金来形成资本的积累。(4)技术约束,这方面最缺乏的是相应的技术和管理人才,缺乏敢于冒险的企业家。但是,发展中国家也有一些有利的条件,主要的是其具有很大的后发优势,可以迅速利用发达国家的技术、经验。此外,还具有劳动力成本低、国内市场巨大以及高级人才从发达国家回流的优势等。

5. 今天的一些经济学家质疑:完全开放经常账户和金融账户是否明智。他们认为对短期资本自由流动不加控制,会更容易受到投机者的攻击。限制短期资本流动各有利弊。你认为应该对短期资本流动采用税收控制,还是数量限制?

【重要级别】☆☆☆　　　　　【难度级别】☆☆☆

【考查要点】经济发展战略

【参考答案】对于广大发展中国家而言,保持经济的自由稳定增长是十分重要的,只有这样才能减少投资的风险,吸引国外投资者的进入。金融市场的稳定对于保持经济的稳定又是十分重要的,为了稳定本国金融市场,就必须限制短期资本的快速流动所造成的金融市场的波动。采取税收控制的方法显然要比数量限制更好,因为数量限制在控制短期资本的同时,也可能会阻止一部分外国长期资本的流入;而税收控制就不会对长期投资造成这种负面影响,而将对短期套利的游资产生一定的打击作用。

6. 剖析苏式指令经济下,生产什么、如何生产和为谁生产三大问题。将你的分析与市场经济解决这三大问题的方案进行比较。

【重要级别】☆☆☆　　　　【难度级别】☆☆☆

【考查要点】经济发展战略

【参考答案】在苏式的指令经济中,大规模的产出清单都由政策制定者来决定。苏联的军备支出总是占产出和科研资源的一个相当重要的部分。另一个优先项目是投资。消费要在其他应当优先保证的部门得到满足之后才能加以考虑。在很大程度上,如何生产也由计划当局决定。计划人员首先决定最终产出的数量,然后从产出出发,回过头来决定如何投入以及如何组织厂商生产。甚至连投资决策的细节都是由计划人员来制定的。厂商的灵活性只限于决定劳动投入组合。

在市场经济条件下,主要通过市场来解决这三大问题。生产什么要解决的问题是,如何选择既定的资源来生产产品,并最大限度地满足人们的需要,取决于消费者的"货币选票"。如何生产取决于厂商的行为,在利润最大化的目标的驱使下,理性的厂商将选择要素的最优组合,以实现产量既定时成本最小或成本既定时产量最大。为谁生产在相当程度上是一个收入分配问题。厂商使用要素所有者的要素必须支付一定的费用,这些费用构成了要素所有者的收入,而这些收入又成为作为消费者的要素所有者获得消费品的基础。所以,决定要素所有者的收入也就决定了社会产品的归属。

【翔高点评】苏式指令经济和市场经济在解决三大经济学问题上的方法是截然不同的,通过对比,我们能够更深入地了解这两种经济生产方式的区别与联系,同时本题也是各类考试的考查重点。

7. 有难度的问题(供那些也学习了第 27 章经济增长理论的学生们讨论时选用):我们可以把计算增长情况的方程式扩展到包括三个因素,并写出下面的方程式:

$$g_Q = S_L g_L + S_K g_K + S_R g_R + \text{T.C.}$$

g_Q=产出增长率,g_i=投入的增长率(i=生产的投入:L 劳力,K 资本,R 土地和其他自然资源),s_i=每一项投入对产出的贡献,由它在国民收入中的份额衡量($0 \leqslant s_i \leqslant 1$ 和 $S_L + S_K + S_R = 1$)。T.C. 代表技术变化。

a. 在一些最穷的发展中国家,资本所占份额几乎等于零,其主要的资源就是农业用地(农田数量是固定不变的),也几乎不存在什么技术变革。你能根据这一模式来阐明马尔萨斯的假说中,人均产出很可能停滞不前甚至不断下降的原因吗(即 $g_Q < g_L$)?

b. 在发达工业化国家里,土地资源所占份额实际上将为零。在这种情况下,为什么会导致上一章中我们学过的方程?你能用这个等式来阐明一些国家是如何逃出马尔萨斯的收入停滞陷阱的吗?

c. 根据对未来发展持悲观看法的经济学家(其中包括罗马俱乐部中的"新马尔萨斯主义者",其观点在上一章曾提到)的观点,T. C. 将接近于零,可获得的自然资源供给也在逐渐减少,而资源所占份额却很大并且在日益上升。这种论点是否能解释工业化社会的未来前景可能会很暗淡?你会质疑新马尔萨斯主义者的哪些假设条件?

【重要级别】☆☆☆　　　　　【难度级别】☆☆☆

【考查要点】发展中国家的一般状况、经济发展的四大要素

【参考答案】a. 对于这些国家而言,$S_K=g_K=\text{T. C.}=0$,则总产出的增长率 $g_Q=(S_L)\times(g_L)$。因为劳动对产出的份额一般情况下小于1,所以 $g_Q<g_L$,即产出的增长率小于劳动的增长率。因此人均产出很可能会出现马尔萨斯假说中的情形,即很可能停滞不前,甚至不断下降。

b. 在发达的工业化国家里,土地资源所占份额实际上降为零,即 $g_R=0$,因此增长率方程为:$g_Q=S_Lg_L+S_Kg_L+\text{T. C.}$。马尔萨斯忽视了资本和劳动之间的相互替代关系以及技术进步对经济的促进作用,技术进步会使经济避免陷入马尔萨斯低增长陷阱。

c. 这种论点不能很好地解释工业化社会的未来前景会很暗淡。技术进步率是否会趋于零值得怀疑,人们很可能会通过科技创新开发出更为节省资源的技术;或者当一种资源即将被耗尽时,人们很可能通过寻找到其他替代品来摆脱资源枯竭的困扰。

【补充训练】

1. 下列不是发展中国家特征的是(　　)。

A. 贫穷　　　　　　　　　　B. 稳定的资本存量

C. 发展工业基础　　　　　　D. 发展商业基础

【重要级别】☆　　　　　　【难度级别】☆

【考查要点】发展中国家的一般状况

【参考答案】B。稳定的资本存量一般是发达国家的特征。

2. 产油富国与发达国家的共同点是(　　)。

A. 人均收入高　　　　　　　B. 有大量资本设备

C. 收入分配较为平等　　　　D. 以出口制成品为主

【重要级别】☆　　　　　　【难度级别】☆

【考查要点】发展中国家的一般状况

【参考答案】A。两类国家的共同特点就是人均收入高,但是产油国的高收入是靠出口原油这类初级品所获得的,并且财富基本积聚在少数人手中,现代工业体系很落后,其经济结构非常畸形,经济发展是不可持续的。

3. 当一国陷入低收入自我加强的状况时就被称为处于(　　)。

A. 不发达陷阱 **B. 流动性陷阱**

C. 非工业化陷阱 **D. 低资本化陷阱**

【重要级别】☆ 【难度级别】☆

【考查要点】经济发展的四大要素

【参考答案】A。

4. (　　)是经济发展最成功的国家的关键因素。

A. 人口控制 **B. 外援**

C. 比较自由的国际贸易 **D. 丰富的自然资源**

【重要级别】☆ 【难度级别】☆

【考查要点】经济发展战略

【参考答案】C。从最近20多年来东亚和其他新兴经济体的腾飞过程可以看出自由的国际贸易是一国经济发展的关键因素。

5. 哪一种方法可以克服经济增长的障碍实现成功的发展？为什么？

【重要级别】☆☆☆ 【难度级别】☆☆☆

【考查要点】经济发展战略

【参考答案】有几种方法可以克服经济增长的障碍。其中已被证明成功的一种是较为自由的国际贸易的扩大。中国香港、新加坡等国家或地区通过生产自己具有比较优势的产品迅速地增加了人均收入，获得国际贸易的好处。

第 29 章　汇率与国际金融体系

【学习精要】

❖知识点一　国际收支账户

◇ 一国的国际收支平衡表是对该国与世界其他各国经济交往的系统的记录，其主要内容包括经常账户和金融账户。与其他账户一样，国际收支平衡表记录账户的基本原则是：如果一笔交易能为该国赚取外汇，就记为贷方项目，是正值。如果一笔交易要花费外汇，就是一个借方项目，记作负值。总的来讲，出口为贷方，进口为借方。

◇ 经常账户包括了所有的收入和支出项目：商品和服务的出口与进口、投资收益、转移支付。经常账户余额从性质上讲，与一国的净收入相类似；而在概念上，它又与国民生产账户中的净出口相类似。人们最常关注的是贸易余额，即商品的进出口差额，它主要包括初级产品和制成品。国际贸易赤字不一定有害于一国的经济。国际贸易赤字实际上是国内投资和国内储蓄之间的不平衡性的一种反映。常见的一种情况是，一国之所以出现贸易赤字，是因为该国的投资盈利率高，因而从国外借款对于促进国内投资和国民收入都是有利的。除了商品之外，服务项目在国际贸易中正在日益变得重要。服务包括航运、金融服务、境外旅游等项目。经常账户下的第三个项目是投资收益，它包括国外投资收益。过去 20 年来的一个重大发展就是服务和投资收益的增长。最后一个项目是转移支付，它代表不需要以商品和服务作为回报的单方面的转移支付。

◇ 金融账户的交易是指一国公民与外国公民之间的资产交易。主要包括了私人借贷、政府的官方储备变动以及统计误差等，这意味着从整体上看国际收支的最终差额必须为零。金融账户的记录规则也来自复式记账法，即增加一国资产和减少其债务都记入借方；相反，减少一国资产和增加其债务则记入贷方。金融账户中的外汇储备在国际金融中有着重要的作用，这些储备是政府和中央银行用于管理汇率的资源，政府可以动用这些资源来干预外汇市场，影响一国汇率的变动。

◇ 美国国际收支的生命周期经历了以下几个阶段：年轻的和正在成长的债务国→成熟的债务国→新兴债权国→成熟的债权国。最近 20 年，尽管美国已经是世界富国和经济超级大国，但它仍大量地从国外借款来为国内投资融资。这一方面是因为美国国内储蓄无法满足投资所需；此外，政治稳定、通货膨胀率低、股票市场繁荣、创新能力强等，也是吸引资本流入的重要因素。

❖知识点二　外汇汇率和外汇市场

◇ 对外贸易涉及不同国家货币的使用。外汇汇率是以另一国货币来表示的本国货币的价格，其高低最终由外汇市场决定。通常人们以1单位本币能购买多少外国货币这一标价法来衡量外汇汇率。

◇ 外汇市场是交易不同国家的货币并决定外汇汇率的场所。外汇在许多银行和涉及有关外贸业务的厂商那里进行零售环节的交易，全球重要的外汇市场有纽约、东京、伦敦和苏黎世等。当美国人购买外国商品、服务和资产时，他们就会提供美元，形成美元的供给；当外国人购买商品、服务和资产时，他们就会需要美元，形成美元的需求。当美元的供给和需求相等时，就形成了均衡的汇率，这个汇率既没有上升也没有下跌的趋势。如右图所示。

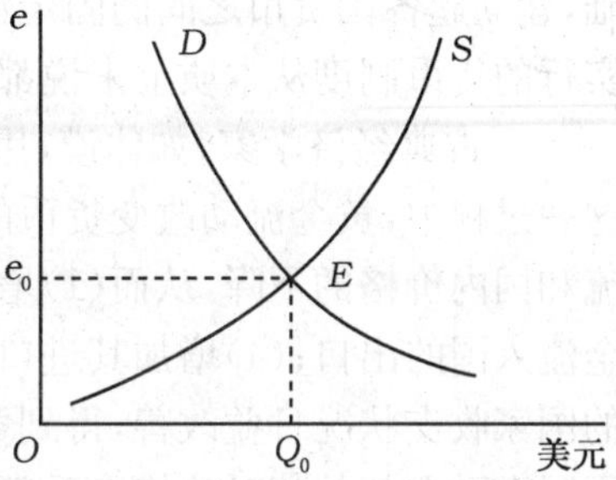

◇ 当一国货币相对于其他国家的货币价值下跌时，我们说该国货币经历了一次贬值(depreciation)，而外国货币经历了一次升值(appreciation)。当一国由官方确定的外汇汇率被调低时，我们说该国货币经历了一次降值(devaluation)，而当官方外汇汇率被调高时，则说该国货币经历了一次增值(revaluation)。

❖知识点三　影响汇率的主要因素

◇ 贸易行情对汇率的影响。如果外国出现了经济衰退，进口需求减少，结果对本国货币的需求减少，这将会导致需求曲线的左移。结果汇率下降，即本国货币贬值、外国货币升值。

◇ 汇率和国际收支账户。汇率变化可以作为一个平衡器，消除国际收支账户中的不平衡现象。如果中央银行实行货币紧缩政策，提高了本国的利率水平，则会刺激外国投资者购买本国的债券，从而增加对本国货币的需求，使均衡利率和均衡汇率发生变化。汇率的上升必使本国出口减少、进口增加，从而减少本国经常账户盈余。

◇ 购买力平价和汇率。在短期中，市场汇率会对货币政策、政治事件和预期变化做出各种反应，而表现得很不稳定。但在长期中，汇率基本上还是由各国商品的相对价格来决定的。一个重要的理论就是汇率的购买力平价理论。该理论认为，一国的汇率将倾向于使在国内购买贸易品的成本等于在国外购买这些商品的成本。购买力平价(PPP)理论还认为，通货膨胀率高的国家将倾向于使其货币贬值。但是PPP理论只是一个近似的、并不能准确预测汇率变动的理论。贸易壁垒、运输成本以及非贸易服务的出现，也使得各国货币的价格和购买力之间出现明显背离。另外，短期内金融资产的流动也可以大大压倒贸易商品的流动。因此，尽管PPP理论在长期中是把握汇率波动的有用工具，但是汇率仍然能够在许多年里背离PPP水平。

❖知识点四　主要的汇率制度

国际货币制度指的是跨国交易的支付活动所经由和遵循的那种规制体系。具体地说，国际货币制度所涉及的任务是：汇率如何确定，以及政府如何影响汇率。

(1)固定汇率制。这是汇率制度的一个极端形式，即由政府决定美元兑换成比索、日元和其他货币的各个比率。历史上，最重要的固定汇率制是金本位制。在这种制度下，每个国家都将自己的货币的价值确定为固定数量的黄金，再以黄金为基础，建立起各国货币之间的固定汇率。后来的布雷顿森林体系以及目前有些国家实行的货币制度从本质上来说都是一种固定汇率制。

◇ 古典经济学家，如休谟，用黄金流动机制解释贸易不平衡的国际调整。在这一过程中，黄金流动改变货币的供给和价格水平。例如，贸易赤字会带来黄金外流和国内价格的下降，从而(1)增加黄金流出国的出口；(2)抑制其出口；(3)减少黄金流入国的出口；(4)增加其进口。休谟的四重黄金流通机制的结果是，流失黄金的国家收支状况日益改善，得到黄金的国家收支状况日益恶化。最终，国际贸易和国际金融在新的相对价格上重新达到均衡。此时贸易和国际借贷处于平衡状态，没有净黄金流动。这一均衡是稳定的，不需要关税或其他的政府干预。而现代宏观经济学则认为，产出和就业也可以调节价格或工资。当一国实行的是固定汇率制的时候，它就将无可避免地面对着一个事实：必须不断地调整实际产出和就业，以确保本国的相对价格水平同那些参与该固定汇率体系的缔约国相一致。

(2)浮动汇率制。这种汇率制度也称为弹性汇率制，是指汇率完全由供给和需求的变化去决定。在这种汇率制度下，政府既不规定汇率，也不采取任何措施去影响汇率。目前，浮动汇率在三个主要的经济区被普遍采用：美国、欧洲国家和日本。对于这三个地区来说，汇率变动最终都要有私人对商品、服务和投资的供给和需求来决定。政府在这种制度下只是一个旁观者，因此汇率在相对短的时期内可能有非常大的波动。

(3)管理汇率制。在严格的固定和完全的浮动之间，是管理汇率制，即汇率基本上由市场力量决定，但政府会通过买卖货币、改变货币供给等来影响汇率。有时，政府顺着私人市场风向而进行引导；其他时候，政府则确定一定的“目标区间”以引导其政策行为。由于各国纷纷向固定的或浮动的汇率制靠拢，这种汇率制的重要性已经日趋减弱。

❖知识点五　第二次世界大战后的国际货币体系

◇ 第二次世界大战后，多国共同创建了一系列国际经济机构，以管理国际贸易和国际金融。在布雷顿森林体系下，各国将货币“钉住”美元和黄金，这就带来了一种固定但又可以调整的汇率制度。

◇ 1973年布雷顿森林体系崩溃之后，今天的混合体系已经取而代之。一些大的经济区域(美国、欧洲及日本)允许其货币独立浮动;大多数小国将其货币与美元或其他货币挂钩。此外,当市场变得混乱无序,或汇率偏离适于现有市价和贸易流动"基准"水平很远的时候,则几乎所有的国家将都会出面对汇率进行干预。

【习题解析】

□概念复习

1. 国际收支平衡表:Ⅰ. 经常账户;Ⅱ. 金融账户

答案见知识点一第一至三段。

2. 国际收支平衡表恒等式:Ⅰ+Ⅱ=0

这是国际收支平衡表的一个重要的原则,反映了国际收支平衡表贸易流和资金流的一致性。按照会计复式记账法的原则,有借必有贷,借贷必平衡。经常账户代表了商品和服务的收支和转移支付,而金融账户包括金融资产和负债的购入与出售。一般来说,当经常账户出现逆差的时候,金融账户会是顺差;当经常账户是顺差的时候,金融账户会是逆差。

3. 官方储备变动

官方储备变动是指一国所拥有的国际储备数量的增加或减少的情况。官方储备指一国的国际储备,是一国政府所持有的,用于弥补国际收支赤字,维持本国货币汇率的国际间可以接受的一切资产。一般来说,一国的国际储备主要包括了以下几个部分:(1)货币性黄金;(2)外汇储备,主要是美元、美国政府的国库券等流动性资产;(3)在 IMF 的储备头寸;(4)特别提款权。政府可以动用以上的官方外汇储备来弥补国际收支差额,干预外汇市场,保持汇率的基本稳定。

4. 借方和贷方

答案见知识点一第一段。

5. 国际收支的发展阶段

国际收支的发展阶段是指一国国际收支所处的阶段。根据欧美等发达国家经济发展的历史规律,一国从年轻的债务国发展到成熟的债权国时,会经历以下几个阶段:年轻的和正在成长的债务国→成熟的债务国→新兴债权国→成熟的债权国。

6. 外汇汇率、外汇市场

答案见知识点二第一、二段。

7. 外汇的供给和需求

外汇的供给是指外汇市场上人们愿意并且能够出售的外汇的数量,对于本国居民而言,外汇供给是国外对本国商品和投资需求的反映。

外汇的需求是指外汇市场上人们愿意并且能够持有的外汇的数量。对于本国居民而言,外汇的需求是本国居民对外国商品和投资需求的反映。

8. 汇率术语:升值和贬值、增值和降值

答案见知识点二第三段。

9. 汇率制度:浮动汇率制、固定汇率制(金本位,布雷顿森林体系,货币委员会)、管理汇率制、统一货币

国际货币制度是指跨国交易的支付活动所经由和遵循的规则体系。具体而言,国际货币制度所涉及的任务是:汇率如何确定,以及政府如何影响汇率。国际货币制度的核心在于如何设计和安排确定汇率的机制。主要的汇率制度有如下几种:浮动汇率制下的汇率仅由供给和需求决定,而不受任何政府干预。固定汇率体系则由政府公布官方汇率,并通过干预和货币政策手段来维持稳定。管理汇率制是固定和浮动汇率制的混合体,在该体制下,政府试图直接通过购买或出售外国货币,或间接地使用货币政策(提高或降低利率)来影响汇率。

【翔高点评】汇率制度是国家金融和国际贸易的重点内容,明晰其概念是掌握这些汇率制度的首要任务,这些概念多以名词解释的形式出现。

10. 国际调节机制

国际调节机制是指一国的国际收支如何由不平衡实现平衡的调节方法和过程。国际调节机制在本章中特指休谟关于古典金本位制下一国实现国际收支平衡的四重国际调整机制。

11. 休谟的四重黄金流动机制

答案见知识点四第三段。

□问题讨论

1. 表 29－3(课本 P536)所示为 2004 年年初的一些汇率(以 1 美元等于多少外汇来表示)。在最后一列填上各国单位外汇的美元价格,注意,在括号中填写相对单位时要特别小心。

【重要级别】☆　　　　　　　　　【难度级别】☆

【考查要点】外汇汇率与外汇市场

【参考答案】根据"每 1 单位外币兑换的美元数＝1÷每 1 美元兑换的外币数量"可得下表。

货币	价格	
	每 1 美元兑换的外币数量	每 1 单位外币兑换的美元数
兹罗提(波兰)	3.76	0.27(美元/兹罗提)
雷亚尔(巴西)	2.91	0.34(美元/雷亚尔)
元(中国)	8.28	0.12(美元/元)
比索(墨西哥)	10.98	0.09(美元/比索)
卢布(俄罗斯)	28.49	0.035 1(美元/卢布)
欧元	0.80	1.25(美元/欧元)

2. 图 29－3(课本 P525)所示为美、日两国只与对方交易时美元的供给和需求。

a. 描述并画出对日元相应的供给和需求,解释为什么对日元的供给等于对美元的需求。解释并画出与美元的供给相对应的图表。在这个新图中找出日元的均衡价格,并将它与图 29—3 中的均衡点相对照。

b. 假设美国人对日本商品有了一种偏好,这对日元的供求会有什么影响?日元相对于美元时升值还是贬值?解释其原因。

【重要级别】☆☆　　　　【难度级别】☆☆

【考查要点】外汇汇率与外汇市场

【参考答案】a. 对日元相应的供给和需求见(a)图。日元的需求来自购买日本商品或投资品的美国人,日元的需求量用日元表示,是由美国人提供的用于兑换日元的美元数量根据一定的汇率表示出来的。日元的供给来自因购买美国商品或投资品而需要美元的日本人,日本人所需要的美元的数量是日本人根据一定的汇率用日元兑换来的。与图 29—3 相比,均衡点位置相同。

b. 由于美国人更喜欢日本商品,对日本的商品的需求将增加,从而对于日元的需求也将增加,这将会引起日元相对于美元的升值。如(b)图所示。

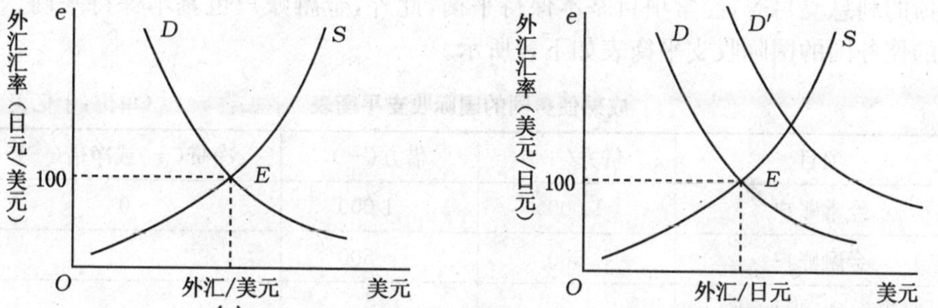

(a)　　　　(b)

3. 列出一些在国际收支平衡表上属于贷方的项目,再列出一些属于借方的项目。贸易盈余指的是什么?经常账户余额指的又是什么?

【重要级别】☆　　　　【难度级别】☆☆

【考查要点】国际收支账户

【参考答案】按照会计准则的复式记账法,在经常账户中,如果一笔交易能为该国赚取外汇,就记为贷方项目,是正值。如果一笔交易要花费外汇,就是一个借方项目,记作负值。总的来讲,出口为贷方,进口为借方。在金融账户中增加一国资产和减少其债务都记入借方;相反,减少一国资产和增加其债务则记入贷方。

贸易盈余是指一国在一定时期(通常为一年)内出口总额超过进口总额的国际贸易差额。经常账户余额是指一国在一定时期内商品、服务、收入和经常转移项目的贷方总额与借方总额的净差额。如果这一差额为正,就说明经常项目顺差;如果这一差额为负,就说明经常项目逆差;如果这一净额为零,就意味着经常项目平衡。经常账户余额非常重要,是衡量一国长期国际收支状况的重要指标。

4. 为一个年轻的债务国、一个成熟的债务国、一个新兴债权国和一个成熟的

债权国各建一个假想的国际收支平衡表。

【重要级别】☆☆　　　　　　　【难度级别】☆☆

【考查要点】国际收支账户

【参考答案】(1)年轻的债务国的特点是其进口高于出口,其差额部分要靠向国外借款来进行抵补。它的一个假想的国际收支平衡表如下表所示。

年轻债务国的国际收支平衡表　　(单位:十亿美元)

项目	贷方(+)	借方(−)	净贷(+)或净借(−)
经常账户	600	−900	−300
金融账户	500	−200	300
[贷出(−)、借入(+)]			
总　计			0

(2)成熟的债务国的特点是国际贸易由逆差逐步转向盈余,但是由于过去所借外债的利息支付等,经常项目基本保持平衡,此外,金融账户也基本保持平衡。成熟的债务国的国际收支平衡表如下表所示。

成熟债务国的国际收支平衡表　　(单位:十亿美元)

项目	贷方(+)	借方(−)	净贷(+)或净借(−)
经常账户	1 000	−1 000	0
金融账户	500	−500	0
[贷出(−)、借入(+)]			
总　计			0

(3)新兴债权国的特点为出口极大扩张,经常项目出现顺差,开始借款给国外。新兴债权国的国际收支平衡表如下表所示。

新兴债权国的国际收支平衡表　　(单位:十亿美元)

项目	贷方(+)	借方(−)	净贷(+)或净借(−)
经常账户	1 000	−700	300
金融账户	500	−800	−300
[贷出(−)、借入(+)]			
总　计			0

(4)成熟债权国的特点是对外投资带来了大量的利润回报,经常项目拥有大量的盈余,但是在国际商品贸易方面却是赤字。成熟的债务国的国际收支平衡表如下表所示。

成熟债权国的国际收支平衡表 (单位:十亿美元)

项目	贷方(+)	借方(−)	净贷(+)或净借(−)
经常账户	1 000	−1 500	500
金融账户 [贷出(−)、借入(+)]	500	−1 000	−500
总计			0

5. 就本章中所谈的德国的情况,借用图 29−3(课本 P525)说明冲击前后对德国马克的供求情况。在马克升值之前,根据你的图形确定对马克的超额需求,然后说明马克的升值如何消除超额需求。

【重要级别】☆☆　　　　【难度级别】☆☆

【考查要点】外汇汇率与外汇市场

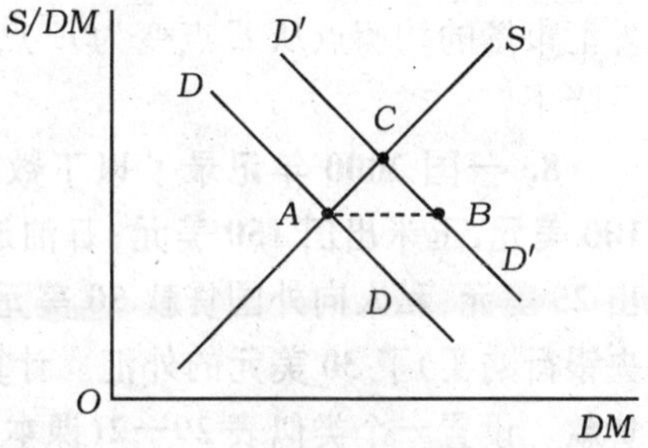

【参考答案】如右图所示,初始的需求和供给曲线分别为 DD 和 SS,初始均衡点为 A 点。由于德国马克需求的增加,需求曲线从 DD 右移到 $D'D'$,在原来的均衡汇率下存在对德国马克的超额需求 AB。外汇市场上的均衡汇率会提高,最终均衡点由 A 点变为 C 点。

6. 某一中东国家忽然发现了大量的石油资源。说明其贸易和经常账户余额会怎样突然地转为盈余;说明该国如何能在纽约购买资产作为金融账户的一个冲销项目;然后,当它将这些资产用于国内发展时,说明它的经常项目和金融项目如何发生逆反作用。

【重要级别】☆　　　　【难度级别】☆☆

【考查要点】国际收支账户

【参考答案】石油出口的增加会使该国的经常账户余额转为盈余。该国可以利用所获得的外汇去购买外国资产,计入金融账户的借方。该国将这些资产用于国内发展时,它将出售一些资产,并购买投资所需要的原材料。原材料的购买使该国的经常账户转向赤字,而外国资产的出售换得了外国货币(计入贷方),这使该国的金融账户转向盈余。

7. 思考下面 1984 年《总统经济报告》中的一段引文:"长期中,汇率会随国内和国外价格水平的差异而变动。如果一国价格水平与其他国家相差太远,那么,对其商品的需求便会下降,而这会导致其货币的真实贬值。"解释第一句话是如何与汇率的购买力平价理论相联系的。解释购买力平价理论背后的逻辑。此外,用图 29−3 中的供求图,解释引文中第二句话描述的事件的顺序,即一国价格水平相对过高时,它将会发现其汇率势必贬值。

【重要级别】☆☆☆　　　　【难度级别】☆☆☆

【考查要点】影响汇率的主要因素

【参考答案】购买力平价理论认为货币如果在各国国内具有相等的购买力,那么这时的汇率就是均衡汇率,此理论是在实际中不太成立的汇率决定理论。购买力平价理论主要分为两种:一是绝对购买力平价,即两国货币的兑换比率等于两国价格水平的比率。二是相对购买力平价,指两国货币兑换比率的变动等于两国价格水平变动的比率。购买力平价理论成立的前提是一价定律,即同一商品在不同国家的价格是相同的。

如果一国的价格水平高于正常水平,则出口需求将会下降,从而对该国货币的需求也会下降,该国货币就会贬值。如右图所示,对该国货币的需求下降,使需求曲线从 DD 左移至 $D'D'$,外汇市场的均衡点从 E 点变为 E' 点,均衡汇率就下降了。

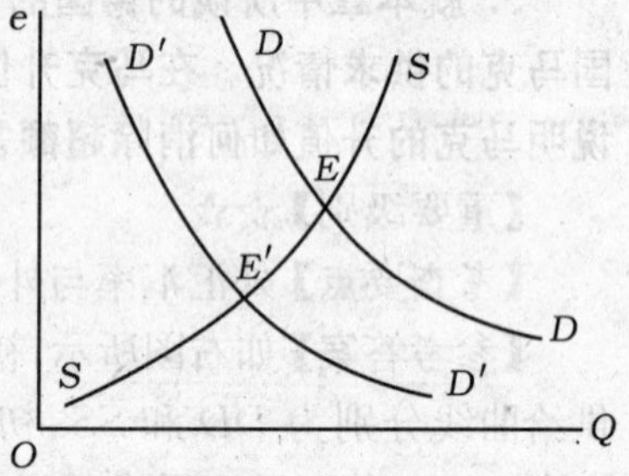

8. 一国2000年记录了以下数据:汽车出口100美元,玉米出口150美元;石油进口150美元,钢铁进口75美元;游客海外支出25美元;私人向外国贷款50美元;私人从外国借款40美元;官方储备变动(中央银行购买)了30美元的外汇。计算其中的统计误差,并将其归入私人对外国的贷款。设置一个类似表29-2(课本P522)的国际收支平衡表。

【重要级别】☆☆　　　　【难度级别】☆☆

【考查要点】国际收支账户

【参考答案】该国的国际收支平衡表如下表所示:

	贷方	借方	净值
1. 经常账户	250	−250	0
2. 金融账户	40	−50	−10
3. 统计误差			−20
4. 官方储备			30

9. 考虑下面三种汇率制度:古典的金本位制、自由浮动汇率和布雷顿森林体系,从以下几个角度对照比较这三种制度:

a. 政府和市场在决定汇率中的作用。

b. 汇率不稳定的程度。

c. 国家间相对价格的调整方式。

d. 在决定汇率时对国际合作和咨询的需要。

e. 建立和维持极端不合适的汇率联盟的潜在可能性。

【重要级别】☆☆☆　　　　【难度级别】☆☆☆

【考查要点】主要的汇率制度

【参考答案】

三种汇率制度的比较

	古典的金本位制	自由浮动汇率制	布雷顿森林体系
政府和市场在决定汇率中的作用	政府决定本国货币的黄金含量，各国货币之间的汇率以其所含黄金量为基础	汇率完全由市场决定，政府不会干预外汇市场	以黄金为基础，美元直接与黄金挂钩，而其他国家的货币则与美元挂钩
汇率不稳定的程度	一般	较大	较小
国家间相对价格的调整方式	通过实际产出和就业的调整来保证固定汇率制国家间相对价格的均衡	汇率自由波动，实现收支平衡	通过国内产出和就业的调整来保证可调整的固定汇率制国家间相对价格的均衡
在决定汇率时对国际合作和咨询的需要	不需要	不需要	需要
建立和维持极端不合适的汇率联盟的潜在可能性	有可能	没有可能	有可能

10. 考虑欧洲货币联盟。列举支持和反对的理由。你认为应该对货币联盟提出哪些建议？如果这个问题是关于美国的，你的答案会改变吗？

【重要级别】☆☆☆　　　　【难度级别】☆☆☆

【考查要点】第二次世界大战后的国际货币体系

【参考答案】欧洲货币联盟的主要目标是建立单一的欧洲货币——欧元，这个计划已于2002年实现。欧元目前是欧盟中16个国家的货币，这些国家被称为欧元区。1979年3月，欧共体当时的12个成员国决定调整计划，正式开始实施欧洲货币体系建设规划。1988年后，这一进程明显加快。1991年12月，欧共体12个成员国在荷兰马斯特里赫特签署了《政治联盟条约》和《经济与货币联盟条约》。1994年成立了欧洲货币局，1995年12月正式决定欧洲统一货币的名称为欧元。1998年7月1日，欧洲中央银行正式成立，1999年1月1日，欧元正式启动；1999～2001年，为欧元启动的3年过渡期。欧元启动之初，欧元区12国基于《稳定与增长公约》做出了一些财政承诺：财政赤字率不超过3%，政府债务余额比例不超过60%，并且各国承诺于2004年达成财政均衡目标。《稳定与增长公约》是欧洲货币联盟的基石。

支持欧洲货币联盟的主要理由是：第一，会增强欧盟各成员国自身的经济实力，提高其经济竞争力。第二，减少内部矛盾，防范和化解金融风险。第三，简化流通手续，降低成本。第四，增加社会消费，刺激企业投资。反对欧洲货币联盟的主要理由是：第一，欧盟各成员国的财政赤字问题严重。第二，债务余额占GDP的比例上升,财政平衡的承诺难以实现。第三,分权的财政政策和集权的货币政策之间缺乏有效的配合,区内各成员国丧失了一个独立的政策工具——货币政策及其传导机制。第四,政治因素的影响。

根据以上的意见,我们提出了相应的对策,第一,需要对《稳定与增长公约》进行改革,减少其对欧元区各国的束缚。第二,改善集权的货币政策和分散的财政政策之间配合的有效性。第三,加快欧洲的政治上的联合,政治联合如果长期落后于货币联盟,将对货币联盟构成严重的威胁。

对于美国来说,因为它是一个独立完整的国家,不存在类似欧洲货币联盟国家众多的特点,不存在欧洲各国国内财政状况的协调问题,因此美国可以继续实行目前的浮动汇率制度,来保持国际收支的平衡。

【补充训练】

1.“黄金输出点”机制正常起作用时,汇率是波动的,其变动幅度恰好等于(　　)。

【重要级别】☆　　【难度级别】☆☆

【考查要点】主要的汇率制度

【参考答案】黄金输入点到黄金输出点的范围

2.“经常账户”下的货币可兑换的含义是什么?我国目前为什么采取在“经常项目”下的人民币可兑换政策?

【重要级别】☆☆☆　　【难度级别】☆☆☆

【考查要点】影响汇率的主要因素

【参考答案】本国居民可在国际收支经常性往来中将本国货币自由兑换成其所需的货币。国际收支经常性往来项目主要包括:商品贸易、服务贸易、红利付息、无偿转移。我国目前之所以采取这项政策是因为:(1)有利于我国与国际社会进行政治与经济交往,塑造我国良好的对外开放形象,进一步增强社会各界对人民币币值稳定的信心,对货币政策的推行起到积极的作用。(2)有利于改善外商投资和经营环境,给外国投资者的合法收益以充分的法律保障,减少外商投资利润汇出风险,增强外国投资者的信心,有利于我国更好地利用外资。(3)能够推进我国外汇管理体制与国际接轨,有利于我国对外经济和文化交往,促进我国进一步融入世界经济的主流。同时,实现人民币经常项目可兑换可以取消对经常项目外汇支付和转移的限制,减少审批环节,加快资金周转,提高效率,为我国参加对外交流创造有利条件。(4)使我国更广泛地参与国际竞争,促进我国深化改革,加紧建立现代企业制度,完善国内市场机制,加快我国建立社会主义市场经济体制的步伐。

3. 评述购买力平价理论。

【重要级别】☆☆☆　　【难度级别】☆☆☆

【考查要点】影响汇率的主要因素　购买力平价理论

【参考答案】(1)购买力平价理论的基本观点是:均衡汇率(e)能够保证1单位货币在其国内和国外购买相同的商品或服务。

这里要注意的是:相同的商品或服务不仅仅在数量上相同,质量上也是相同的。即“相同”包含了数量和质量两个维度。

(2)在购买力平价的形成机制和表现形式上存在以下三种观点:

①经济的内在力量自发形成购买力平价,其基本表现形式是:$e=\frac{p_d}{p_f}$。有必要提醒一下,这里的汇率采用直接标价法,即1单位外币兑换e单位本币。p_d,p_f分别为相同商品或服务的国内价格和国外价格。

②商品套利形成购买力平价。持这种观点的学者认为,如果$p_d>p_f$,那么进口将会增加,在价格均等化的条件下形成购买力平价。这个观点存在两个问题:一是在$p_d>ep_f$时,为什么调整的一定是汇率,而不是国内价格呢?并且按照观点,既然在$p_d>ep_f$,进口增加,那么国内供给将会增加。在需求不变的条件下,国内价格应该下降。二是商品套利是不完全的。

③购买力平价是经济均衡(包含内部经济均衡和外部经济均衡)的一个条件。考虑到各国生产率增长的差异,购买力平价的表现形式是:$e=\frac{\pi p_d}{p_f}$,其中π为表示各国生产率增长差异的一个常数,这种形式的购买力平价称为弱购买力平价。

(3)购买力平价理论对汇率决定质的方面作了合理并有效的分析,但它仍存在局限。

①假设条件过于苛刻,购买力平价只有在市场均衡、相对价格不变、货币中性时才成立,然而在现实经济生活中,这些条件很难实现。

②由于各国的经济发展水平和物价体系存在重大差别,因此使用物价指数来表示两国货币购买力存在不可克服的技术性困难。

③购买力平价理论表明物价水平决定汇率,因此物价水平和汇率是一种单向关系。但是,在现实经济生活中,物价水平和汇率是一种双向的关系,即物价水平影响汇率,反过来汇率也影响物价水平。

4. 2008年国际金融风暴暴露了当今国际货币体系的什么缺陷?

【重要级别】☆☆☆　　　　【难度级别】☆☆☆

【考查要点】第二次世界大战后的国际货币体系

【参考答案】国际货币体系就是各国政府为适应国际贸易与国际支付的需要,对货币在国际范围内发挥世界货币职能所确定的原则、采取的措施和建立的组织形式的总称。它包括以下几方面内容:各国货币比价即汇率的确定、各国货币的兑换性和对国际支付所采取的措施、国际收支的调节、国际储备资产的确定、黄金外汇的流动与转移是否自由等。

国际货币体系在历史上经历过几个演化的阶段:(1)第一次世界大战前的国际货币体系是国际金本位制度,具有“三自由”特征——金币自由铸造、自由兑换和黄金自由输出入;同时它具有既统一又松散的特点。统一性表现为黄金是最主要的国际储备,其国际间支付原则、结算制度是统一的,各国货币都有各自的含金量,因此都必然是固定汇率制。松散性表现为没有一个公共的国际组织的领导与监督,各国自行规定其货币在国际范围内发挥世界货币职能的办法。(2)第一次世界大战后国际货币体系是严重削弱的国际金本位制,资本主义国家先后建立金块本位制和金汇兑本位制。其中金块本位制的特点是:①政府停止铸造金币。②不许金币流通,代替金币流通的是中央银行发行的银行券。③银行券不能兑换金币,只能兑换金块,并且有兑现的最低限度。④黄金仍可自由输出输入。而金汇兑本位制的特点是:其他货币在国内不能兑换黄金,而只能兑换与黄金有联系的外汇(英镑、美元),外汇在国外(伦敦、纽约)可以兑换黄金。这实际上是把黄金存于国外,国内中央银行以外汇作为准备金发行纸币流通。但一般人们难以直接到国外用外汇去兑换黄金,故称"虚金本位制"。这时的汇率制度仍然是固定汇率制,国际储备除黄金外,外汇(主要是英镑和美元)占有一定比重。黄金仍是最后的支付手段。此时期的国际货币体系仍具有统一性和松散性特征。然后由于1929～1933年的世界经济大危机,国际金本位制度瓦解。(3)第二次世界大战后,在布雷顿森林体系下,"国际货币基金协定"确立了美元与黄金挂钩、各国货币与美元挂钩并建立固定比价关系的、以美元为中心的国际金汇兑本位制。"双挂钩"的具体内容是:①美元与黄金挂钩。美国准许各国政府或中央银行随时按官价向美国兑换黄金,而其他国家的货币不能兑换黄金。②其他货币与美元挂钩。各国货币与美元保持固定比价,通过黄金平价决定固定汇率;各国货币汇率的波动幅度不得超过金平价的上下1%,否则各国政府必须进行干预。由于以美元为中心的国际货币制度是在美国经济实力雄厚、国际收支保有大量顺差、黄金外汇储备比较充足,而其他国家普遍存在"美元荒"的情况下建立的。布雷顿森林体系的运转必须具备三个基本条件:①美国国际收支必须顺差,美元对外价值才能稳定;②美国的黄金储备充足;③黄金必须维持在官价水平。这三个条件实际上不可能同时具备。这说明布雷顿森林体系存在不可解脱的内在矛盾——"特里芬难题"(由美国经济学家特里芬在其著作《黄金与美元危机》一书中指出):如果美国国际收支保持顺差,则国际储备资产不敷国际贸易发展的需要,形成"美元荒";如美国国际收支逆差,则易引起美元贬值,发生美元危机,形成"美元灾"。这就导致布雷顿森林体系建立的国际货币体系必然会随着时代的发展而瓦解。事实上,美国从1950年代起国际收支出现逆差,国际市场上美元大量过剩,20世纪60～70年代曾发生多次美元危机。(4)现行货币体系是布雷顿森林体系20世纪70年代崩溃后不断演化的产物,学术界也称之为牙买加体系。布雷顿森林体系瓦解后,国际货币体系改革步入漫漫长途。1976年IMF通过《牙买加协定》,确认了布雷顿森林体系崩溃后浮动汇率制的合法性,继续维持全球多边自由支付原则。虽然美元的国际本位和国际储备货币地位遭到削弱,但其在国际货币体系中的领导地位和国际储备货币职能仍得以延续,IMF原组织机构和职能也得以续存。但是国际货币体系的五个基本内容所决定的布雷顿森林体系下的准则与规范却支离破碎。因此现存国际货币体系被人们戏称为“无体系的体系”，规则弱化导致重重矛盾。特别是经济全球化引发金融市场全球化趋势在20世纪90年代进一步加强时，该体系所固有的诸多矛盾日益凸现。

国际金融风暴又称金融危机，是指一个国家或几个国家与地区的全部或大部分金融指标（如短期利率、货币资产、证券、房地产、土地（价格）、商业破产数和金融机构倒闭数）的急剧、短暂和超周期的恶化。2008年金融危机又称为次贷危机，是指由美国次级房屋信贷行业违约剧增、信用紧缩问题而引发的国际金融市场上的震荡、恐慌和危机。次级抵押贷款是指一些贷款机构向信用程度较差和收入不高的借款人提供的贷款。次贷危机导致利息上升，很多本来信用不好的用户感觉还款压力大，出现违约的可能，对银行贷款的收回造成影响的危机。美国的房地产市场开始在2006年转差，美元多次加息，导致次级房屋信贷的拖欠以及坏账增加，次级房屋信贷产品的价格大跌，欧美以及澳洲不少金融机构都出现财政危机，甚至面临破产，牵动全球信贷出现收缩，造成连串的骨牌效应，导致全球股市大跌，最终演变成全球金融危机。

美国次贷危机演变成全球金融危机的事实说明，尽管经济全球化给各国带来利益，但是，我们缺少一个能提供有效治理的全球性机构对其形成支持。所以应该加强风险评估和建立预警系统。其次，在这次全球金融危机的冲击下，以美元为主导的国际货币体系遭遇挑战。现实告诉人们，改革当前的国际货币体系，势在必行。这次金融危机之所以比亚洲金融危机、拉美危机、俄罗斯危机深重，就是因为它是发生在世界货币的发行国，发生在美国，所以它的爆发一定是全球性的。因为它的货币全球都在用，它的金融体系是伸展到全球各个角落的。所以着眼于长远，国际货币体系改革一定要取得实质性推动，美国一家说了算，甚至西方七国说了算的历史必须结束，发展中国家和新兴市场经济体一定要参与进来，形成新的国际经济格局。要改革现有国际金融体系，最理想的方法是发行真正意义上的“世界货币”，改变以某个国家的货币作为各国的国际支付手段和储备工具的现状，废止少数发达国家事实上的否决权，特别是要约束美国滥发美元的行为。

【翔高点评】本题紧扣当前国际金融市场中的热点问题，详细分析了当今国际货币体系的基本问题，是一道不可多得的好题，应重点掌握。

第 30 章 开放经济的宏观经济学

【学习精要】

❖知识点一 开放经济中的净出口和产出及其决定因素

◇ 开放经济是这样一种经济，它参与商品、服务和投资的国际交换。出口是指向国外购买者出售的商品和服务；而进口是指从国外购买的商品和服务。商品和服务的出口额和进口额之间的差额即为净出口。与净出口相对应的一个概念是对外净投资，它表示的是一国在国外的净储蓄，并且大致等于净出口的价值。而美国近年的净出口为负，净对外投资也为负，这就意味着美国的外债在增加。

◇ 引入对外贸易后，国内需求就有可能与国民产出不一致。国内需求包括消费、投资和政府采购($C+I+G$)。这里的 GDP 还必须加上出口(Ex)并减去进口(Im)，这就是说：$GDP=C+I+G+X$。其中 X＝净出口＝$Ex-Im$。

◇ 进口由国内的收入、产出以及本国产品与外国产品的相对价格决定；出口是进口的镜像，由外国的收入、产出及相对价格决定。

❖知识点二 贸易对 GDP 的短期影响

◇ 开放经济下国民收入的决定。在开放经济下，总支出曲线由封闭经济下的 $C+I+G$ 曲线变为 $C+I+G+X$。当 $C+I+G+X$ 线处于 $C+I+G$ 线的下方时，进口大于出口，净出口值为负；当 $C+I+G+X$ 线处于 $C+I+G$ 线的上方时，净出口值为正。均衡的 GDP 出现在总支出线 $C+I+G+X$ 与 45°线的交点。

◇ 边际进口倾向与支出线。GDP 每增加 1 美元所引起的进口的美元增加量，称做边际进口倾向(MPm)。由于边际进口倾向，所以存在着一个由于增加进口而增加支付的漏出量，这导致了开放经济下的总需求曲线 $C+I+G+X$ 的斜率略小于国内需求曲线 $C+I+G$ 的斜率。

◇ 开放经济的乘数。在开放经济中，由于收入的任一增加中都会有一部分进口品漏出，因此，开放经济的乘数势必略小于封闭经济的乘数，其精确关系为：开放经济的乘数＝$1/(MPS+MPm)$，其中 MPS＝边际储蓄倾向，MPm＝边际进口倾向。

❖知识点三　宏观经济政策和汇率制度

◇ 在开放经济中，货币政策的操作更为复杂。一个重要的原因例子是，在一个小的、具有高度资本流动性的开放经济中，货币政策将如何操作。这样的国家必须使本国利率与其汇率钉住目标国的利率保持一致。这就意味着，那些主要实行固定汇率制的国家，其货币政策将不再是独立的宏观经济政策工具。相比之下，财政政策才会成为有力的政策工具，因为财政措施的激励作用不会被利率的变动所抵消。

◇ 采用浮动汇率制的开放经济可以用货币政策来稳定宏观经济，其货币政策的操作可以独立于其他国家。在这种情况下，国家间的联系为国内货币机制增加了一条重要的通道。货币紧缩会导致利率上升，吸引外国金融资本并导致汇率升高（或升值）。汇率升值会抑制净出口，并使GDP的构成由可贸易商品转向了非贸易品。

◇ 20世纪80年代，美国的投资形势改变，其中国际货币机制是一个重要因素。宽松的财政政策和紧缩的货币政策减少了净出口，并使GDP的构成由可贸易品转向了非贸易品。

❖知识点四　开放经济的储蓄和投资

◇ 在封闭经济中，投资总额等于国内储蓄总额。而当一个经济体从事国际贸易和国际金融活动的时候，它也就拥有了投资资金的另一种源泉和国内储蓄的另一个出口——国际资本市场。较高的国内储蓄，无论是私人储蓄还是政府盈余，都将增加国内投资和净出口的数额。有公式：

$$X=S+(T-G)-I$$

即

净出口＝私人储蓄＋政府储蓄－国内投资

长期中，一国的贸易状况主要反映的是其国民储蓄率和投资率。减少贸易赤字需要改变国内的储蓄和投资水平，在引导贸易流动配合国内储蓄和投资方面，汇率是条重要的途径。

◇ 一个开放的经济拥有投资的其他来源和储蓄的其他用途。一个小的开放经济必须使其国内利率与国际利率相一致。这是因为该国的利率规模太小以至于无法影响国际利率，而且由于资本的高流动性，金融资本的流动将会很快拉平国内外的利率。净出口是由国民储蓄和投资之间的余额决定的，也是由国内因素和国际利率水平共同决定的。

◇ 对于小国开放经济来说，还有一些重要的储蓄—投资理论：(1)一国私人储蓄的增加或政府支出的减少将增加国民储蓄，导致国民储蓄曲线的右移。这将导致汇率的下降，直至净出口的增加足以平衡国内储蓄的增加。(2)如果由于商业条件改进或是一系列的创新推动引致国内投资增加，则会导致投资曲线的移动，并进一步导致汇率的上升，直至净出口的减少足以平衡储蓄和投资。在这种情况下，国内的投资将会挤出国外的投资。(3)国际利率的升高将会降低投资水平，进而导致国内净储蓄增加、汇率减少、净出口增加和对外投资上升。(这种情况将会是一种沿着投资曲线的移动。)

◇ 每当一国加入世界金融体系时,其经济运行和经济政策领域都会新添一系列的重要因素。主要包括以下几个方面:(1)国外部门会为国内投资多提供一个来源,同时也会为国内储蓄多提供一个出路。(2)国内储蓄的提高,无论是私人储蓄还是公共储蓄的增加,都将导致国内投资和净出口的增加。(3)一国贸易余额更主要的是反映国民储蓄和投资,而不是该国的生产率和财富。(4)一国对贸易账户的调节,要求国内储蓄或投资做相应变动。(5)在长期中,贸易账户的调节大致由一国的相对价格变动决定,一国相对价格的变动通常是通过汇率的变化来完成的。

❖知识点五　促进开放经济增长的因素

在一个开放的经济中,促进经济增长应确保其商业对国内外投资者具有吸引力,因为这些投资者在整个世界经济中拥有广泛的投资机会。促进开放经济的增长,主要有以下因素。

(1)确保该国在生产工艺中采用最实用的技术。如果对一项错误的技术进行投资,即使投资率很高也没有助益。为获得前沿技术,通常需要与外国的公司进行合作,建立合资企业。

(2)贸易政策。有证据证明,一个开放的贸易体系会提高竞争力和促进最实用技术的应用。通过维持较低的关税和其他贸易壁垒,一国可以确保本国企业受到竞争的激励。当本国厂商制定非效率的高价格或倾向于在某一部门形成垄断的时候,该国可以允许外国厂商进入本国的市场。

(3)移民。可以补充移入国的劳动力,而对移出国来说也是一种出口收入的补充。

(4)市场机制。需要完善的市场机制,为投资者和企业家提供安全的环境,包括建立一整套由法律监督的产权政策。政府还必须坚持不懈地与腐败作斗争。腐败是强加于最有利可图的企业头上的私人税收体系,它带来的是产权的不确定性,并增加成本和抑制投资。

(5)稳定的宏观经济气候。主要的表现是:税收合理并且可以预测;通货膨胀率很低,从而贷款者无需担心通货膨胀会侵蚀他们的投资收益;汇率相对稳定,同时具有可兑换性,以保证资金能够方便并且廉价地进入和撤出一国的货币体系。那些提供有利的制度体系的国家可以吸引大量的外资流入,而那些制度不稳的国家则几乎无法吸引到外资。不仅如此,有时它们还会饱尝资本外逃之苦,即当地的居民将他们的资金转移到国外,以避免税收、征用和贬值。

❖知识点六　竞争力和劳动生产率

◇ 流行的分析注意巨额贸易赤字并提出“去工业化”的问题。这种分析忽视了生产率和竞争力之间的重要区别。竞争力指的是一国产品在全球市场上的竞争情况,它主要由相对价格决定。生产率指的是单位投入的产出水平。实际收入和生活水平主要取决于生产率,而经常贸易和经常账户项目则取决于竞争力。竞争力和生产率之间没有密切关系。

◇ 一定要牢记关于竞争力的基本要点:正如比较优势原则所证明的,每个国家都不是生来就缺乏竞争力的。当某些国家的本币被高估、导致其物价与贸易伙伴的物价不再协调时,这些国家的竞争力就会降低。

◇ 通向高生产率进而高生活水平的必由之路是:对贸易、资本和来自最先进国家的思想开放自己的市场,并允许同那些已经使用最先进技术的公司展开强有力的竞争。

❖知识点七 欧洲货币体系的演进

◇ 欧洲货币体系:1973年布雷顿森林体系崩溃后,西欧几个国家共同创立了一个固定汇率体系,即欧洲货币体系(EMS)。固定汇率和开放国界意味着参加国必须放弃对本国利率的控制权。这种货币体系很容易遇到危机,遭到来自外部的货币投机攻击。

◇ 1999年1月1日,欧洲有11个国家达到了加入欧洲货币联盟(EMN)的条件,开始以欧元作为本国的新货币。这些条件包括了通货膨胀率和利率接近最低国的水平,对政府赤字和政府债务采取严格的标准。欧洲货币联盟的货币结构与美国相类似。货币政策由欧洲中央银行(ECB)来制定,并执行欧盟各国的货币政策。ECB进行公开市场业务,从而决定欧洲的利率。它的首要目标是致力于"价格稳定"。有"欧元之父"之称的罗伯特·蒙代尔提出了理想货币区的概念,认为在理想货币区内,劳动力的流动性很高,或者,总供给和总需求所面临的冲击是共同的或同步的。因此,确保宏观经济得到快速调整将无需对汇率做大的变动。

◇ 欧洲国家通过使用统一货币和建立统一的中央银行,实现了"超硬性"的固定汇率制。在"理想货币区"中,统一货币是可行的。倡导者认为,欧洲货币联盟将会提高经济的可预测性,降低交易成本,并能更好地分配资本资源。反对者则担忧,统一货币(相当于一个完全的固定汇率制)势必要求灵活的工资和价格,以便于调控和平息宏观经济的震荡。

◇ "你无法拥有全部"是经济学的一个核心原则。固定汇率制度的基本矛盾在于一国不可能同时拥有(1)可调整的固定汇率;(2)自由的资本和金融流动;(3)独立的国内货币政策。也就是说,一国必须在上述三个目标中选择两个。一国可以固定其汇率,也不削弱其中央银行,但其手段必须是控制资本流动,(像今天中国的情况);一国也可以让资本自由流动,并维持本币的自治能力,但手段必须是让汇率自由波动,(像英国或加拿大的情况);或者,一国还可以选择让资本自由流动,并能稳定本币的汇率,但手段必须是放弃调控本币的利率以防止通货膨胀和经济衰退的权力(像今天的阿根廷以及欧元区的大多数国家的情况)。

【习题解析】

□概念复习

1. 开放经济中的 $C+I+G+X$ 曲线

开放经济中的总支出曲线表明了开放经济下总支出与收入之间的关系。在开放经济条件下,总支出是消费、投资、政府支出和净出口之和,因此所有引起消费、投资、政府购买支出和净出口变动的因素都将使 $C+I+G+X$ 曲线发生变动。

2. 净出口$=X=Ex-Im$

净出口为出口的商品和服务减去进口的商品和服务的净值,用公式表示就是净出口$=X=Ex-Im$。从中可以看出,净出口的值的大小取决于出口值和进口值各自的大小。当汇率贬值,本国产品的价格相对于别国产品的价格下降时,出口会增加,可能导致净出口的增加。反之,则会导致净出口的减少。

3. 国内需求与相应于 GDP 的支出

国内需求一般指内需,是一国国内的国民支出所形成的需求,包括了总需求中的本国的消费支出和投资支出以及政府购买支出等。国内需求是一国 GDP 支出的支柱。如果要在短期内需要扩大或者缩小总需求,就可以将重点放在调节内需上。为了扩大内需,政府可以实行扩张性的财政政策和扩张性的货币政策。GDP 是指一个国家或地区领土范围内,本国(地区)居民和外国居民在一定时期内所生产和提供的产品和劳务的市场价值之和。它可以用支出法和收入法两种方法进行核算。用支出法的公式为:$GDP=C+I+G+X$。在封闭经济下,国内需求等于 GDP 支出;但是在开放经济下,国内需求与 GDP 支出是不同的,它们之间相差一个净出口的值。

4. 边际进口倾向(MPm)

答案见知识点二第二段。

5. 乘数:封闭经济中$=1/MPS$;开放经济中$=1/(MPS+MPm)$

乘数是指收入的变化与带来这种变化支出的初始变化之间的比率。乘数作用可以通过初始支出后的消费和收入变化来说明。初始支出的增加引起收入增加,增加的收入中将有一部分花费在其他商品和劳务上,这意味着生产这些商品和劳务的人的收入增加,随后他们也将花费一部分增加的收入,如此继续下去,最终引起收入增量多倍于初始支出的增量。乘数的大小取决于人们的边际消费倾向。因此,封闭经济中的乘数$=1/MPS$。在开放经济中,由于收入的任一增加中都会有一部分进口品的漏出,因此开放经济的乘数势必略小于封闭经济的乘数,用公式表示为 $1/(MPS+MPm)$。其中,MPS=边际储蓄倾向,MPm=边际进口倾向。

【归纳总结】封闭经济中基本的乘数公式为 $1/MPS$,其中政府支出乘数公式为 $1/(1-MPC)$,税收乘数$=MPC\times$支出乘数。开放经济中的乘数公式为 $1/(MPS+MPm)$。

6. 贸易流量和汇率对 GDP 的影响

在开放经济中,一国的 GDP 为消费、投资、政府购买支出和净出口之和,所谓的贸易流量在这里就可以用净出口来衡量。当一国的出口大于进口,净出口为正,也就是贸易余额为正,则根据 GDP 的衡量方法,GDP 将增加。反之,贸易余额为负,GDP 将减少。

汇率对GDP的影响是指汇率的变动对GDP的变动所起的作用。汇率的变动会通过改变国内外商品的相对价格来影响进出口的值，从而引起净出口和GDP的变动。

7. 开放经济的储蓄—投资公式：$X=S+(T-G)-I$

答案见知识点一第一部分。

8. 封闭经济和开放经济中的储蓄—投资市场的均衡

在封闭经济中，投资必须等于私人储蓄加上政府盈余。假设税收、政府支出以及私人储蓄率都是与利率相独立的因素，那么在充分就业条件下，国内总储蓄是一定的。而投资是利率的减函数，投资对利率十分敏感，利率升高将会减少对房地产和其他基础设施的投资。储蓄和投资状况决定了一个均衡的储蓄和投资水平以及利率。

在一个小国开放经济中，由于资本的高度流动性，它必须使其国内利率和国际市场的利率保持一致，其投资的均衡点就是投资曲线和世界利率的交点。但是，这时有可能国民储蓄和投资之间有一个余额，这个余额决定了净出口或者一国的国际贸易状况，因此净出口也是由国内因素和国际利率水平共同决定的。

9. 开放经济中的增长政策

开放经济中的增长政策是指在开放经济中，促使一国经济产出增加的财政政策、货币政策和产业政策等的统称。具体见知识点五。

10. 竞争力与生产率

答案见知识点六第一段。

□问题讨论

1. 假设短期内存在闲置资源，一个扩张性的货币政策导致了美元相对于贸易伙伴国的货币贬值。解释这种情况将会导致美国经济出现扩张的机制，解释贸易的影响怎样加重了货币政策对国内投资的影响。

【重要级别】☆　　　　　　　　【难度级别】☆

【考查要点】宏观经济政策和汇率制度

【参考答案】美国扩张性的货币政策会导致美国利率水平的降低，从而刺激美国国内投资需求的增加。同时扩张性的货币政策导致了美元的贬值，这使得美国商品和服务在国际市场上的价格下降，美国商品的国际竞争力增强，从而增加美国的净出口。净出口的增加会导致产出的进一步扩张。因此，扩张性的货币政策通过本国利率和汇率的双重作用，引起了较大的扩张效应。

2. 在乘数模型中解释下列各项对净出口和GDP的短期影响，如需要可使用表30－1(课本P539)：

a. 投资(I)增加1 000亿美元。

b. 政府采购(G)减少500亿美元。

c. 外国产出水平的增加使出口增加100亿美元。

d. 汇率的下降使得GDP每一水平上的出口额均增加300亿美元，而进口额均下降200亿美元。

【重要级别】☆☆　　　　　　【难度级别】☆☆

【考查要点】贸易对GDP的短期影响

【参考答案】由表中的数据可知，边际消费倾向 $MPC=0.67$，边际储蓄倾向 $MPS=1-MPC=0.33$，边际进口倾向 $MPm=0.1$。所以支出乘数为：$1\div(MPS+MPm)=1\div0.43\approx2.33$。

a. 投资(I)增加1 000亿美元，因为乘数效应将使产出增加31 000×2.33=2 330亿美元。随着收入的增加，进口也会增加，净出口将下降。

b. 政府采购(G)减少500亿美元，将通过乘数效应使产出减少2.33×500=1 165亿美元。随着收入的减少，进口也会减少，在出口不变的情况下，净出口将下降。

c. 外国产出水平的增加使得出口增加100亿美元，这将增加收入和进口，由于出口增长大于进口增长，因此净出口也会增加。

d. 汇率的下降将增加本国产品的国际竞争力，使出口增加、进口减少，进而使净出口增加，本国的产出水平也增加。

3. 在一个不存在政府支出和税收的经济体中，当 $MPC=0.80$，$MPm=0$ 时，支出乘数将是多少？当 $MPm=0.1$，或当 $MPm=0.9$ 时呢？解释为什么乘数甚至可能会小于1。

【重要级别】☆☆　　　　　　【难度级别】☆☆

【考查要点】贸易对GDP的短期影响

【参考答案】在开放经济条件下，乘数的计算公式为：

$1\div(MPS+MPm)=1\div(1-MPC+MPm)$

当 $MPC=0.8$，$MPm=0$ 时，支出乘数为：$1\div0.2=5$

当 $MPC=0.8$，$MPm=0.1$ 时，支出乘数为：$1\div0.3\approx3.33$

当 $MPC=0.8$，$MPm=0.9$ 时，支出乘数为：$1\div1.1\approx0.91$

当时 $MPS+MPm>1$，支出乘数小于1。此时，$MPS+MPm=1-MPC+MPm>1$，即 $MPm>MPC$。因此当边际进口倾向大于边际消费倾向时，支出乘数就有可能小于1。

4. 以表30－3(课本P548)为对象：

a. 解释表中各项。

b. 在表上增加一栏“利率变动”，参照图30－7(课本P546)，在封闭经济条件下填写该表。

【重要级别】☆☆☆　　　　　　【难度级别】☆☆☆

【考查要点】开放经济的储蓄和投资

【参考答案】a. G 增加或 T 减少将导致国民储蓄曲线的左移，这将导致汇率的上升，直至净出口的减少足以平衡国内储蓄的增加。私人 S 增加将导致国民储蓄曲线右移，从而使得汇率下降，本国的净出口增加，直至净出口的增加足以平衡国内储蓄的增加。投资需求增加，会导致投资曲线向右移动，并进一步导致汇率的上升，直至净出口的减少足以平衡储蓄和投资。在这种情况下，国内的投资将会挤出国外的投资。世界利率的增加会导致本国资本的外流，从而降低了外国对本国货币的需求，使得汇率降低、净出口增加。此外，由于在小国开放经济中，本国的利率始终等于世界利率，因此世界利率的提高会降低本国的投资水平，进而导致国内净储蓄增加和对外投资的上升。

b. 在封闭经济下，一国的净出口始终为零，即 $X=0$。封闭经济不存在与他国交易的问题，因此也无所谓汇率，汇率的变动也为零。世界利率也无法影响一个封闭经济的国家，因为在封闭经济下，资本无法实现流通。封闭经济下的政策变化的影响如下表所示。

政策变化或外生变量	汇率改变	投资改变	出口改变	利率变动
G增加或T减少	0	$I\downarrow$	0	$r\uparrow$
私人S增加	0	$I\uparrow$	0	$r\downarrow$
投资需求增加	0	$I\uparrow$	0	$r\uparrow$
世界利率增加	0	0	0	0

5. 一位著名的宏观经济学家最近写道："通过采用统一的货币而实现货币联盟，实际上并不是货币问题。最重要的因素是，联盟中的国家必须同意在整个区域内实行单一货币政策。"解释这一说法。为什么采用单一的货币政策会带来一些问题？

【重要级别】☆☆☆　　　　　　【难度级别】☆☆☆

【考查要点】欧洲货币体系的演进

【参考答案】根据最优货币区理论，通过采用统一的货币而实现货币联盟必须满足以下条件：第一，劳动力和资本的流动性，如果劳动力和资本具有高度的流动性，那么宏观经济就会减少对汇率政策工具的使用。第二，经济开放度和经济规模，如果一国的经济开放度越高而且规模越小，那么固定汇率就越有效，这个国家就越倾向于加入货币联盟。第三，价格和工资的灵活性。第四，产业结构的相似性。第五，如果成员国之间实现了财政一体化，那么财政转移支付能够替代利率和汇率等货币政策抵消非对称冲击的影响。

最优货币区的条件是十分苛刻的，需要加入货币联盟的国家之间有政策上的协调，但是这种协调是十分困难的。货币联盟成员国之间经济、社会、语言、文化、社会保障体系等都存在着一定的差异。如果资源缺乏流动性、工资和价格存在刚性，就会加剧这一问题。单一货币带来的低成本和贸易创造的收益有可能在很大程度上被放弃本国货币主权产生的经济调整成本所抵消，甚至是得不偿失。

6. 假设纽黑文市是一个非常开放的经济地区。该市出口骨灰盒，且没有其他的投资和税收。城市居民可支配收入中的50%用于消费，且所购买的商品和服务中90%来自美国其他地区。市长凯恩提议征收1亿美元的税收用于一个公共项目的支出。他认为该市的产出和收入由此会因为某种被称为"乘数"的东西而获得

显著的增长。估计一下该公共项目对纽黑文市的收入和产出的影响。你同意市长的意见吗?

【重要级别】☆☆☆　　　　　　　【难度级别】☆☆☆

【考查要点】开放经济的储蓄和投资、贸易对GDP的短期影响

【参考答案】由题意可知,该市的边际消费倾向 $MPC=0.5$,所购买的商品和服务中90%来自于美国其他地区,因此其边际进口倾向 $0.5\times0.9=0.45$,所以该市的支出乘数为 $1\div(1-MPC+MPm)=1\div0.95\approx1.05$,税收乘数为 $MPC\div(MPC+MPm)=0.5\div0.95\approx0.53$。

如果政府征税1亿美元会导致收入减少 $1\times0.53=0.53$(亿美元),而政府增加公共项目支出1亿美元将会导致收入增加 $1\div1.05=1.05$(亿美元)。总的来说,政府征收1亿美元的税收用于一个公共项目的支出对经济的总效应是使收入增加 $1.05-0.53=0.52$(亿美元)。所以说如果政府的目的是提高该市居民的福利水平,则政府的此项政策是不明智的,因为征税用于公共支出所提高的收入小于居民所缴纳的税收。

7. 复习表30-3(课本P548)所讨论的有关变量对储蓄、投资和贸易三者的影响,作一个类似图30-8(课本P547)的图,讨论每一次变动对三者的影响。确信你也能够解释相反的情况,这一点请注意该表后所附的一句话。

【重要级别】☆☆　　　　　　　【难度级别】☆☆

【考查要点】开放经济的储蓄和投资

【参考答案】(1)国内利率的变化对储蓄、投资和贸易的影响。降低国内利率水平将会使本国的投资增加,而外国投资减少,由于国内资本的套利,会增加对外国货币的需求。这将会导致本国货币的贬值,致使本国的投资曲线向右移动,从而使投资增加,储蓄不变,但是贸易余额可能会减少,如(a)图所示。

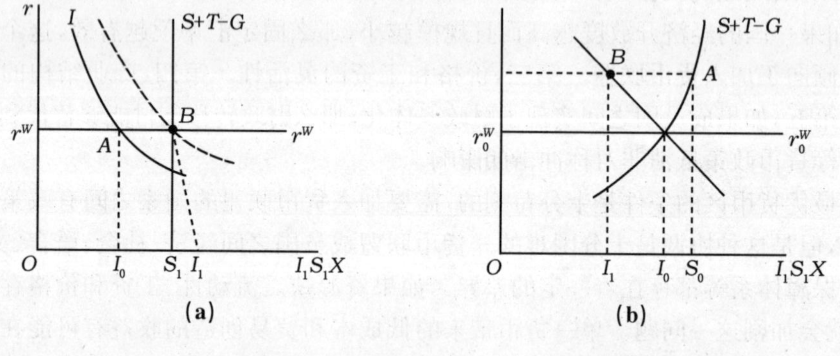

(2)世界利率的变化对储蓄、投资和贸易的影响。世界利率提高,套利行为将会导致本国资本外流,以获取更高的回报,从而增加对外国货币的需求,本国货币就会贬值。这会增加本国商品在国际市场上的竞争力,本国的净出口会增加,而本国的投资会减少,贸易余额会增加,如(b)图所示。

8. 政治家们往往谴责美国的巨额贸易赤字。而经济学家的反应则是,如果贸

易赤字变小的话，美国的国内投资将会进一步地减少，或者税收将增加。用图30－8中的储蓄—投资平衡分析来解释经济学家的观点。并解释“贸易和净出口的决定因素”一节中，《2000年总统经济报告》中的一段引文。

【重要级别】☆☆　　　　　　　　【难度级别】☆☆

【考查要点】开放经济中的净出口和产出及其决定因素

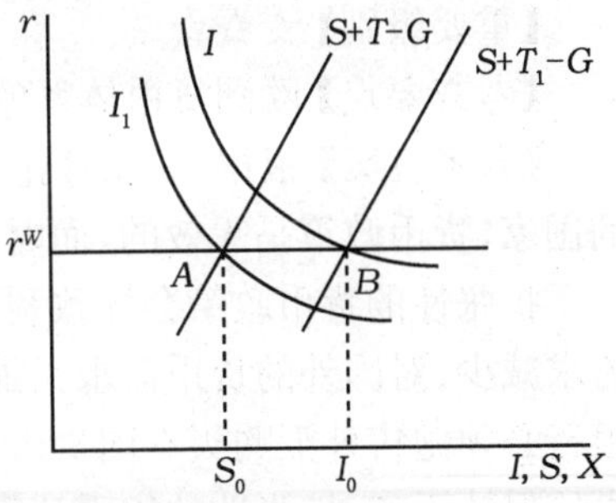

【参考答案】右图显示了美国的贸易赤字，在世界利率为r^W时，美国的投资需求曲线为I，总储蓄曲线为$S+T-G$。此时存在着数量为AB的贸易赤字。如果政府增加税收，则总储蓄曲线将由$S+T-G$变为$S+T_1-G$，总投资曲线与总储蓄曲线相交于B点，此时贸易赤字为零。如果国内投资削减，则投资需求曲线将向左移，从I变为I^1，新的投资需求曲线与总储蓄曲线相交于A点，从而贸易赤字为零。因此如果贸易赤字需要降低，则国内投资将会减少，或者税收将会增加。

根据国际收支平衡理论，经常项目与金融项目之和等于零。国际收支均衡是指经常项目差额可由正常的资本流量弥补，而无需通过过度的贸易限制和对资本流入或流出的特殊刺激，或造成大规模的失业来实现。在开放经济下，净出口$X=S+T-G-I$，当X为负时，就出现贸易赤字。引起贸易赤字的原因可能是投资和政府需求的增加，或税收和私人储蓄的减少等。对于美国而言，主要是由于美国经济不断扩张，投资增加所引起的贸易赤字，而不是私人储蓄S下降所引起的。

9. 考虑像俄罗斯这样的想要完成向市场经济过渡的国家：其国内通货膨胀率高，对外国投资者的税收政策经常变动，政局也不稳定(包括在20世纪90年代发生的两次内战)，产权频繁易手且得不到可靠的保障。解释：为什么上述每一个因素都会降低在俄罗斯投资的吸引力，并用你的说法解释图30－9(课本P549)中的投资风险溢价问题。

【重要级别】☆☆　　　　　　　　【难度级别】☆☆

【考查要点】开放经济的储蓄和投资

【参考答案】俄罗斯较高的通货膨胀、经济政策较大的变动性以及政局动荡使得投资收益难以保障，降低了投资者的信心，从而降低了在俄罗斯投资的吸引力。为了使投资者在俄罗斯投资，必须给予投资者较高的风险溢价来作为补偿，才能对投资者有一个比较大的激励作用。

在低风险国家，稳定的经济环境导致较低的国内利率和较高的投资水平。但是在类似俄罗斯这样的高风险国家，受政治动荡、腐败和经济不确定的影响，投资者要求其投资具有较高的风险溢价，所以国内的利率会远远高于世界利率水平。由于外国投资者的风险规避行为，投资水平就会很低。

10. 考查像比利时和荷兰这样的小国开放经济的例子。它们都有着高度可流

动的资本、固定汇率和高额的政府预算赤字。假定这些国家发现自己处于衰退期，产出水平低而失业率高。解释它们为什么不能用货币政策来刺激经济？假如它们可以忍受高额预算赤字，为什么财政扩张将是有效的政策？为什么汇率的贬值将会同时导致产出增加和政府赤字的降低？

【重要级别】☆☆☆　　　　　　【难度级别】☆☆☆

【考查要点】欧洲货币体系的演进

【参考答案】根据"三元悖论"的相关结论，在资本高度流动、实行固定汇率制的国家，货币政策是无效的，而财政政策有效。

扩张性的货币政策会导致利率下降。利率的降低会导致资本外流、本国货币需求减少、对国外的货币需求增加，从而使本币贬值。为了维持汇率的稳定，中央银行必须抛售外汇购买本国货币，从而维持本国汇率的稳定。最终经济中的货币供给保持不变，扩张性的货币政策没有引起产出的扩张。

而财政扩张将导致本国利率的上升，外国资本将减少，外国对本国的货币需求增加，导致本币升值。为了维持固定的汇率，中央银行不得不用本国货币兑换外国货币，增加本国货币的供给，直至利率回复到原来的水平。财政政策在固定汇率制度下极其有效。

货币贬值将使本国商品相对于外国商品的价格降低，从而使本国商品在国际市场上更有竞争力，本国净出口将增加，从而使本国的总产出和总收入增加。产出的增加，导致税基增加，从而政府赤字降低。

11. 有难度的问题：德国统一以后，为重建东德，引发了德国总需求的大规模扩张。德国中央银行对此做出反应，降低了货币增长速度并提高了德国的实际利率。这些做法是在欧洲货币体系下实施的，在该体系下，大多数国家采用的是固定汇率体系，而且德国中央银行的货币政策有着重要的影响。

a. 解释为什么欧洲国家采用固定汇率制，并且它们的利率为什么会随着德国中央银行对利率的调整而提高自己的利率？解释为什么其他欧洲国家会因此而陷入严重的衰退。

b. 解释为什么各国更倾向于欧洲货币联盟，而不是原先的货币体系？

c. 德国货币的紧缩为什么会导致关于美元贬值的预期。解释为什么贬值将刺激美国的经济活动？

【重要级别】☆☆　　　　　　【难度级别】☆☆

【考查要点】欧洲货币体系的演进、宏观经济政策和汇率制度

【参考答案】a. 在布雷顿森林体系解体之后，德国和法国为首的西欧国家按照布雷顿森林体系的原则创立了欧洲货币体系，其成员国承诺将它们的汇率波动控制在所规定的狭小的空间内。在这种体系下，参加国必须放弃对本国利率的控制权。因此，许多加入欧盟的国家都采用了固定汇率制。两德统一之后，因为东德的经济建设支出急剧膨胀，造成了西德的支出扩张大幅加速，推高了德国的通货膨胀，因此德国中央银行就用提高利率的货币政策来干预和管理国内的宏观经济。

面对上升的德国利率，欧洲货币体系中的其他国家也不得不随之提高利率，以阻止其货币对德国马克的贬值，并防止汇率波动幅度超过所规定的范围。于是，许多国家都发现自己的汇率出现了高估。利率的上升加上世界性的衰退，还有原计划经济国家在转型过程中产出的急剧下降等问题，都将德国以外的欧洲国家推入了经济衰退之中。

b. 欧洲各国更倾向于欧洲货币联盟的主要原因是政治和经济方面的需要。实行统一的货币会给欧盟各国带来巨大的好处：第一，会增强欧盟各成员国自身的经济实力，提高其经济竞争力。第二，减少内部矛盾，防范和化解金融风险。第三，简化流通手续，降低成本。第四，增加社会消费，刺激企业投资。如果实行单一的货币欧元，欧洲中央银行可以制定和实施统一的货币政策，各国的物价、利率、投资收益将逐步缩小差别或趋于一致，形成物价和利率水平的总体下降、居民社会消费的扩大、企业投资环境的改善，最终有利于欧盟总体经济的良性循环。

c. 德国货币紧缩会导致德国国内利率的上升、国外投资增加，从而对德国马克的需求也增加。在外汇市场上，德国马克需求的增加会导致德国马克相对于美元升值，而美元相对贬值。美元贬值将增强美国商品的国际竞争力，从而美国的净出口增加，这将刺激美国的经济活动。

12. 有难度的问题：复习基本目标冲突的定义和保罗·克鲁格曼的观点。解释为什么这三大目标无法统一起来。并用这一结论分析1989～1993年欧洲货币危机。为什么在“加利福尼亚美元”和“得克萨斯美元”之间不存在固定汇率体系中的那种基本目标冲突。给出赞成和反对克鲁格曼所谈的三种“可能的”选择的理由。

【重要级别】☆☆☆　　　　　【难度级别】☆☆☆

【考查要点】欧洲货币体系的演进

【参考答案】三元悖论也称三难选择，它是由美国经济学家保罗·克鲁格曼就开放经济下的政策选择问题，在蒙代尔—弗莱明模型的基础上提出的，其含义是：本国货币政策的独立性、汇率的稳定性、资本的完全流动性不能同时实现，最多只能同时满足两个目标，而放弃另外一个目标。本国货币政策的独立性是指一国执行宏观经济政策进行反周期调节的能力；汇率的稳定性是指保护本国汇率免受投机性冲击、货币危机等的冲击，从而保持汇率的稳定；资本的完全流动性即不限制短期资本的自由流动。具体来说，包括了以下三种情况：(1)保持本国货币政策的独立性和资本的完全流动性，就必须牺牲汇率的稳定性，实行浮动汇率制。美国、日本等发达国家实行的就是这样的政策，对于发展中国家来说并不是一个很好的政策选择组合。(2)保持本国货币政策的独立性和汇率的稳定，就必须牺牲资本的完全流动性，实行资本管制，大多数经济不发达的国家实行的就是这样的政策组合，比如说中国。(3)维持资本的完全流动性和汇率的稳定性，必须放弃本国货币政策的独立性。在这种情况下，一个国家要么加入货币联盟，要么更为严格地实行货币制度。

“加利福尼亚美元”和“得克萨斯美元”之间不存在固定汇率体系中的那种基本

目标冲突是因为美国使用的是共同货币,并且资源具有高度的流动性。

赞成克鲁格曼的“永恒的三角形”的主要原因就是如上所述的三种具体情况。

反对的主要理由是,尽管在大多数开放经济中,最不合意的调整方式是限制资本的流动,但是对于类似中国这样的正在逐步开放的国家而言,在一定程度上选择了限制资本自由流动的措施,但是汇率制度却并不是单纯的固定汇率制度。

【补充训练】

1. 开放经济条件下,紧缩性财政货币政策的作用包括(　　)。

A. 导致国内失业率上升　　B. 导致进口增加与国际收支恶化

C. 导致利率上升与资本流出减少　　D. 导致通货膨胀率上升

【重要级别】☆　　【难度级别】☆

【考查要点】宏观经济政策和汇率制度

【参考答案】C。在紧缩性财政政策下,购买将减少,意味着进口的减少;在紧缩性货币政策下,货币供应的减少将使利率上升,资本流出减少。

2. 扩张性财政政策在固定汇率下要比在浮动汇率下更有效。

【重要级别】☆　　【难度级别】☆☆

【考查要点】宏观经济政策和汇率制度

【参考答案】正确。扩张性财政政策将引起利率升高,在固定汇率制下,国内私人资本的流出较稳定,故投资对利率的敏感度较小,挤出效应小,财政政策有效。

3. 判断:假设 *BP* 曲线、*LM* 曲线都是直线,在浮动汇率制度下,当资本流动对利率变化更加敏感,而货币需求对利率的敏感性较弱时,扩张性货币政策是非常有效的。

【重要级别】☆　　【难度级别】☆☆

【考查要点】宏观经济政策和汇率制度　开放经济中的货币政策

【参考答案】正确。在题设情况下,货币政策的扩张将会引起产出规模的较大变化,货币政策是比较有效的。

4. 对有顺差的过热经济采取紧缩货币政策是否合适?为什么?

【重要级别】☆☆☆　　【难度级别】☆☆☆

【考查要点】宏观经济政策和汇率制度

【参考答案】不合适。因为紧缩性的货币政策对过热的经济有抑制作用,同时对国际收支有以下影响:①总需求下降、收入减少→进口下降→顺差增加;②利息率提高→资本净流出下降→顺差增加。

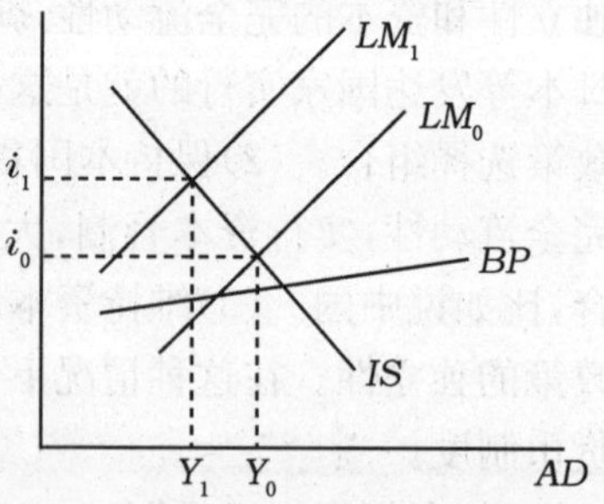

所以,该政策完全不能兼顾两大经济目标。如右图所示,紧缩货币虽然使总需求减少,却使顺差更加严重,所以不具有兼顾性。

第 31 章　失业与总供给的基础

【学习精要】

❖知识点一　总供给的决定因素

总供给描述的是经济的生产方的行为。总供给基本取决于两组截然不同的因素：潜在产出和投入成本。

(1)潜在产出：指的是在不会引致或增大通货膨胀压力的条件下一个经济所能够持续生产的最大产量，可以用潜在 GDP 来衡量。当一国的失业率处于非加速通货膨胀的失业率的基准水平时，一国经济的生产能力就是潜在 GDP。潜在产出增长的基本决定因素是投入的增加和技术的进步。潜在产出是可持续的最大产出。却未必就是经济所能生产的最大产出，在短期内，实际产出水平很可能会高于潜在产出水平。长期看，总供给主要取决于潜在产出。当经济增长时，潜在产出随之上升，总供给曲线向右移动。

(2)投入成本主要有工资、进口品及其他投入成本。不同的国家投入成本是不同的，比如对于美国这样的国家来说，劳动所得在全部成本中约占 3/4，而在像荷兰这样的国家，进口品成本在决定总供给上起着更大的作用。当潜在产出增加而投入成本不变时，总供给曲线向外移动；当投入成本增加而潜在产出不变时，总供给曲线垂直上移。

❖知识点二　短期 *AS* 曲线与长期 *AS* 曲线

◇ 短期 *AS* 曲线是向上倾斜的或凯恩斯主义的，如(a)图所示。在曲线上是相对平坦的，*AD* 曲线的下降会引起价格的小幅度下降和产出的大幅度下降。原因就是在短期内，由于存在像劳资协议这类刚性合同，因此工资和价格都是粘性的。因为价格和工资的调整速度慢于冲击的要求，恢复充分就业均衡的速度也相对缓慢，因此经济才会长期经历持续的失业。

◇ 长期 *AS* 曲线是竖直的或者说是古典的，如(b)图所示。这时大部分对需求增加所作出的反应都是以提高价格的形式出现，只有一小部分是以产出增加的形式出现。原因在于古典学派认为价格和工资是有弹性的，任何过剩的供给或需求都能很快被清除，并且在总供给或者总需求受到冲击之后，仍然能够重新回到充分就业水平。这一调整过程是十分迅速的。

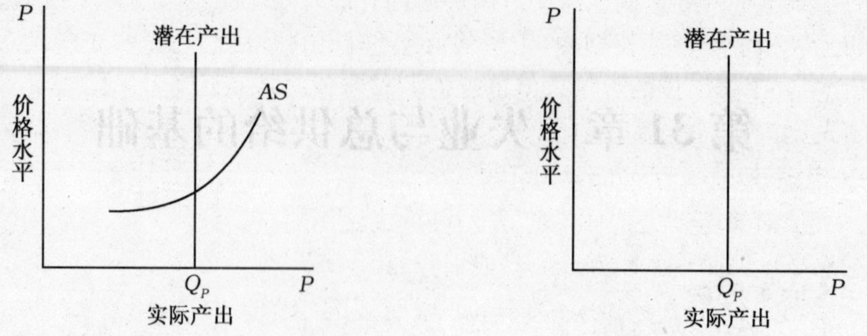

(a)短期 *AS* 典线　　(b)长期 *AS* 曲线

❖知识点三　失业的分类

◇ 摩擦性失业:原因在于人们在各地区之间、各种工作职位之间不停地变动,或者正在跨越生命周期中的某个阶段,即使经济处于充分就业水平,也总会发生一些职业调整,所以人们常将其视为自愿失业。

◇ 结构性失业:原因主要是劳动力的供给和需求不匹配。常见的情况就是产业的兴衰所引起的职业间或地区间的结构性失衡。

◇ 周期性失业:出现在对劳动的整体需求比较低的时候。当总支出和总产出下降的时候,失业在所有领域都明显上升。周期性失业往往发生在经济衰退时期,这时就业率的下降是总供给和总需求不平衡的结果。

❖知识点四　失业的影响

◇ 经济影响:高失业时期引起大量的经济损失,扔掉了那些原本可以由失业工人生产的商品和服务。

◇ 社会影响:长时间的持续非自愿失业给人们造成巨大的精神损失,留下心理伤痕,有可能会引起社会动荡。

❖知识点五　奥肯法则

在商业周期中,产出和失业率的运动有明确的关系。根据奥肯法则,实际 GDP 相对潜在 GDP,每下降 2%,则失业率上升 1%。这一法则在把 GDP 的周期运动换算为它们对失业的影响时十分有用。

❖知识点六　微观经济的基础

◇ 粘性工资理论和非自愿失业理论认为,工资的缓慢调整造成了单个劳动市场的过剩或不足。该理论认为:由于工资具有刚性,对劳动的过剩或短缺不能进行及时的调整,因此就会出现周期性失业。如果工资高于市场出清水平,则一部分劳动力就会就业,而其他一些合格的人却找不到工作。适当的货币政策和财政政策可以减少这种失业,从而工人和企业两方面都可以从中获益。从这个角度看,这样的失业不仅是非自愿的,而且是无效率的。

◇ 报酬体系的管理费用是造成劳动市场不能出清的部分原因。对应于市场条件的报酬水平的频繁调整需要占用过多的管理时间，扰乱工人的公平，逐渐损害工人的士气和生产率。长期内，工资势必会进行调整，从而矫正非正常的失业水平，或者填补工作岗位的数量。但是工资调整步伐缓慢意味着社会需要忍受较长时间的失业。

❖知识点七　劳动市场问题

◇ 衰退对各劳动力群体的打击大致是成比例的，也就是说，各劳动力群体的失业率都与总失业率成比例地上升或下降。

◇ 美国的失业中有很大一部分是短期性的。在低失业年份（如 1999 年），85%的失业者的失业时间都短于 26 周。但在长期而严重的经济衰退之中，平均的失业持续期会急剧地上升。

◇ 在大多数年份中，失业的很大一部分与简单的人事调整或摩擦性原因有关，如人们首次进入或重新进入劳动力行列。仅仅在衰退时期，失业群体才主要是由失去工作者构成。

◇ 欧洲的持续性失业似乎是由于总需求不足和劳动市场的刚性共同作用而产生的。

【习题解析】

□概念复习

1. 总供给，*AS* 曲线

总供给是对总需求的一个对称，指的是一个国家的生产者依据一定的价格水平，在一定时期内愿意生产出来并通过市场反映出来的产品和服务的总量，它代表一个国家满足总需求水平的总产出能力的大小。其事后指标一般用 GDP 来衡量。在资源约束型经济中，总供给水平是决定经济增长速度的主要因素；而在需求约束型经济中，总需求水平是决定经济增长速度的主要因素。当总供给过大时，会出现通货紧缩、失业增加和经济增长速度的放慢等负面症状，短期内就需要采取措施刺激总需求，使总供给和总需求大致基本平衡。

AS 曲线是总供给函数的几何表示，表示经济中的生产总量与价格总水平之间的对应关系。一般地，总供给曲线是向右上方倾斜的，表示生产总水平和价格总水平的同向变动关系。总供给曲线可以通过劳动市场和总量生产函数的分析得到；如果价格总水平的变动以相同的方式影响劳动的需求和供给，那么总供给曲线就是一条直线；如果价格总水平的变动对劳动的需求和供给产生不同的影响，则总供给曲线就会有其他的形状。

2. 构成和影响 *AS* 曲线移动的因素

构成 AS 曲线的因素主要有潜在产出和投入成本。投入的增加和技术的进步可以增大潜在产出，而工资、进口品及其他投入成本可以影响投入成本，它们的变

动都可以影响 AS 曲线的移动。当潜在产出增加而投入成本不变时,总供给曲线向外移动;当投入成本增加而潜在产出不变时,总供给曲线垂直上移。

3. 总供给:潜在产出和生产成本的作用

长期看,总供给主要取决于潜在产出。当经济增长时,潜在产出随之上升,总供给也随之增长。投入成本也能够影响总供给,特别是工资和原材料的价格等投入成本都可以影响总供给的水平。当这些投入成本上升时,总供给将会减少;反之,则会增加。

4. 短期 AS 曲线与长期 AS 曲线

答案见知识点二。

【翔高点评】要熟练掌握长期 AS 曲线和短期 AS 曲线的差别,这对分析失业的原因是至关重要的,另外一定要注意它们所分别对应的经济学派。

5. 总供给的古典观点和凯恩斯观点

凯恩斯学派认为,价格总水平的变动对劳动的供给和需求产生不同的影响,只会影响劳动的需求而不影响劳动的供给,这时价格总水平的提高将使得劳动需求增加,从而均衡就业量增加,表现为 AS 曲线向右上方倾斜。古典理论认为,价格总水平的变动会以相同的方式影响劳动的供给和需求,它对均衡就业量不产生影响,也就不会对产出量产生影响,表现为 AS 曲线的垂直。两派观点的分歧在于对考察的时间区间的划分。

6. 弹性工资与价格、粘性工资与价格

弹性工资是指能够迅速地反映劳动力市场供求的变动,及时根据劳动力市场状况的改变而调整的工资,弹性价格是指企业能够掌握的信息是充分而对称的,可以及时调整。在弹性工资下,价格水平变化以后,名义工资也会迅速调整,从而使实际工资保持不变,劳动市场仍处于出清状态。这是古典学派的基本观点。

粘性工资是指不能迅速地反映劳动力市场供求的变动,只能缓慢地根据劳动力市场状况改变而调整的工资,企业也不能掌握充分及时的信息,价格不能迅速地得到调整以使市场得到出清,主要的原因有合同的长期性、合同分批到期的性质、效率工资论、长期劳动合同论。这是新凯恩斯主义学派的基本观点。

【翔高点评】这是失业问题产生的微观经济的基础,也是古典学派和新凯恩斯学派理论的根本分歧所在。

7. 人口状况:失业的、就业的、劳动力、非劳动力

失业人员指那些未被雇佣而又在主动寻找工作,或者在等待重返工作岗位的人。就业人员指那些正在从事有报酬的工作的人,因病、因假或因罢工而缺勤者也算就业。劳动力指的是有劳动能力并且愿意去工作的人,包括就业人员和失业人员。也就是说没有工作而又不去寻找工作的人,不属于劳动力。在计算失业率时,分母就是以劳动力人口数为准,而不是以全体人口数为准。有的人在操持家务,有的已经退休,有的身体不佳不能工作,还有的没有去寻找工作,这些都属于非劳动力。

8. 失业率

失业率是指失业人口占总劳动人口的比率,失业率的高低是反映一个经济体状况的主要指标。

9. 摩擦性失业、结构性失业和周期性失业

摩擦性失业指因为劳动力市场运行机制不完善或者经济变动过程中的工作转换而产生的失业。摩擦性失业是劳动力在正常流动过程中所产生的失业。

结构性失业是指因经济结构的变化,劳动力的供给和需求在职业、技能、产业、地区分布等方面不协调所引起的失业。主要是因为有些劳动者不适应新工业部门的要求或者是因为地区的限制,经济落后地区的劳动者不能及时地流动到经济发达地区去。

周期性失业是指与市场经济的周期性现象联系的、每隔一段时间就会重复出现的失业。它与商业周期是密切相关的:当经济繁荣时,失业率降低;当经济陷入衰退时,失业率上升。

【翔高点评】失业的种类划分是本章的考试重点,要认真掌握各种失业的基本特点,熟悉具体的例子,能够正确划分失业的种类。

10. 奥肯法则

答案见知识点五。

11. 弹性工资(市场出清)下的失业与工资刚性(非市场出清)下的失业

【重要级别】☆☆　　　　　　【难度级别】☆☆

【考查要点】微观经济的基础　各种失业的分类和概念

【参考答案】在弹性工资下,工资能够迅速调整,从而劳动市场出清,经济中不存在非自愿失业,即存在自愿性失业。在刚性工资的劳动力市场中,工资未能调整以实现劳动力市场的出清;相反,工资对于经济冲击的反应通常是迟缓的。如果工资没有调整至市场出清的价位,寻找工作者与职位空缺职位之间就会出现不协调,这种不协调就可能导致非自愿性失业。

12. 自愿失业与非自愿失业

□问题讨论

1. 详细说明总供给曲线的含义。区分沿着曲线的变动和曲线成本的移动。什么因素有可能通过沿着 *AS* 曲线的变动而增加产出?什么因素能够通过移动 *AS* 曲线而增加产出?

【重要级别】☆☆☆　　　　　【难度级别】☆☆☆

【考查要点】总供给的决定因素、短期 *AS* 曲线与长期 *AS* 曲线

【参考答案】总供给曲线也称 *AS* 曲线,描述的是经济的生产方的行为,是总供给函数的几何表示,表示经济当中的国民产出与价格总水平的对应关系。在通常情况下,总供给曲线是向右上方延伸的,它是由劳动市场和总量生产函数的分析得来。凯恩斯学派认为,价格总水平的变动对劳动的供给和需求产生不同的影响,只会影响劳动的需求而不影响劳动的供给,这时价格总水平的提高将使得劳动需求增加,从而均衡就业量增加,表现为 *AS* 曲线向右上方倾斜。古典理论认为,价

格总水平的变动会以相同的方式影响劳动的供给和需求,它对均衡就业量不产生影响,也就不会对产出量产生影响。两派分别是从短期和长期的角度来对总供给曲线进行解释,也就产生了短期AS曲线和长期AS曲线之分。它们的政策含义是:在短期内,AS曲线是向右上方倾斜,比较平坦的,AD曲线的下降会引起价格的小幅度下降和产出的大幅度下降,政府可以通过调整总需求使经济位于充分就业的产出水平;在长期,AS曲线是非常陡峭甚至是垂直的,经济稳定在潜在产出水平上,大部分对需求的增加所做出的反应都是以提高价格的形式出现,只有一小部分是以增加产出的形式出现。

在其他条件不变时,由某商品的价格变动所引起的该商品的供给量的变动表现为商品的价格—总供给数量的组合沿着同一条既定的总供给曲线运动,我们称其为曲线的变动。在某商品价格不变的条件下,由于投入成本的变动等引起的该商品的供给数量的变动,表现为供给曲线的位置发生了移动。

当价格水平增加或者总需求的增加沿着AS曲线移动时,可以增加产出。潜在产出的增加或者投入成本的减少也可以使AS曲线右移,从而也可以增加产出。

【翔高点评】总供给曲线是本章的基础,总供给—总需求模型是宏观经济学的核心模型之一,不仅在分析失业问题时极其重要,更是其他宏观经济问题分析的基本框架。

2. 绘制一个类似于表31-1(课本P561)的表,列举将会引起总供给下降的事件。(运用你的想象力,不要简单地使用原表中的例子。)

【重要级别】☆　　　　　　　　【难度级别】☆

【考查要点】总供给的决定因素

【参考答案】

变量		对总供给的影响
潜在产出	生产要素	资本、劳动和土地供应的减少
	技术	技术进步无大的突破
	战争	国内政治动荡,基础设施严重被毁
	金融危机	全球性的金融混乱,使正常经济活动无法运行
生产成本	工资	工人工资增加
	进口品价格	国外商品价格上涨
	大宗原料价格上涨	铁矿石、能源价格的上涨

3. 假设其他条件不变,下列各项在长期内和短期内会对AS曲线产生什么样的影响?

a. 潜在产出增长25%。

b. 战争威胁带来政府防务支出的增长,中央银行通过紧缩银根来中和这种扩

张性影响。

c. 石油输出国组织的成功合谋导致世界石油价格上升两倍。

d. 环境论者要求政府对所有的新投资和能源的使用实施代价高昂的管制，以遏制对自然资源的使用。

【重要级别】☆　　　　　　【难度级别】☆

【考查要点】总供给的决定因素

【参考答案】a. 潜在产出增长25%将使短期和长期AS曲线向右移动。

b. 银根紧缩会导致利率的上升，使得投资下降，产出增长放慢。这对于短期AS曲线基本没有影响，但会使长期AS曲线右移的速度减慢。

c. 石油价格上涨两倍将会使短期AS曲线上移，长期AS曲线不变。

d. 环保的要求将会使得短期AS和长期AS曲线都向左移动。

4. 假定失业率为7%，GDP为4万亿美元。如果非加速通货膨胀的失业率为5%，粗略估计一下潜在GDP是多少？假设潜在GDP每年增长3%，两年后潜在GDP将是多少？要跟上潜在GDP的增长，未来两年的GDP的增长速度应是多少？

【重要级别】☆☆　　　　　　【难度级别】☆☆

【考查要点】奥肯法则

【参考答案】(1)潜在GDP就是失业率处于非加速通货膨胀失业率时的一国经济的生产能力，本题中非加速通货膨胀失业率为5%，因此其产出达到了潜在产出水平。设潜在产出为Q，由奥肯法则，可得$[(4\,000-Q)/Q]\div 2=-(7\%-5\%)$，解之得，$Q\approx 41\,667$(亿美元)

(2)如果潜在GDP每年增长3%。则两年后潜在GDP将是：

$41\,667\times 1.03\times 1.03\approx 44\,205$(亿美元)

(3)假设未来两年的GDP的增长率为x，则：$4\,000\times(1+x)=44\,205$

解之得：$x\approx 5\%W^{**}$，因此未来两年的GDP增长速度必须大于5%，才能保证跟上潜在GDP的增长。

5. 下列各种人的劳动力状态是什么？

a. 一位在寻找自己第一份工作的青少年。

b. 一位被解雇的汽车工人，他愿意工作，但对能找到工作或重返工作岗位已不抱希望。

c. 一位退休者迁往佛罗里达，他阅读招聘广告，希望找一份非全日制的工作。

d. 一位有非全日制工作的家长，他想找一份全日制的工作，但没有时间去寻找。

e. 一位教师有工作，但病情太重不能去上班。

【重要级别】☆　　　　　　【难度级别】☆

【考查要点】失业的分类

【参考答案】失业和劳动力的统计数据是由国家收集的综合经济资料，他们将16岁和16岁以上的人口分为以下四个组群，分别是就业人员、失业人员、非劳动力和劳动力。根据他们的定义和特点,我们可以得知:a和b属于失业人员,c属于非劳动力,d属于就业人员,e属于非劳动力。

6. 略。

7. 假设国会正在考虑最低工资法,要让最低工资高于青少年劳动市场出清的水平,但低于使成年人劳动力市场出清的水平。请用供给—需求图表明这一最低工资对两组工人的就业、失业和收入的影响。失业是自愿的还是非自愿的?如果你要对这一措施表明看法,你会有什么建议?

【重要级别】☆☆☆　　　　　　【难度级别】☆☆☆

【考查要点】劳动市场问题

【参考答案】(1)最低工资法对青少年劳动市场的影响。如(a)图所示,由于最低工资法的原因,最低工资 W_{min} 高于市场均衡工资 W,使得青少年劳动市场存在 $E'E^*$ 的超额劳动供给,从而产生 $E'E^*$ 的非自愿失业。如果没有最低工资的限制,青少年劳动市场将不存在非自愿失业的情况。

(2)最低工资法对成年人劳动市场的影响,如(b)图所示,最低工资 W_{min} 低于均衡工资 W^{**},最低工资法起初对成年劳动市场是没有影响的。但是由于青少年劳动力和成年人劳动力是可以互相替代的,如果对青少年劳动力的需求减少,那么相应的,对成年人劳动力的需求增加,从而使得成年人劳动市场需求曲线右移。成年人劳动市场上的自愿失业者人数减少,将不存在非自愿失业者。

由以上对两个劳动市场的分析我们可以看出,政府的初衷是旨在保护青少年劳动力工资不至于太低,却反而造成青少年劳动市场上失业增加,这又会增加政府的负担和失业保险的支付,是典型的政策不匹配,因此为了稳定经济中的就业水平,政府就应该废止最低工资法。

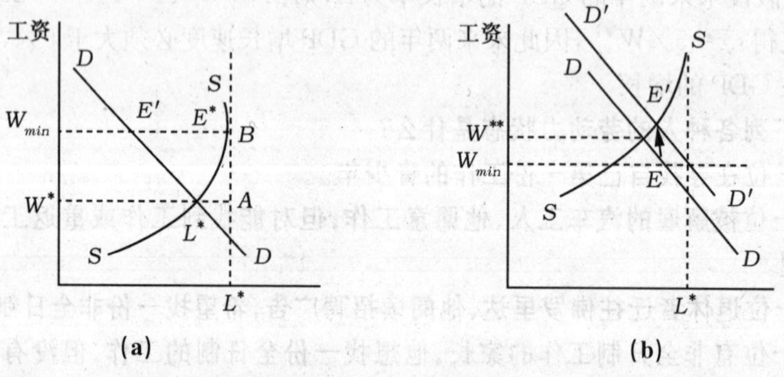

(a)　　　　　　　　　　(b)

【翔高点评】本题要考察的是最低工资对不同劳动市场的影响,重要的不在于该政策的影响,它的解答教给了我们分析问题的一个基本框架,即要熟练运用图形结合理论,这样更有说服力,是学习宏观经济学的一种重要的分析方法。

8. 一个青少年夏季失业1个月,一个户主失业1年,你认为哪个经济损失或个人压力较大?你认为这意味着应对这两个群体采取不同的公共政策吗?

【重要级别】☆☆☆　　　　　　【难度级别】☆☆

【考查要点】失业的影响

【参考答案】在通常情况下，户主在失业的压力要比青少年大很多，也就是说，政府应针对这两个群体采取不同的公共政策。户主是一个家庭的支柱，其收入往往占家庭总收入很大比例，户主的失业对于整个家庭来说是致命的，同时户主一般年龄都比较大，转换工作很难，在就业市场上的竞争力比较差，长时间的失业会造成很大的心理负担。而青少年在夏季失业1个月后，可以很快回校读书，或者进行技术再培训，转换工作的能力很强。但有时户主如果是极其有钱，而青少年缺乏收入来源时，他们的损失和压力可能刚好是相反的。因此公共政策的制定在实践中是十分复杂的，政府必须进行大量的调研，有针对性地提出合适的意见。

9. 列出造成美国和欧洲的失业看上去如此不同的原因。使用图31－6(课本P568)的框架，表明劳动需求的降低是如何导致(a)图中实行弹性工资的美国出现低工资及不变的失业，而(b)图中实行刚性工资的欧洲又是如何导致低就业、高失业以及不变的工资的。

【重要级别】☆☆　　　　　　【难度级别】☆☆

【考查要点】微观经济的基础

【参考答案】欧洲的失业主要有以下几方面的原因：创造新工作机会的风险大、劳动力成本高、劳动保护规定苛刻、劳动力流动比较困难、高失业救济的社会福利以及强大的工会势力等。虽然欧盟近年来高度融合，这些状况也没有多少改观，这使得欧洲的工资调整极其缓慢，工资大体上是刚性的。而在美国相对来说，实行的是弹性工资制度，工资能够迅速变化以实现劳动力市场的迅速出清。究其原因，首先在于两地的宏观经济政策不同。美联储能够严格监控美国经济，而欧洲的中央银行在历史上就一直很脆弱。欧洲失业的另一个特征就是结构性失业明显上升。解决之道就是统一的欧洲中央银行能在整个地区更好地保持总供给与总需求之间的平衡，欧洲国家还需要减少慷慨的福利计划和失业保险，取消工厂对雇佣与解雇程序的限制。另外放松银根、欧元贬值、美国经济的火车头带动作用，都有助于降低欧洲经济的高失业率。

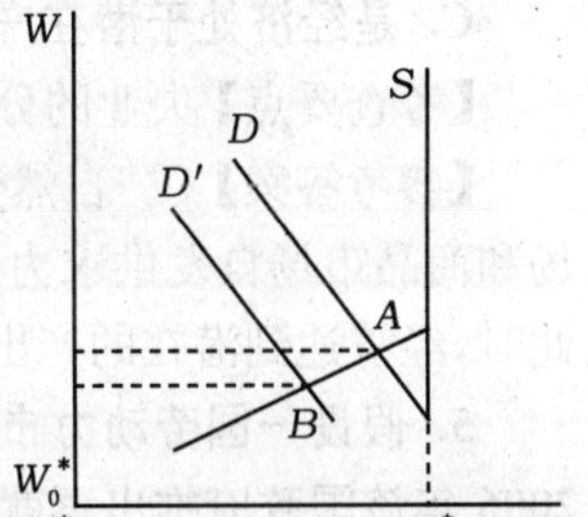

如右图所示，在实行弹性工资制的美国，劳动需求的减少使劳动需求曲线 D 左移至 D'，劳动市场的均衡点从 A 迅速调整到 B，均衡工资率从 W_0^* 降低为 W_1^*，劳动市场不存在非自愿失业。

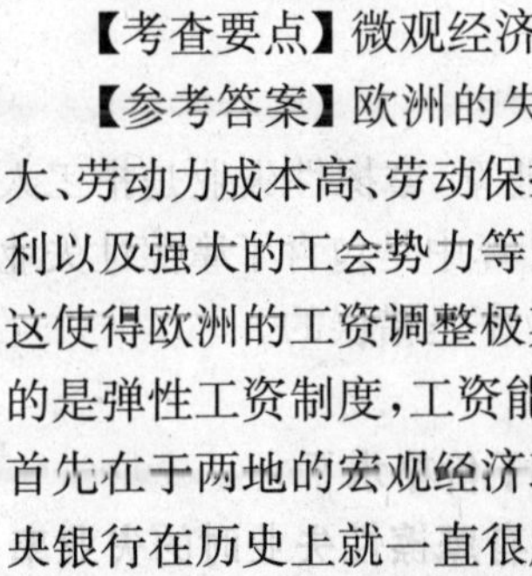

如左图所示，在实行刚性工资的欧洲，劳动需求的减少使劳动需求曲线 D 左移至 D'，由于工资刚性的存在，工资水平仍为 W_0^*，劳动市场的均衡点无法从 A 迅速调整到 B。在刚性工资 W_0^* 下，劳动市场将存在 CA

数量的非自愿失业。因此,刚性工资导致了低就业、高失业以及不变的工资。

【补充训练】

1. 工人所要求的实际工资超过了其边际生产率所造成的失业属于(　　)。

A. 摩擦性失业　　　　　　　　B. 结构性失业

C. 自愿性失业　　　　　　　　D. 技术性失业

【考查要点】失业的分类

【参考答案】C。

2. 由于目前发生全球金融危机,世界经济出现不景气,世界主要的大银行机构都在大规模裁员,此时出现的失业属于(　　)。

A. 摩擦性失业　　　　　　　　B. 结构性失业

C. 周期性失业　　　　　　　　D. 自愿失业

【考查要点】失业的分类

【参考答案】C。

3. 判断:自然失业率是没有摩擦性失业时的失业率。

【考查要点】失业的分类

【参考答案】错误。自然失业率指长期中趋近的失业率,摩擦性失业是指工人找一份工作需要时间而引起失业。所以说自然失业率计算中是包含了摩擦性失业的。因此这里说自然失业率是没有摩擦性失业时的失业率是错误的。

4. 自然失业率(　　)。

A. 恒为零　　　　　　　　　　　B. 依赖于价格水平

C. 是经济处于潜在产出水平时的失业　D. 是没有摩擦性失业时的失业率

【考查要点】失业的分类

【参考答案】C。自然失业率是指在没有货币因素干扰的情况下,让劳动力市场和商品市场自发供求力量起作用,总供给和总需求处于均衡状态时的失业率。此时,经济达到潜在的产出水平。

5. 假设一国劳动力市场初始的离职率(S)为0.01,失业人口就业率为0.19,2006年该国政府推出再就业工程,将失业人员的就业率提高到0.24,则(　　)。

A. 自然失业率将保持不变　　B. 自然失业率将提高0.02

C. 自然失业率将下降0.02　　D. 自然失业率将下降0.01

【考查要点】失业的分类

【参考答案】D。如右图所示,劳动力市场失业与就业转换可以推导出失业率$=U/L=s/(s+f)$,现在知道:$f_1=0.19$,$f_2=0.24$,$s=0.01$,代入求得原来的失业率为$0.01/(0.01+0.19)=0.05$,2006年失业率为$0.01/(0.01+$

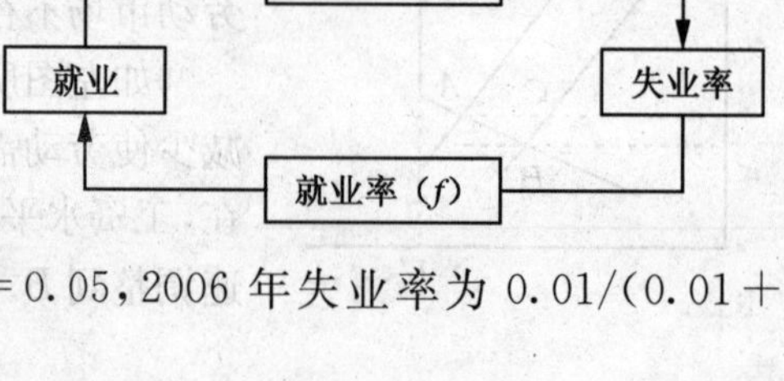

0.24)=0.04,所以失业率降低0.01。

6. 论述摩擦性失业与结构性失业对经济产生的实际影响。

【考查要点】失业的影响

【参考答案】(1)摩擦性失业是指劳动力在正常流动过程中所产生的失业,它是由于经济运行中各种因素的变化和劳动力市场的功能缺陷所造成的临时性失业。经济总是变动的,工人寻找最适合自己嗜好和技能的工作需要时间,一定数量的摩擦性失业不可避免。

结构性失业是指由于经济结构(包括产业结构、产品结构、地区结构等)发生了变化,现有劳动力的知识、技能、观念、区域分布等不适应这种变化,与市场需求不匹配而引发的失业。结构性失业在性质上是长期的,而且通常起源于劳动力的需求方。结构性失业是由经济变化导致的,这些经济变化引起特定市场和区域中特定类型劳动力的需求相对低于其供给。比如,技术变化或消费者偏好的变化所引起的对某种特定劳动力的需求减少。

(2)在社会保障体系尚不健全的情况下,摩擦失业率偏高对于经济增长会产生一些负面影响:①摩擦性失业率偏高会导致本来就偏小的总消费水平进一步降低,从而使经济形势进一步恶化,而经济形势的恶化会使失业率进一步上升,这就进入了就业和经济形势的恶性循环;②会增加失业者本身的不安全感。因此失业者会进一步调整他的消费预算,使他的消费结构进一步趋于保守,并且失业者本身的不安全感将在就业群体中产生一个扩散效应,增加就业群体的不安全感,进而增加社会的整体不安全感。这将使消费倾向进一步下降,并且降低投资风险的承受能力,经济形势进入恶性循环。

结构性失业对经济的实际影响主要表现在:①社会资源的大量浪费。一方面存在着有工作无人做,没有充分使用物力;另一方面又存在着有人无工作的情形,浪费大量人力。②减缓经济发展速度。企业开工不足,投资者会减少投资。③导致了"滞涨并存"的局面。即由于存在劳动力市场的结构矛盾,经济生活中可能出现生产停滞、事业增加和物价水平居高不下同时存在的现象。

第32章　保持价格稳定

【学习精要】

❖知识点一　通货膨胀的定义

◇ 通货膨胀意味着一般价格水平的上涨。今天我们用价格指数，即成千上万种产品的加权平均价格来计算通货膨胀。消费者价格指数(CPI)是以某年的价格水平为基准来衡量市场上各种消费品和服务的成本。GDP紧缩指数就是GDP的价格。

通货膨胀率即价格水平变动的百分比，用公式表示就是：

$$\text{通货膨胀}(t)=\frac{P(t)-P(t-1)}{P(t-1)}\times 100\%$$

❖知识点二　通货膨胀的类型

◇ 按照通货膨胀的不同严重程度，可以将其分为三种类型：(1)低通货膨胀。其特点就是价格上涨缓慢且可以预测，一般是指年通货膨胀率为一位数的通货膨胀。此时物价相对来讲比较稳定，人们对货币比较信任，愿意签订以货币形式表示的长期合同。(2)急剧通货膨胀。是指当总价格水平以每年20%、100%甚至200%的2位数或3位数的速率上涨。这种急剧通货膨胀局面一旦形成并稳固下来，便会出现严重的经济扭曲。一般地说，大多数经济合同都会用某种价格指数或某种外币(如美元)来加以指数化。在这种情势下，货币贬值非常迅速，人们仅在手中保留最低限度的货币以应付日常的交易所需。金融市场逐渐消亡，资本逃向国外。人们囤积商品，购置房产，而且绝对不会按照很低的名义利率出借货币。(3)恶性通货膨胀。在这种局势下，各种价格以每年百分之一百万，甚至百分之万亿的速率持续上涨，会使经济窒息，市场经济势必变得一无是处。

◇ 按照通货膨胀是否可以预期，可以将其分为：(1)可预期的通货膨胀。这种通货膨胀能够被市场主体预期到，他们会采取各种方法来应对这种通胀。经济学家们通常认为，预期到的温和的通货膨胀对经济效率或是对收入和财富的分配几乎没有什么影响，变动的价格仅仅成为人们调整自己行为的标准。(2)不可预期的通货膨胀。货币当局采用隐蔽的方式增加了货币供应，经济主体无法估计当前及未来的通胀态势,不会产生货币幻觉,这时人们会保持实际现金持有量不变,会比较有效遏止物价的上涨。总之,只有非预期通胀才有真实效应,而可预期的通胀由于经济主体采取相应的对策抵消了其影响,没有实质性的效果。

❖知识点三　通货紧缩的困境

◇ 通货紧缩指价格的普遍下降。历史经验和宏观经济学分析表明,通货紧缩和低利率也会导致整体经济运行困难重重。通货紧缩自身并不特别有害,它之所以会引发经济问题,主要是其会导致货币政策变得无效。

◇ 如果价格水平因为衰退而开始下跌,那么中央银行可以通过增加银行储备金和降低利率来刺激经济发展。但是,如果价格水平下降得很快,那么真实利率会变得相对较高,这样投资就会减少,从而会导致经济衰退。央行只能将名义利率降低到零,但是仍然会导致实际利率很高,央行便陷入"流动性陷阱",不可以再降低短期利率,没有了有效的政策工具。

◇ 应对通货紧缩和流动性陷阱的防范措施就是财政政策。财政刺激会提高总需求,并且不会产生提高利率水平所带来的危害。一些货币政策专家认为央行可以购买长期债券、利率保护型债券,或者是股票,因为它们不存在"流动性陷阱"的问题。但是大部分经济学家认为最好的防卫措施是有力的进攻:可以通过保持高就业水平和逐渐上升的价格水平来确保经济远离通货紧缩。

❖知识点四　通货膨胀的经济影响

◇ 对收入与财富分配的影响。通货膨胀对再分配的作用主要通过影响人们手中财富的实际价值来实现。一般说来,不可预期的通货膨胀会将财富从债权人手中再分配给债务人,也就是说,通货膨胀往往有利于债务人而有害于债权人。如果通货膨胀率出现不可预期的下降,那么所产生的效应就正好相反。但在更多时候,通货膨胀只是将收入和资产搅和在一起,随机地在全体居民中进行重新分配,而不会只冲击某些单个群体。

◇ 对经济效率的影响。(1)它会扭曲价格和价格信号。在一个低通货膨胀的经济中,如果一种商品和市场价格上升,则买方和卖方都会认为是这种商品的供给和需求的两个方面发生了实际的变化,他们就可以对此做出正确的反映。相反,在一个高通货膨胀的经济中,人们就很难区分相对的价格变化与整体的价格变化。(2)会扭曲货币的使用,出现"皮鞋成本"。流通中的现金是名义利率为零的货币。由于货币的实际利率为负,在通货膨胀时期,人们当然更愿意持有实际资源而减少货币的持有量。实际资源仅仅被用来适应不断变化的货币尺度,而不是被用来进行生产投资。(3)对税收的扭曲。当价格上升时,将会使部分税收的实际价值呈现出下降的趋势,同时也会扭曲税收赖以征收的基础——收入的衡量标准。(4)造成菜单成本:当价格发生变化时,公司必须消耗实际资源以调整价格。

◇ 对宏观经济的影响。产出和通货膨胀之间的正相关关系似乎只是暂时的。经验显示,在长期,最快的增长与低通货膨胀率相联系。通货紧缩和温和的通货膨胀伴随着缓慢的经济增长。而恶性通货膨胀则与经济大幅下滑并行。

尽管经济学家也许反对为通货膨胀设定精确的目标，但多数人还是认为，一个可以预期的缓慢上升的价格水平看来还是能为经济的健康成长提供最好的环境。一个几经反复才认定的证据表明，类似近年美国出现的温和的通货膨胀对于生产率或实际产出几乎没有什么影响。相反，急剧的或恶性的通货膨胀会严重地损害生产率，并会通过收入和财富的再分配而殃及个人。

❖知识点五　影响通货膨胀的因素

◇ 惯性通货膨胀：某一既定时期，经济中持续存在的通货膨胀与人们的期望相适应。这种纳入经济当中的惯性通货膨胀率一般持续不变，直至某种冲击使其提高或下降为止。当 *AS* 曲线和 *AD* 曲线以相同的比率不断稳步地向上移动时，就会发生所谓的惯性通货膨胀。

◇ 需求拉动型通货膨胀：无论出于什么原因，只要总需求的增长速度超出经济潜在的生产能力，就会发生需求拉动型通货膨胀，使物价上升以平衡总供给和总需求。即由于需求方的货币竞相追逐有限的商品供给，从而将价格提拉起来。由于失业率下降，劳动力变得稀缺，工资也被抬高，所以通货膨胀会加速到来。另外，货币供给的快速增加也是一个原因，货币供给的快速增加使总需求增长，而后者又使价格水平升高。

◇ 成本推动型通货膨胀：在失业率很高且资源利用不足时，由于成本上升所造成的通货膨胀，叫做成本推动型通货膨胀，又称为供给冲击的通货膨胀。造成成本推动型通货膨胀的是工资的上涨或者是各种成本的推动。

❖知识点六　菲利普斯曲线

◇ 菲利普斯曲线显示了失业率和通货膨胀之间的关系。在短期内，其中一个比率的降低即意味着另一个的提高。当产出高、失业率低的时候，货币工资和价格就趋于快速上升。这种情况之所以会发生是因为：当工作机会很多的时候，工人和工会就会强烈要求涨工资；而当产品销售很火爆的时候，企业也更容易提高销售价格。反之亦然，高失业率会降低通货膨胀率。典型的短期菲利普斯曲线图中，横轴代表失业率，左边刻度代表每年的通货膨胀率，右边的刻度代表货币工资增长率。

◇ 非加速通货膨胀的失业率是指与稳定的通货膨胀率相一致的失业率。当经济处于非加速通货膨胀的失业率时，那些作用于价格和工资通货膨胀的向上或向下的力量得以平衡，从而通货膨胀不存在改变的趋势。非加速通货膨胀的失业率是指在没有向上的通货膨胀压力的情况下，能够长期维持的最低失业率。在这种情况下，它意味着经济的运行状况可以被分成三种情况：超额需求会出现需求推动型通货膨胀；超额供给使工资和价格趋于适度上涨；中性压力指的是职位空缺所引起的工资上涨的压力和失业所引起的工资下降的压力会相互抵消。

◇ 从短期菲利普斯曲线到长期菲利普斯曲线。只有惯性的或可预期的通货膨胀率保持不变，通货膨胀和失业之间的替代关系才会出现。如果惯性通货膨胀率发生变化，则这种短期菲利普斯曲线就会发生变化。

◇ 垂直的长期菲利普斯曲线。现代通货膨胀理论的依据是非加速通货膨胀理论的失业率的概念，也就是一个国家能够忍受的、可以维持经济运行而不会发生通货膨胀螺旋式上升危险的最低失业水平。它代表着一定的资源闲置水平，此时劳动市场与产品市场处于通货膨胀的平衡状态。根据非加速通货膨胀的失业率理论，在失业和通货膨胀之间并不存在永久的此消彼长的替代关系，且长期菲利普斯曲线是一条垂线。

❖知识点七　反通货膨胀政策的两难困境

1. 政策制定者所关心的一个主要问题是降低通货膨胀率的代价。目前的估测表明，要想使惯性通货膨胀率下降，就不得不以经济大幅衰退为代价。

2. 经济学家提出了很多降低非加速通货膨胀的失业率的建议，其中较为重要的有：改进劳动市场的服务、支持培训计划和消除政府障碍，以便更好地激励人们去工作。

【习题解析】

□概念复习

1. 通货膨胀$(t)=\frac{P(t)-P(t-1)}{P(t-1)}\times 100\%$

答案见知识点一。

2. 通货膨胀的类型：低通货膨胀、急剧通货膨胀、恶性通货膨胀

答案见知识点二第一段。

3. 通货膨胀的影响(再分配，对产出和就业的影响)

通货膨胀对再分配和产业的影响见知识点四第一、三部分。根据菲利普斯曲线，通货膨胀和失业之间存在着反向的关系，在短期内，其中一个比率的降低意味着另一个比率的提高。但是失业和通货膨胀之间并不存在永久的此消彼长的替代关系。

4. 可预期的和不可预期的通货膨胀

答案见知识点二第二段。

5. 通货膨胀的成本："皮鞋成本"、菜单成本、收入和税收的扭曲、信息损失

"皮鞋成本"是指在通货膨胀时，货币的购买力下降，人们为了避免这种损失就把更多的钱存入银行，从而必须多去几次银行，这种多去几次银行所花费的时间和精力通常被人们称之为皮鞋成本。菜单成本是指企业为了改变销售商品的价格，需要给销售人员和客户提供新的价目表所花费的成本，它是新凯恩斯主义主张价格刚性的重要理由。通货膨胀对收入和税收有很大的扭曲，一方面会降低实际收入和税收，另一方面会对造成所得税等级发生扭曲，使消费、投资、净出口与政府支出的比例出现扭曲性变动。信息损失主要是指通货膨胀会扭曲价格和价格信号，从而损害经济效率。在一个高通胀环境中，相对价格变得混乱无序，人们很难区分相对价格变化与整体的价格变化，令人无所适从。

6. 惯性、需求拉动型和成本推动型通货膨胀

答案见知识点五。

7. 短期和长期菲利普斯曲线

菲利普斯曲线显示了失业率和通货膨胀之间的关系。在短期内,其中一个比率的降低即意味着另一个的提高,是一条向右下方倾斜的曲线。当产出高、失业率低的时候,货币工资和价格就趋于快速上升。短期菲利普斯曲线表明在预期的通货膨胀率低于实际发生的通货膨胀率的前提下,失业率和通货膨胀率之间的交替关系。长期菲利普斯曲线是指预期的通货膨胀率等于实际发生的通货膨胀率时的菲利普斯曲线。在长期内,失业和通货膨胀之间不存在替代关系,失业率总是固定在自然失业率这一点上,菲利普斯曲线在长期中变成位于自然失业率这一点上的垂直线。

8. 非加速通货膨胀的失业率(NAIRU)和长期菲利普斯曲线

非加速通货膨胀的失业率是指与稳定的通货膨胀率相一致的失业率。当经济处于非加速通货膨胀的失业率时,那些作用于价格和工资通货膨胀的向上或向下的力量得以平衡,从而通货膨胀不存在改变的趋势。根据非加速通货膨胀的失业率理论,在失业和通货膨胀之间并不存在永久的此消彼长的替代关系,长期菲利普斯曲线是一条垂线。

9. 反通货膨胀的代价

是指在短期内,降低通货膨胀率所引起的产量减少或收入减少的数量。根据菲利普斯曲线理论,在短期内,通胀率和失业率之间呈反向的变动关系:通胀率下降,则失业率上升。因此,反通胀将会引起失业的上升,进而引起产量的减少和社会总产出的下降。

10. 降低NAIRU的方法

经济学家提出了很多降低非加速通货膨胀的失业率的建议,其中较为重要的有:(1)改进劳动市场的服务,主要是通过提高比较完善的信息,减少摩擦性失业和结构性失业。(2)支持培训计划,提高失业者的技术能力,使其尽快转入新的产业实现就业。(3)消除政府障碍,对失业保险制度进行改革,以便更好地激励人们去工作。

□问题讨论

1. 请考虑以下通货膨胀所造成的影响:税收的扭曲、收入和财富的再分配、"皮鞋成本"、菜单成本等。请给出每种代价的定义,并各举一例说明。

【重要级别】☆☆　　　　　　【难度级别】☆☆

【考查要点】通货膨胀的经济影响

【参考答案】定义见知识点四第二段(3)以及概念复习第5题。

2."在通货膨胀时期,人们使用实际资源以减少他们所持有的法定货币。这类行动能使个人受益,但不会产生相应的社会收益,从而可以说明社会为通货膨胀所付出的代价。"请解释这段话,并举例说明。

【重要级别】☆　　　　　　　　　【难度级别】☆

【考查要点】通货膨胀的经济影响

【参考答案】这段话的主要意思就是指通货膨胀对货币使用的扭曲。在通货膨胀时期,因为货币的实际利率为负,所以人们更愿意持有实际资源而减少货币的持有量。人们频繁地进出银行,企业精心设计现金管理计划,浪费了宝贵的时间和精力,最典型的就是所谓的“皮鞋成本”。实际资源被用于资产保值活动,而不是被用来进行生产投资,损失掉了这部分潜在的收益,这就可以视为社会为通货膨胀所付出的代价。

3. 未预期到的通货紧缩也会带来巨大的社会成本。描述下面各种情况中的通货紧缩状况,并分析相应的代价:

a. 在经济大萧条时期,主要粮食作物的价格随着其他商品价格一同下跌,对于有大量抵押贷款的农民来说,将会产生什么影响?

b. 日本在20世纪90年代经历了一次温和的通货膨胀。假定每个日本学生为支付学费贷款200万日元(2万美元),他们希望通货膨胀能够使自己用贬值的日元数偿还这些贷款。那么,如果工资和价格开始以每年5%的速率下跌,对这些学生来讲,情况又会怎么样?

【重要级别】☆☆☆　　　　　　　【难度级别】☆☆☆

【考查要点】通货紧缩的困境

【参考答案】a. 粮食作物的价格下降和其他商品的下降会导致农民人均收入的减少;而且根据费雪效应,实际利率=名义利率-通货膨胀率,发生通货紧缩时,实际利率会上升,因此农民为抵押贷款的实际支付额将增加,这将导致农民的生活水平的下降。

b. 如果工资和价格开始以每年5%的速率下跌,则意味着发生了通货紧缩。通货紧缩将使实际利率上升,对债务人而言,将加重他们的经济负担。因此,和a中的情形一样,对于学费靠贷款的学生而言,其实际偿还的贷款额将增加。

4. 表32-3(课本P594)中的数据表明了美国从1979~1987年间的通货膨胀和失业的状况。请注意,经济的运行1979年接近非加速通货膨胀的失业率时开始,在1987年接近非加速通货膨胀的失业率时结束。你能否阐明这些年当中通货膨胀率下降的原因?请画出1979~1987年期间各年短期和长期的菲利普斯曲线,并按所画图形阐明上述问题。

【重要级别】☆☆☆　　　　　　　【难度级别】☆☆☆

【考查要点】菲利普斯曲线

【参考答案】20世纪80年代初期,石油价格高涨,油价冲击引发了美国国内成本推动的通货膨胀;但是到了20世纪80年代中期,石油价格回落,油价冲击的影响消退,物价也渐趋稳定,人们对通胀的预期也降低了,因此通货膨胀率开始下降。

右图画出了1979～1987年间失业率—通货膨胀率的组合点。在散点图中,利用最小二乘法可以拟合出两条短期的菲利普斯曲线。长期菲利普斯曲线为在非加速通货膨胀失业率约为6%处的一条垂线。位于上方的短期菲利普斯曲线表示1979～1982年高通货膨胀预期下的短期菲利普斯曲线,位于下方的短期菲利普斯曲线表示1983～1987年经调整后的较低的通胀预期下的短期菲利普斯曲线。

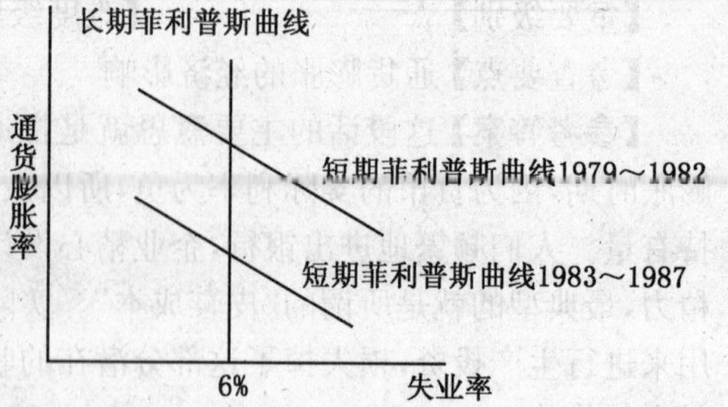

5. 许多经济学家都这样说:"由于在失业和通货膨胀之间不存在长期的替代关系,所以,试图熨平商业周期的高峰和低谷是毫无意义的。"这一观点表明,只要平均失业水平相同,我们便不必在意经济的运行是稳定还是剧烈波动。请评论这种观点。

【重要级别】☆☆　　　　　　【难度级别】☆☆

【考查要点】反通货膨胀政策的两难困境

【参考答案】这种观点是片面的。在长期内,菲利普斯曲线是垂直的,表明失业和通货膨胀之间不存在替代关系;但在短期内,菲利普斯曲线是倾斜的,表明失业和通货膨胀之间存在着替代关系。短期菲利普斯曲线说明,在短期中引起通货膨胀率上升的扩张性财政与货币政策是可以起到减少失业的作用的,这就是宏观经济政策的短期有效性。在长期中,经济总是能够实现充分就业,失业率是自然失业率,因此垂直的菲利普斯曲线表明,无论通货膨胀率如何变动,失业率总是固定在自然失业率上,以引起通货膨胀为代价的扩张性财政政策与货币政策并不能减少失业,这就是宏观经济政策的长期无效性。

6. 一位著名的经济学家曾经写道:"如果你回顾一下我们有关通货膨胀社会代价的讨论,至少是对温和的通货膨胀代价的讨论,那么,你就很难避免产生这样一种印象:这种代价与失业和生产衰退的代价相比,是次要的。"请写一短文来叙述你对此问题的看法。

【重要级别】☆☆　　　　　　【难度级别】☆☆

【考查要点】反通货膨胀政策的两难困境

【参考答案】温和的通货膨胀在短期内对经济增长有一定的积极作用。首先,它可以人为地刺激经济,缓解了生产和市场的矛盾,促进市场的扩大。其次,通货膨胀有助于再分配社会购买力。把闲置的储蓄转变为现实的购买力,有助于市场的扩大,从而促进经济增长。因此,降低通货膨胀会使得积极作用受到抑制,在短期内引起经济衰退。反通胀政策可能会导致失业增加和产出的损失。具体而言,失业的经济效应为:第一,根据奥肯定律,失业会造成一国总产出水平的下降。第二,失业会造成一部分优秀的劳动力陷入无工作状态,带来人力资源的浪费和机器设备的闲置。第三,失业会影响失业者的生活状况,影响社会的稳定运行,从而会在一定程度上制约经济稳定发展。因此综合来看,温和的通货膨胀的代价要小于反通胀所导致的失业的代价。

7. 考查表32－1(课本P585)中记载的每年的通货膨胀率和人均GDP的增长。你能否明白较低的通货膨胀与最高的增长率之间的联系？出于什么经济原因,通货紧缩和恶性通货膨胀会降低产出的增长？解释为什么后此谬误(见第1章的讨论)可以应用在这里。

【重要级别】☆☆　　　　　　【难度级别】☆☆

【考查要点】反通货膨胀政策的两难困境

【参考答案】从表中的数据可知,最快的经济增长与低通货膨胀率相联系,通货紧缩及温和的通货膨胀伴随的是缓慢的经济增长,恶性通货膨胀则与经济下滑并行。通货紧缩和恶性通货膨胀会降低产出的增长的原因是:在价格下降或价格迅速上涨时,企业都极不愿意从事新的投资项目,投资的减少就会导致产出的下降。通货紧缩和恶性通货膨胀可能是其他经济病症的结果,而不是产出低的原因。如果将两者认为是低产出的原因,则就会导致后此谬误。

8. 下面列出了一些过去20年间影响劳动市场的政策和现象。请说明每一种政策和现象可能会对非加速通货膨胀的失业率产生的影响:

a. 失业保险受到税收制度的制约。

b. 联邦政府大幅度消减了培训失业工人的项目资金。

c. 由工会控制的那部分劳工人数大为减少。

d. 1996年的福利改革法案极大减少了对低收入家庭的援助,如果想接受政府的援助,他们必须去工作。

【重要级别】☆☆☆　　　　　【难度级别】☆☆☆

【考查要点】菲利普斯曲线

【参考答案】a. 会导致失业者收入的减少,失业者生活难以为继,他们不得不积极寻找新的工作,从而会降低非加速通货膨胀的失业率。

b. 会降低培训的质量和数量,使失业者技能提高受到限制,难以适应新的岗位的需要,因此,非加速通货膨胀失业率会提高。

c. 工会势力的减弱减少了导致惯性通货膨胀的一个核心因素,因此劳动的工资可以及时调整,使劳动市场出清,这也将降低非加速通货膨胀失业率。

d. 福利改革将使得原来属于非劳动力的人加入到劳动力大军中,由于他们的劳动技能较低,很难适应劳动市场,将导致非加速通货膨胀失业率上升。

【补充训练】

1. 已知充分就业的国民收入是10 000亿美元,实际国民收入是9 800亿美元,边际消费倾向是80%,在增加100亿美元的投资以后,经济将发生(　　)。

A. 需求拉上的通货膨胀 **B. 成本推进的通货膨胀**

C. 结构性通货膨胀 **D. 需求不足的失业**

【重要级别】☆☆ 【难度级别】☆☆

【考查要点】影响通货膨胀的因素

【参考答案】A。如果增加100亿美元投资，根据乘数效应，将会使产出增加500亿美元，与原来的9 800亿美元合起来是10 300亿美元，超过充分就业的10 000亿美元的产出水平，造成需求拉上型的通货膨胀。

2. 传统的菲利普斯曲线显示，如果采用扩张的财政政策来刺激总产出和就业，则(　　)。

A. 由于挤出效应的作用，失业实际可能增加

B. 即使税率降低了，税收也可能增加

C. 可能引起通货膨胀

D. 自然失业率可能下降

【重要级别】☆☆ 【难度级别】☆☆

【考查要点】反通货膨胀政策的两难困境

【参考答案】C。

3. 劳动力市场上"瓶颈"现象的减弱将(　　)。

A. 使菲利普斯曲线向左移动

B. 使该国经济沿菲利普斯曲线向东南移动

C. 使菲利普斯曲线向右移动

D. 使该国经济沿菲利普斯曲线向西北移动

【重要级别】☆☆☆ 【难度级别】☆☆☆

【考查要点】菲利普斯曲线

【参考答案】B。

4. 如果你的房东说："工资、公用事业及别的费用都涨了，我也只能提高你的房租"，这属于需求拉上还是成本推进的通货膨胀？如果店主说："可以提价，别愁卖不了，店门口排队争购的多着哩！"这又属于什么类型的通货膨胀？

【重要级别】☆☆☆ 【难度级别】☆☆☆

【考查要点】影响通货膨胀的因素

【参考答案】理论上，在没有超额需求的情况下由供给方面成本的提高而引起的物价普遍上涨，归属于成本推进的通货膨胀；而由于总需求超过总供给而引起的通货膨胀归属于需求拉上的通货膨胀。这样，前一问就应是成本推进的通货膨胀，后一问则属于需求拉上的通货膨胀。以美国经济在20世纪60年代和70年代所出现的通货膨胀为例，可以更清楚地看出两种类型的通货膨胀。在1963～1969年期间，美国的财政政策高度扩张，同时伴之以扩张性的货币政策。结果，由于经济政策所刺激的高的总需求带动了物价水平的上涨。在1973～1979年，价格水平上涨的原因却是来自于供给方面的冲击，即石油价格的上涨。

第 33 章　宏观经济学流派及其论战

【学习精要】

❖知识点一　古典学派的传统

◇ 萨伊的市场定律：由法国经济学家萨伊于 1803 年提出。他宣称，从本质上说，不可能出现生产过剩，认为供给自动创造对其自身的需求。

◇ 根据古典学派的观点，货币供给、财政政策或者其他支出的变化不会对产出和就业产生持久的影响。古典学派论点的核心是这样一种信念，即价格和工资是有弹性的，而工资—价格的这种弹性提供了一种自我矫正的机制，从而能够迅速恢复充分就业。古典学派的供给曲线是一条垂线。

◇ 古典学派的政策结论：首先，古典学派认为经济仅仅会在短期内暂时地偏离充分就业和生产能力的充分利用，而不可能存在长期而持久的衰退或萧条，合格的劳工在现行的市场工资条件下能够迅速找到工作。其次，总需求政策不能影响失业和实际产出水平，货币政策和财政政策所能影响的只是经济中的价格水平，以及实际 GDP 的构成。

❖知识点二　凯恩斯主义经济学

◇ 凯恩斯主义将总供给和总需求这两种不同的因素结合在了一起，最具革命性的是他的关于总供给的理论。凯恩斯主义坚决主张价格和工资缺乏弹性，总供给曲线的形状接近于水平或向上倾斜，认为供给绝对不可能创造对其自身的需求，需求具有相对的独立性。

◇ 根据凯恩斯主义经济学，总供给曲线向上倾斜，这意味着只要存在未被利用的资源，总需求的上升就会使产量增加。当需求不足时，产出将处于较低的均衡点，这时会出现大量的失业。

◇ 凯恩斯主义者与古典经济学家争论的核心，是经济是否具有强大的自我矫正机制，即能否通过富有弹性的价格和工资来维持充分就业水平。古典主义学说一般强调长期经济增长，主张放弃稳定商业周期的政策。凯恩斯主义经济学家则主张通过适当的货币政策和财政政策去调控商业周期，以稳定经济增长。

❖知识点三　货币主义的根源

◇ 货币主义主张,货币供给是决定名义 GDP 短期变动和价格长期变动的主要因素。凯恩斯主义的理论认为,除货币之外,还有许多其他因素也影响总需求;而货币主义者则强调说,只有货币供给的变动才是决定产出和价格变动的首要因素。

◇ 货币的交易方程式为:$MV \equiv PQ \equiv (p_1q_1 + p_2q_2 + \cdots)$,其中,$M$ 代表货币供给量,V 代表货币的流通速度,P 代表价格水平,Q 代表实际产出水平。货币流通速度的公式可以定义为:$V \equiv \frac{PQ}{M}$。

◇ 我们通常将 PQ 定义为总收入或总产出(GDP)。周转率是货币在经济中周转的速度。货币收入周转率是指名义 GDP 与货币存量的比率。

◇ 价格数量论假设:货币周转率相对稳定,并且可以预测,因此周转率的公式可以写为:$P \equiv \frac{MV}{Q} \equiv \left(\frac{V}{Q}\right)M \equiv kM$。

◇ 货币和价格的数量论认为,价格变动与货币供给变动成比例。尽管这种理论只是一种粗略的近似的判断,但它的确有助于解释货币增长缓慢的国家会出现温和的通货膨胀,而在货币增长迅速的国家中物价水平则会急剧上涨。

❖知识点四　现代货币主义

◇ 货币主义学派的三大基本观点是:第一,货币供给的增长是名义 GDP 增长的主要的系统性因素。第二,价格和工资相对灵活。第三,私有经济是稳定的。这些观点表明,宏观经济波动主要是由于货币供给的无规律变动造成的。

◇ 货币主义与凯恩斯学派的区别主要有以下两点:第一,这两个学派对作用于总需求的因素存在不同的看法。货币主义认为,总需求仅受(或主要)货币供给量的影响,并且货币对总需求的影响是稳定而可靠的。如果不与货币变动相配合,则财政政策或支出的自动变化对产出和价格的影响都将显得微不足道。凯恩斯主义却认为,除了货币对总需求影响很大之外,其他因素也很重要。但是两者都趋向于认为,美国的稳定政策应该主要通过货币政策来实施。第二,货币主义与凯恩斯主义的第二个主要差别涉及总供给行为。凯恩斯主义者强调价格和工资的惯性,而货币主义者则认为短期的 AS 曲线十分陡峭。由于两者对 AS 曲线斜率所持观点不同,因此,他们在总需求变化的短期影响方面也存在分歧。凯恩斯主义者认为,在短期内(名义)需求的变化会对产出产生重大影响,而对价格影响则微乎其微。货币主义者认为,需求的变动最终将主要改变价格,而非产量。

◇ 在宏观经济思想领域内,货币主义的核心在于货币在总需求决定中的重要性,以及工资和价格的相对灵活性。

◇ 货币主义经济哲学的主要内容就是货币规则:最佳的货币政策应使货币供给以固定的速率增长,并且在任何经济形势下都维持这一速率。如今尽管货币主义已不再流行,但是货币政策仍是大型市场经济体实现稳定目标的主要工具。

∵知识点五　新古典宏观经济学

◇ 新古典宏观经济学有两个基本的、关键的假设：第一，价格和工资是灵活的，可以迅速调整，以达到供求的平衡。第二，人们可以充分利用所有可以获得的信息来做出决策，即理性预期。根据这一假设，政府不能通过系统的经济政策来影响实际的产出和就业。

◇ 理性预期假说认为预期是无偏的，并建立在所有可获得信息的基础之上。由于理性预期的存在，政府不能通过系统的经济政策来愚弄人民。

◇ 错觉商业周期：卢卡斯认为，错觉是解释商业周期的关键，失业率的上升是因为工人搞不清经济形势。在衰退期，工人辞职以期获得更好的工作，但是却发现根本没有空缺的职位。而在商业周期的扩张阶段，由于人们高估了实际工资，因而更加努力地工作，这就导致了产出的增加而失业减少。

◇ 真实商业周期理论：也称为RBC理论。该理论认为，商业周期仅仅取决于技术的变化，丝毫没有引入货币或其他需求方面的因素。根据真实商业周期理论，对技术、投资和劳动供给的冲击使经济的潜在产出发生变化，也就是说，使垂直的*AS*曲线发生了移动。这些供给冲击通过总供给的波动转化为实际产出，完全不受总需求的影响。同理，受税收、管制政策和部门受冲击力度等微观因素的影响，非加速通货膨胀的失业率发生变动，从而导致了失业率的变动。

◇ 财政政策的李嘉图法则：由罗伯特·巴罗提出，认为税率的变动对消费支出没有影响。

◇ 效率工资理论：效率工资是指满足效率对工资的弹性为1时的工资；即工资增加1%，效率也提高1%时的工资，效率工资一般来说高于平均工资。效率工资理论认为企业存有将工资水平保持在市场出清水平上之上以提高生产率的动机，可以用来解释真实工资的刚性和非自愿失业的存在。它认为非自愿失业是一种均衡的特征，不会随时间的推移而消失。

◇ 供给学派经济学：它主要强调激励的作用，并且建议大幅度消减税收，以此来促进经济的增长。

∵知识点六　新古典宏观经济学的政策含义

◇ 政策的无效性：新古典宏观经济学理论认为，旨在对付失业的系统性的财政政策和货币政策是无效的，因为存在理性预期且工资与价格具有弹性的条件下，被人们预期到的政府的政策无法影响实际的产出或失业。

◇ 固定规则的可取性：新古典宏观经济学将一项政策分为两个部分，一个是可预见的部分(即固定规则)，另一个是不可预见的部分(即相机抉择)。他们认为在经济预测方面，政策制定者并不能比私人部门更具优势。政府的相机抉择无法有效改善市场的结果，甚至可能使情况变得更糟。

◇ 货币主义规则和卢卡斯批评：货币主义者认为可以通过实施固定的货币规则来稳定$MV \equiv PQ \equiv$名义GDP。但是卢卡斯批评却认为，当政策发生变动时人们可能会改变其行为。它提醒人们，如果政策制定者过分倚重过去的规则，则经济行为就可能走形。

◇ 新古典经济学提出了许多颇有成效的见解。最重要的是,它提醒人们,经济中充满了聪明的信息加工者。他们对政策做出反应,有时甚至能预期到政策,而这种作用和反作用实际上能够改变经济行为的方式。

【习题解析】

□概念复习

1. 弹性的与粘性的工资和价格

弹性工资是指能够迅速反映劳动力市场供求的变动,及时根据劳动力市场状况的改变而调整的工资;弹性价格是指企业能够掌握的信息是充分而对称的,可以及时调整。在弹性工资下,价格水平变化以后,名义工资也会迅速调整,从而使实际工资保持不变,劳动市场仍处于出清状态。这是古典学派的基本观点。

粘性工资是指不能迅速反映劳动力市场供求的变动,只能缓慢根据劳动力市场状况改变而调整的工资,企业也不能掌握充分及时信息,价格不能迅速得到调整以使市场得到出清,主要的原因有合同的长期性、合同分批到期的性质、效率工资论、长期劳动合同论。这是新凯恩斯主义学派的基本观点。

2. 萨伊的市场定律

答案见知识点一第一段。

3. 总供给的不同观点

关于总供给,古典学说假定价格和工资是具有弹性的,认为供给自动创造对其自身的需求,从而总供给曲线是垂直的;相反,凯恩斯主义坚决主张价格和工资缺乏弹性,总供给绝对不可能创造对其自身的需求,总供给曲线是水平的或者是向右上方倾斜的。货币主义者认为凯恩斯主义夸大了经济活动中工资—价格的粘性,并且认为短期 AS 曲线比凯恩斯主义者设想的要陡峭得多。

4. 交易方程式:$MV \equiv PQ$

这个方程式是用来表示交易量与货币之间的关系。在式中,M 代表货币供给量,V 代表货币的流通速度,P 代表价格水平,Q 代表实际产出水平。

5. 货币流通速度:$V \equiv PQ/M$

这个方程式是用来计算货币流通速度的,式中 M 代表货币供给量,V 代表货币的流通速度,P 代表价格水平,Q 代表实际产出水平。

6. 货币和价格的数量论:$P \equiv kM$

价格数量论假设货币周转率相对稳定,并且可以预测,因此公式就可以写为

$P \equiv \frac{MV}{Q} \equiv \left(\frac{V}{Q}\right)M \equiv kM$。

如果交易方程式是稳定的,就业是充分的,则就会成为常数,或保持相对的稳定。如果 k 为常数,价格水平的变动就会与货币供应量成比例。

7. 1979～1982 年货币主义者的实验

从 1979～1982 年，美联储进行了一项全面的货币主义实验，在这项实验中，联储的运作程序发生了很大改变。它决定不再以利率为中心，而是全力以赴使银行储备和货币供给遵循事先确定的增长路径。这一时期的经验向怀疑论者证明，货币的确是总需求的重要决定因素，并且货币变动的大部分短期影响能够作用于产出而不是价格。然而，正如“卢卡斯批评”所指出的那样，当货币主义的主张得以实践时，周转率可能会变得极不稳定。

8. 理性预期(前瞻型预期)与适应性预期(后顾型预期)

理性预期是指预期是无偏的，并建立在所有可获得信息的基础之上。它的含义主要有三层：第一，做出经济决策的经济主体是有理性的；第二，为正确决策，经济主体会在做出预期时力图获得一切有关的信息；第三，经济主体在预期时不会犯系统性的错误。它是新古典宏观经济学的四个重要假设之一，其他三个是个体利益最大、市场出清和自然律。

适应性预期是指根据以前的预期误差来修正以后的预期的方式，它的模型中的预期变量依赖于该变量的历史信息，但是受到新古典宏观经济学的批判，因为人们认为它缺乏微观经济学的基础，后来逐渐被理性预期理论所取代。

9. 政策无效性定理

新古典宏观经济学理论认为，旨在对付失业的系统性的财政政策和货币政策是无效的，因为存在理性预期且工资与价格具有弹性的条件下，被人们预测到的政府的政策无法影响实际的产出或失业。政策无效性定理意味着政府宏调控政策对经济产生实际影响的唯一方法就是让人们对政策感到出乎意外，并且引起他们的错觉。

10. 真实商业周期理论、效率工资

真实商业周期理论的解释见知识点五第四段。

效率工资的解释见知识点五倒数第二段。

11. 供给学派经济学的信条

供给学派经济学强调激励，建议大幅度消减税收，以此来促进经济的增长。第一，强调激励所起的关键作用，激励意味着对工作、储蓄和企业家才能给予足够的报酬，强调不受约束的自由市场能够创造出经济上的奇迹。第二，提倡大幅度消减税收，主张税收改革应通过降低边际税率来增加激励、降低累进性，主要是鼓励生产率和产出的增加，而不是控制总需求。

12. 关键性假设:理性预期和弹性价格与工资

新古典宏观经济学有两个基本的、关键的假设：第一，价格和工资是灵活的，可以迅速调整，以达到供求的平衡。第二，人们可以充分利用所有可以获得的信息来做出决策，即理性预期。根据这一假设，政府不能通过系统的经济政策来影响实际的产出和就业。

13. 卢卡斯批评

卢卡斯批评是卢卡斯提出的一种认为传统政策分析没有充分考虑到政策变动对人们预期影响的观点。卢卡斯指出，由于人们在对将来的事态做出预期时，不但要考虑过去，还要估计现在的事件对将来的影响，并且根据他们所得到的结果改变他们的行为。这就是说，他们要估计当前的经济政策对将来事态的影响，并且按照估计的影响采取政策，即改变他们的行为，以便取得最大的利益。行为的改变会使经济模型的参数发生变化，而参数的变化又是难以衡量的，因此经济学者用经济模型很难评价经济政策的效果。它提醒人们，如果政策制定者过分倚重过去的规则，则经济行为就可能走形。

14. 财政政策的李嘉图法则

财政政策的李嘉图法则是由罗伯特·巴罗所提出的一种关于财政政策作用的新观点，该观点认为税率变动对消费支出没有影响。从家庭的角度看，政府的债务并非是净债务，应当把它们看做是未来税收的现值，然后再来考虑自己持有的资产的价值。另外，人们也会考虑到下一代人的福利，这样当代人决策的视野势必会延伸到无尽的未来。总的来说，前期的减税与后期的增税对总需求的影响是等价的，发行债券为赤字融资与增税偿还债务对总需求的影响也是等价的。但是，人们对这一"等价"问题至今仍有争议。

□问题讨论

1. 货币主义者说："只有货币是重要的。"凯恩斯主义者答曰："货币是重要的，但其他因素，如财政政策，也是重要的。"解释并评价这两个论断。你是否能够在反对货币主义者的同时，坚持货币政策可以用于对付衰退？试解释之。

【重要级别】☆☆　　　　　　【难度级别】☆☆

【考查要点】现代货币主义、凯恩斯主义经济学

【参考答案】货币主义认为，总需求仅受货币供给量的影响，并且货币对总需求的影响是稳定而可靠的。如果不与货币变动相配合，则财政政策或支出的自动变化对产出和价格的影响都将显得微不足道。凯恩斯主义却认为，除了货币对总需求影响很大之外，其他因素也很重要。货币主义数量论和工资价格富有弹性是货币主义的核心假设，在长期中，总供给由潜在产出决定，总供给曲线为一条位于充分就业水平处的垂线，因此总需求变动的产出效应很小，财政政策不起作用。凯恩斯主义经济学强调价格和工资的粘性，因此短期内需求的变化会对产出产生重大的影响，财政政策有效。

在实践中，短期内是可以利用货币政策来对付衰退的。短期内，工资和价格缺乏弹性，扩张性的货币政策可以降低利率，刺激投资，从而使产出增加来对付衰退。

2. 假设在0期，名义GDP为1万亿美元，且GDP紧缩指数为1。进一步假设0、1、2、3、4期的货币供给分别为500亿美元、520亿美元、550亿美元、580亿美元和600亿美元。

a. 根据严格的货币数量论计算出1、2、3、4各期的名义产出水平。

b. 如果潜在产出水平没有增加，并且货币供给水平遵循事先设定的路径，那

么根据新古典宏观经济学,实际的GDP水平将是多少?

【重要级别】☆　　　　　　　　【难度级别】☆

【考查要点】货币主义的根源

【参考答案】a. 货币流通速度的公式为:$V \equiv \frac{PQ}{M}$,因此本题中货币流通的速度为:$V=PQ/M=10\ 000\div 500=20$。

在时期1的名义产出水平为:$PQ=MV=520\times 20=10\ 400$(美元)

在时期2的名义产出水平为:$PQ=MV=550\times 20=11\ 000$(美元)

在时期3的名义产出水平为:$PQ=MV=580\times 20=11\ 600$(美元)

在时期4的名义产出水平为:$PQ=MV=600\times 20=12\ 000$(美元)

b. 如果潜在产出水平保持不变,则货币供给的增加将只会引起价格水平的上升,名义GDP也会相应增加,但是实际GDP将保持不变。根据时期0的数据可得,实际GDP为:Q=(PQ)÷P=10 000÷1=10 000。

3. 如果在繁荣时期,我们印刷并使用100万亿新美钞,则价格会发生何种变化?货币数量论符合现实么?衰退期间,如果M增加1%,价格会如何变化?试比较上述两种情况。

【重要级别】☆☆　　　　　　　【难度级别】☆☆

【考查要点】现代货币主义

【参考答案】根据货币主义的观点,在经济繁荣时,产出接近于潜在产出水平,甚至可能会超过潜在的产出水平,此时,货币供给的增加只会导致价格的迅速增加,而世界产出的变化则很小。在衰退时,尤其是当经济陷入流动性陷阱时,1%的货币供给对价格没有什么影响,因为此时人们选择持有货币,利率低得不能再低,货币供给的增加不会对投资产生刺激作用。

4. 凯恩斯主义经济学家也许会建议大幅度减税以促使经济复苏。这一措施会对*AD*曲线产生何种影响?对最终的价格及实际产出水平呢?试用货币主义的理论加以解释。(提示:周转率将会如何变化?)

【重要级别】☆☆　　　　　　　【难度级别】☆☆

【考查要点】凯恩斯主义经济学

【参考答案】减税导致个人可支配收入的增加,进而会使经济中的总需求增加,从而使得*AD*曲线向右移动。如果经济已经达到潜在产出水平,则只能带来价格的上升,不会带来产出的增加;如果经济的产出低于潜在产出水平,则减税将会使产出增加、价格小幅度上升。同时,减税将会使投资的成本下降,从而使投资增加,工人的工资升高,总供给曲线向右移动,抵消总需求增加所带来的价格上涨。而货币主义者认为当支出增加时,货币流通速度V也会相应增加,从而使得经济中的实际变量保持不变。

5. 给出收入周转率(V)的定义。根据表33-1(课本P615)的数据,计算货币供给的年增长率、周转率及其变动率。并在计算机上绘制这些变量的图表。

【重要级别】☆　　　　　　　　　【难度级别】☆

【考查要点】货币主义的根源

【参考答案】货币供给的年增长率、周转率及其变动率如下表所示：

年份	名义 GDP（10 亿美元）	M_1（10 亿美元）	M_1 增长率（10 亿美元）	流动速度	流动速度的变化	V 的变化率
1981	3 131.4	408.9		7.66		
1982	3 259.2	436.5	6.75%	7.47	−0.91	−2.50%
1983	3 535.0	474.5	8.71%	7.45	−0.02	−0.22%
1984	3 932.8	521.2	9.84%	7.55	0.1	1.28%
1985	4 213.0	522.1	0.17%	8.07	0.52	6.94%
1986	4 452.9	620.1	18.77%	7.18	−0.89	−11.01%
1987	4 742.5	724.7	16.87%	6.54	−0.64	−8.87%
1988	5 108.3	750.4	3.55%	6.81	0.26	4.04%
1989	5 489.1	787.5	4.94%	6.97	0.16	2.39%
1990	5 808.3	794.8	0.93%	7.3	0.33	4.75%

6. 货币主义者、凯恩斯主义者和新古典宏观经济学家会如何预测下述各因素对价格、产出、就业变动过程的影响？（在每一种情况下，除非特别提到，均保持税率和货币供给不变）：

a. 大幅度消减税收。

b. 大幅度增加货币供给。

c. 一系列创新活动使潜在产出增加 10%。

d. 出口突然增加。

【重要级别】☆☆☆　　　　　　　【难度级别】☆☆☆

【考查要点】凯恩斯主义经济学、新古典宏观经济学

【参考答案】货币主义、新凯恩斯主义和新古典宏观经济学之下的政策效应如下表所示：

	货币主义者	凯恩斯主义者	新古典宏观经济学
大幅度消减税收	价格上涨，产出和就业不变	如果 GDP 未达到潜在水平，则价格稳定，产出和就业增加；如果 GDP 已在潜在水平，则价格上涨，产出和就业不变	价格上涨，产出和就业不变
大幅度增加货币供给	价格上涨，产出和就业有所增加	如果 GDP 未达到潜在水平，则价格稳定，产出和就业增加；如果 GDP 已在潜在水平，则价格上涨，产出和就业不变	价格上涨，产出和就业不变

续表

	货币主义者	凯恩斯主义者	新古典宏观经济学
一系列创新活动使潜在产出增加10%	价格下降，产出增加，就业增加或不变	产出增加，价格下降	价格下降，产出和就业增加
出口突然增加	价格上涨，产出和就业不变	如果 GDP 未达到潜在水平，则价格稳定，产出和就业增加；如果 GDP 已在潜在水平，则价格上涨，产出和就业不变	价格上涨，产出和就业不变

7. 在讨论货币需求时，图 26－4(课本 P467)的货币需求曲线表明，货币需求对利率十分敏感。假设名义 GDP 水平既定，较高的利率会对周转率有何影响？根据货币主义关于货币周转率恒定不变的论点，货币需求对利率的敏感性意味着什么？

【重要级别】☆　　　　　　　　　【难度级别】☆

【考查要点】货币主义的根源

【参考答案】较高的利率会导致货币的资产需求减少，因为此时持有货币的机会成本增加了。对于既定的名义 GDP 水平而言，货币的交易需求保持不变。因此在利率升高时，货币的需求会减少。为了保持货币市场的均衡，货币供给必须等于减少了的货币需求，因此货币流通速度 $V=(PQ)/M$ 必然会升高。货币需求对利率的敏感性推翻了货币主义关于货币流通速度不变的假定。由此可知，利率提高会导致货币流通速度的升高。

8. 叙述并解释萨伊的市场定律。从宏观经济的某一均衡点出发，假设潜在产出增加，而总需求不变。扩展图 33－1(课本 P600)，以此说明供给如何创造对其自身的需求。用语言叙述整个过程。

【重要级别】☆☆　　　　　　　　【难度级别】☆☆

【考查要点】古典学派的传统

【参考答案】萨伊的市场定律：由法国经济学家萨伊于 1803 年提出，他宣称，从本质上说，不可能出现生产的过剩，认为供给自动创造对其自身的需求。如右图所示，在初始状况下，总供给和总需求曲线交于 C 点，此时均衡的产出为 Q_0，均衡的价格水平为 P_0。如果潜在的产出增加，则供给曲线会向右移动到 AS_1，新的均衡点为 D，均衡价格为 P_1，均衡产出为 Q_1。与原有状态相比，均衡产出增加，而均衡价格下降。

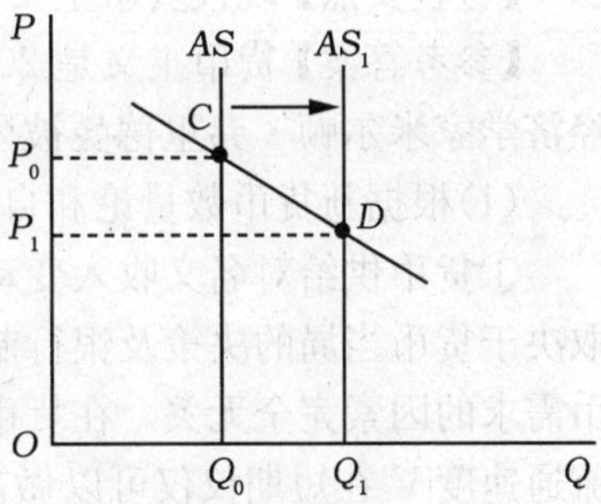

9. 有难度的问题(关于理性预期)：请考虑一下理性预期对消费者行为的影

响。

a. 假设政府提出临时削减 200 亿美元税收，持续期为 1 年。采取适应性预期方式的消费者可能会认为，可支配收入每年会增加 200 亿美元。根据第 24 章的简单乘数模型，这会对消费支出和 GDP 产生何种影响？

b. 接下来，假设消费者的预期是理性的，他们理智地预见到税收削减只持续 1 年。考虑到“生命周期”，他们会认识到自己终生的平均收入每年只会增加，比如说 20 亿美元，而非 200 亿美元。那么，这类消费者会做出什么反应呢？接下来，请分析一下理性预期对临时性税收削减政策的有效性的影响。

c. 最后，假定消费者行为符合李嘉图法则，则税收削减对储蓄和消费有何影响？试解释各种不同模型的区别。

【重要级别】☆☆☆　　　　　　　【难度级别】☆☆☆

【考查要点】新古典宏观经济学

【参考答案】a. 根据适应性预期理论，每年可支配收入的增加将会通过乘数作用的发挥，导致收入的成倍增加，可支配收入每年增加 200 亿美元，则总的消费支出每年将增加 200MPC 美元，其中 MPC 代表了消费者的边际消费倾向。

b. 根据消费的生命周期理论，消费者只会增加 20MPC 亿美元的消费，理性预期降低了临时性税收削减政策的有效性。

c. 根据李嘉图法则，消减税收对消费没有影响，人们将增加储蓄，以支付政府未来的征税，从而完全抵消减税的激励作用。

不同模型的区别在于假定人们对于征税的反映方式是不同的，即人们的预期和对减税意义的理解有差别。

【补充训练】

1. 货币主义学派的政策建议。

【重要级别】☆☆　　　　　　　【难度级别】☆☆

【考查要点】现代货币主义

【参考答案】货币主义是 20 世纪 50 年代后期在美国出现的一个学派。美国经济学家米尔顿・弗里德曼被公认为是货币主义的创始人和领袖。

(1)根据新货币数量论和自然率假说，货币主义形成以下理论观点：

①货币供给对名义收入变动具有决定性作用。弗里德曼认为，货币供给完全取决于货币当局的决策及银行制度。而货币需求函数则表明，货币供给与影响货币需求的因素完全无关。在货币供求均衡时，有新货币数量论的方程式，由于货币流通速度 V 在短期仅仅可以做出轻微的变动，而在长期中又是不变的数量，于是货币供给量 M 便是影响名义收入 Y 的决定性因素，即货币数量是货币收入波动的主要原因。

②在长期中，货币数量的作用主要在于影响价格以及其他用货币表示的量(如

货币工资等)，而不能影响就业量和实际国民收入。根据自然率假说，就业量(从而国民收入)是技术水平、风俗习惯、资源数量等非货币因素所决定的，因此 y 与 M 无关。按照弗里德曼的看法，V 在长期中又是一个不变的常数，因此货币数量 M 能影响的只能是价格 P 以及由货币所表示的变量。换句话说，通货膨胀归根结底是一种货币现象。

③在短期，货币供给量可以影响实际变量，如就业量和实际国民收入。根据新货币数量论，货币流通速度 V 在短期可以具有轻微变动的解释以及货币主义从自然率假说出发，对货币政策在短期中的效应的考察支持了货币主义的这一观点。

④私人经济具有自身内在的稳定性，国家的经济政策会使它的稳定性遭到破坏。上面论述的自然率假说是货币主义这一观点的理论基础。按照自然率假说，资本主义经济有趋向于自然律的自行调节的机制。因此市场机制仍然是调节资源在不同用途之间合理配置的有效工具。虽然各种随机扰动将使经济出现短期波动，但经济本身仍具有长期均衡的趋势。因此如果国家干扰了市场机制的作用，反而会导致宏观经济的严重失衡。

(2)以弗里德曼为首的货币主义者根据其理论和对经验资料所做的分析，提出了自己的政策主张，主要包括以下三点：

①反对凯恩斯主义的财政政策。弗里德曼认为，以需求管理为宗旨的财政政策最终都是通过货币量的扩张和收缩来实现其经济调剂作用的，而由于扩张性财政政策的“挤出效应”，私人投资会随着政府支出的增加而减少，其后果往往为用非生产性投资去代替生产性投资，从而影响劳动生产率的改善。此外，过度的政府开支也会带来通货膨胀，因此财政政策不但无效，反而对经济有害。

②反对“斟酌使用”货币政策。货币主义坚持这一主张的理由在于经济政策的滞后性。

③力主单一政策规则。弗里德曼认为，货币政策能够胜任两项任务：能够防止货币本身成为经济混乱的一个主要根源，能够给经济提供一个稳定的环境。根据这一认识，货币主义提出在没有通货膨胀的情况下，按平均国民收入的增长率加上人口增长率来规定并公开宣布一个长期不变的货币增长率，是货币政策唯一的最佳选择。货币主义这一以货币供给量作为货币政策的唯一控制指标，而排除利率、信贷流量、准备金等因素的政策建议被称为单一的政策规则。

2. 新古典宏观经济学的理论与政策。

【重要级别】☆☆　　　　　　【难度级别】☆☆

【考查要点】新古典宏观经济学

【参考答案】20 世纪 70 年代，西方国家处于严重滞胀的困境，而传统的凯恩斯主义仍然提不出解决困境的办法。面对这种严峻的经济形势，西方社会对凯恩斯主义渐渐丧失信心。

在这种情势下，作为货币主义的延续和发展，西方经济学界出现了新古典宏观经济学，主张回到之前的货币主义和古典世界中，这也被称为理性预期学派，代表人物有卢卡斯、萨金特、华莱士、巴罗等。

其理论建立在四个重要假设之上：

(1)自然率假说，任何一个资本主义社会都存在着一个自然失业率；

(2)个体利益最大化，宏观经济理论必须具有微观经济理论的基础，特别是要符合最大化的假设。

(3)理性预期，即在有效地利用一切信息的前提下，对经济变量做出在长期中平均来说是最为准确的而又与所使用的经济理论、模型相一致的预期。

(4)市场出清，无论劳动市场上的工资还是产品市场的价格都具有充分的灵活性，可以根据供求情况迅速进行调整。

总体来说，新古典宏观经济学是反对政府干预的，这也继承了货币主义的一贯作风，货币供给是由政府依照一些已知的规则决定的，即使在短期，政府也不可能通过系统性货币政策影响产量和就业，因为这将被当事人预见到。在另外一种情况下，政府可能通过反馈规则来决定货币政策。同样，这些政策引起的货币增长率的变化也会被当事人预见到，这使得反馈政策失效。只有对货币规则的未被遇见的偏离才影响产量。

3. 论述并比较古典学派和凯恩斯主义的宏观经济理论和政策。

【重要级别】☆☆☆　　　　【难度级别】☆☆☆

【考查要点】古典学派的传统、凯恩斯主义经济学

【参考答案】古典学派认为一国长期的供给曲线是垂直的，而且价格和工资也会迅速变化和调整以达到市场出清的状态，所以任何政府的扩张政策都会导致价格水平的无谓上升，而并不会使产量发生明显变化。

凯恩斯主义认为，就短期来说，供给曲线并不是垂直的，价格和工资也是缓慢变化的，不会迅速恢复到均衡状态，因此政府可以通过适当的政策促进产量的增加而并不会使价格上升太多。

正是基于两种学派不同的理论基础，其政策主张几乎是完全相反的。古典学派主张政府不要干预市场，政策是有时滞的，尤其是财政政策，最好是为经济架上一个自动稳定器，经济会自发地朝着均衡的方向运动。凯恩斯强调需求管理政策，政府应当逆经济风向行事。

第 34 章　经济增长与经济稳定的政策

【学习精要】

❖知识点一　有关财政的基本概念

◇ 预算是指政府进行计划并控制其财政事务，确定在既定年度内，政府项目的预计支出和来自税收体系的预期收益。预算一般包括一系列具体的项目以及税收来源。

◇ 预算盈余是指在一个财政年度里，税收和其他政府收入超过政府支出。当支出超过收入时，则会形成预算赤字。如果收入和支出相等，就称政府实现了预算平衡。

◇ 政府债务是指政府借款总额或累积额，即公众所持有的政府债券的货币价值。净债务是指公众持有的债务，即由居民、银行、商业企业、外籍人员以及其他非联邦机构所持有的债务，它不包括政府自身所持有的债务。总债务等于净债务加上政府所持有的债券，主要是社会保障信托基金。

◇ 债务是存量，而赤字是流量。政府债务是政府负债的存量，赤字是当政府支出大于所征税收时所产生的新增债务。

❖知识点二　政府预算政策

◇ 财政政策是指对税收和公共支出进行规划，以帮助抑制商业周期的波动，保持经济的持续增长和高就业率，避免过高的或剧烈的通货膨胀。

◇ 实际预算是指在既定的时期内，实际支出、收入和赤字的货币数额。

◇ 结构性预算是指，如果经济在潜在产出水平上运行，政府收入、支出和赤字应该是多少。

◇ 周期性预算是指实际预算和结构性预算的差额。用于衡量商业周期对预算的影响，包括商业周期对收入、支出和赤字的影响。

❖知识点三　政府赤字的短期和长期影响

◇ 在宏观经济学中，短期内需要考虑的是实际就业少于充分就业，也即实际产出小于潜在产出的问题，它是凯恩斯的乘数模型所依存的世界。而在长期内，需要考虑的问题则是充分就业，此时实际产出将会等于潜在产出，这是分析经济增长的基本框架。

◇ 在短期内,也就是在就业不足的情形下,财政政策往往会导致经济的扩张。较高的支出和较低的税收会增加总需求、扩大总产出、提高就业水平和加剧通货膨胀。鉴于金融市场利率和汇率的各种反应,短期财政政策的扩张效应很有可能会被削弱,乃至最终消失。

◇ 如果我们举借外债进行消费,并承诺由子孙后代还本付息,那么我们的后代将不得不为支付这笔外债的本息而牺牲消费。但如果我们不改变资本存量,只给后代留下一笔内债,则会产生不同的内部效应。向 A 征税以支付给 B,或向 B 征税以支付给 A,会导致不同的对生产率和效率的微观经济意义上的扭曲,但不应将这种效应与欠外债的问题相混淆。

◇ 如果公债取代了资本,经济增长就可能会减缓。当人们用公债代替资本或私人资产,从而减少经济中私人资本的存量时,就会发生这样一种综合病症:在长期内,由于支付外债的成本、为支付债务利息而征税等所带来的无效率,以及资本替代导致资本积累的缩减等原因,巨额的政府债务有可能减缓潜在的产出和消费的增长。

❖知识点四　货币政策与财政政策的相互作用

◇ 需求管理指的是,主动地运用货币政策和财政政策来积极地影响总需求的水平,减缓经济的波动。需求管理的任务是:当经济停滞时,财政政策和货币政策可以用于刺激经济、促使经济复苏。当面临通货膨胀的威胁时,货币政策和财政政策又有助于减缓经济增长速度,降低通货膨胀率。

◇ 在许多发达国家,稳定经济的使命主要依靠中央银行及其货币政策,而较少使用财政政策,主要是因为财政政策存在很长的时滞,而且贯彻起来有政治上的阻力。

◇ 财政—货币政策组合,即财政政策、货币政策的相对优势和它们对不同经济部门的作用。主要的方法是:在紧缩其中一项政策时,放松其他政策,保持总需求不变,从而总产出不变。

◇ 财政—货币政策组合的主要思路是:财政政策和货币政策在需求管理中可以相互替代。尽管可以采用不同的财政—货币政策组合来稳定经济,但它们对于产出的结构却会产生不同的影响。通过改变税收、政府支出和货币政策的搭配。政府可以改变企业投资、消费、净出口和政府对商品和服务的采购等各个组成部分占 GDP 的比重。

❖知识点五　固定规则与相机抉择

◇ 关于"固定规则与相机抉择"的争论可以概括为:灵活决策的优势是否会被自由决策带来的不确定性和滥用权力的潜在可能性所抵消并超越。

◇ 关于固定规则和相机抉择的争论,是政治经济学中最古老的话题之一。没有一个适用于任何时间任何地点的唯一的最佳方案。事实上,这一两难问题也反映出民主社会的一大困境:如何旨在吸引政治支持的短期政策与旨在提高一般福利的长期政策之间进行权衡。

◇ 许多国家都有设定通货膨胀目标的趋势。设定通货膨胀目标是指宣布通货膨胀率变动范围的官方目标，并明确表示较低且稳定的通货膨胀率是货币政策的首要目标。具体内容主要有：(1)政府或中央银行宣布，货币政策将努力使通货膨胀率接近在某一数量目标上；(2)该目标通常是一个范围，例如每年从1%～3%，而非绝对的价格稳定；(3)通货膨胀是中期和长期内首要的或压倒一切的政策目标。

❖知识点六　新世纪经济前景

◇ 请记住这句至理名言："生产率不等于一切，但在长期内它几乎意味着一切。"一国提高生活水平的能力，几乎完全取决于其改进劳工所使用的技术和资本的能力。

◇ 促进经济增长需要发展技术。劳动力、资本、产品和思想的自由市场，被证明是创新和技术变革的最肥沃的土壤。

◇ 政府可以采用三种方式鼓励新技术的供给。首先，政府可以确保基础科学、工程学和技术得到适度的支持。第二，政府可以通过鼓励外国企业投资来促进本国技术的进步。第三，政府可以通过良好的宏观经济政策来促进新技术。

【习题解析】

□概念复习

1. 政府预算

政府预算是指政府进行计划并控制其财政事务，确定在既定的年度内，政府项目的预计支出和来自税收体系的预期收益。预算一般包括一系列具体的项目以及税收来源。政府预算的基本特征是：预测性、法律性、集中性和综合性。从作用上看，政府预算是政府调控经济和社会发展的重要手段。

2. 预算赤字、预算盈余、平衡预算、实际预算、结构性预算、周期性预算

预算赤字又被称为"财政赤字"，指的是在某一财政年度内，政府计划安排的经常性支出超过经常性收入并存在于决算中的差额，财政赤字有害无害的问题关键在于对赤字的弥补来源进行具体的分析。预算盈余是指在一个财政年度里，税收和其他政府收入超过政府支出。平衡预算是指在一个财政年度里，税收和其他政府收入等于政府支出。实际预算是指在既定的时期内，实际支出、收入和赤字的货币数额。结构性预算是指如果经济在潜在产出水平上运行，政府收入、支出和赤字应该是多少。周期性预算是指实际预算和结构性预算的差额。用于衡量商业周期对预算的影响，包括商业周期对收入、支出和赤字的影响。

3. *G* 和 *T* 对产出的短期效应

G 代表政府的支出，T 指的是税收，增加政府购买和削减税收是一种扩张性的财政政策，会带来总需求的增加，提高经济的产出水平。但是根据挤出效应假说，政府支出会减少私人的投资。削减税收或者是增加政府支出会导致结构性赤字的上升,可能会提高利率,降低经济的产出水平。

4. 对经济增长的长期影响:内债与外债、税收扭曲、资本替代

内债是指一国政府欠本国公民的钱,而外债是指一国政府欠外国人的钱。很多人认为内债不构成负担,因为这全是欠自己的钱,而外债却会导致债务国公民可支配资源的减少,这种偿还外债的负担意味着一国消费可能性的减少。内债要求向债券持有人支付利息,为此政府必须征收税款,但是即便是向同样的人征收同样的利息税,也仍然会造成激励机制的扭曲。巨额公债最严重的后果或许是它取代了该国私人财富存量中的资本,从而使经济增长的步伐放慢、未来的生活水平降低。

5. 需求管理

答案见知识点四第一段。

6. 财政政策—货币政策组合

答案见知识点四最后两段。

7. 固定规则与相机抉择

固定规则是指货币当局应当把货币供应量的增长率稳定在一个确定的数值上的货币政策,这是货币主义学派所极力倡导的货币政策,他们认为货币供应与经济增长之间存在着稳定的联系,人们的货币需求与实际收入之间存在着稳定的函数关系。因此,货币供应量的增长必须和实际经济增长保持一致,货币供应量的增长率也应保持稳定。央行应当公开宣布一个长期不变的货币增长率,这是货币政策唯一的最佳选择。相机抉择是指政府进行需求管理时根据市场情况和各项调节措施的特点,机动灵活地采取一种或几种措施,使财政政策和货币政策相互搭配。实行相机抉择的目的在于既保持总需求,又不引起较高的通货膨胀率。

8. 设定通货膨胀目标

答案见知识点五第三段。

9. 到达技术可能性边界并推动其向外移动

这是指政府采取一系列鼓励和促进企业技术创新的政策,使企业的生产达到最优状态并推动潜在产出不断增加,使一国的生产可能性边际不断向外推移的过程。

10. 企业的精神

企业的精神是指企业为取得经营上的成功,由企业的领导人,根据本企业历史的优良传统并适应客观现实的需要,在长期的生产经营过程中积极倡导而形成的支配企业内部绝大多数职员的一种稳定的主导意识。

□问题讨论

1. 债务和赤字普遍容易混淆,请解释以下问题:

a. 预算赤字导致政府债务增加;

b. 削减赤字并未减少政府债务;

c. 削减政府债务要求预算出现盈余;

d. 在 1993～1998 年,尽管政府赤字降低到零,但政府债务依然显著上升。

【重要级别】☆　　　　　　　　【难度级别】☆

【考查要点】有关财政的基本概念

【参考答案】债务是存量,而赤字是流量。政府债务是政府负债的存量,赤字是当政府支出大于政府所征收的税收时所产生的新增债务。

a. 产生了预算赤字,则该赤字必须加入到债务之中,由此每年赤字的积累就形成了债务。

b. 政府削减了某一年的赤字,不会使得新的债务累积量增加。

c. 如果政府削减了债务,预算出现了盈余,则意味着债务的减少。

d. 赤字虽然得到了削减,降低到零,但是现存债务会产生利息负担,故政府债务也仍然会显著上升。

2. 政府承诺是否可能像政府债务一样产生替代效应?也就是说,如果政府承诺在未来给予工人更多的社会保障福利,工人是否会觉得自己更富有了?他们是否会因此减少储蓄?资本存量最终是否会变得更少?运用图 34－2(课本 P622)说明这一问题。

【重要级别】☆☆　　　　　　　【难度级别】☆☆

【考查要点】政府赤字的短期和长期影响

【参考答案】政府承诺也会像政府债务一样产生替代效应。政府的承诺会使工人们感到更富有了,他们将会减少储蓄,而储蓄的减少会导致资本供给的减少,使得资本供给曲线 SS 左移到 S_1S_1,从而使得实际利率提高,如右图所示。实际利率的提高将会使企业减少投资,最终使得资本存量从 K 减少到 K_1。

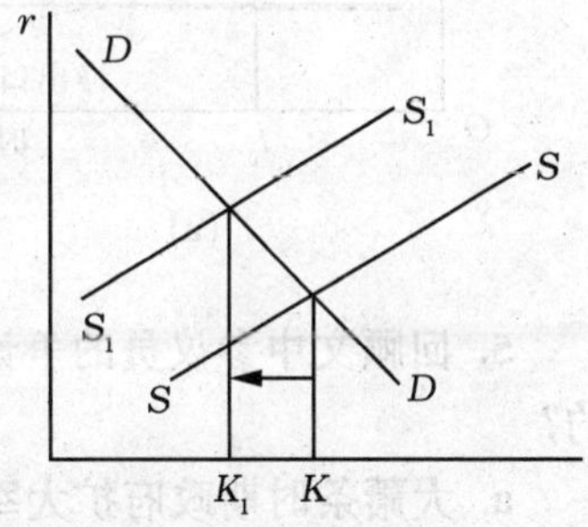

3. 假设政府举借外债,并将这笔资金花费在如下项目上,考查这些政府计划对政府债务、该国资本存量以及实际产出的影响:

a. 钻探用于出口的石油的资本(如 20 世纪 70 年代墨西哥所为);

b. 养活本国人的谷物(如 20 世纪 80 年代前苏联所为)。

【重要级别】☆☆　　　　　　　【难度级别】☆☆

【考查要点】政府赤字的短期和长期影响

【参考答案】政府举借外债对经济的影响关键取决于所借的款项如何使用。

a. 如果资金用来增加一国的资本,该国的资本存量将会增加,实际产出也会增加。

b. 如果资金直接用于消费,该国的资本存量不会发生变化,实际产出也不会增加。

4. 仿照图 34－3,绘图说明:

a. 在存在巨额政府债务及没有巨额政府债务两种情况下,消费和净出口的路径。

b. 在平衡预算和政府财政盈余两种情况下的消费路径。

【重要级别】☆☆　　　　　　【难度级别】☆☆

【考查要点】政府赤字的短期和长期影响　政府债务

【参考答案】a. 相对于没有政府债务的情况而言,在存在巨额政府债务的情况下,收入将下降,导致消费的减少,进出口也会减少。在存在巨额政府债务以及没有巨额政府债务两种情况下,消费和净出口的路径如(a)图所示。

b. 相对于平衡预算而言,预算盈余将导致债务不断减少。对于低的债务国而言,则意味着更多的国家资源投入到了资本领域,而不是政府债券。高资本存量会促进产出的增长,并增加工人和每个人的消费。在预算平衡和政府财政盈余两种情况下的消费路径如(b)图所示。

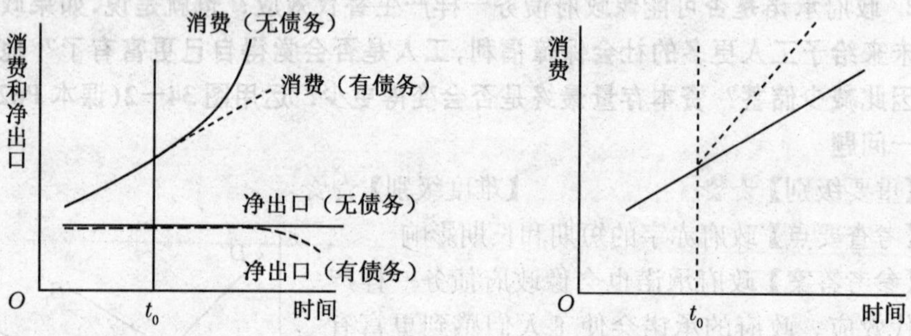

(a)　　　　　　(b)

5. 回顾文中参议员的争论,分别解释在下列三种情况下,哪一个参议员是对的?

a. 大萧条时期政府扩大军事开支。

b. 20世纪60年代早期充分就业情形下,政府降低税率。

c. 越南战争时期充分就业情形下,政府拒绝增加税收。

【重要级别】☆☆　　　　　　【难度级别】☆☆

【考查要点】货币政策与财政政策的相互作用

【参考答案】a. 大萧条时期政府扩大军事开支是一个很好的主意。因为这个时期的失业率很高,如果政府扩大军事开支,在短期内将降低失业率。因此,这个议员的建议是对的。

b. 20世纪60年代早期充分就业情形下,政府降低税率不是一个好主意。在这种情况下,降低税率是一种扩张型的政策,将有可能导致通货膨胀,在长期内将阻碍经济增长。因此,这个议员的建议是错误的。

c. 越南战争时期充分就业情形下,政府拒绝增加税收是一个错误的决定,这也相当于是一种扩张型的政策,有可能导致通货膨胀,在长期内将阻碍经济增长。

6. 所谓严格的通货膨胀目标政策，是指设定每年的通货膨胀目标。关于这一政策有哪些支持性和反对性的不同观点？特别值得注意的是，当受到显著性的供给冲击，导致菲利普斯曲线上移时，实行严格的通货膨胀目标所面临的困难。灵活的通货膨胀目标政策平均要求该目标在五年的期间内实现。试比较严格的通货目标与灵活的通货膨胀目标。

【重要级别】☆☆　　　　　　　　【难度级别】☆☆

【考查要点】固定规则和相机抉择

【参考答案】支持的人认为，一个较低且稳定的通货膨胀率可以提高效率，并使得不必要的收入与财富再分配达到最小化；有力且可信的降低和稳定通货膨胀的承诺，可以改善短期内通货膨胀与失业之间此消彼长的关系；一个明确的通货膨胀目标会增加货币政策的透明度。反对的人认为，严格的通货膨胀要花费很大的代价才能实现，特别是失业的增加，这意味着产出会损失。制定严格的通胀目标定的好处是它能使得公众确信政府是严格反通胀的，但是一旦人们觉得通胀难以忍受时，他们的行为就可能发生变化。预期和消费者行为是反通胀的基本要素。能够逐步实现的灵活的通胀目标相对于严格的通胀目标制而言，会给人们更多的时间去接受和适应政策的变化。

7. 政治候选人曾提出以下政策，以加速近年的经济增长。试定量解释每一政策对潜在产出增长及人均潜在产出增长的影响。如果可能的话，请给出未来十年内，潜在产出增长及人均潜在产出增长的估计值。

a. 削减联邦预算赤字(或增加盈余)，削减(增加)额为 GDP 的 2%，同时以相同百分比提高投资与 GDP 的比率。

b. 增加联邦政府对研究开发费用的补贴，增加额为 GDP 的 0.25%，并假设这笔补贴将会使私人研究开发经费等额增加，且研究开发的社会收益率 4 倍于私人投资的社会收益率。

c. 削减国防支出，削减额为 GDP 的 1%，设乘数为 2。

d. 减少移民的数量，从而劳动力降低 5%。

e. 增加对人力资本(包括教育和在职培训)的投资，数额为 GDP 的 1%。

【重要级别】☆　　　　　　　　【难度级别】☆

【考查要点】财政政策和货币政策的相互作用

【参考答案】a. 削减赤字，同时同比例提高投资，出口可能会增加得比较多，GDP 会通过乘数效应增加，但是无法精确地估计 GDP 增长的大小。可以肯定的是，随着总产出的增加，人均产出也会增加。

b. 增加联邦政府对研究开发费用的补贴，将会增加投资需求，同时技术进步也会导致潜在产出的增加。0.25%的研发支出的增加，将产生 $0.25\times4=1\%$ 的社会收益率，经过 10 年，总产出将会增加 $(1+1\%)^{10}-1=10.5$。

c. 削减国防支出将导致政府购买支出的减少，由于乘数的作用，产出将以更大的比率下降，总产出将下降 2%。但是如果国防支出的减少是用于削减政府的财政赤字的，则净效应将是扩张性的，如果用在其他方面，则净效应为零。

d. 减少移民的数量，从而劳动力降低 5%，这将使得潜在产出减少，但是人均产出可能会增加，可能会减少，也可能会不变，这主要取决于总产出减少的比例与人口减少比例的大小。

e. 增加对人力资本(包括教育和在职培训)的投资，将会提高劳动者的素质，从而会提高劳动要素的生产率，使潜在产出以及人均产出增加。

8. 凯恩斯写道，“如果财政部用钞票塞满旧瓶子，并将其埋入废弃的煤矿，然后留待私人企业将这些钞票再次挖掘出来，则社会的实际收入可能会在不造成更多失业的情况下大为提高。”(英文版《就业、利息与货币通论》第 129 页)试解释在萧条期间，凯恩斯关于相机抉择的公共项目的效用分析为什么可能正确的？精心设计的财政政策或货币政策，怎样才能在生产出大量有用物品和劳务的同时，获得与上述情况类似的效果？

【重要级别】☆☆☆　　　　【难度级别】☆☆☆

【考查要点】固定规则与相机抉择

【参考答案】凯恩斯的分析是正确的。因为在萧条时期，经济中的产出低于潜在的产出水平，政府可以采用扩张性的财政政策来扩大总需求，从而刺激经济的发展。只要经济中闲置的资源未被充分有效地利用，则公共政策就会发生作用，经济将实现扩张。

实践中，政府可以实施减税政策，同时采取适度从紧的货币政策来刺激总需求，但同时也会避免货币发行过多所引起的通货膨胀的加剧。根据供给学派经济学的观点，减税有利于提高企业和居民的生产的积极性，从而会使得总供给增加。如右图所示，初始的均衡点为 E，减税和适度从紧的货币政策实施后，总供给曲线和总需求曲线右移，从而使得均衡产量提高到 Q_1，但是价格水平并没有很大的提高。

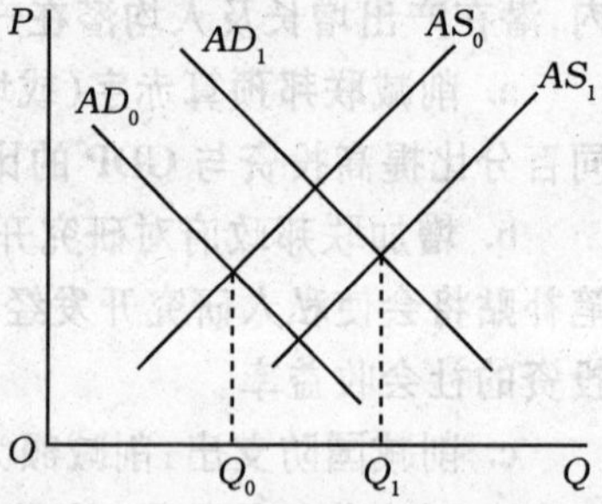

【补充训练】

1. 坚持货币政策操作应该“相机抉择”的是(　　)。

A. 货币学派　　　　**B. 凯恩斯学派**

C. 理性预期学派　　　　**D. 古典学派**

【重要级别】☆☆　　　　【难度级别】☆☆

【考查要点】固定规则与相机抉择

【参考答案】B。凯恩斯学派坚持货币政策操作应当相机抉择，而货币学派则主张采用固定的单一规则的货币政策。

2. 名词解释:赤字财政

【重要级别】☆　　　　　　　【难度级别】☆

【考查要点】政府预算政策

【参考答案】如果政府增加支出而没有相应地增加税收,或者减少税收而没有相应地减少支出,这种做法就叫做赤字财政。

3. 政府采取扩张性财政政策和货币政策对利率的影响有何不同?

【重要级别】☆☆☆　　　　　【难度级别】☆☆☆

【考查要点】货币政策与财政政策的相互作用

【参考答案】政府采取扩张性财政政策,一般会提高价格水平,价格水平的提高会使货币供给减少,由此导致利率上升。政府采取扩张性货币政策、增加货币供给量,一般也会使价格水平提高,价格水平提高使实际货币供给量减少。因此利息率由于货币供给增加而下降的幅度会受到限制。

4. 为什么在凯恩斯陷阱区扩张性财政的产出效应最大?

【重要级别】☆☆☆　　　　　【难度级别】☆☆☆

【考查要点】货币政策与财政政策的相互作用

【参考答案】由于证券投机对利息率的变化无限敏感,当利息率稍有提高时,货币投机需求立即减少,总需求扩张极容易获得货币支持。由于货币支持问题立即获得解决,国民收入增加时,利息率只有极细微的提高,这样投资的减少几乎为零。

附录　知识点列表

知识点	章节	概念复习	问题讨论	补充训练
经济学的基本概念和分类	第1章	1、2、3、4	1、2、4	
经济学的逻辑	第1章	5		
经济组织的三个基本问题	第1章			2
经济制度的分类	第1章	6、7、8		
投入和产出	第1章	9	3、7	
生产可能性边界	第1章	10	5、6、8	
机会成本	第1章	12		1
效率	第1章	11	4	
图形的各种要素	第1章附录	1、2	1	1
曲线的斜率	第1章附录	3、4、5	2、7	
曲线的移动和沿着曲线的移动	第1章附录		3、4	
特殊的图形	第1章附录	6、7、8	5、6	1
市场的相关概念	第2章	1、2、3、4、5	2	
市场如何解决三大经济问题	第2章	6	1	
贸易、专业化和劳动分工	第2章	7	6	
货币	第2章	8	5	
资本	第2章	9、10	7	
效率与公平	第2章	11、12、13	3、4、9	1、2、3
宏观经济的增长与稳定	第2章	14、15	8	
生产可能性边界的基本概念及应用	第2章	10	5、6、8	3
机会成本的概念	第2章	12		1
效率的定义	第2章	11		
需求曲线的概念及形状	第3章	4、7	1	1

续表

知识点	章节	概念复习	问题讨论	补充训练
需求曲线的决定因素	第 3 章	10	2、4	3
需求曲线的移动	第 3 章	3、6	5、6、7	4
供给曲线的概念及形状	第 3 章	2	1	5
供给曲线的决定因素	第 3 章	5	2	2
供给曲线的移动	第 3 章	3、6	5、6、7、8	
供给曲线和需求曲线的均衡	第 3 章	8、9	2、3、9	2
弹性的概念	第 4 章	1、4		
弹性的计算和分类	第 4 章	2、3	2、3	2、4
弹性和收益	第 4 章	5、6		1
弹性在主要经济政策问题中的应用	第 4 章	7、8、9	1、4、5、6、7、8、9、10	3
选择和效用理论	第 5 章	1、2、5	1	2、3、4
边际效用和边际效用递减规律	第 5 章	3、12	2、6	4
等边际法则	第 5 章	6	4、10	
需求曲线向下倾斜的原因	第 5 章	4、7、8、9、10	3、7、8	1
上瘾物品的经济学	第 5 章	11	9	3
消费者剩余	第 5 章	13	5、11	
无差异曲线	第 5 章附录	1、4	1、2	1
消费者均衡	第 5 章附录	2、3、5	2	2
收入和价格的变化	第 5 章附录			
需求曲线的推导	第 5 章附录			
生产函数的相关概念	第 6 章	1、2	1、2、3、4、9	
边际收益递减规律	第 6 章	3	2、8	1、3
规模报酬	第 6 章	4	8、10	1
短期和长期	第 6 章	5	5	2
生产率和总生产函数	第 6 章	6、7、8、9	6、7	
企业的性质	第 6 章	10、13		
企业的组织形式	第 6 章	11、12		
总成本、固定成本、可变成本	第 7 章	1		3
边际成本	第 7 章	2	1、2、3、5、6	1、3

续表

知识点	章节	概念复习	问题讨论	补充训练
平均成本及其相关概念	第7章		1、2、3、5、6	3
生产和成本的关系	第7章			2、3
企业的投入选择	第7章	3		
损益表、资产负债表、会计准则、财务欺诈	第7章	6、7、8、9		
机会成本	第7章	10、11	4	
生产理论	第7章附录	3		
成本理论	第7章附录	1、2、4、5	1、2	1、2
竞争企业的行为	第8章	1	1、2	
完全竞争市场结构	第8章	3	6、8	
企业的供给原则及停业原则	第8章	2、4	3	
竞争行业的供给行为	第8章	5、6、7	4、5、7	2、3
竞争市场的一般原则	第8章		7	
竞争市场的特殊情况	第8章			
市场机制的评价	第8章	8、9、10、11、12、13	10	1、4
市场失灵和政府干预	第8章		9	
不完全竞争的定义及其模式	第9章	1、2	1、2、4	
市场不完全竞争的根源	第9章	3、4、8、9	10	
边际收益的相关概念	第9章	5	3	
利润最大化的条件	第9章	6、7	5、6、7、8、9、11	1、2、3、4
边际原则				
市场力量的衡量	第10章	1、2	2	2
不完全竞争的实质及分类	第10章	3、4、5、6	1、6、9、11	1、2、3
价格歧视	第10章		3、4	
大公司的行为	第10章	8		
信息、创新与熊彼特经济学	第10章	10、11	5	
不完全竞争的利弊权衡	第10章	7、9、12、13、14	7、8、10	7、8、10
投机的类型和作用	第11章	1、2、3		
投机的经济影响	第11章		4、6	
风险和不确定性	第11章	4、5	1	

续表

知识点	章节	概念复习	问题讨论	补充训练
保险与风险分摊	第11章	6	5	
信息经济中的市场不灵	第11章	7、8、9	2、3	1
博弈论的基本概念	第11章	10、11、12、13、14、16		
博弈论的一些重要例子	第11章	15	7	2
收入与财富	第12章	2、3、4、5		
要素需求的性质	第12章		1	
分配理论和边际收益产品	第12章	6、7、8、9	2、4	1
生产要素的需求和供给	第12章	10	3、7、8	2、3
国民收入的分配	第12章	1、11	5、6、9	
对劳动的需求和供给	第13章	1、2、3	2、5、6	1、2、3
工资差异	第13章	4、5、6、13	1、3	
工会的作用	第13章	7、8、9		
工会对工资和就业的影响	第13章	10、11		
劳动市场中的歧视	第13章	12、14、15	4	
土地和租金	第14章	1、2、3、4	1、4、5	
资本和利息的基本概念	第14章	5、6、7、9、11	3	3
资产的现值	第14章	10	2、4、7、8、9、10	1、2
利润的相关概念	第14章	12		4
资本和利息的理论	第14章	8	6	
古典资本理论的应用	第14章			
完全竞争的效率	第14章附录	2、3	1、2	1
所有市场的一般均衡	第14章附录	1		2
竞争性一般均衡的性质	第14章附录	4		
国际贸易的实质	第15章			1、2
比较优势原则	第15章	1、2、3、5、6	1、2、3、4、5	
比较优势的扩展	第15章	4		
贸易和关税的供求分析	第15章	7、8	7	
保护主义经济学	第15章	9、10、11	6	
多边贸易谈判	第15章	12	12	
政府的政策工具	第16章	1、6	1、2、6	

续表

知识点	章节	概念复习	问题讨论	补充训练
政府的职能	第 16 章	2、4、6		1、3
公共选择理论	第 16 章	3		
美国的三级财政体制	第 16 章	5		
税收原则	第 16 章	7、8		2
税收的种类和特点	第 16 章	9、10	5、9	
税收的效率问题	第 16 章	12	3、4、8、9	
税收的归宿问题	第 16 章	11	7、9	
管制及其种类	第 17 章	1、2	1、7	
管制产业的原因	第 17 章	3、4	7、8、10	1、2
管制的成本	第 17 章		2、3、5	
政府反垄断政策有关的理论要点	第 17 章			
反垄断法规的框架	第 17 章	5、6	6	
反托拉斯的基本问题:行为和结构	第 17 章	7	4、6、9、10	
反托拉斯法和效率	第 17 章	8		
人口与资源限制	第 18 章	1	3、4	
资源的种类	第 18 章	2、3	1、2	
资源的分配及价格趋势	第 18 章			
外部性及其分析	第 18 章	4、5、6、7、10	5、8、9	1、3
矫正外部性问题的政策	第 18 章	8、9	6	2
气候变化问题的分析	第 18 章		7、8	5
收入和财富的分布	第 19 章	1、2、3、4	1、2、5	1、2
劳动收入中的不公平	第 19 章	6		
财产收入的不公平	第 19 章	5		
再分配的代价	第 19 章	9、10、11、13	3	
反贫困政策:计划和批评	第 19 章	7、12	4、6	
福利改革	第 19 章	8		
宏观经济学的产生	第 20 章	1		
宏观经济学的目标	第 20 章	2、3、4、5	1、2	1
宏观经济政策工具	第 20 章	7、8	6、7	

续表

知识点	章节	概念复习	问题讨论	补充训练
宏观经济的国际联系	第20章	6		
总供给与总需求的定义	第20章	9、11	3	
总供给曲线和总需求曲线	第20章	10	4、5、8	
宏观经济史与宏观经济政策的作用	第20章	12		
国内生产总值及其衡量方法	第21章	1、4、6、7、11	1、2、4、6	2、4
国民账户统计细节	第21章	2、3、9		3
国民收入恒等式	第21章	5、8、10	5、8	1
价格指数和通货膨胀	第21章	12、13	3、7、9	
预算支出模式	第22章		1	
消费、收入和储蓄	第22章	2、4、5、6、7、8	3、4、5、6、7	4
消费的决定因素	第22章	1、3、9	10	1、2、3
投资的决定因素	第22章	10		
投资需求曲线的定义及其移动	第22章	11、12	2、8、9	
商业周期的特点	第23章	1、2、3、4	2、6、8	
商业周期理论	第23章	5	3、5	
商业周期的预测	第23章	6		
总需求理论	第23章	8、9		1、2
向下倾斜的总需求曲线及其移动	第23章	7、10、11	1、4、7	
影响需求各因素的相对重要性	第23章			
乘数模型概述	第24章		3	
储蓄与投资对产出的决定作用	第24章	3	1、2、3、5、9、10	
总支出对产出的决定	第24章	1、2、4、9		
乘数的含义、图形描述及展望	第24章	5、6	4、7	
财政政策对产出的影响	第24章	7	8	2
财政政策乘数	第24章	8、10	6	1、2、3
金融系统概述	第25章	1、2		
金融资产的类别	第25章	6、13、16	12	
利率和金融资产的回报率	第25章	3、4、5	6、7	
货币的演变及货币供给	第25章	7、8	1、8	
货币需求	第25章	9	4、5	

续表

知识点	章节	概念复习	问题讨论	补充训练
存款的创造过程	第25章	10、11、12	2、3、10、11	1、2、3、4
股票市场的各种理论	第25章	14、15、17	9、13	
联邦储备系统	第26章	1、3、7、8	3	
货币政策的基本要点	第26章	2、4、5、6、9		1
货币传导机制	第26章	10、12、15	4、5	
货币市场的运行	第26章	11	1、6、7、8	2、4
货币政策对经济的影响	第26章	13、14、16、17	2、4、5、7、8	3、4
经济增长的有关概念	第27章		1	
经济增长的源泉	第27章	1、2	2	2
斯密和马尔萨斯的古典动态模型	第27章	3、5、6	5	
新古典增长模型和新经济增长理论	第27章	4、7、8、9、10	3、7	1
经济增长的七个基本趋势及其联系	第27章	11		
经济增长的核算	第27章	12	4、6	
美国经济增长的变动	第27章			
发展中国家的一般状况	第28章	1、2	1、7	1、2
经济发展的四大要素	第28章	3、4	2、3、4、7	3
经济发展战略	第28章	5、6	5、6	4、5
各种经济发展模式	第28章	7、8		
苏联模式的失败	第28章	9、10		
苏联和东欧国家的转型	第28章	11		
国际收支账户	第29章	1、2、3、4、5	3、4、6、8	
外汇汇率与外汇市场	第29章	6、7、8	1、2、5	
影响汇率的主要因素	第29章		7	2、3
主要的汇率制度	第29章	9、11	9	1
第二次世界大战后的国际货币体系	第29章	10	10	4
开放经济中的净出口和产出及其决定因素	第30章	2、3	8	
贸易对GDP的短期影响	第30章	1、4、5、6	2、3	
宏观经济政策和汇率制度	第30章		1、11	1、2、3、4

续表

知识点	章节	概念复习	问题讨论	补充训练
开放经济的储蓄和投资	第 30 章	7、8	4、6、7、9	
促进开放经济增长的因素	第 30 章	9		
竞争力和劳动生产率	第 30 章	10		
欧洲货币体系的演进	第 30 章		5、10、11、12	
总供给的决定因素	第 31 章	2、3	1、2、3	
短期 AS 曲线与长期 AS 曲线	第 31 章	1、4、5	1	
失业的分类	第 31 章	7、8、9	5	1、2、3、4、5
失业的影响	第 31 章		8	6
奥肯法则	第 31 章	10	4	
微观经济的基础	第 31 章	6、11	9	
劳动市场问题	第 31 章		7	
通货膨胀的定义	第 32 章	1		
通货膨胀的类型	第 32 章	2、4		
通货紧缩的困境	第 32 章		3	
通货膨胀的经济影响	第 32 章	3、5	1、2	
影响通货膨胀的因素	第 32 章	6		1、4
菲利普斯曲线	第 32 章	7、8	4、8	3
反通货膨胀政策的两难困境	第 32 章	9、10	5、6、7	2
古典学派的传统	第 33 章	1、2、3	8	3
凯恩斯主义经济学	第 33 章	1、3	1、4、6	3
货币主义的根源	第 33 章	4、5、6	2、5、7	
现代货币主义	第 33 章	7	1、3	1
新古典宏观经济学	第 33 章	8、10、11、12、14	6、9	2
新古典宏观经济学的政策含义	第 33 章	9、13		
有关财政的基本概念	第 34 章	1、2	1	
政策预算政策	第 34 章			2
政府赤字的短期和长期影响	第 34 章	3、4	2、3、4	
货币政策与财政政策的相互作用	第 34 章	5、6	5、7	3、4
固定规则与相机抉择	第 34 章	7、8	6、8	1
新世纪经济前景	第 34 章	9、10		

关于翔高

翔高教育是一家专业致力于考研专业课培训的教育机构。成立至今，已培训学员十余万人次，每年有无数的学员走进北大、清华、人大、浙大、复旦、南大、上财、中科大等国内知名学府。

翔高教育经济学教学研究中心是成立最早的教学研发部门，独立从事经济学教学研究以及图书开发，迄今为止，已出版教材十余个品种，为翔高教育的蓬勃发展做出了不可磨灭的贡献。

翔高教育，

因为专业，所以卓越；

因为敬业，所以超越。

地址：上海市国定支路 24 号 227 室

电话：021－6511 1511

网址：http://www.kaoyanmeng.com

翔高教育

——考研专业课培训专家